제2판

최신

국제자원배분론

theory of international resource allocation

— 미시경제이론과 국제무역 —

최해범

pnc
publishing and culture
피앤씨미디어

제2판에 즈음하여

국제자원배분론이 출간된 지 이미 7년이 지났다. 그동안 학부학생들의 학습교재로 활용되면서 여러 부족한 점들이 발견되었고, 시대에 맞는 부문의 추가·보완이 필요함을 절감하고 있던 차에 제2판을 출간하게 되었다. 세계 경제환경이 급속도로 변화하고 있는 만큼 학문에도 그러한 변화를 적절히 수용할 수 있는 교과서를 적기에 집필한다는 것은 역시 쉬운 일이 아니었다. 지금까지 금융, 외환, 국제통상 등을 강의해오면서 국제자원이 어떻게 효율적으로 배분되어, 국가경제는 물론 세계경제의 효율적 성장에 기여해왔는지에 관해 자주 문제의식을 갖고 있었고, 이에 따라 미시경제학적 내용을 체계적으로 이해하면서 국제무역을 체계적으로 접근할 수 있는 교재가 특히 학생들에게 중요함을 절감하면서 본 교과서를 집필하였고, 이제 새로운 부문을 추가하여 국제자원배분론 제2판을 출간하게 되었다.

처음 집필할 때 밝혔듯이 국제통상론이나, 무역학원론, 외환론 등을 수강한 상당수의 독자들로부터, 일반경제학과 국제무역학을 접목한 교재가 없을까라는 질문과 그 필요성을 자주 건의 받은 게 사실이다. 그리하여 최신 국제자원배분론을 학생들 교재용으로 내 놓았고, 지난날 본인이 집필했던 경제학원론, 무역학원론, 국제통상론 등을 종합하여 국제자원의 배분문제를 무역이론과 연결하였음을 강조하는 바이다. 그리고 그동안 비교적 난해했던 이론이나 내용에 대해서는 가급적 쉽게 학생들이 이해할 수 있도록 보완하고 동시에 문장을 쉽게 풀어쓰도록 노력하였음을 밝힌다. 비전공 학생들에게는 다소 난해할지 모르겠으나, 이론과 내용 수준은 중급정도의 범주를 벗어나지 않을 것으로 생각된다.

기존의 본인 교재에다 학문상의 체계와 독자들의 이해증진을 위하여 원론수준의 기초이론들이 다수 수록돼 있으며, 특히 2020년대인 오늘날 기업들의 국제화가 광범위하게 추진되고 있는 시점에서 새로운 장을 하나 신설해서 국제경영과 다국적기업을 추가함으로써 명실상부한 국제간에 자원이 배분되는 과정에서부터 다국적기업이 어떻게 출현하는지에 관해서도 소개하고자 한다. 년 이후 세계 경제의 변화와 FTA, 유럽의 재정위기, 그리고 다국적기업 등 국제경제의 상황변화에 따른 국제간의 자원이동과 그 배분 등에 관해서도 기초적인 내용을 제공하고 있다.

이 교재를 준비하는데 있어서 부족한 부문을 자주 보완과 수정을 해야 함에도 본인의 게으름과 불찰로 인해 늦게서야 제2판을 내놓게 되었음을 널리 이해를 구하고자 한다. 앞으로는 시간이 되는대로 계속적으로 보완하고 다듬어나갈 것을 약속한다. 분명한 것은 이 국제자원배분론은 저서라기보다는 여전히 학생들 수업용임을 고백한다. 특히 교정작업에 정홍자 박사의 노력이 있었음을 밝혀둔다. 그리고 처음 출간부터 지금까지 본인의 졸저를 다듬고 편집하여 주신 피앤씨미디어 박노일 사장님께 감사드립니다. 나아가 이 책을 교과서로 정해서 수업에 임하는 여러 학생들에게도 고마움을 표하는 바이다.

2021년 2월

연구실에서 저자 씀

머리말

하루가 다르게 급변하는 학문세계에서 새롭게 발전된 이론들을 담아낼 수 있는 교과서를 집필한다는 게 말처럼 쉬운 게 아니라는 점을 알 알고 있다. 그동안 국제통상과 금융, 무역에 관해 강의하면서 통상에 관한 기초적 소양, 특히 미시경제학적 내용을 체계적으로 이해하면서 국제무역을 체계적으로 접근할 수 있는 교재가 특히 학생들에게 필요함을 절감하면서 본 교과서 집필을 구상하게 되었다.

국제통상론이나, 무역학원론, 외환론 등을 수강한 상당수의 독자들로부터, 일반경제학과 국제무역학을 접목한 교재가 없을까라는 질문과 그 필요성을 건의받은 지가 몇 년이 흘렀음을 솔직히 인정하는 바이다. 이번에 최신 국제자원배분론을 학생들 교재용으로 내 놓음에 있어서, 지난날 본인이 집필했던 경제학원론, 무역학 원론, 국제통상론 등을 종합하여 국제자원의 배분문제를 무역이론과 연결하였음을 밝혀둔다. 그리고 그동안 비교적 난해했던 이론이나 내용에 대해서는 가급적 쉽게 학생들이 이해할 수 있도록 보완하고 동시에 문장을 쉽게 풀어쓰도록 노력하였음을 밝힌다. 비전공 학생들에게는 다소 난해할지 모르겠으나, 이론과 내용 수준은 중급정도의 범주를 벗어나지 않을 것으로 생각된다.

기존의 본인 교재에다 학문상의 체계와 독자들의 이해증진을 위하여 원론수준의 기초이론들이 다수 수록돼 있으며, 특히 2010년 이후 세계 경제의 변화와 FTA, 유럽의 재정위기, 그리고 다국적기업 등 국제경제의 상황변화에 따른 국제간의 자원이동과 그 배분 등에 관해서도 기초적인 내용을 제공하고 있다. 따라서 국제자원배분론이란 취지에 맞게, 경제학의 기초이론에서부터 현재 국제경제의 실증적 내용에 이르기까지 모두를 망라함으로써, 소위 경제이론과 국제경제 및 국제경영 전반까지를 다루고 있음도 밝혀두는 바이다. 특히 이번 교재를 통하여 기존의 경제 및 무역이론에다 현재 관심이 되고 있는 한·중·일 FTA 추세 등에 관해 새롭게 추가하였다.

이 교재를 준비하는데 있어서 처음부터 끝까지 보완과 수정을 도와주신 박성규 교수님에게 감사드리고, 그동안 다소 보완해야 할 부문이나, 약간의 문제들을 지적해 준 여러 제자들에게 고맙다는 인사를 지면을 통해 드린다. 계속적으로 보완하고 다듬어나갈 것을 약속한다. 분명한 것은 이 국제자원배분론은 저서라기보다는 학생들 수업용으로 집필됐음을 고백하는 바이다. 그리고 10여 년간이나 본인의 졸저들을 다듬고 편집하여 주신 피앤씨미디어 박노일 사장님께 감사드리며, 아울러 이 책을 교과서로 정해서 수업에 임하는 여러 학생들에게도 감사드리는 바이다.

2013년 2월
연구실에서 저자 씀

차 례

제 1 장 경제학과 자원배분 1

1.1 경제학의 개요 · 3
1.2 경제학의 성립과 발전 · 9
1.3 가격기구와 경제체제 · 19
1.4 자원배분과 경제체제 · 21

제 2 장 수요와 공급 23

2.1 수요와 수요함수 · 25
2.2 공급과 공급함수 · 30
2.3 시장의 균형가격결정 · 34
2.4 균형가격의 안정성 · 39

제 3 장 수요와 공급의 탄력성 41

3.1 수요의 가격탄력성 · 43
3.2 수요의 소득탄력성과 교차탄력성 · 50
3.3 공급의 탄력성 · 51

제 4 장 수요-공급이론의 적용 55

4.1 소비자잉여와 생산자잉여 · 57
4.2 자원배분의 효율성 · 59
4.3 가격통제 · 61
4.4 조세의 전가 및 귀착 · 65

제 5 장 소비자의 최적 선택 69

5.1 소비자의 효용 · 71
5.2 기수적 효용이론과 서수적 효용이론 · 74
5.3 소비자의 선호 · 75
5.4 소비자의 제약 · 82
5.5 소비자의 최적선택 · 86

제 6 장 수요함수의 성격 89

6.1 가격의 변화와 소비행위 · 91
6.2 소득의 변화와 소비행위 · 93
6.3 소득효과와 대체효과 · 95
6.4 시장수요곡선 · 98
6.5 소비자이론의 기타문제 · 99

제 7 장 기업의 생산비용과 행동원리 101

7.1 단일가변요소하의 생산 · 103
7.2 단기생산함수 · 104
7.3 비용의 측정 · 110
7.4 단기생산비용 · 112

제 8 장 생산자의 최적선택 119

8.1 장기생산함수 · 121
8.2 생산자균형 · 126
8.3 장기생산비용 · 132

제 9 장 시장의 조직형태와 기업의 행동준칙 137

9.1 시장의 조직형태와 산업조직 · 139
9.2 기업의 목표와 행동준칙 · 144

제10장 완전경쟁시장 149

10.1 완전경쟁시장의 기업 · 151
10.2 완전경쟁시장의 단기균형 · 158
10.3 완전경쟁산업의 장기균형 · 160
10.4 완전경쟁산업의 장·단기 자원배분 과정 · 166

제11장 독점이론 169

11.1 독점의 개념 · 171
11.2 독점기업의 수요곡선과 단기균형 · 172
11.3 독점기업의 장기균형 · 180
11.4 독점기업과 가격차별 · 181
11.5 독점의 경제적 효과 · 185
11.6 쌍방독점 · 190

제12장 독점적 경쟁과 과점 193

12.1 독점적 경쟁 · 195
12.2 과점시장 · 199

제13장 고전파 무역이론 209

13.1 고전파 무역이론의 역사적 배경 · 211
13.2 스미스의 절대우위론 · 212
13.3 리카도의 비교우위론 · 214
13.4 밀의 상호수요균등의 법칙 · 220

제14장 근대무역이론 225

14.1 근대무역이론의 배경 · 227
14.2 하벌러의 기회비용설 · 227
14.3 헥셔－오린정리 · 229

제15장 국제무역의 신이론 237

15.1 제품차별화이론 • 239
15.2 연구개발(R&D)요소이론 • 239
15.3 기술격차론 • 241
15.4 대표적 수요이론 • 242
15.5 노동숙련설(인적자본설) • 243
15.6 기타의 무역이론 • 244

제16장 오퍼곡선과 교역조건 247

16.1 개 관 • 249
16.2 오퍼곡선과 무역의 균형 • 249
16.3 교역조건 • 254

제17장 무역정책의 의의와 역사적 전개 259

17.1 무역정책의 의의 • 261
17.2 무역정책의 역사적 전개 • 262

제18장 무역정책의 제수단과 효과 277

18.1 관세정책 • 279
18.2 비관세장벽 • 288

제19장 경제통합 293

19.1 경제통합의 기초 • 295
19.2 경제통합의 효과 • 299

제20장 생산요소의 국제적 이동 305

20.1 국제자본이동 • 307
20.2 국제노동이동 • 314

제21장 국제경영의 추세 *319*

21.1 국제경영의 개요 · *321*
21.2 국제경영의 연구추세 · *325*
21.3 한·중·일 FTA의 필요성 · *329*

찾아보기 *334*

제 1 장

경제학과 자원배분

1.1 경제학의 개요
1.2 경제학의 성립과 발전
1.3 가격기구와 자원배분
1.4 자원배분과 경제체제

본 장에서는 경제학에 관한 기본적 이해로서 경제학을 간략히 정의하고 동시에 경제학의 분야 및 인접과학 등을 소개함으로써 경제학을 공부하는데 필요한 주변학문을 살펴본다. 그리고 경제학이 과거에서부터 어떤 변천과정을 통해서 현재에 이르게 되었는가를 간단히 정리한다. 그리고 가격기구와 자원배분 문제를 제시함으로써, 즉 무엇을 얼마만큼 생산할 것인가?, 생산을 하되 어떠한 방법으로 자원을 결합할 것인가?, 누구를 위하여 생산할 것인가? 등을 이해하고자 한다. 이런 기본문제와 관련하여 자원배분과 경제체제에 관해서도 고찰하고자 한다.

1.1 경제학의 개요

1) 경제학이란 무엇인가

우리 인간의 일상생활에 사용되는 재화와 용역에는 공기와 같이 무상으로 얻어지는 자유재와 반대급부를 제공하여야만 얻어지는 경제재가 있다. 경제학에서는 주로 경제재를 취급대상으로 한다.

인간이 재화를 획득해서 소비생활을 추구하는 목적은 욕망의 충족에 있다. 그런데 인간의 물질에 대한 욕망은 무한하다. 또한 어느 한 욕망이 이루어지면 또 다른 욕망이 솟아난다. 가령 허약한 체질을 가지고 있는 사람이 보약으로 건강해지면 이제는 자동차를 갖고 싶어 한다. 더욱더 많은 부를 갖고 싶어 하고, 더 높은 지위와 명예를 얻고 싶어 하는 것은 누구나 갖고 있는 일반적 현상이다.

일반적으로 경제적 자원이란 재화와 용역을 생산하는 데 사용되는 여러 형태의 노동, 자본, 토지 및 기업가정신을 말한다. 모든 사회의 경제적 자원은 한정되어 있거나 희소하기 때문에 인간이 필요로 하는 재화와 용역을 생산하는 모든 사회의 능력 또한 한정되어 있다. 따라서 부득이 희소한 자원을 수많은 용도에 어떻게 합리적이고 적절히 배분할 것인가라는 문제에 직면하게 된다. 즉 인간의 욕망은 무한한 데 비하여 이를 만족시켜줄 자원은 제한되어 있다는 것이다. 이와 같이 자원의 안정 또는 희소성 때문에 무엇을 어떻게 생산하고, 누구를 위하여 생산할 것이며, 어떻게 배분할 것인가 또는 이와 같은 제도를 유지하고 발전시켜나가기 위해 어떻게 대처할 것인가 하는 문제는 모든 사회가 당면하고 있고, 이 같은 문제를 다루는 분야가 곧 경제학이며, 또한 경제적인 재화를 추구하고, 소비 내지 사용하는 일련의 행위를 경제행위라고도 한다.

경제학은 그 이론연구의 접근방법의 범위에 따라 미시경제학(microeconomics)과 거시경제학(macroeconomics)으로 구분된다. 즉 미시경제학은 자유기업경제제도에 있어서 소비자, 자원소유자, 그리고 기업과 같은 개별의사결정단위의 경제적인 행위에 초점을 두고 있다. 즉 기업에서 가계에 이르기까지 재화와 용역의 흐름에서 그 유통구조가 재화와 용역의 가격을 어떻게 결정하며, 또한 자원소비자로부터 기업에 이르기까지 경제적 자원의 흐름에 있어서 자원의 수요량과 가격이 어떻게 결정되는가를 연구대상으로 하는 것이다. 따라서 미시경제학에서는 시장에서의 가격결정기능이 중시된다. 이와는 달리 거시경제학은 1국경제 전체의 입장에서 총량적인 경제활동을 연구하는 것이다. 즉 국민소득, 물가, 고용,

통화량, 국제수지, 경제성장 등 1국경제 전체의 총량적인 거시경제현상을 다루는 것이 거시경제학이다.

이렇게 볼 때 경제학은 개인이나 경제사회가 갖고 있는 희소한 자원을 효율적으로 배분·사용하여 여러 가지 재화와 용역을 생산하고 교환·분배하는 과정을 비롯하여 자원의 끊임없는 창조·변형을 통한 부의 추구과정 등에서 발생하는 경제현상을 연구대상으로 하는 학문이다.

2) 사회과학으로서의 경제학

사회학의 창시자인 콩트는 새로운 학문의 연구방법으로서 실증주의를 표방하면서 사회학을 사회문제, 즉 전쟁, 혁명, 범죄, 빈곤 등을 해결하는 과학이라 한 바 있다. 이러한 사회과학 중의 한 학문이 경제학이다.

즉 경제학은 인간 및 사회조직 중에서 경제현상에 관계된 부분이라고 하면, 경제학은 이러한 경제적 제요소를 대상으로 하는 사회과학의 한 분야라고 할 수 있다. 그러므로 사회과학으로서의 경제학은 인접 사회과학과 서로 어떤 관계하에서 변천해 가는가를 연구하는 학문이라 할 수 있다. 따라서 일반적인 의미에서 경제학은 사회학, 정치학, 심리학, 그리고 통계학 등 다른 인접학문과 관련이 높은 사회과학이다.

사회과학으로서의 경제학은 "과학일반과 마찬가지로 현실의 서술, 설명, 예측을 그 목적으로 하며 경제학자간에 수긍되는 연구방법 및 절차를 거쳐서 얻은 지식의 집합체"라고 볼 수 있다. 결국 사회과학으로서의 경제학은 사회구성원으로서 또는 경제활동의 참여자로서의 인간의 행동을 관심의 대상으로 하고 있다. 다시 말하면 경제학은 경제적 경험의 공통된 속성의 서술, 설명 또는 예측을 시도하는 이론의 일반화를 지향하고 있으며, 아울러 경제이론은 개인적, 사회적 목표 달성을 위한 경제정책수립의 바탕을 제공함으로써 경제정책의 한 수단이 된다.

3) 경제학의 분야 및 인접과학

경제학의 연구대상에는 미시경제학과 거시경제학 이외에 접근의 방법과 경향에 따라 이론경제학, 경제사, 경제정책 등 많은 분야가 있다. 이론경제학 또는 이론경제는 일정한 조건하에서 경제현상 사이에 존재하는 경제법칙을 구명하고 그 법칙을 이용하여 미래의 제 경제현상을 예측하고 설명하는 것이다. 즉 경제현실을 상세하게 추상화하고 이를 단순화하여 일반화함으로써 경제현상을 예측하고 설명하는 것이다.

가령 친구나 이웃과의 대화에서 또는 슈퍼마켓에서의 대화에서, 또는 우리 스스로의 행동을 통해서 어느 상품의 가격이 오른 것을 알았을 때 우리는 그 상품의 구입을 줄이게 된다. 이같이 간단하게 현상을 관찰함으로써 일반적인 가설을 정립할 수 있다. 즉 상품의 가격이 오르면 상품의 수요량이 감소된다. 이 가설을 검증하고 수요이론을 성립시키기 위하여 다양한 상품에 대하여 각계각층의 사람들이 또는 상이한 시점에서 이 가설의 적합 여부를 판단하기 위해서는 현실을 뒤돌아보아야 한다.

이와 같이 이론경제학 또는 이론경제는 일정한 조건 아래에서 발생하는 경제현상을 관찰하여 일반적이고 보편성을 지닌 경제법칙을 연구하는 것이다.

경제사학은 과거 경제의 발전 또는 변천과정을 시간적 순서에 따라 사실로서 기술하며 이를 현재로 연결하는 과정을 연구하는 학문이다. 경제사학이 취급하는 범위는 공간적으로는 모든 지역의 경제를 대상으로 하며, 시간적으로는 인간이 존재하던 모든 시대에 있어서의 경제를 대상으로 한다. 가령 우리나라의 경제패턴은 무인고도(無人孤島)에서 형성된 것이 아니라 역사의 과정에 의해서 이루어진 것이다. 또한 지나간 과거의 경제적 현상이라고 해도 현재나 장래의 경제문제에 많은 시사점을 제시하기 마련이다. 즉 선진국의 과거 경제성장 경험은 신흥공업국, 특히 개발도상국의 경제발전에 많은 지표를 제공해줄 수 있다는 측면에서 경제사는 중요성을 지닌다 하겠다.

이론경제와 경제사학이 경제를 연구대상으로 하는 데 반해, 경제정책은 규범을, 즉 당위를 연구대상으로 한다. 즉 경제체제 내에는 많은 모순점과 부작용(빈부의 차, 실업과 인플레이션, 무역 불균형, 소득의 불평등, 경기변동 등)이 나타나고 있는바, 이에 대한 일정한 규범 내지 이상을 수립하고, 경제이론과 경제사학에서 얻은 지식을 기초로 파레토최적을 달성하고자 하는 것이 경제정책이다.

최근의 국내외 경제현실은 매우 복합적이다. 2020년대 이후에도 세계 경기침체, FTA의 확산, 자원문제 등 최근의 국제 경제의 제문제는 각국의 이해관계가 서로 얽힌 부산물이기 때문에 경제이론만으로는 설명할 수 없는 문제를 안고 있다. 따라서 국민경제의 장래에 대하여 일정한 목표 내지 이상을 수립하고 이를 실현하기 위해서는 합리적인 국가의 경제정책수립이 필요할 것이다. 더구나 경제이론이나 경제사를 연구하는 목적도 궁극적으로 국가경제정책을 올바르게 세

우고 이를 집행하는 데 그 주목적이 있다 하겠다.

4) 경제학의 분석방법과 과제

(1) 실증적 분석과 규범적 분석

실증분석은 주어진 상황의 성질이 어떠한가?(what is?)에 대한 분석이고, 규범분석은 어떻게 해야 하는가?(what ought to be?)에 대한 분석이다. 다시 말해 실증경제학(positive economics)은 경제현상의 객관적 모습을 밝히는 것이고, 규범경제학(normative economics)은 경제현상에 대해 주관적 가치판단을 내리는 것이라고 볼 수 있다. 예컨대 "최저임금제도는 실업률을 증대시킨다"라고 하는 분석결과는 최저임금제도가 존재하는 객관적 현상 자체에 대한 분석이기 때문에 이것은 실증분석에 해당되고, "최저임금제도가 도입되어야 한다"라고 하는 분석결과는 분배정의의 실현이라는 주관적 가치판단에 의해 어떤 당위성을 주장한 분석이기 때문에 이것은 규범분석에 해당된다.

(2) 정태분석, 비교정태분석, 동태분석

경제학에서 균형(equilibrium)이란 외부로부터 어떤 충격이 없는 한 그대로 계속 머물러 있으려고 하는 어떤 상황을 의미한다. 예컨대 어떤 물건의 가격이 100원일 때 그 상품에 대한 수요량도 1,000개이고 공급량도 1,000개라면 외부로부터의 어떤 충격이 없는 한 가격 100원은 그대로 유지된다. 이때 이 점을 바로 균형점이라고 한다.

정태분석(statics)은 균형 상황의 특성을 분석하는 것이다. 균형에서의 수요 및 공급량은 얼마이며 이때의 가격은 얼마인가 등이 바로 정태분석이다. 비교정태분석(comparative statics)은 어떤 경제상황이 외부여건의 변화로 인해 한 균형으로부터 다른 새 균형으로 이동했을 때 두 균형을 서로 비교분석하는 것을 말한다. 예컨대 가격이 100원일 때 수요 및 공급량이 1,000개가 되어 한 균형이 달성되었는데, 만약 소비자의 소득이 증가하여 수요가 늘어나면서 가격이 120원으로 증가하고 수요 및 공급량이 1,300개가 되는 새로운 균형에 도달하였다면, 이 두 균형의 차이점이 비교 분석될 수 있다. 이러한 분석을 비교정태분석이라고 한다.

더 나아가서는 한 균형이 다른 새 균형으로 이동하는 과정도 분석될 수 있다. 이것을 동태분석(dynamics)이라고 한다. 예컨대 한 균형에서 새로운 균형으로 이동하는데 얼마만큼의 시간이 걸리며 가격, 수요 및 공급량은 각각 어떤 경로를 거쳐 변화해 가는지를 분석할 수 있다. 이것이 동태분석인데 동태분석은 시간의 흐름과 더불어 각 경제변수들이 어떻게 변화해 가는지를 분석하는 것이다.

(3) 단기분석과 장기분석

경제현상의 변화를 분석할 때는 그 변화가 어느 정도 진척된 것을 기준으로 하여 분석하느냐에 따라 그 분석을 단기분석(short-run analysis)과 장기분석(long-run analysis)으로 나누기도 한다. 그 변화에 수반되는 모든 조정과정이 완료되기 이전 단계를 기준으로 그 상황변화를 분석할 때 이것을 단기분석이라고 하고, 모든 조정이 완료된 단계를 기준으로 그 상황변화를 분석할 때 이것을 장기분석이라고 한다. 그러므로 여기서의 단기와 장기는 단순한 시간적 개념의 단기 및 장기와는 다르다.

(4) 부분균형분석과 일반균형분석

경제는 수많은 경제주체와 수많은 경제부문들이 서로 연결되어 상호작용을 수행하면서 구성된다. 여기서 경제주체란 경제활동의 독립적인 주체인 가계, 기업, 정부 등을 의미하고, 경제부문이란 이러한 경제주체들이 집단적으로 동일한 경제행위를 수행하는 하나하나의 개별적 범위를 의미한다. 예컨대 경제부문이란 소비부문, 생산부문 또한 각 산업부문 등으로 다양하게 그 범위가 정해질 수 있다.

이때 각 경제부문을 독립적으로 구분하여 그 부문만의 균형이 갖는 여러 특성들에 대해 분석하는 것을 부분균형분석(partial equilibrium analysis)이라고 하고, 개별적인 각 경제부문뿐만 아니라 이들로 구성되는 경제전반이 완벽한 균형에 도달했을 때 그 균형이 갖는 여러 특성에 대해 분석하는 것을 일반균형분석(general equilibrium analysis)이라고 한다. 예컨대 소비자균형의 분석은 소비행위 하나만의 분석이기 때문에 부분균형분석이고, 소비부문과 생산부문을 연결하여 소비 및 생산이 동시에 균형에 도달하면서 소비자와 생산자 사이의 교환행위까지도 균형에 도달하는 경제전반의 균형을 분석하는 것은 일반균형분석이다.

5) 경제학의 과제

결국 경제학은 현실사회를 연구대상으로 하여 그에 관련된 경제 제요소의 관련성을 밝히고 경제생활의 변천과 이에 수반되는 제반 경제문제의 해결에 목적을 두면서 발전해왔다. 그런데 경제학이 해결해야 할 과제는 시대와 국가에 따라 다르지만 공통된 근본과제가 있다. 더구나 전후 현대 자본주의 국가가 당면한 공통과제를 몇 가지 살펴보면 다음과 같다.

첫째, 1970년대 이후 불황과 인플레가 병존하는 스태그플레이션의 해결이다. 가령 1930년대의 실업문제는 정부지출을 통한 유효수요의 증대와 설비투자촉진 등 유효수요 증대책으로 해결이 가능하였다. 그러나 스태그플레이션 현상하에서는 유효수요 증대는 오히려 원자재 가격인상 및 유가상승과 함께 물가를 자극하는 요인이 되었다는 것이다. 이리하여 최근의 경제학에 있어서는 물가상승과 완전고용문제를 어떻게 조화시킬 것인가가 큰 과제가 아닐 수 없다. 그리고 1990년대 이후 2010년대 중반을 향해 달리고 있는 지금까지 각국은 경제침체라는 복병에 직면하면서, 경제회생을 기하면서 물가와 고용문제를 어떻게 해결할 것인가에 관심을 집중하고 있다.

둘째, 경제개발 및 성장에 따른 한 사회가 산업화됨에 따라 개개인의 물질적 복지는 향상되고 여유가 증대되었으나 그 이면에는 자연환경의 파괴, 자원고갈, 공해문제 등 생활환경의 파괴와 함께 인류의 생존을 위협하게 되었다. 따라서 지속적인 경제성장과 더불어 환경문제 역시 주요 관심대상이다.

셋째, 복지문제를 들 수 있다. 인간의 생활수준의 향상과 안정, 생활환경의 개선과 저소득 계층의 복지문제는 인간존립에 있어서 기본적인 것이며 경제학의 기본적인 범주에 포함시켜야 할 것이다.

넷째, 현대 자본주의경제가 국제화시대에 순조롭게 진행되기 위해서는 선진국간 혹은 후진국간의 다각적인 국제적 경제협조가 필요하다. 더구나 국제적인 경기상황은 국내경제에 직접적인 영향을 미친다고 볼 수 있다. 따라서 현대경제학의 과제는 이러한 국내외 경제문제를 어떻게 조정하느냐의 과제에 직면하고 있다.

따라서 이러한 경제학의 과제 해결은 결국 현대자본주의경제의 수정을 요하게 된다. 더구나 경제 전체에 정부부문 또는 공공부문의 비중이 높아지는 추세에 있고 계획경제적 요소의 도입도 비례적으로 확대될 것으로 보인다.

1.2 경제학의 성립과 발전

1) 경제학의 성립

(1) 성립

경제학이 근대과학으로서, 그리고 독립된 학문으로 체계화된 것은 18세기 중엽 이후 프랑스의 케네(Francois Quesnay, 1694~1774)를 중심으로 한 이른바 중농학파와 이들과 깊은 관련을 맺어온 애덤 스미스(A. Smith, 1723~1790)에서 시작되는 고전학파 경제학에서부터였다. 특히 애덤 스미스의 「국부론」(1776)에서부터 출발한다고 본다면 경제학의 역사는 약 200년이 넘었다고 볼 수 있다. 결국 경제학이 이론적으로 형성된 시기는 18세기 이후라고 하여도 과언이 아닐 것이다. 따라서 근대경제학의 성립은 근대국민국가의 성립과 때를 같이하고 있으며 결국 오늘날의 체계화된 경제학의 성격을 띠게 된 것은 16~18세기에 걸쳐 이루어졌다고 볼 수 있다.

(2) 중상주의

근대경제학의 역사는 중상주의에서부터 시작되었다고 할 수 있다. 중상주의사상은 대체로 15세기에서 18세기까지 유럽의 여러 나라들이 국제무역과 관련하여 주장한 명제와 정책을 일컫는다. 이는 스미스의 경제학에 많은 영향을 미쳤을 뿐 아니라 향후 경제이론의 체계에 기초를 제공했다는 점에서 중상주의 경제학의 역사적 의의를 부여할 수 있다.

중상주의자들의 주장은 한 국가가 부강해지기 위해서는 수출을 수입보다 많이 해야 한다는 것이었다. 이들에 의하면 한 국가가 금이나 은을 많이 보유하면 할수록 그 국가는 더욱더 부강해진다고 보았다. 따라서 정부는 수입을 억제하거나 규제하면서 수출을 촉진하는 모든 수단을 동원해야 한다는 것이다. 그런데 모든 국가가 동시적인 무역수지 흑자를 가져오기가 사실상 불가능하며 더구나 어느 시점에 있어서 세계의 금, 은이 고정되어 있으므로 결국 한 국가는 다른 국가의 희생 위에서만 무역수지 흑자를 가져오고 나아가 이익을 얻을 수가 있었다. 즉 중상주의자들은 철저한 경제적 민족주의자들로서 자국의 이익에만 충실하였던 것이다.

그런데 이러한 중상주의의 사고는 그 후 스미스, 리카도 등 고전학파 경제학자들에 의하여 비판을 받았으나 최근에 와서는 국내적 불황과 고실업율에 직면한 많은 국가들은 국내 생산과 고용을 진작시키고자 수입을 적극적으로 규제함과 동시에 수출을 장려하려는 신중상주의가 나타나고 있는 실정이다.

(3) 중농주의

중농주의란 그 이전에 지배적이던 중상주의에 대한 비판자로서 등장하게 되었다. 중농주의란 '자연의 지배', '인위적 지배'에 대항하는 자세를 의미한다. 즉 "되는 대로 방임하라, 세계는 스스로 운행된다"는 의미를 갖고 있다(Laissez faire, laissez passer le monde Va de luimere). 이러한 내용은 봉건주의의 속박을 타파하고 자유로이 발전하려는 공업자본가들의 요구와 합치되었다.

프랑스의 경제학자 케네는 당시 절대군주제의 구질서에 대항하여 경제적 자유주의, 자연주의를 주창하였다. 케네를 중심으로 한 그 학파에 속하는 사람을 피지오크러트(Physiocrat)라 하고, 경제학의 역사에서는 중농주의 학파(Physiocracy)라고 불리고 있다.

이 같은 중농주의의 자유경제사상은 18세기 후반부터 두드러지게 나타나기 시작한 신흥 시민계급들의 이념적 지주가 된 것이다. 이것은 곧 19세기에 형성된 근대적 산업자본주의의 사상적 배경으로 전개되었다. 케네를 위시한 중농주의자들의 사상의 기본적 바탕은 18세기에 대두하고 있던 자연철학이었다.

(4) 고전학파

고전학파 경제학이 학문적 체계를 갖추게 된 것은 스미스에 이르러서라고 할 수 있다. 스미스 이전의 중상주의나 중농주의 등의 경제사상은 학문으로서의 체계를 갖출 만큼 사회의 경제현상에 관한 체계적·통일적인 설명에는 못미치고 있었다.

스미스는 그의 저서 「국부론」에서 국부의 원천을 중상주의적 편견이나 중농주의적 한계에서 벗어나 보다 발전된 이론을 제시하고 있다. 즉 스미스는 부의 원천을 농업과 공업에 대한 생산적 노동에서 구하고 국부를 증진시키기 위해서는 노동생산력을 증대시켜야 하는데 이를 위해서는 분업을 촉진시키고 기계를 도입해야 한다는 것이다.

한편 스미스는 상인이 이기심에서 출발하여 자유방임주의적인 활동을 하게 되면 상인의 능력은 최대한도로 발휘되고 사회도 자연조화적으로 발전된다는 극단적인 개인주의적 국가관과 낙관적인 세계관을 기본으로 하고 있다. 다시 말하면 무수한 개인이 자기의 이기심에 따라 자유경쟁을 하게 되면 '보이지 않는 손'에 의해 사회 전체적 이익에 일치하는 방향으로 사회가 발전하게 된다는 것이었다. 결국 개인의 자유로운 활동이 최대한 보장될 때 국부가 증대하고 생산력이 향상되며, 국가권력의 경제에 대한 인위적인 간섭은 절대 배제되어야 한다는 자유방임주의적 경제사상을 출현시켰다.

스미스 이후 리카도(D. Ricardo, 1772~1823), 맬서스(T. R. Malthus, 1776~1834) 등을 거쳐 밀(J. S. Mill, 1806~1877)에 이르기까지 발전한 경제학을 고전학파 경제학이라 부른다. 고전학파 경제학은 산업혁명기를 전후한 영국 경제현실의 요청에 따라 자유주의적 경제사상을 경제정책에 적용하게 함으로써 영국의 근대화를 위한 하나의 이론적 지주로서의 역사적·실천적 의미를 지니고 있다. 또한 고전학파 경제학은 최초의 종합적·포괄적 경제체계로서 그 후의 경제학자는 한편으로는 이를 계승·발전시키면서 다른 한편으로는 이와 상반되는 새로운 경제학체계를 수립하는 데 중요한 초석이 되었다는 점에서 경제학설사상 의의를 부여할 수 있다.

고전학파의 대표적 이론가로서는 리카도를 들지 않을 수 없다. 리카도는 생산적 노동에 의해 생산된 부가 자본가, 노동자, 지주 사이에 어떻게 분배되는가를 면밀히 연구하였다. 리카도의 분배론은 생산과정에서 파생되는 까닭에 그의 경제학은 분배경제학인 동시에 생산경제학까지도 겸하고 있다고 말할 수 있다.

리카도가 자본가의 입장을 대변하는 이론인 데 반해 맬서스는 지주의 입장을 옹호하고 있다. 맬서스는 1798년에 인구문제에 관한 최초의 체계적인 연구인 「인구론」을 통해 빈곤의 원인을 인구증가에서 찾았다. 즉 빈민계층의 빈곤이 그들 자신의 무절제에 기인한 인구증가 때문이라고 주장하였다. 따라서 인구증가에 대한 억제수단으로서 맬서스는 '예방적 억제'와 '적극적 억제' 등의 방법을 들고 있다.

아무튼 맬서스의 인구론은 당시는 물론 오늘날에 이르기까지 큰 영향을 미치고 있으나 그의 '경제이론'은 리카도, 밀, 세이의 이론에 가려 큰 빛을 보지 못했다. 그러나 그의 이론은 1930년대의 대공황기에 나타난 케인즈의 유효수요이론의 선구가 되기도 하였다.

이와 같은 과정을 거쳐 발전한 고전파 경제학은 밀에 이르러 위기를 맞이한다. 즉 영국의 자본주의화가 진행됨에 따라 노동문제와 빈곤문제를 비롯한 여러 사회문제로 인하여 자본주의는 어두운 그림자를 맞이하게 되었다. 이에 따라 당시까지의 '보이지 않는 손'의 기능에 대한 낙관적인 견해에 다소 회의적인 분위기가 나타나기 시작하였다. 이와 함께 자연적 질서와 개인주의적 사상에 바탕을 둔 고전파 경제학이 해체의 길을 맞이하게 된 것이다. 자본주의 내부의 각종 현실적 문제를 걱정하면서 고전파경제학의 최후를 장식하고 그 해체를 이룩한 사람이 밀이다.

밀은 생산과 분배의 분리를 통해 '자연적 질서의 세계관'에 대한 믿음과 이를 용납하지 않는 현실을 조화시키려고 노력했다. 즉 생산은 기술적·자연적 과정으로서 자연적 질서에 영향을 받는 영역이나, 분배는 여러 가지의 사회제도 등에 의한 인위적인 행위에 의해 변화될 수 있는 분야라고 생각했다. 결국 이러한 관점은 스미스를 비롯하여 생산과 분배를 통합하여 하나의 통일된 이론체계를 형성하고 있던 고전파 경제학의 종말을 의미하는 것이기도 하다.

이상에서 스미스, 리카도, 맬서스 및 밀로 대표되는 고전학파 경제학의 주된 관심사는 장기적인 관점에서 경제발전에 관한 것이었고 경제발전의 원동력은 결국 자본축적이라고 하였으며 자본의 축적과 인구의 증가가 서로 관련하여 경제발전 및 성장문제를 다루고 있다고 할 수 있다.

(5) 역사학파

고전학파 경제학은 스미스, 리카도를 중심으로 맬서스, 밀, 벤담, 세이 등에 의해 완성되었고 당시의 주류경제학을 형성해왔지만 시대의 흐름에 따라 점차 많은 비판과 공격을 받기 시작하였다. 특히 독일의 역사학파에 의해 고전학파의 비현실성이 먼저 비난받기 시작하였다. 고전학파가 역사학파에 의해 비난받기 시작하였던 당시의 영국은 세계의 공장이었고 자본주의국가로서 부의 축적이 만족스럽게 진행되고 있었다. 또한 고전학파 경제학은 이러한 현실에 적합한 경제이론이기도 하였다. 그러나 이웃나라인 독일은 경제사정이 달랐다. 그 당시의 독일은 농업국의 지위를 벗어나지 못하고 있었고 영국 상품의 범람 때문에 공업이 육성될 기회마저 잃어가고 있었다. 이때를 배경으로 리스트(F. List, 1789~1846)를 비롯한 로셔, 힐데브란트, 크니스, 슈몰러, 브렌타노, 롬바르트, 베버 등 독일의 역사학파 경제학이 탄생하였다.

독일 역사학파의 선구자는 리스트이다. 그는 「정치경제학의 국민적 체계」(National System of Political Economy)에서 고전학파의 사고를 비판하고 무역에 있어서의 국가의 간섭, 독일의 관세동맹 등을 주장하였다.

리스트에 의하면 국가가 경유해야 할 단계는 다섯 가지가 있는데, 첫째 단계가 원시사회이고 그 후 목축, 농업, 농공, 농공상의 단계로 발전된다고 보았다. 여기서 농공상(農工商) 상태에 있는 영국은 자유무역이 타당하지만 아직 농공(農工) 상태에 있는 독일은 보호무역이 필요하다고 역설하였다. 즉 당시 독일 산업에 대한 보호관세정책의 요구를 정당화했던 것이다. 그 후 리스트의 입장에서 역사학파를 창시한 사람은 로셔(Wilhelm Roscher, 1817~1894), 힐데브란트(Bruno Hildebrand, 1812~1878), 크니스(Karl Knies, 1820~1898) 등이 있으며 이들을 총칭하여 구역사학파라고도 한다. 이들에 대해 구스타브 슈몰러(Gustav Schmoller, 1838~1917), 아돌프 바그너(Adolf Wagner, 1835~1915), 루요 브렌타노(Lujo Brentano, 1844~1931), 알버트 쉐플레(Albert Schuffle, 1871~1901), 크납(Geog Knapp, 1842~1926) 등은 고전학파나 그 당시에 유럽제국에 대두되었던 한계효용학파의 추상적 이론체계와 연역적 방법론에 반대하여 역사주의의 방법론을 철저화시키고 구체적인 각국 경제사의 실증적 연구로부터 귀납적 방법으로 경제법칙을 이끌어내는 동시에 다른 한편으로는 마르크스주의에 반대하여 사회문제를 해결하고자 시도하기도 하였는데, 이들을 신역사학파라고 일컫는다.

2) 경제학의 발전

(1) 근대경제학

근대경제학은 1870년대에 이르러 영국의 제본스(W. S. Jevons, 1835~1882), 오스트리아의 멩거(C. Menger, 1840~1921), 프랑스의 왈라스(L. Walras, 1834~1910) 등에 의하여 효용원리에 입각한 경제학이 수립됨으로써 시작되었다. 결국 과거의 경제학은 점차 빛을 잃고 근대경제학이 새로운 각광을 받으면서 새로이 경제학계를 지배하게 되었다. 근대경제학의 공통된 사고는 고전파의 노동가치설이나 생산비설에 대하여 한계효용가치설을 주장하였다. 즉 효용가치설에 입각하여 경제학의 전체계를 구성하였다. 근대경제학의 중추를 이루는 한계효용학파는 좁은 의미로는 멩거를 중심으로 하는 오스트리아학파를 가리키나 넓은 의미로는 1870년대 이후 근대경제학이 성립되는 시기의 모든 학설을 이에 포함시킬 수 있다. 여기서 한계효용학파에 의하여 대표되는 근대경제학의 일반적인 특징은, 첫째 초기의 근대경제학에 있어서는 주관적 가치설, 즉 효용가치론의 관점에서 경제학의 체계를 구성하려고 하고 있다. 둘째 고전파 경제학이 주로 총율 또는 평균율의 개념에 근거하는 데 반해 근대경제학은 한계율의 개념에 입각하고 있다. 셋째 고전파 경제학에서는 부의 생산과 분배가 중요시되었으나 근대경제학에서는 소비와 수요를 중시하였다. 넷째 고전파 경제학이 개인주의적인 경제학이면서 생산자적인 개인에서 출발한 데 대해 근대경제학은 소비자적인 개인에서 출발하여 소비자로서의 개인의 평가를 그 이론체계의 출발점으로 하고 있다. 다섯째 고전파 경제학이 경제의 역사적인 발전방향과 밀착되는 현실적·주체적·실천적 의미를 갖고 있는 데 반하여 근대경제학은 추상적인 이론중심으로 객관적·이론적 의미를 갖고 있는 경향을 띠고 있다.

(2) 신고전학파

신고전학파(Neo-Classical School)는 고전학파를 계승함과 동시에 근대경제학의 효용원리를 흡수하여 종합적 경제체계를 형성한 학파이다. 이 학파는 주로 마샬이 케임브리지대학에서 활동하는 가운데 그의 영향하에서 많은 훌륭한 학자들이 배출되었기 때문에 케임브리지학파(Cambridge School)라고도 하며, 그들의 의도가 고전파의 전통을 계승하여 1871년의 한계효용이론을 제창한 제본스의 영향을 받고 거기서 새로운 경제학 체계를 확립했다는 의미에서 신고전학파라고 일컫는다. 이 학파는 마샬(Alfred Marshall, 1842~1924)을 위시하여 그의 계승자 피구(A. C. Pigou), 케인즈(J. M. Keynes), 로버트슨(D. H. Robertson), 핸드슨(H. D. Handson), 챔벌린(E. Chamberlin) 등이 있으나, 케인즈 이후로는 케인즈학파가 나타나게 되었다.

마샬은 1890년 「경제학원리」(Principles of Economics, 1890)를 통해 신고전학파 경제학의 중추적 특질을 설명하고 있다.

마샬은 경제학을 인간생활상의 일상업무에 있어서 인간의 연구라 하여 인간의 개인적·사회적 행위 중 복지에 관한 물질적 요건의 획득 및 사용에 관한 것을 검토하는 것이라 정의했다. 그리하여 그는 '인간생활의 업무적 행위에 있어서 인간행위'의 동기를 화폐로서 측정함으로써 이와 같은 인간연구를 진행하려고 한 것이다. 또한 그는 이론 전개에 있어서 인간행위의 만족에 관한 수요이론을 전개하고, 이어서 인간행위의 희생에 관한 공급의 이론을 전개하였다. 즉 수요는 효용이라는 주관적 요인에 의존하며 공급은 생산비라는 객관적 요인에 의존한다는 것이다. 따라서 마샬의 가치이론은 효용가치설과 생산비용설의 양자를 종합한 것이라 볼 수도 있다.

마샬은 또한 수요·공급균형이론에 시간요소를 도입하여 시간을 최단기, 단기, 장기로 나누어 분석하고 있다. 즉 기간이 짧으면 짧을수록 가치에 대한 수요의 영향을 중시해야 하고 기간이 길수록 생산비의 영향을 중시해야 한다는 사실을 인정하고 있다. 그는 분배문제에 있어서도 시간의 요소를 도입함으로써 노사간의 계급대립을 절대적인 것으로 보지 않고 일종의 조화적인 것으로 보아 이론을 전개하고 있다. 즉 단기정상과 장기정상을 구별하여 단기에 있어서는 노동과 자본의 이익이 서로 대립하여 노동소득이 많아지면 자본소득은 적어지고, 반면에 자본소득이 많아지면 노동소득이 적어진다고 하는 서로 대립관계에 있다고 보았으나, 장기에 있어서는 이 문제가 달라지는 것으로 본다. 즉 장기에 있어서는 서로 조화적인 관계에 있으며 일정한 조건하에서 자본계급과 노동계급의 소득이 모두 증대하는 것으로 생각하고, 결국 빈곤의 문제는 해소될 수 있다는 것이다.

마샬경제학의 또 하나의 특징은 생물학의 과학적 방법론에 기초하고 경제학에 있어서도 유기적 성장이라는 사실에 착안하여 제개체는 성장이나 쇠퇴의 과정을 겪으면서 서로 영향을 받는 복잡한 상호의존관계에 있다는 것이다. 또한 유기적 성장에 입각해서 경제학은 동태론이며 정태론은 동태론의 일분야에 불과하다고 하였다. 더구나 마샬의 「경제학원리」 가운데 '수요, 공급 및 가치의 일반관계'를 논함에 있어서 부분균형이론을 전제하고 있다. 즉 일반균형이론을 비현실적이라 배제하고 부분균형이론을 전개하였다.

마샬경제학이 빅토리아시대에서 제1차 대전까지 영국 자본주의를 대상으로 하는 데 대하여 피구경제학은 제1차 대전이 끝날 무렵의 영국 자본주의를 대상으로 하고 있다. 피구의 「후생경제학」(Economics of Welfare, 1920)이 출간되었을 당시 영국 자본주의의 패권이 동요되기 시작하였다. 즉 금융의 중심지가 런던에서 뉴욕으로 옮겨지는 등 제1차 대전으로 말미암아 자본주의의 주도권이 영국에서 미국으로 넘어가기 시작하였다. 이러한 시대적 배경에 호응하여 경험적인 실천이론으로서 피구의 경제학이 형성된 것이다.

피구는 그의 저서 「후생경제학」에서 사회적 후생의 극대화문제를 국민소득분배분의 극대화라는 문제로 생각했고, 그 국민분배분의 극대화는 국민분배분의 증대, 균등, 안정에 의하여 달성된다는 전제하에 다음 세 가지 명제를 주장했다. 여타의 사정이 동일한 한 i) 국민분배분의 크기의 증가는 경제적 후생을 증대시키는 경향이 있다. ii) 국민분배분 중 빈자에 귀속하는 비율의 증가는 경제적 후생을 증대시키고, iii) 국민분배분의 안정성 증대는 경제적 후생을 증대시키는 경향이 있다는 것이다.

그러나 피구는 경제의 동력을 주로 개인의 이기심에서 구하고 있는 점에서 완전히 고전학파의 전통을 이어받고 있으나 정책적으로는 고전학파의 자유방임에서 다소 벗어나고 있다. 즉 독점 및 독점적 경쟁은 자원의 최적배분을 방해한다고 보고, 적절한 규제가 필요하고 정부의 정책을 통해 경제적 후생증진과 완전고용이 실현된다고 생각했다.

(3) 케인즈 경제학파

케인즈학파는 케인즈(J. M. Keynes, 1883~1946)의 「일반이론」(1936)이 발표된 후부터 형성되었다. 케인즈가 활동하던 시대, 특히 1920~1930년대는 자본주의 경제가 대량의 실업에 직면하였고, 유효수요의 부족으로 경제불황이 광범위하게 나타났다. 이에 대해 당시의 신고전학파는 자유방임이 보장되어 있는 한 완전고용이 자동적으로 이루어진다고 보았지만 현실적으로는 그러하지를 못했다. 결국 케인즈의 사상은 자유방임이 종말을 고했다는 것과 불완전고용이 일반적인 경제현실이라는 것에 있었다.

케인즈는 자본주의 경제의 위기를 배경으로 하여 경제가 반드시 자동적으로 완전고용을 실현할 수만은 없다는 사실을 명백히 하고 따라서 실업에 대한 케인즈적 처방은 정부의 적극적 개입, 즉 적절한 경제정책에 의해서 해결될 수 있다는 사실을 밝혔다. 그리하여 케인즈는 「일반이론」에서 고전파의 이론적인 기초를 이루고 있는 세이법칙을 부정하며, 나아가서는 고전파의 완전고용이론을 비판하게 되었다. 즉 고전파가 이론화한 그 시대의 자본주의 경제의 현실에서는 세이법칙에서와 같이 공급은 그 자체의 수요를 창조하기 때문에 고용의 길은 얼마든지 존재하여 노동자도 일자리를 쉽게 구할 수 있었다. 따라서 완전고용을 가정하는 것은 경제사회의 일반적인 현실이었다. 그러나 케인즈시대에 와서는 공급은 그 자체의 수요를 창조하지 못하여 노동자가 일하고 싶어도 일자리를 쉽게 구할 수 없게 된, 이른바 불완전고용상태가 일반적인 경제사회였다.

그런데 고전파의 이론과 케인즈이론의 결정적인 차이는 전자가 실업의 원인을 임금의 상승에 있다고 한 반면, 후자는 그 원인을 유효수요의 부족에 있다고 본 것이다. 여기서 생각하는 케인즈의 유효수요는 개별적 기업이나 개인의 수요가 아니고 국민경제 전체의 총수요를 의미하는데 유효수요는 소비수요와 투자수요의 두 요인에 의하여 결정된다고 보았다. 그런데 총수요는 대개 총공급에 따르지 못하는 것이 일반적이라는 것이다.

개인은 그 소득을 모두 소비재 수요로 돌리지 않고 일부를 빼돌려서 저축을 하게 되는데 저축부분 만큼 소비재에 대한 유효수요가 줄어드는 셈이다. 따라서 가능한 한 국민소득의 증가액과 소비의 증가액과의 갭을 메울 수 있는 신투자가 없는 한 유효수요의 총액은 완전고용수준을 실현하는 데 필요한 크기에 미달하게 되고 나아가 비자발적 실업이 발생하게 된다는 것이다.

유효수요를 형성하는 소비수요나 투자는 고용량을 결정하고 나아가서 국민소득을 형성하는 데 주된 요인이 되고 있다. 여기서 소득은 직접적으로 투자의 결과를 나타내는 총생산량에 의해서 결정된다. 그런데 투자의 변동이 소득에 어떠한 효과를 나타내는가를 밝히는 것이 바로 투자승수이다. 사실 케인즈가 전개한 것이 바로 이 투자승수이론이다. 여기서 케인즈의 투자승수와 클라크(J. M. Clark)나 아프탈리옹(A. Aftalion, 1874~1956)의 가속도원리를 결합시켜 케인즈이론의 동태화를 시도한 사람은 케인즈학파의 사무엘슨과 힉스이다.

다시 케인즈에 의하면 투자는 이자율과 비교한 한계효율에 의하여 결정된다고 보았다. 즉 투자의 한계효율이 이자율보다 높은 한 투자는 계속될 것이다. 그러나 점점 자본의 한계효율이 떨어져서 이자율과 동등하게 되면 투자는 멈추게 될 것이다.

케인즈경제학은 제2차 대전 후 대부분의 선진자본주의 국가에 있어서 현실 경제정책에 많이 활용되었다. 특히 케인즈학파의 이론적 발전으로서 케인즈체계의 장기화, 동학화, 불균형국면의 분석 내지 변동과정의 분석 등이 활발히 전개되었다. 다시 말하면 정학적 균형분석이라는 케인즈의 본질을 보존하면서 장기의 불황을 설명하려고 하는, 이른바 한센의 장기정체론 등으로 내용이 전개되었다. 더구나 1950년대 이후 사무엘슨(P. A. Samuelson, 1915~), 솔로(R. Solow, 1924~) 등에 의한 신고전학파 종합이 나타났다.

(4) 신케인즈학파(현대경제학)

케인즈의 일반이론은 1930년대의 세계적 대불황을 경험하는 가운데 전통적 경제학에 커다란 영향을 미쳤다. 물론 케인즈이론 체계에 대한 비판이 있었던 것도 사실이다. 즉 생산기술이 일정한 것으로 가정되어 있고 생산설비 등의 확장·수출에 따른 동태적 측면이 무시되고 있고 더구나 단기적인 시각에서 출발하였으며 이것들에 대한 반성이 행해지면서 케인즈학파가 발전해갔다. 특히 케인즈 이후의 경제학자들은 단기적·정태론적 성격을 갖고 있는 케인즈의 일반이론을 장기적·동태적 시각에서 분석하려고 하였다. 일반이론 이후의 이와 같은 이론의 발전 방향을 신케인즈학파라 부르며 그 내용을 간단히 살펴보기로 한다.

첫째, 케인즈의 이론이 동태적 요소를 전혀 포함하고 있지 않거나 또는 정학적 영역을 벗어나지 못하고 있다는 사실을 비판하고 케인즈의 체계를 동학적 모형으로 구성하여 이론을 정밀화하고 동학화의 길을 개척한 사람들로서 미드(J. E. Meade), 랑게(O. Lange), 사무엘슨 및 힉스, 해로드(R. F. Marrod) 등을 들 수 있다. 특히 사무엘슨에 의한 "승수와 가속도원리"의 결합에 의한 거시동태론의 형성은 중요한 의미를 갖고 있다. 케인즈의 승수이론이 투자가 소득 및 소비에 미치는 영향을 설명하는 데 대하여, 가속도원리는 소득이 투자에 미치는 파급효과를 보여주므로 양자를 합하고 거기에 시간요소(time lag)를 고려하면 경제변동의 누적적·순환적 과정을 설명할 수 있다. 사무엘슨과 힉스의 경기이론은 이 분야에 많은 기여를 하였다.

둘째, 경제성장론의 대두를 들 수 있다. 자본설비 및 기술수준이 일정한 것으로 간주하는 케인즈의 일반이론이 단기분석에 그쳤을 뿐 아니라 한센(A. H. Hansen)에 의하면 인구증가율의 감퇴, 미개척지의 소멸, 자본 흡수적인 기술적 발명의 정체 등으로 인하여 새로운 투자기회를 찾기 어렵고 더구나 자본부족으로 인하여 완전고용을 보장하기 어렵게 되었다고 주장한다. 그러나 투자는 승수효과뿐만 아니라 자본설비의 증대라는 장기적 관점에서 생산력 효과가 고려되어야 할 것이다. 이러한 측면을 케인즈의 일반이론에 도입한 것이 이른바 해로드와 도마(E. D. Dormar)의 경제성장론이다. 결국 해로드의 이론이나 도마의 이론은 케인즈체계를 장기화 및 동학화하려는 시도였다고 볼 수 있다.

셋째, 근대 경제학이론이 정태적이고 추상적인 이론에서 동태적이고 구체적인 이론으로 발전하여 감에 따라 여기에서 경제학, 수학, 통계학을 통합하여 보다 구체적이고 실증적인 경제분석을 시도하려는 노력에서 계량경제학이 나타났다. 더구나 제2차 대전 후 대부분의 자본주의 국가에서는 국제경제에 정부의 적극적인 개입이 시도되었고, 정확하게 경제를 예측하고 정책의 효과를 측정하는 주요 도구로서 계량경제 모델이 작성되고 따라서 이에 대한 연구가 경제학자 및 정책당국자에 의해서 추진되기 시작하였다. 특히 케인즈이론에서 나타나는 소비함수, 투자함수 등에 대한 실증적 분석이라든가, 듀젠베리(J. S. Duesenberry)의 상대소득가설, 프리드만(M. Friedman)의 항상소득가설, 토빈(J. Tobin)의 유동성자산가설 등도 역시 계량경제의 측면에서 시도되었다.

(5) 공급경제학

1970년대에 들어 자본주의경제는 높은 실업률과 동시에 물가가 상승하는 스태그플레이션(stagflation) 현상과 함께 저생산성, 자원부족 등 종전의 케인즈적인 처방으로는 자본주의의 현실경제문제를 해결할 능력을 상실하게 되었다. 이것은 결국 자본주의 경제의 지속적 발전을 위해서는 지금까지의 케인즈적인 수요 중시의 경제학에서 공급측면을 중시하는 경제시각의 전환을 요구하게 되었고 이에 따라 나타난 것이 공급중시경제학이다. 공급경제학의 대표적 학자는 래퍼(A. Laffer) 펠드슈타인(M. Feldstein), 먼델(R. Mundell) 등이다.

1970년대 이후 미국의 경우 높은 실업률과 인플레이션 하에서 과도한 재정지출로 인하여 재정적자가 누적되기 시작하였다. 아울러 개인이나 기업에 있어서는 조세부담이 가중됨에 따라 전반적인 생산성 둔화와 경제자원의 비효율화가 나타났다. 또한 수요관리정책은 현실경제의 문제를 해결해주지 못했다. 이에 대해 공급경제학은 공급면을 중시하고 장기적인 관점에서 경제의 공급능력의 강화와 인플레이션 억제, 시장기능의 역할을 강화하면서 각종 조세상의 제도개혁을 주장하였다. 왜냐하면 공급경제학은 경제의 제변수를 결정하는 데 있어서 수요의 측면보다는 공급의 요소를 중시하고, 따라서 공급능력에 영향을 미치는 주요변수로서 조세체계를 고려하였던 것이다. 가령 개인소득세율 인하는 근로의욕을 진작시키고 저축률을 높이는 동시에 기업에 대한 세제상의 혜택은 투자활동을 강화시킨다는 것이었다. 또한 자본주의 경제가 고실업률, 인플레이션, 저생산성의 문제에 직면하게 된 근원은 시장경제운용에 대한 정부의 지나친 간섭이라 보고, 한편 정부의 지나친 소득재분배정책은 사회보장제도의 일반화를 초래하고, 이는 근로자들의 근로의욕을 약화시킨다는 것이다. 즉 성장과 경제의 효율화를 분배의 평등화에 우선시키려는 시도가 엿보인다. 따라서 공급경제학은 고전파 경제학의 재시도의 인상을 준다. 다만 공급경제학이 정부의 재정정책, 특히 조세라는 변수를 뚜렷하게 부각시키고 있다는 점에서 고전파 경제학과 차이를 이룬다고 보고 있다. 공급경제학의 핵심은 래퍼곡선으로서, 래퍼는 세율의 변화가 경제주체들에 미치는 영향을 중시하고, 따라서 세율과 세수의 상관관계에 착안하여 이론을 전개하였다.

공급측면의 경제학을 실험하는 정책의 가장 중요한 테스트가 바로 감세→세수적자의 문제에 놓이게 된다. 여기에 그간 공급측이론의 지주로 널리 논의되어온 소위 래퍼곡선의 이론이 있다.

1.3 가격기구와 경제체제

1) 자원배분과 기격기구의 기능

현실경제에서 자원은 한정돼 있는 바 그것을 어떻게 효율적으로 배분하는 문제가 등장한다. 가장 이상적인 자원배분방식이 가격기구에 의한 것으로 통용되고 있다. 즉 어떤 가격수준에서 공급량이 수요량을 초과한다면 가격이 하락하여 공급이 억제되고 수요가 촉진되어 결국 수요와 공급이 일치되게 된다. 만약 수요량이 공급량을 초과한다면 반대의 과정을 통해 수요·공급이 일치되게 하는 조정과정을 가져온다. 가격이란 매개변수를 통해 수요·공급의 일치, 아울러 자원의 분야별 재배분이 일어나는데, 그러한 사회조직을 가격기구 또는 시장기구라고 부른다. Alfred Marshall은 가격의 매개변수적 기능을 설명하고자 공급곡선과 수요곡선을 소재하였다.

2) 시장과 가격기구

자본주의경제(자유경제라고도함)에서는 각 경제주체들이 각자 자유로운 의사결정을 통해 경제활동을 행하는 동시에 시장을 매개로 경제활동을 수행하고 있는 것이다. 여기서의 시장이란 영등포 수산시장 등 특정한 장소만을 지칭하는게 아니라, 기업이나 개인들이 어떤 재화를 사고 팔기위해 만나는 추상적 장소까지 포함한다. 어떤 시장이든 수요자 및 공급자들이 있고, 심지어 브로커나 대리인들도 있을 수 있다. 그들이 재화를 사고 파는 과정에서 재화가격이 결정되고 아울러 재화의 거래량이 결정된다.

어떤 재화든 수요와 공급의 상호작용에 의해 그 가격이 결정되며, 그 가격수준에 따라 공급자들은 어떤 재화를 얼마만큼 생산할 것인가를 결정한다. 생산자들은 시장에서 결정되는 가격이 원가를 초과해서 이윤이 발생한다면 생산량을 늘이게 될 것이고, 가격이 원가를 하회해서 손해가 발생한다면 생산량 즉 공급량을 줄이게 될 것이다. 물론 생산자들은 그 재화를 생산할 때 생산원가가 최소화되도록 값싼 생산요소를 많이 쓰거나, 값비싼 생산요소를 적게 사용하는 생산방법을 택할 것이다.

결국 각 생산.공급자들이 자신의 이익이란 원칙에 따라 가장 이윤이 높은 재화를 생산하는 것이 바로 그 사회가 필요로 하는 재화를 생산하는 것이되고, 이윤률을 높이고자 생산비를 줄이고자 하는 것은 값싼 풍부한 자원을 많이 사용하고, 값비싼 희소한 자원을 가급적 적게 사용하는 것을 통해 결과적으로 자원배분이 합리적으로 이루어진다.

이처럼 시장에서 수요.공급에 의해 가격이 결정되고, 그 가격을 기준으로 소비자는 수요량을, 공급자는 공급량과 생산방식을 결정하게 하는 총체적 기구를 가격기구(price mechanism) 또는 시장기구(market mechanism)라고 하는데, 자본주의 경제는 이러한 가격기구에 의해 희소한 자원을 효율적으로 배분하게 된다.

1.4 자원배분과 경제체제

경제는 인간생활의 기초를 이루고 있는 생활에 필요한 물적 욕망을 원활히 그리고 효율적으로 충족하는 데 그 목적이 있다. 따라서 이러한 목적을 위하여 경제체제 여하를 막론하고 자원배분, 소득분배, 환경 등의 문제를 국민경제사회의 기본과제로 삼고 있다. 어떤 경제사회든 이들 문제를 합리적이고 슬기롭게 해결할 수만 있다면 국민들의 경제적 복지는 증대되고 그 사회를 지지하는 제도 혹은 체제는 훌륭하다고 할 수 있다. 반면 이들 문제의 해결이 원활하지 못하면 국민의 경제적 복지는 그만큼 줄어들 것이고 나아가 그 경제사회는 좋은 경제체제를 갖고 있다고 볼 수 없는 것이다.

그런데 경제체제 여하를 막론하고 어떤 형태로든 해결하여야 할 기본적 과제가 있다. 즉 그것은 자원배분문제이다. 그것을 구체적으로 살펴보면 첫째, 무엇을 얼마만큼 생산할 것인가? 둘째, 생산을 하되 어떠한 방법으로 자원을 결합할 것인가? 셋째, 누구를 위하여 생산할 것인가가 그것이며, 결국 이 세 가지 문제가 1국의 기본경제문제로 된다. 경제체제(economic system)란 이 같은 세 가지 기본 문제를 해결하는 사회의 제도적 체계를 말한다.

일반적으로 경제체제를 구분하는 기준이 되는 것은 생산수단의 소유관계와 자원의 배분방법이다. 공장, 기계, 도구, 토지 등 중요한 생산수단의 사적 소유와 자유시장경제의 원리를 기초로 운영되는 경제가 자본주의경제이고, 생산수단의 공동소유와 계획경제의 원리에 기초하여 경제활동이 수행되는 체제를 사회주의 경제라 한다. 한편 자본주의경제는 경제자원이 시장의 가격기구를 통해 이루어진다는 의미에서 시장경제(market economy)라고도 하며, 사회주의경제는 중앙계획당국이 정책결정자의 일방적인 의사결정에 따라 편성된 경제계획에 의해 행정적으로 자원배분이 이루어진다는 의미에서 계획경제(planned economy) 또는 명령경제(command economy)라고도 부른다.

자본주의경제는 기술적·사회적으로 독특한 성격을 지닌 역사적 제도이다. 중세나 근세의 초기까지만 해도 사람들은 주로 농촌을 중심으로 생활했고 자급자족적인 경제생활이 주종을 이루고 있었다. 이 사회에서의 생산자들은 주로 소규모의 생산자들로서 상당한 독립성을 유지하였을 뿐 아니라 물품의 교환 자체도 매우 제한되어 있었다. 그러나 현대 자본주의사회 하에서는 그 같은 독립성은 찾아보기 어렵다. 공장제도하에서 타인에 의존하지 않는 생산은 상상조차 할 수 없는 일이기 때문이다. 가령 철강공장에서 일하는 근로자들은 자신의 기계나 도구를 소유하지 않는다. 따라서 그는 혼자서는 아무 것도 생산해낼 수 없다. 다만 그는 수많은 사람들에 의해 수행되고 있는 일 중의 극히 일부를 담당할 뿐이다. 이와 같이 자본주의경제는 또한 분업의 원리를 충분히 활용하고 있다.

경제체제의 순수한 기본형은 자본주의경제와 사회주의경제로 구분되나 현실에서는 각국이 다른 체제의 장점을 받아들여 정도의 차이는 있으되 혼합경제(mixed economy)체제를 택하고, 더구나 최근에는 양 체제가 다같이 최적체제를 지향하여 체제개선을 도모하고자 하는 체제수렴론이 대두되고 있는 추세이다.

제 2 장

수요와 공급

2.1 수요와 수요함수
2.2 공급과 공급함수
2.3 시장의 균형가격결정
2.4 균형가격의 안정성

본장에서는 경제분석에 있어서 가장 중요한 수요와 공급의 개념과 균형가격의 결정원리를 다루고자 한다. 자본주의경제에 있어서 가격기구는 생산과 소비, 생산방법, 자원의 배분 등 경제의 기본문제를 결정짓는다. 그런데 이 가격은 다시 수요와 공급에 의하여 결정된다는 사실을 감안할 때 수요와 공급의 원리를 철저히 이해한다는 것은 앞으로의 경제학 연구에 매우 중요하다고 할 수 있다.

2.1 수요와 수요함수

1) 수요란 무엇인가

어떤 재화나 용역에 대한 수요(demand)란 소비자들이 구입하고자 하는 재화의 량 또는 용역의 량을 의미한다. 여기서 수요량이란 일정시점의 구매를 의미하는 것이 아니라 어떤 기간 동안에 이루어지는 구입량을 뜻한다. 가령 수요량이 일주에 책 1권, 1개월에 5권, 1년에 50권 등으로 기간을 명시해야만 비로소 그 의미가 명확해질 수 있는 유량(flow)개념이다.

그런데 수요는 개별수요와 시장수요로 구분되는데 전자는 소비자 각 개인의 수요를 말하며 후자는 시장전체의 수요를 의미한다. 즉, 시장수요는 개별소비자들의 수요가 상호 독립적 이라고 가정 할 때 개별수요의 수평적 합계(horizontal summation)에 의해 구할 수 있다.

2) 수요의 결정요인

어떠한 재화의 시장수요에 영향을 미치는 요인에는 대체로 다음과 같은 것들이 있다.

첫째, 어떤 재화의 가격이 상승하면 그 재화에 대한 수요는 감소하고 반대로 가격이 하락하면 그 재화에 대한 수요는 증가한다. 즉 수요는 가격에 영향을 받는다.

둘째, 수요량은 소득수준에 의하여 영향을 받는다. 즉 일반재의 경우 소득이 증가하면 수요가 증가한다. 그러나 열등재와 같은 특수한 경우에는 소득이 증가할수록 오히려 수요가 줄어드는 경우도 있다.

셋째, 다른 재화들의 가격에도 영향을 받는다. 가령 두 재화가 대체재(substitute goods)인 경우에는 한 재화의 가격이 상승하면 다른 재화의 수요는 증가한다. 또한 두 재화가 보완재(complementary goods)일 경우에는 보완재의 가격상승은 그 재화의 수요를 감소시킬 것이다. 그런데 어떤 의미에서 생각하면 거의 모든 재화는 다른 재화와 대체 또는 보완관계에 있다. 결국 어떤 재화에 대한 수요는 다른 재화의 가격이 변함에 따라 영향을 받는다고 할 수 있다.

넷째, 재화의 수요량은 소비자들의 기호(taste) 혹은 선호의 변화에도 영향을 받는다.

다섯째, 일반적으로 인구가 증가하면 재화에 대한 수요가 증가한다.

여섯째, 어떤 재화의 가격변동에 의한 소비자들의 예상(expectation)도 소비자들의 수요에 영향을 미친다. 즉 가격이 앞으로 오를 것이라고 예상하면 현재의 수요가 증가할 것이나, 장래에 가격이 하락할 것이라고 예상한다면 그 재화에 대한 현재의 수요는 줄어들 것이다.

일곱째, 수요는 광고에 의해서도 영향을 받는다. 즉 현대의 생산자들은 여러 광고매체를 통해 소비자들의 수요를 환기시킨다.

위에서 제시한 요인들 외에도 생산기술의 변화, 소득분포, 소비자들의 문화수준, 경기전망, 정치적 요소 등 어느 재화에 대한 수요를 결정하는 요인은 무수히 많다.

3) 수요함수

어떤 재화에 대한 수요함수(demand function)는 그 재화에 대한 수요와 그 재화의 수요에 영향을 미치는 요인들과의 사이에 존재하는 함수관계를 말한다. 그런데 지금까지의 논의에서 우리는 어떤 재화에 대한 수요요인들이 수요에 영향을 미치고 있지만, 그러한 요인들을 모두 포함하는 수요함수를 구성한다는 것은 사실상 불가능하므로 일반적으로 대략 측정이 가능한 범위 내의 요인들로써 수요함수를 정의하게 된다.

어떤 상품 n재에 대한 수요량을 D_n이라 하면 n재에 대한 수요함수는 다음과 같이 표시된다.

$$D_n = f(P_n, I, P_1, \cdots, P_{n-1}, T, N, E, A) \tag{2.1}$$

여기서 P_n은 n재의 가격, I는 소비자의 소득, $P_{1,} \cdots, P_{n-1}$은 n재 이외의 다른 재화의 가격, T는 소비자의 기호, N은 인구수, E는 소비자들의 예상, A는 광고선전을 나타낸다. 그런데 그와 같은 많은 요인들을 고려하여 수요함수를 분석하기란 매우 어려울 것이다. 더구나 D_n에 영향을 미치는 요인 중에서 가장 직접적이고 영향이 큰 것은 그 재화의 가격(P_n)인 반면, 나머지 요인들이 수요량에 영향을 미치는 정도는 비교적 약하고 간접적이라 할 수 있다. 특히 마샬은 가격결정의 자원배분관계를 중심적으로 고찰하고자 '다른 조건은 일정'이란 가정을 도입하기도 하였다. 따라서 어떤 재화에 대한 수요량의 크기와 그 재화의 가격

사이의 관계를 좀더 명확하게 분석하고자 해당 재화의 가격 이외의 다른 요인들을 일정하다고 가정하면 식(2.1)의 D_n은 P_n의 함수로 표시할 수 있다. 즉,

$$D_n = f(P_n) \tag{2.2}$$

이와 같이 여타의 다른 요인들이 일정할 때 가격과 수요량 사이의 함수관계인 수요함수를 식(2.2)와 같이 간단히 표시할 수 있다. 그런데 가격에 대한 수요량의 반응은 일반적으로 가격이 오르면 수요량이 감소하고 가격이 내리면 수요량이 증가한다. 수요에 관한 이러한 현상을 '수요의 법칙(law of demand)'이라 한다.

4) 수요표와 수요곡선

[표 2-1]에서 표시된 운동화에 대한 수요표를 그래프로 나타낼 수 있다. 즉 운동화 가격을 종축에, 이에 대응한 운동화에 대한 수요량을 횡축에 나타내어 [그림 2-1]에서와 같이 표시할 수 있다. 이러한 점들을 연결하는 곡선을 '수요곡선'(demand curve)이라 한다.

표 2-1 운동화에 대한 수요량

	가격(운동화 1켤레당) (단위: 원)	수요량(연간) (단위: 10,000)
A	2,000	10
B	3,000	8
C	4,000	6
D	5,000	4
E	6,000	2

여기서 수요곡선이 [그림 2-1]에서처럼 우하향의 형태를 취하고 있다. 그것은 높은 가격에서는 수요량이 적고, 낮은 가격에서는 수요량이 많아지기 때문이다. 특히 높은 가격에서 수요량이 줄어드는 이유는 대체재 즉 다른 상품의 구입이 상대적으로 유리하거나 가격이 낮을 때보다 매매소득이 상대적으로 줄어들기 때문이라 볼 수 있다. 반대로 가격이 낮을 때 수요량이 늘어나는 이유는 대체재에 비하여 이것을 구입하는 것이 상대적으로 유리하게 될 뿐만 아니라 가격의 하락으로 매매소득이 상대적으로 증가하기 때문이다.

그림 2-1 운동화에 대한 수요곡선

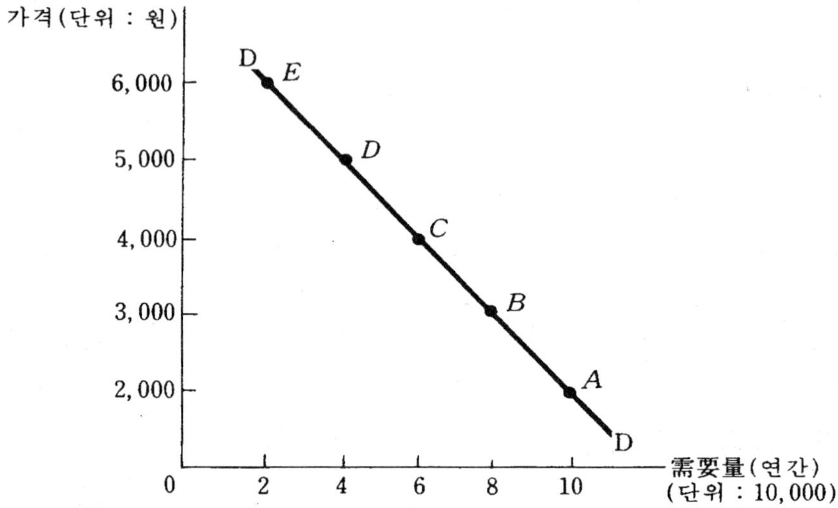

수요곡선은 우하향하는 형태를 가진다. 그것은 높은 가격에서는 수요량이 적고 낮은 가격에서는 수요량이 많아지기 때문이다.

5) 수요의 변화와 수요량의 변화

지금까지는 운동화의 수요함수에서 운동화의 가격을 제외한 다른 모든 요인들이 일정하다는 가정 하에서 운동화의 가격변동에 따른 운동화의 수요량변동을 고찰하였다. 다른 요인들이 모두 일정할 때의 가격 변동과 수요량변동과의 관계는 한 수요곡선 상에서의 수요량의 증감으로 표시된다. 그러나 만약 지금까지 불변이라고 가정했던 여러 요인들이 변동한다면 수요곡선의 이동(shift)현상이 있을 것이고, 이것을 수요의 변화라고 한다.

따라서 한 수요곡선상이 움직임은 어떠한 상품가격의 변동에 의한 효과를 보여주는 것이고 수요곡선전체가 이동하는 것은 다른 변수가 변했을 때의 효과를 나타낸다. 가령 일정하다는 가정에 묶여 있던 소득이 증가 했다고 하자. 이에 따라 각 가격수준에서 재화의 수요량이 종전보다 증가할 것이다. 가령 [표 2-2]에서와 같이 각 가격수준에서 새로운 수요량이 종전의 수요량보다 증가하였다. 이 새로운 수요량을 그림으로 표시하면 [그림 2-2]와 같다.

즉 원래의 수요곡선이 우측으로 이동된다($DD \to D'D'$). 이와 같이 수요곡선의 이동으로 인하여 종전과 동일한 가격수준에서 수요되는 상품의 양이 변할 경우

이를 '수요의 변화'라 한다. 이에 반해 수요곡선 자체에서는 하등의 변화가 없이 가격수준의 변화에 따라 주어진 수요함수, 즉 $D_n = f(P_n)$에서 가격의 등락에 따른 수요량의 증감을 의미하는 '수요량의 변화'는 주어진 수요곡선 상에서의 이동을 의미한다. 한편 가계의 소득이 증가하였을 때는 그 재화가 하급재가 아닌 한 수요곡선은 우측으로 이동될 것이다. 또한 인구증가, 향후 재화가격 상승에 대한 예상 등도 역시 수요곡선을 우측으로 이동시킬 것이고 보완재의 가격상승의 수요곡선을 우측으로 이동시킬 것이고 보완재의 가격상승은 수요곡선을 좌측으로 이동시킬 것이다.

표 2-2 소득변화에 따른 운동화에 대한 수요변화

	가격 (운동화 1켤레당) (단위 : 원)	평균가계소득이 월 70만원일 때 운동화 수요량(연간) (단위 : 10,000)	평균가계소득이 월 100만원일 때 운동화 수요량(연간) (단위 : 10,000)	
A	2,000	10	12	A'
B	3,000	8	10	B'
C	4,000	6	8	C'
D	5,000	4	6	D'
E	6,000	2	4	E'

그림 2-2 소득변화에 따른 수요곡선의 이동

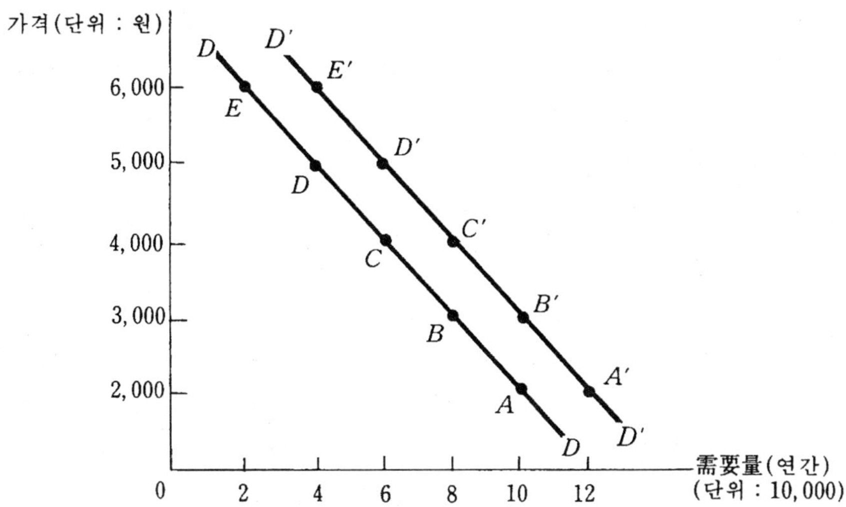

소비자의 소득, 기호 등이 변화하면 수요곡선이 이동한다.

2.2 공급과 공급함수

1) 공급이란 무엇인가

공급(supply)이란 일정한 특정가격수준에서 생산자가 판매하고자 하는 재화와 용역의 량을 의미한다. 여기서 공급량이란 일정시점의 판매량을 의미하는 것이 아니라 어떤 기간동안에 이루어지는 판매량을 뜻한다. 앞 절에서 설명한 수요량과 마찬가지로 유량(flow)개념이다.

그런데 공급은 개별공급자의 공급과 시장전체의 공급으로 구분할 수 있는데 전자는 개별 생산자의 공급을 의미하며 후자는 시장전체의 공급을 의미한다. 이때 개별공급의 수평적 합계로서 시장공급을 구할 수 있다.

2) 공급의 결정요인

공급에 영향을 주는 요인은 무수히 많이 존재한다. 그러나 이론의 단순화를 위해 중요한 몇 가지를 요약하면 다음과 같다.

첫째, 한 재화에 대한 공급은 그 재화의 사장가격에 의존한다. 어떤 재화의 가격상승은 그 재화를 생산하는 기업의 이익이 증가할 것이므로 그 재화의 공급량이 증가할 것이다. 그리고 가격의 하락은 그 반대의 현상이 나타날 것이다.

둘째, 한 재화의 공급은 다른 재화들의 가격변동에 영향을 받는다. 가령 한 재화의 가격은 일정한 데 반해, 다른 재화의 가격이 상승한다면 가격이 일정한 재화의 생산을 줄이고 가격이 상승하는 재화생산을 증대시켜야 할 것이다. 따라서 다른 재화의 가격이 상승함에 따라 가격의 상승이 없는 재화의 공급은 감소된다.

셋째, 한 재화의 공급은 그 재화를 생산하는데 필요한 생산요소의 가격에 영향을 받는다. 즉 어떤 재화생산에 필요한 생산요소의 가격상승은 생산비의 증가와 이윤의 감소를 초래하므로 생산자들은 공급을 줄일 것이고 반대로 생산요소의 가격하락은 재화의 공급을 늘릴 것이다.

넷째, 기술진보에 의해서도 한 재화의 공급은 영향을 받는다. 재화생산 기술수준의 향상은 기계 1단위당 생산량의 증대를 가져와 일반적으로 기업이윤이 증가할 것이므로 기업은 그 재화의 공급을 늘릴 것이다.

다섯째, 한 재화의 공급은 기업의 목표에 의해서도 영향을 받는다. 통상 경제학에서는 기업의 목표를 이윤극대화에 있다고 가정하고 기업의 행동원리를 분석한다. 그러나 근래에 와서는 이윤의 추구가 기업의 유일한 목표라고 하는 이윤극대화가설을 비판하는 새로운 이론들이 등장하고 있다. 즉 기업은 이윤보다는 판매액을 극대화하려는 판매액극대화가설, 풀코스트원리, 만족수준의 이윤만을 추구한다는 만족이익가설 등이 그것이다. 따라서 기업의 가치관 내지 목표에 따라 재화의 공급은 크게 영향을 받는다.

3) 공급함수

위에서 기업의 공급에 영향을 미치는 요인들을 고찰하였다. 이제 어떤 재화의 공급량을 S_n이라고 하면 n재에 대한 공급함수의 일반형은

$$S_n = g(P_n, P_1, \cdots, P_{n-1}, F_1, \cdots, F_m, Tc, G) \qquad (2.3)$$

여기서 S_n은 n재의 공급량, P_n은 n재의 가격, $P_1, \cdots, P_{n-1}$은 다른 재화의 가격, $F_1, \cdots, F_m$은 각 생산요소의 가격, Tc는 기술수준, G는 기업의 목표를 표시한다. 그러나 기업의 공급을 분석하는데 있어서 단기적으로 볼 때 P_n은 그 영향력이 직접적이고 가장 큰 데 비하여, 다른 요인들이 공급에 미치는 영향은 간접적이고 비교적 적다고 할 수 있다. 따라서 여러 가지 요인 중 S_n에 가장 직접적이고 크게 영향을 미치는 가격(P_n)만을 고려하고 다른 요인들은 단기적으로 일정하다고 가정하면 S_n은 P_n의 함수로 된다. 즉

$$S_n = f(P_n) \qquad (2.4)$$

이와 같이 n재의 공급과 n재의 가격과의 함수관계를 공급함수라 한다.

4) 공급표와 공급함수

[표 2-3]에 표시된 운동화의 공급표를 그래프로 표시할 수 있다. 즉 운동화의 공급자가 서로 다른 가격에서 일정한 기간 동안 팔고자 하는 운동화의 수량을 [그림 2-3]에서 나타내고 있다. 즉 공급가격을 종축에, 수량을 횡축으로 하는 평면에 표시한 것을 공급곡선(supply curve)이라고 한다.

공급곡선은 상이한 가격에서 생산자가 팔고 싶어 하는 수량을 보여준다. 결국 공급곡선이란 공급함수를 그림으로 나타낸 것이라고 할 수 있다.

[그림 2-3]에서처럼 공급곡선이 정(+)의 기울기(즉 우상향하는)를 갖는 이유는

운동화 메이커만이 아니라 대부분의 사회는 무엇보다도 이윤을 얻기 위하여 생산한다. 즉 가격이 높을수록 기업은 운동화의 공급량을 늘리게 됨으로써 공급곡선은 정의 기울기를 갖게 된다.

표 2-3 운동화의 공급표

	가격(운동화 1켤레당) (단위 : 원)	공급량(연간) (단위 : 10,000)
A	2,000	2
B	3,000	4
C	4,000	6
D	5,000	8
E	6,000	10

그림 2-3 운동화에 대한 공급곡선

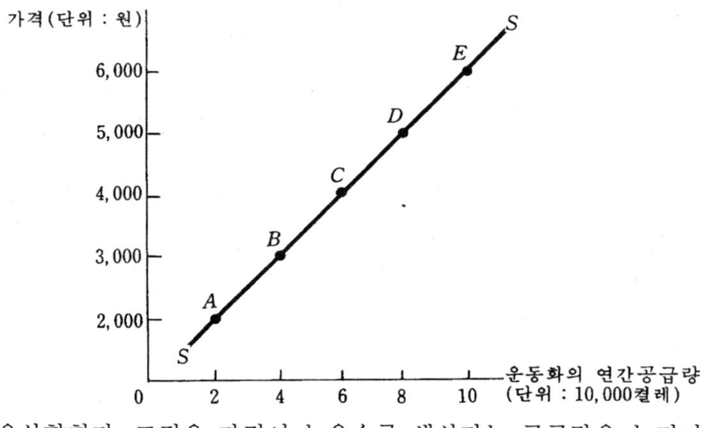

공급곡선은 우상향한다. 그것은 가격이 높을수록 생산자는 공급량을 늘리기 때문이다.

5) 공급의 변화와 공급량의 변화

지금까지의 공급함수 $S_n = f(P_n)$을 분석하는 과정에서 P_n이외에도 S_n에 영향을 주는 요인들이 일정하다는 가정을 하였다. 그러나 현실적으로는 일정하다고 가정하였던 다른 변수들도 장기적으로 모두 변동한다고 할 수 있다. 그렇게 되면 P_n과 S_n의 관계인 공급함수 자체도 변하게 된다.

이에 따라 공급곡선 자체도 이동하게 되는데 이것을 공급의 변화라고 한다. 가령 일정하다는 가정에 묶여있던 운동화의 생산기술이 진보되었다고 하자. 그러면 주어진 각 가격수준에서 운동화에 대한 공급량이 이전보다 증가할 것이다. 즉 [그림 2-4]의 $S'S'$곡선이 되면 이 새로운 공급곡선 $S'S'$는 원래의 공급곡선보다 우측에 위치한다.

그림 2-4 기술진보에 의한 공급곡선의 이동

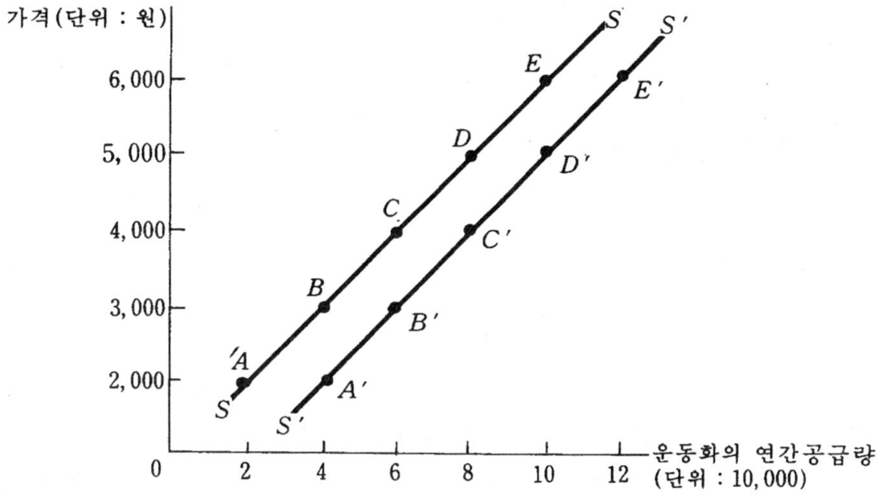

기술수준의 향상으로 공급량이 증가하면 공급곡선은 우측으로 이동한다.

그림 2-5 공급곡선의 이동

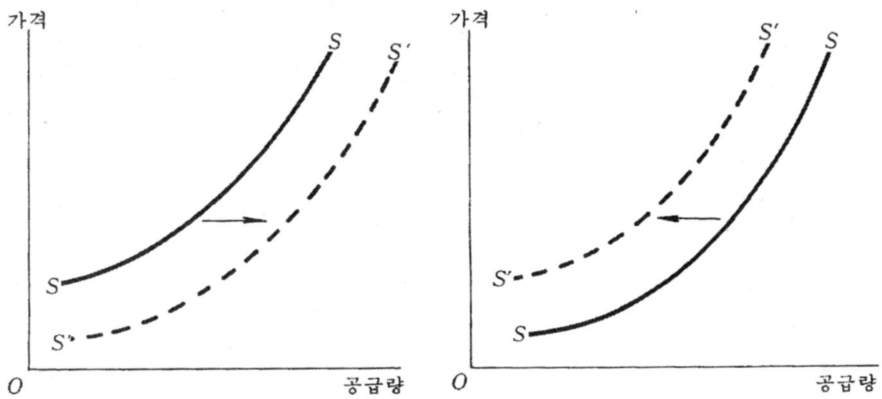

(a) 供給曲線의 右側移動 (b) 供給曲線의 左側移動

신기술의 개발 또는 생산요소의 가격이 하락하면 공급곡선은 우측으로, 금리 및 임금 등이 상승하면 공급곡선은 좌측으로 이동한다.

이와 같이 공급곡선의 이동으로 인하여 전과 동일한 가격수준에서 공급량이 변화는 것을 '공급의 변화'라 하고 공급곡선 자체의 이동이나 변동 없이 가격의 상하변동에 따른 공급량의 증감을 의미하는 것을 '공급량의 변화'라 한다.

공급의 변화는 공급함수의 일반형에서와 같이 가격 이외의 여러 가지 변수의 변화에 영향을 받는다. 즉 보완재의 가격, 생산요소의 가격, 기업의 목표의 변화 등이 그것이다.

2.3 시장의 균형가격결정

1) 균형가격결정

지금까지 수요와 공급에 관하여 살펴보았다. 그러면 이제 수요와 공급의 두 힘이 어떻게 작용하여 균형가격이 결정되는가에 관하여 고찰하기로 한다. [표 2-4]는 [표 2-1]의 수요표와 [표 2-3]의 공급표를 나타낸 것이며 [표 2-4]의 (4)와 (5)에서는 각 가격수준에서 운동화에 대한 수요량과 공급량을 비교하고 그에 관련된 효과를 표시하고 있다.

표 2-4 운동화에 대한 수요량과 공급량

	(1) 가격(운동화 1켤레당) (단위 : 원)	(2) 수요량(연간) (단위 : 10,000켤레)	(3) 공급량(연간) (단위 : 10,000)	(4) 초과수요(연간) (단위 : 10,000켤레)	(5) 가격에의 효과
A	2,000	10	2	8	상승
B	3,000	8	4	4	상승
C	4,000	6	6	0	무(無)
D	5,000	4	8	−4	하락
E	6,000	2	10	−8	하락

이제 가령 운동화의 시장가격이 2,000원이라 하자. 그러면 이 가격 하에서 연간 운동화의 수요량이 100,000켤레인 데 비해 운동화의 연간 공급량이 불과 20,000켤레에 불과하므로 80,000켤레의 초과수요량(excess demand)이 발생하게 될 것이다. 그러므로 소비자들은 절대적으로 부족한 운동화를 확보하기 위해 서로 다투어

구입하고자 하기 때문에 가격이 상승될 것이며 초과수요량이 존재하는 한 이러한 현상은 계속될 것이다. 그런데 가격이 상승함에 따라 수요량은 줄어들고 반대로 공급량은 늘어나 마침내 운동화의 가격은 더 이상 상승하지 않게 된다.

한편 운동화의 가격이 6,000원이라 가정하자. 이 가격에서는 앞에서와 반대로 80,000켤레의 초과공급량(excess supply)이 존재함으로써 공급자들은 이것을 처분하기 위하여 가격을 인하시키게 될 것이고, 이러한 과정은 초과공급량이 존재하는 한 계속될 것이다. 그런데 가격이 인하됨에 따라 수요량은 늘어나고 공급량은 줄어들어 결국 운동화의 가격이 4,000원으로 인하되면 수요량과 공급량이 일치되기 때문에 운동화의 가격은 더 이상 하락하지 않을 것이다.

이와 같이 어떤 가격수준에서 초과수요량이 존재하면 가격이 상승하고 초과공급량이 존재하면 가격이 하락하게 된다. 그런데 어떤 가격수준에서 수요량과 공급량이 같아지면 가격의 상승이나 하락 없게 될 것이고 그 가격수준 이외의 다른 가격수준으로 변화할 유인이 없어진다. 이와 같이 수요량과 공급량이 일치하는 가격수준을 균형가격(equilibrium price)이라 하고 그때의 수요량과 공급량을 균형수요량 및 균형공급량이라 한다.

그림 2-6 균형가격의 결정

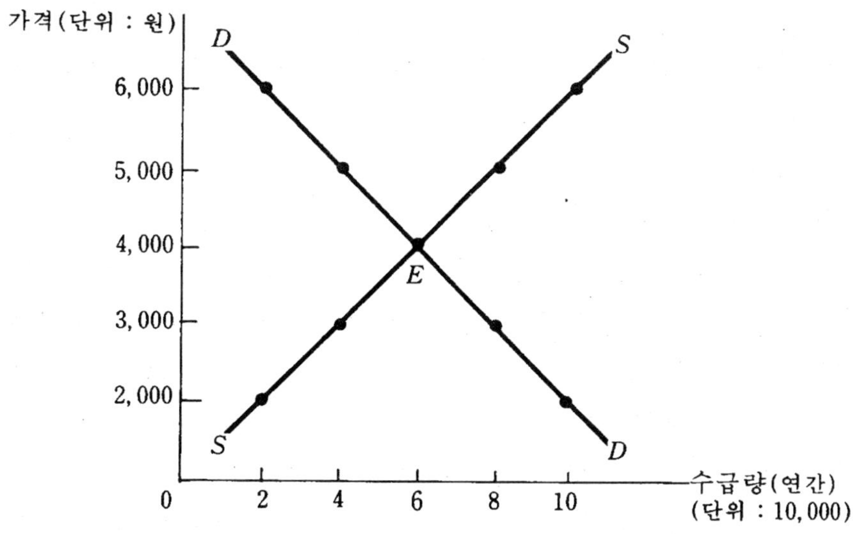

한편 수요량과 공급량이 일치하는 점에서 균형가격이 결정되는 관계를 수요·공급의 법칙(the law of demand and supply)이라고 한다. 즉 우리의 예에서 설명한 운동화의 경우 수요곡선과 공급곡선을 같은 그래프 위에 표시한 [그림 2-6]을 보면 운동화 가격이 4,000원일 때 수요·공급량이 모두 6만 켤레로 같아짐을 알 수 있다.

공급자 및 수요자들의 욕구가 [그림 2-6]의 E점에서처럼 일치하므로 양측이 모두 원하는 양을 거래할 수 있고, 이 경우를 흔히 시장이 균형상태에 있다고 말한다. 균형이란 변화하려는 경향이 없고 또한 지속이 가능한 상태이다. 균형가격에서는 자신의 예산범위 내에서 각자가 사거나 팔고자 하는 양을 모두 사고 팔 수 있다. 균형가격보다 낮은 가격수준에서는 초과수요량이 발생하여 가격을 상승시키려는 경향이 존재하고, 균형가격보다 높은 가격수준에서는 초과공급량이 발생하여 가격을 하락시키려는 경향이 존재할 것이다. 따라서 균형가격이 아닌 가격수준에 있어서는 이를 변화시키려는 압력이 나타나므로 그 가격은 계속 유지될 수 없게 된다.

2) 균형가격의 변동

앞에서 초과가격과 초과수급량은 수요 및 공급곡선이 교차하는 점에서 결정된다는 사실을 알았다. 그러면 이제 수요와 공급이 변화하여 수요곡선과 공급곡선이 변동할 때 균형가격과 균형수급량이 어떻게 변화할 것인가에 관하여 살펴보자.

(1) 수요의 변화와 균형의 변동

여기서 공급곡선이 일정하게 주어진 상태에서 수요측 요인의 변화에 따라 수요곡선이 이동하는 경우 초과가격 및 초과수급량에 대한 효과를 알아보자.

[그림 2-7]에서 원래의 수요곡선 DD와 공급곡선 SS가 E_0점에서 교차하므로 균형가격과 균형수급량은 각각 P_0, q_0인데, 만약 여기서 소득수준의 향상으로 소비자들의 수요곡선이 DD에서 $D'D'$로 이동하게 되면 원래의 균형가격 P_0수준에서 q_0q_4만큼의 초과수요량이 존재하게 되므로 가격이 상승할 것이다. 결국 새로운 균형가격과 균형수급량은 P_1과 q_1으로 변하게 된다.

그림 2-7 수요곡선의 이동과 시장균형의 변화

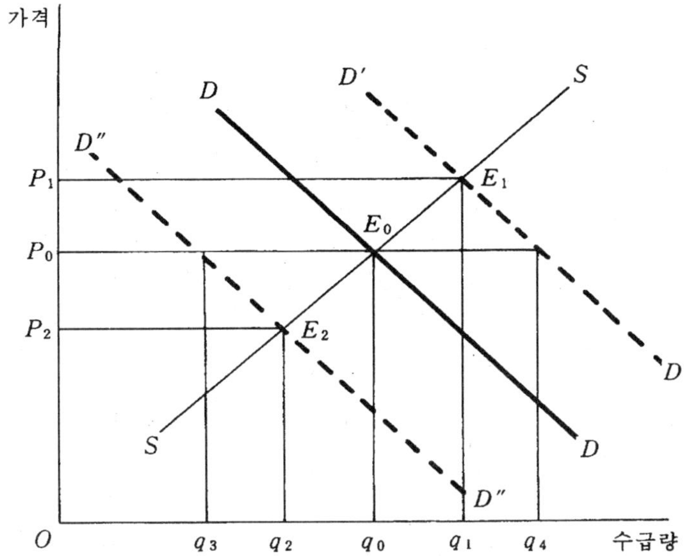

수요곡선 D가 D'로 이동하면 균형점이 E_0에서 E_1으로 이동하고 D''로 이동하면 균형점은 E_2로 이동한다.

즉 수요의 증가에 따라 균형가격이 상승할 뿐 아니라 균형수급량이 증가하게 된다. 한편 수요가 감소하게 되면, 즉 [그림 2-7]에서 수요곡선이 DD에서 $D''D''$로 이동하게 되면 종전의 균형가격 P_0에서 q_3q_0만큼의 초과공급량이 존재하므로 가격이 하락할 것이다. 결국 새로운 균형가격과 균형수급량은 P_2와 q_2로 될 것이다. 이와 같이 공급이 주어진 상태에서 수요가 증가하면 균형가격은 상승하게 되고 균형수급량 역시 증가한다.

(2) 공급의 변화와 균형의 이동

다음으로 공급측 요인의 변화에 따라 초과가격 및 초과수급량이 어떻게 변하는가를 [그림 2-8]을 통해 살펴보자

만약 수요곡선에는 하등의 변화가 없는 상태에서 공급측 요인의 변화에 따라 공급곡선이 이동하는 경우를 살펴보자. 여기서 다른 조건이 일정할 때 생산기술의 향상으로 공급곡선이 [그림 2-8]에서처럼 SS에서 $S'S'$로 이동하였다고 가정하자.

그림 2-8 공급곡선의 이동과 시장균형의 변화

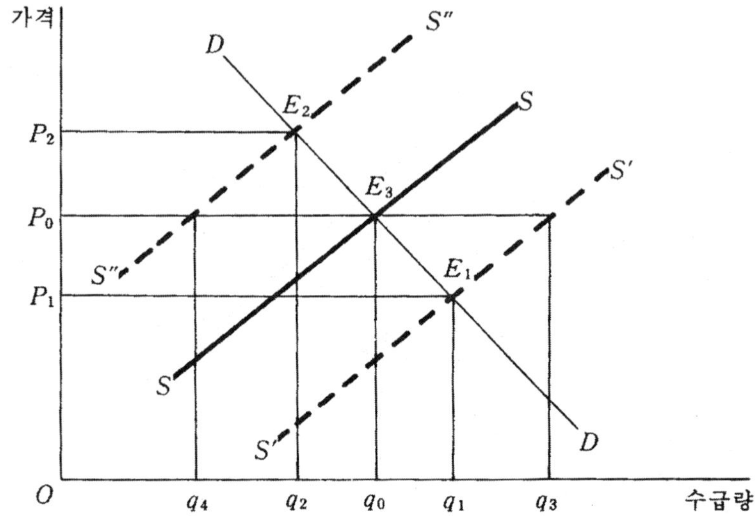

공급곡선 S가 S'로 이동하면 균형점은 E_3에서 E_1으로 이동하고 S''로 이동하면 E_2로 이동한다.

그러면 원래의 가격수준 P_0에서 q_0q_3만큼의 초과공급이 존재하게 되어 가격이 하락할 것이다. 결국 생산기술의 향상으로 인한 균형가격과 균형수급량은 각각 P_1, q_1으로 변하였다. 또한 어떤 원인으로 공급곡선이 좌측으로 이동하게 되면, 즉 $S''S''$가 되며 그 결과 원래의 균형가격수준 P_0에서 q_4q_0만큼의 초과수요량이 존재하므로 초과가격은 P_2로 상승하고 균형수급량은 q_2로 감소한다.

이상의 설명을 요약함으로써 수요·공급과 가격과의 관계를 명확히 정의할 수 있겠다. 즉 시장수요곡선과 시장공급곡선 중 어느 한쪽 또는 양쪽이 변화하면 균형점도 변화한다. 다른 조건이 일정할 때 수요의 증가(수요곡선의 우측이동)는 균형가격을 상승시키고 균형수급량을 증가시킨다. 한편 다른 조건이 일정할 때 공급의 증가(공급곡선의 우측이동)는 균형가격을 하락시키고 균형수급량을 증가시킨다. 수요나 공급의 감소에 대해서는 그와 반대가 될 것이다. 만약 시장수요와 공급이 증대한다면 초과수급량은 증대하지만 균형가격은 상승하는 경우와 하락하는 경우 및 불변인 경우가 있을 수 있다.

2.4 균형가격의 안정성

지금까지 '다른 조건이 일정할 때'의 균형가격과 균형수급량의 결정과정을 살펴보았다. 그런데 현실적인 사장균형을 표시하는 균형가격과 균형수급량은 불균형상태에서 출발하여 가격이 수급량을 변동시키고 또한 수급량의 변동은 가격을 다시 변동시키는, 이른바 동학적 조정과정에서 성립하게 된다. 더구나 동학적 조정의 결과 불균형 상태에서 가격 및 수급량 등이 점차 균형치로 접근하는 경우도 있다. 이와 반대로 균형치로부터 점차 멀어지는 경우도 있다. 전자의 경우는 시장의 동학적 조정과정이 안정적(stable)균형이라 한다. 즉, 시장균형이 안정적이라는 것은, 가령 사정에 따라 시장가격이 균형가격으로부터 이탈하여도 시장가격을 균형가격으로 복귀시키는 힘이 작용하여 그 균형가격이 계속 유지되는 경우를 안정적 균형이라고 한다. 한편 시장가격이 균형가격으로부터 이탈하면 다시는 원위치에 돌아오지 않는 경우를 불안정적균형이라고 한다. 일반적으로는 완전경쟁 하에서 이 같은 가격과 수급량의 균형이 안정적인가의 여부는 수요 및 공급곡선의 기울기에 의해 결정된다. 더구나 왈라스는 초과수요량의 발생은 가격을 조정하게 하여 초과가격과 초과수급량이 결정되고, 마샬은 초과수요가격이 발생하게 되면 수량을 조정함으로써 균형가격과 균형수급량이 결정된다고 하여 견해를 달리하고 있으며, 특히 에지킬(M. J. Eziekel)은 수요함수와 공급함수가 주어졌을 때 시장이 시장균형(균형가격 및 균형수급을)에 접근해 가는가 않는가를 동학적으로 설명하고 있다.

왈라스적 조정과정은 균형가격의 성립 전의 초과수요를 제거시키는 과정을 통해서 균형에 도달하는 경우를 말한다. 가령 초과수요가 발생하면 가격이 상승하고 부의 초과수요(즉 초과공급)가 있게 되면 가격이 하락하며 이러한 과정이 균형점에 도달할 때까지 반복되어 드디어 균형이 성립되고 이때 비로소 실제거래가 행해진다는 것이다. 즉 수요·공급의 상호작용에 의해 정의 초과수요 및 부의 초과수요가 제거되는 과정에서 균형가격과 균형수급량이 성립된다는 것이 바로 왈라스적 안정균형이다. 이것을 왈라스적 모색이론이라고도 한다. 왈라스의 안정균형에 관한 견해는 기본적으로 다른 안정균형론에도 답습되고 있다.

[그림 2-9]를 통하여 왈라스의 안정균형을 고찰해 보기로 한다.

우선 [그림 2-9]에서 시장가격이 P_1이면 부의 초과공급이 MN만큼 있게 되고 공급자들끼리의 경쟁으로 시장가격이 인하될 것이다. 반대로 시장가격이 P_2이면 정의 초과수요 *HK*가 있게 되고, 결국 수요자들끼리의 경쟁으로 시장가격이 상승함으로써 균형가격과 균형수급량이 성립된다는 것이다.

그림 2-9 왈라스적 조정과정

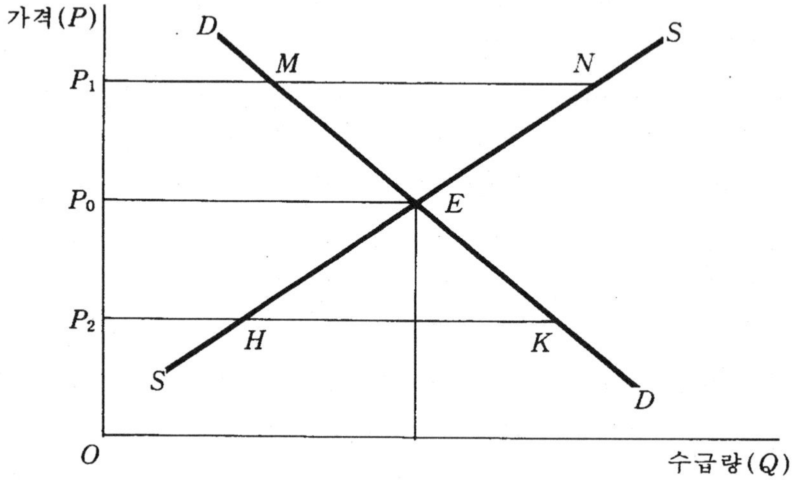

가격의 상승은 초과공급(*MN*), 가격의 하락은 초과수요(*HK*) 메커니즘에 의해 시장의 안정을 유지할 수 있다.

제 3 장

수요와 공급의 탄력성

3.1 수요의 가격탄력성
3.2 수요의 소득탄력성과 교차탄력성
3.3 공급의 탄력성

제2장에서는 수요와 공급이 변화할 때 균형가격과 균형수급량이 어느 방향으로 변화할 것인가 하는 변화의 방향문제를 고찰하였다. 이 장에서는 그러한 변화의 크기에 관하여 살펴보고자 한다. 즉 탄력성의 개념을 가지고 변화의 크기를 측정하기로 한다.

3.1 수요의 가격탄력성

1) 수요의 가격탄력성 개념

수요함수의 성질을 나타내는 하나의 방법으로서 탄력성이라는 개념을 자주 사용한다. 수요의 가격탄력성이란 가격의 변화에 대응하는 수량의 변화 정도를 의미한다. 즉 수요의 가격탄력성은 마샬류의 소비자이론에서 핵심적 역할을 하는 분석도구로서 시장가격이 변화하는 데 따라 수요량의 반응을 표시하는 지표이다. 시장가격과 수요량의 반응도를 그 비율변화로 표시하면 상품의 성격이나 그 단위가 서로 다르더라도 시장가격변화에 대한 수요량의 반응도를 비교할 수 있다. 즉 일정한 가격변화율에 의해서 야기된 수요량의 상대적 변화를 측정하는 것은 의미 있는 일이다. 이 측정치를 수요의 가격탄력성이라 한다. 즉,

$$E_p = -\frac{\text{수요량의 변화율}}{\text{가격의 변화율}} = -\frac{\Delta Q/Q}{\Delta P/P} = -\frac{\Delta Q}{\Delta P} \cdot \frac{P}{Q} \qquad (3.1)$$

E_p : 수요의 가격탄력성
Q : 수요량
P : 해당재화의 가격

가격과 수요량은 서로 반대방향으로 변하기 때문에 가격탄력성은 수학적으로 음(−)의 값은 가지나 경제학적으로는 그 절대값을 취한다.

E^p는 그 크기에 따라 다음과 같이 3가지로 구분한다.

$E_p > 1$: 탄력적 수요
$E_p = 1$: 단위탄력적 수요
$E_p < 1$: 비탄력적 수요

2) 호탄력성과 점탄력성

이와 같이 정의되는 수요의 가격탄력성은 호탄력성(arc elasticity)과 점탄력성(point elasticity)으로 구분된다.

먼저, 수요의 호탄력성은 가격변화와 수요량변화에 관한 자료가 주어졌을 때 두 점 중 어느 쪽을 기준으로 하느냐에 따라 그 탄력성의 값이 달라진다. 가령 운동화의 가격이 10,000원에서 9,000원으로 떨어졌을 때 운동화의 연간수요량이 10만 켤레에서 12만 켤레로 늘어났다고 하자. 우선 변화 전의 가격 및 수요량을 기준으로 측정하면

$$E_p = \frac{\frac{2}{10}}{\frac{-1,000}{10,000}} = \frac{20,000}{-10,000} = 2$$

한편 변화 후의 가격 및 수요량의 기준으로 계산하면

$$E_p = \frac{\frac{-2}{12}}{\frac{1,000}{9,000}} = \frac{-18,000}{12,000} = 1.5$$

이와 같이 기준에 따라 탄력성의 값이 달라진다. 이러한 문제점을 제거하기 위하여 변화 전후의 가격 및 수요량을 각각 평균해서 그 값을 기준치로 계산하는 것이 합리적일 것이다. 따라서 호탄력성의 일반적 계산식은 다음과 같다. 즉 P_1, Q_1을 각각 변화 전의 가격 및 수요량이라 하고 P_2, Q_2를 변화 후의 가격 및 수요량이라 하면 된다.

$$E_p = -\frac{\Delta Q}{(Q_1+Q_2)/2} \div \frac{\Delta P}{(P_1+P_2)/2} = -\frac{\Delta Q}{\Delta P} \cdot \frac{(P_1+P_2)}{(Q_1+Q_2)} \tag{3.2}$$

수요의 호탄력성은 수요곡선 상에서 서로 다른 두 점에 있어서의 가격의 탄력성을 측정하는데 사용하는 것으로서 비교적 간단하게 계산할 수 있다. 왜냐하면 수요곡선을 필요로 하지 않고 오로지 두 시점에 관한 정보만 알면 계산할 수 있기 때문이다. 따라서 수요곡선 없이도 점탄력성의 근사치를 구할 수 있는 하나의 방법이다.

둘째, 수요의 점탄력성은 수요곡선상의 한점에 있어서의 탄력성으로서 호탄력성의 극한치라고 할 수 있다. 즉 점탄력성은 두 점 사이의 거리를 거의 영에 가

깝게 잡고 측정한 호탄력성에 불과하다. 즉

$$E_p = \frac{\frac{dQ}{Q}}{\frac{dP}{P}} = -\frac{dQ}{Q} \cdot \frac{P}{dP} = -\frac{dQ}{dP} \cdot \frac{P}{Q} = -\lim_{\Delta P \to 0} \frac{\Delta Q}{\Delta P} \cdot \frac{P}{Q} \tag{3.3}$$

가 된다. 경우에 따라서는 수요의 가격탄력성은 다음과 같이 대수로 나타낼 수도 있다.

$$E_p = \frac{\frac{dQ}{Q}}{\frac{dP}{P}} = -\frac{d(\log Q)}{d(\log P)} \tag{3.4}$$

일반적으로 보통재의 경우 가격이 상승하면(+) 수요가 줄어들고(−), 반대로 가격이 하락하면(−) 수요가 늘어나는(+) 수요의 법칙에 따라 수요의 가격탄력성은 음(−)의 값을 갖는다.

한편 수요량과 가격은 역으로 변하기 때문에 가격의 변화가 양이면 이에 따른 수요량의 변화는 음이 될 것이다. 따라서 수요의 가격탄력성계수를 양으로 하기 위해서는 음의 부호를 붙인다.

3) 도표를 이용한 점탄력성 측정

수요곡선상에 있는 한 점에서의 탄력성은 도표를 통하여 간단히 측정할 수 있다. [그림 3-1]의 수요곡선 DD상의 한 점 E에서의 탄력성을 계산하여보자.

우선 E점에서 수요곡선 DD에 접하는 직선 CEF를 그리고 E점에서 횡축과 종축에 각각 직선을 그어 Q_1과 P_1을 표시하면 수요 가격탄력성은 $\frac{Q_1F}{OQ_1}$로 된다. 왜냐하면 E점에서의 탄력성은

$$E_p = -\frac{dQ}{dP} \cdot \frac{P}{Q} = \frac{Q_1F}{EQ_1} \cdot \frac{OP_1}{OQ_1} = \frac{Q_1F}{EQ_1} \cdot \frac{EQ_1}{OQ_1} = \frac{Q_1F}{OQ_1}$$

이다. P_1CE, Q_1EF, OCF 등은 모두 닮은꼴의 직각삼각형이므로 E점에서의 점탄력성의 크기는 다음과 같이 표시할 수 있다.

$$E_p = \frac{Q_1F}{OQ_1} = \frac{EF}{CE} = \frac{OP_1}{CP_1}$$

이상과 같이 수요곡선이 주어지면 그 수요곡선상의 점탄력성을 쉽게 측정할 수 있다. 한편 [그림 3-2]와 같이 수요곡선이 직선으로 표시된다면 탄력성은 쉽게 측정할 수 있다. [그림 3-2]에서 DD'상에 $OQ_0 = Q_0B$가 되는 P_0점을 잡으면 수요는 그 점에서 단위탄력성, 즉 $E_p = 1$이 된다. 또한 P_1점의 경우는 $E_p = \frac{Q_1B}{OQ_1} > 1$이다. 따라서 선형수요곡선에 있어서 수요곡선의 중간점보다 좌측에 있는 어떤 점에서도 수요의 가격탄력성은 1보다 크다. 즉 이 영역에서는 수요가 탄력적이다. 그리고 P_2에서는 수요의 가격탄력성은 $E_p = \frac{Q_3B}{OQ_3} < 1$과 같이 된다. 이 범위에서 수요는 비탄력적이다. 마찬가지 방법으로 A점의 탄력성은 무한대 (∞)이고, B점의 탄력성은 영이다.

결국 동일한 수요곡선상에 있어서도 각 점의 탄력성이 다르다는 사실을 알 수 있다.

그림 3-1 수요의 점탄력성 측정

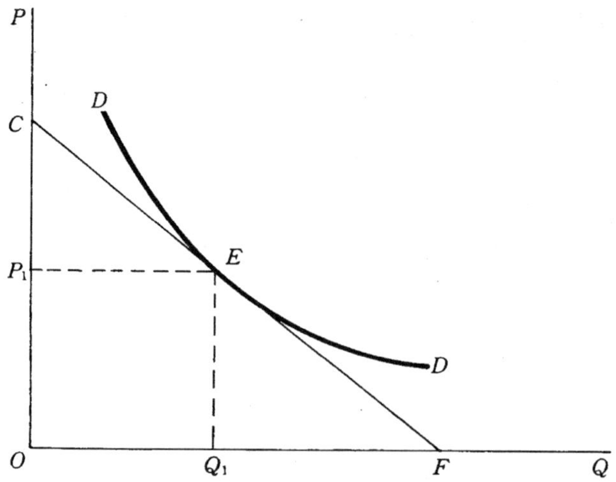

E점과 같이 고정된 수요점에서 측정되는 탄력성은 점탄력성이라고 한다.

그림 3-2 수요의 호탄력성 측정

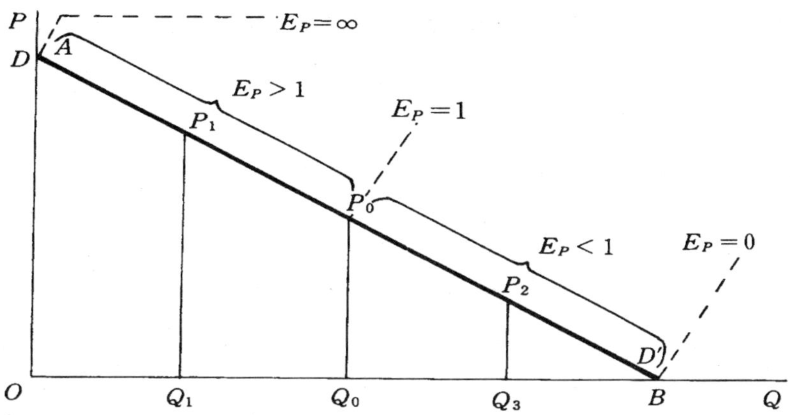

P_1, P_2 사이의 구간에서 측정되는 탄력성은 호탄력성이라고 한다.

그런데 수요곡선상의 모든 점에 있어서 모두 동일한 탄력성을 갖는 경우가 있다. 즉 [그림 3-3]과 같이 수요곡선이 수직선, 직각쌍곡선, 그리고 수평선 등이 그것이다. 즉 수요곡선이 A와 같이 수직선이라면 그것을 가격이 아무리 변하더라도 수요량이 불변이므로 모든 점에서의 탄력성은 영(0)이다. 그리고 수요곡선이 직각쌍곡선인 경우 그 기하학적 성질에 의해 수요곡선상의 모든 점이 탄력성은 1이다. 또 수요곡선이 C와 같이 횡축과 평행을 이루면 수요곡선상의 무든 점은 무한대의 탄력성을 갖게 된다.

그림 3-3 수요곡선과 탄력성

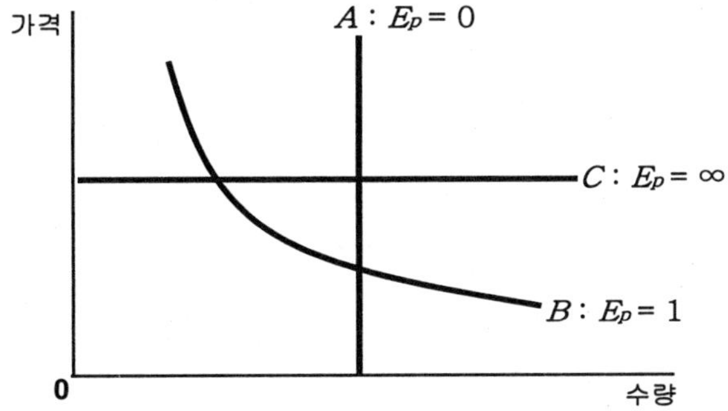

A곡선은 탄력성 값이 0이며 가격의 변화에 수요량은 전혀 변하지 않는다.
B곡선의 탄력성은 1이며 가격의 변화율만큼 수요량도 동일하게 변화한다.
C곡선의 탄력성 값은 ∞이며 조금의 가격변화에도 수요량은 급격히 변화한다.

4) 수요의 가격탄력성과 기업의 총수입액

기업이 어떤 재화를 판매함으로써 얻는 총수입액(total revenue)은 그 재화의 단위가격과 수요량(=판매량)을 서로 곱한 것이다. 즉

$$\text{총수입액}(TR) = \text{가격}(P) \times \text{수요량}(Q) \tag{3.5}$$

이다. 그런데 가격이 변화했을 때 수요량이 가격변화에 대해 반응하는 정도를 나타내는 수요의 가격탄력성에 따라 총수입이 증가할 수도 감소할 수도 있다. 가령 수요가 탄력적($E_p > 1$)이라면 가격변화율보다 수요량변화율이 더 크므로 가격상승은 수요량을 가격상승률보다 더 큰 비율로 감소시킬 것이다. 따라서 가격상승은 총수입을 감소시킨다. 또한 수요가 탄력적일 때는 가격하락률보다 수요증가율이 클 것이므로 가격하락은 총수입을 오히려 증가시키게 된다.

그림 3-4 수요의 가격탄력성과 총수입액

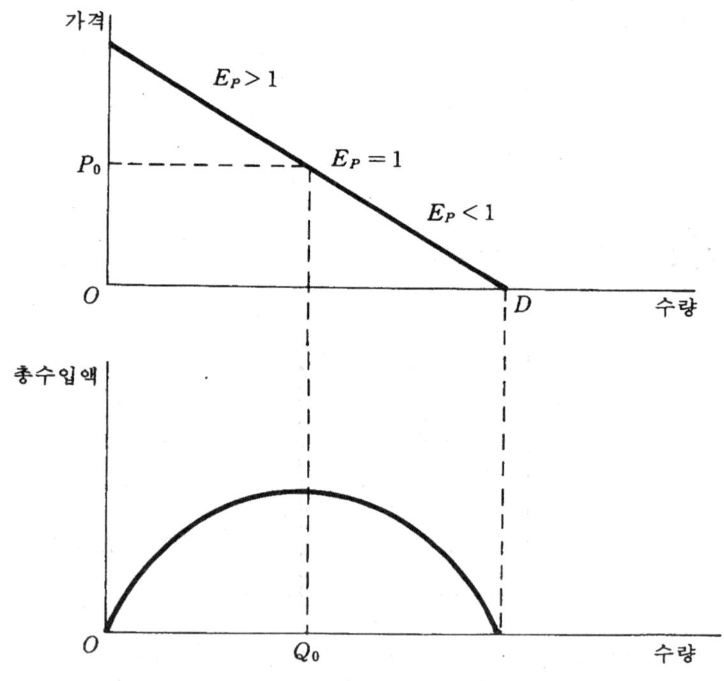

또한 수요가 단위탄력적(즉 $E_p = 1$)이면 가격변화가 총수입에 아무런 영향을 미치지 못한다. 한편 수요가 비탄력적(즉 $E_p < 1$)이라면 가격의 증가율보다 수요의 감소율이 더 적고 또한 가격의 하락률보다 수요의 증가율이 역시 더 적으므로 이때는 가격의 상승은 총수입을 증가시키고 가격의 하락은 총수입을 감소시키게 된다. 이러한 결과를 수식으로 나타내면 다음과 같다. 즉

$$TR = P \cdot Q$$
$$P = f(Q)$$
$$E_p = -\frac{dQ}{dP} \cdot \frac{P}{Q}$$

이므로

$$\frac{dTR}{dP} = Q + P\frac{dQ}{dP} = Q\left(1 + \frac{P}{Q} \cdot \frac{dQ}{dP}\right) = Q(1 - E_p) \tag{3.6}$$

가 된다. [그림 3-4]에서 $E_p > 1$인 경우에는 $\frac{dTR}{dP} < 0$이므로 가격이 상승하면 총수입은 감소하고 가격이 하락하면 총수입은 증가한다. $E_p = 1$이면 $\frac{dTR}{dP} = 0$이기 때문에 가격변화방향에 관계없이 총수입은 항상 불변이다. $E_p < 1$이면 $\frac{dTR}{dP} > 0$이기 때문에 가격이 상승하면 총수입도 증가하고 가격이 하락하면 총수입도 감소한다.

5) 수요의 가격탄력성에 영향을 미치는 요인들

첫째, 수요의 가격탄력성은 대체재의 존재 유무에 영향을 받는다. 가령 버터와 마가린과 같이 두 가지 재화가 상호 밀접한 대체재일 때 각 재화에 대한 수요의 가격탄력성은 클 것이다. 반면에 소금이나 석유 등과 같이 아직 밀접한 대체제가 존재하지 않는 재화의 경우 그 재화에 대한 수요의 가격탄력성은 작다.

둘째, 그 재화가 사용되는 용도가 다양할수록 그 재화의 가격탄력성은 클 것이다. 즉 양모(의류, 카펫, 실내장식품, 포목, 융단 등등의 생활에 사용)와 같은 재화는 용도가 오직 하나만 있거나 매우 적은 재화(가령 버터)보다 높은 가격

탄력성을 갖게 될 것이다.

셋째, 수요의 가격탄력성은 재화에 대한 지출이 소득에서 차지하는 비율에도 영향을 받는다. 가령 어떤 재화를 구매하기 위한 지출이 소비자의 소득에서 차지하는 비중이 크면 클수록 그 재화의 수요에 대한 가격탄력성이 커지는 경향이 있다. 가령 냉장고, 텔레비전의 경우처럼 그것을 구매하기 위한 지출이 소비자의 소득에서 차지하는 비중이 큰 경우에는 그 재화에 대한 수요는 가격의 변화에 매우 민감하게 된다. 이에 반해 책과 같이 그에 관한 지출이 소득에서 차지하는 비중에 적을 때에는 그 재화에 대한 수요는 가격의 변화에 다소 덜 민감하다.

3.2 수요의 소득탄력성과 교차탄력성

1) 수요의 소득탄력성(income elasticity of demand)

소득의 변화에 대한 수요량의 상대적 반응도를 수요의 소득탄력성이라 한다. 즉 수요량의 변화율을 소득의 변화율로 나눈 값이다. 이것을 기호를 사용하여 나타내면

$$E_I = \frac{\triangle Q}{Q} \div \frac{\triangle I}{I} = \frac{\triangle Q}{Q} \cdot \frac{I}{\triangle I} = \frac{\triangle Q}{\triangle I} \cdot \frac{I}{Q} \tag{3.7}$$

식(3.7)에서 E_I는 수요의 소득탄력성, Q는 수요량, ΔQ는 수요량의 변화, I는 소득, ΔI은 소득의 변화량은 나타낸다.

생활필수품에 대한 수요의 소득탄력성은 1보다 작고 사치품에 대한 수요의 소득 타력성은 1보다 크다. 즉 필수품에 있어서 소비는 소득수준과 관계없이 거의 일정하다. 독일의 통계학자 엥겔에 의하면 식품에 대한 소득탄력성은 매우 낮고, 의류, 주거의 경우에는 소득탄력성이 1정도가 되며 오락, 의료 혹은 기타의 사치재에 대한 소득탄력성은 1보다 크다고 한다. 한편 일반적인 경우 재화에 대한 수요는 소득이 증대함에 따라 증가하므로 소득탄력성은 플러스(+)값을 가지나 감자, 보리, 마가린 등 열등재에 대한 수요는 소득이 증가함에 따라 그 수요가 오히려 감소하기 때문에 수요의 소득탄력성은 마이너스(−)의 값을 갖는다.

2) 수요의 교차탄력성(cross elasticity of demand)

수요의 교차탄력성은 관련재의 가격변화에 대하여 해당 재화의 수요량의 상대적 반응도를 나타낸다. 즉 X재와 Y재간의 교차탄력성은 다음 식으로 표시된다.

$$E_{XY} = \frac{\Delta Q_X}{Q_X} \div \frac{\Delta P_Y}{P_Y} = \frac{\Delta Q_X}{\Delta P_Y} \cdot \frac{P_Y}{Q_X} \tag{3.8}$$

여기서 E_{XY}는 X재 수요의 Y재 가격에 대한 교차탄력성, Q_X는 X재 수요량, ΔQ_X는 X재 수요의 변화량, P_Y는 Y재 가격, ΔP_Y는 Y재 가격의 변화량이다. 이러한 교차탄력성(E_{XY})은 X재와 Y재가 보완재(complementary goods)이면 부(−)의 값을 가지고, 대체재(substitutional goods)이면 정(+)의 값을 갖게 된다. 가령 커피와 설탕같이 보완재에 있어서는 설탕값의 상승(+)은 설탕 수요를 감소시킬 뿐만 아니라 커피수요량도 감소한다. 반면에 커피와 홍차 등과 같이 대체재에 있어서 홍차의 값이 상승(+)하면 커피의 수요량을 증가시킨다. 따라서 보완재는 마이너스 교차탄력성을 갖게 되는 반면 대체재는 플러스의 교차탄력성을 갖는다.

3.3 공급의 탄력성

1) 공급의 탄력성 개념

공급의 탄력성(elasticity of supply)이란 어떤 재화의 가격이 변화할 때 그 재화의 공급량이 얼마나 변화할 것인가를 계측하는 척도로서, 공급량의 변화율을 가격의 변화율로 나눈 것이다.

$$E_s = \frac{\text{공급량의 변화율}}{\text{가격의 변화율}} = \frac{\frac{\Delta Q}{Q}}{\frac{\Delta P}{P}} = \frac{\Delta Q}{\Delta P} \cdot \frac{P}{Q} \tag{3.9}$$

E_s : 공급의 탄력성
Q : 공급량
ΔQ : 공급의 변화량
P : 가격
ΔP : 가격의 변화량

수요의 탄력성과 마찬가지로 공급의 경우에도 호탄력성을 계산하려면 가격 P와 공급량 Q는 어느 시점을 기준으로 하는가에 따라 탄력성의 값이 달라지므로 두 시점에 있어서 가격 및 공급량의 평균을 기준치로 하여 계측하는 것이 합리적이다.

보통 가격이 상승하면 공급량이 늘어나고, 가격이 하락하면 공급량이 떨어지므로 공급탄력성의 값은 언제나 정(+)이 된다.

2) 공급의 탄력성의 크기

수요의 경우와 같이 공급의 탄력성도 영에서 무한대(∞)까지의 값을 갖는다. 즉 가격이 변화할 때 공급량이 전혀 변화하지 않는 경우 (즉 $E_s = 0$)이라면 공급의 탄력성은 0이 되고 이때의 공급곡선은 수직선이 되면 [그림 3-5]의 (a)가 이에 해당된다.

그림 3-5 공급탄력성

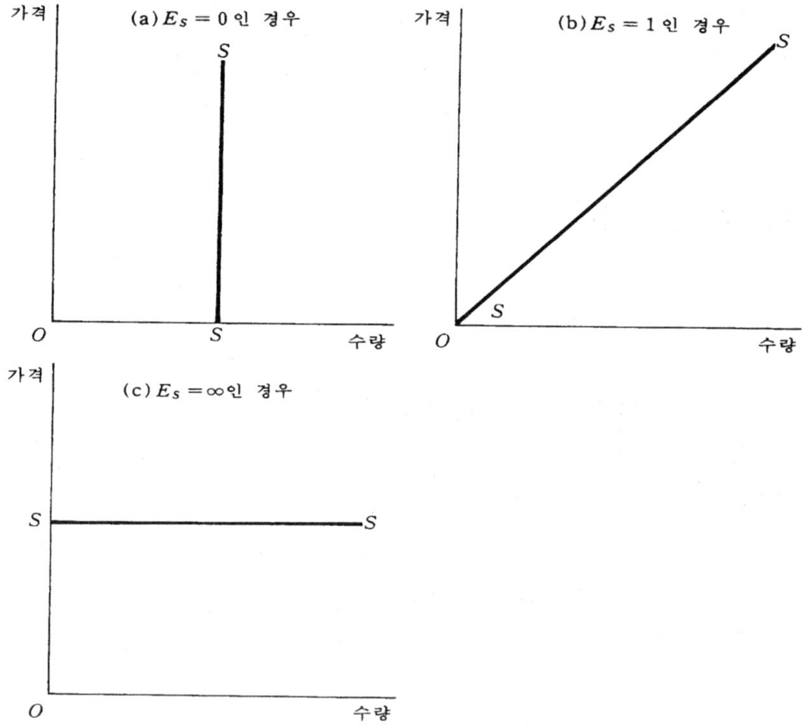

공급탄력성이 0인 경우 가격변화에 공급변동이 없음을 의미하며, 공급탄력성이 ∞인 경우 조그만 가격변화에도 공급량이 급격히 변화한다. 공급탄력성이 1인 경우 가격의 변화율과 동일하게 공급량이 변화한다.

만약 공급량의 변화율이 가격의 변화율과 같을 경우 공급의 탄력성이 1이 되면 이는 [그림 3-5]의 (b)가 해당될 것이고, [그림 3-5]의 (c)에서와 같이 공급곡선이 수평선이라면 모든 점의 공급탄력성은 무한대(∞)가 된다.

3) 도표를 이용한 점탄력성 측정

공급곡선상의 각 점에 대한 탄력성을 도식적으로 간단히 측정할 수 있다. [그림 3-6]의 공급곡선 SS상의 한 점 E의 탄력성을 계산해보자. E점에서 접선을 그어서 [그림 3-6]에서와 같이 횡축에 A점과 B점을 표시하면 공급의 탄력성은 $\frac{BA}{OA}$가 된다. 왜냐하면 E점에서의 점탄력성은

$$E_S = \frac{dQ}{dP} \cdot \frac{P}{Q} = \frac{BA}{EA} \cdot \frac{EA}{OA} = \frac{BA}{OA}$$

이다. 이와 같이 공급곡선이 주어지면 공급곡선상의 모든 점에 대하여 탄력성을 측정할 수 있다. 한편 [그림 3-7]과 같이 직선으로 된 공급곡선들의 경우 점탄력성을 쉽게 알아볼 수 있다.

그림 3-6 공급의 점탄력성의 측정

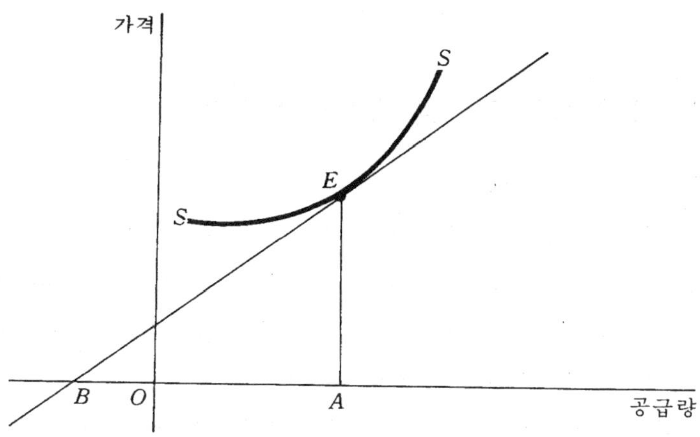

공급곡선의 접선이 원점을 통과하느냐, 원점의 윗부분 또는 아래부분을 통과하느냐에 따라 공급탄력성의 크기가 정해진다.

[그림 3-7]의 (a)와 같이 공급곡선이 X축을 자르는 직선이 된 공급곡선상의 모든 점의 탄력성은 1보다 작다(비탄력적이다). (b)와 같이 원점에서 시작되는 직선으로 공급곡선이 표시된다면 그 공급곡선상의 모든 점의 탄력성은 1이다(단위탄력적이다). 또한 (c)와 같이 Y축을 자르는 직선으로 된 공급곡선상의 모든 점의 탄력성은 1보다 크다(탄력적이다).

그림 3-7 각 공급곡선의 탄력성

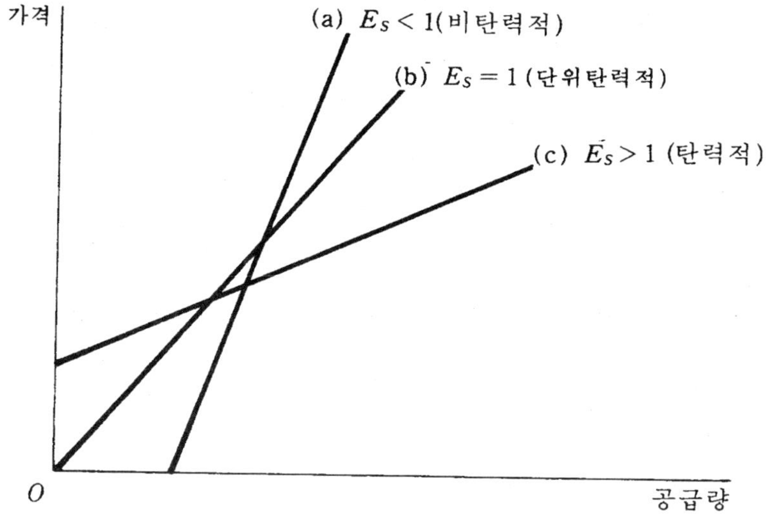

원점통과 : $E_S=1$, Y축통과 : $E_S>1$, X축통과 : $E_S<1$

4) 공급의 탄력성의 크기를 결정하는 요인

공급의 탄력성의 크기를 결정하는 가장 중요한 요인은 무엇보다도 생산량의 증대에 의한 생산량의 변화 정도이다. 가령 어떤 재화의 가격이 상승하여 공급자들이 그 재화의 공급을 늘리려고 생산을 증가시킬 때 생산비가 급격히 상승한다면 그 재화의 공급량은 크게 늘어날 수 없을 것이다. 이 경우는 공급이 가격변화에 대하여 비교적 비탄력적이 될 것이다.

반면 생산을 증대하더라도 생산비의 증대가 비교적 완만하다면 재화의 가격상승에 대한 공급은 비교적 탄력적으로 변화할 것이다.

한편 시설확충이나 축소 등이 충분히 이루어지면서 조정이 가능한 장기에 있어서 단기보다 공급의 탄력성이 더 크게 될 것이다.

제 4 장

수요-공급이론의 적용

4.1 소비자잉여와 생산자잉여
4.2 자원배분의 효율성
4.3 가격통제
4.4 조세의 전가 및 귀착

지금까지 수요·공급의 원리를 고찰하였고, 특히 수요·공급의 변화의 크기를 탄력성이란 개념을 가지고 설명한 바 있다. 본장에서는 이상과 같은 수요·공급이론을 응용해서 소비자잉여와 생산자잉여에 관하여 살펴본 후 주변에서 흔히 볼 수 있는 공공정책수단의 효과를 분석하고자 한다.

4.1 소비자잉여와 생산자잉여

1) 소비자잉여

영국의 경제학자 마샬은 소비자가 어떤 상품을 소비함으로써 소비하지 않을 때와 비교하여 얼마만큼 혜택을 받는가를 소비자잉여(consumer's surplus)라는 개념으로 설명하였다. 소비자잉여란 어떤 상품을 소비하기 위하여 지불할 용의가 있는 가격과 실제로 지불한 가격과의 차액이다. 예를 들어 우리나라 최초의 우표를 꼭 사고 싶어 하는 어떤 우표수집광이 100만원을 주고라도 그 우표를 사려고 했는데 실제 80만원을 주고 샀다면 20만원의 소비자잉여를 얻었다고 말한다.

소비자잉여는 수요곡선과 밀접한 관련이 있다. 수요곡선은 소비자가 상품을 구입할 때 상품 각 단위에 대하여 지불해도 좋다고 생각하는 최고가격, 즉 수요가격을 표시해 준다. [그림 4-1]에서 소비자는 P_E의 가격으로 해당 상품을 Q_E만큼 구입하고 이때 소비자가 지출한 금액은 $P_E \times Q_E$, 즉 $\square OP_EEQ_E$가 된다. 그런데 수요곡선을 보면 최초의 1단위를 구입하기 위하여 소비자가 지불할 용의가 있는 수요가격은 P_1이다. 시장에 이 상품 1단위만 나와 있을 때 이 1단위를 P_1 혹은 $\square OP_1FQ_1$까지 지불하고서라도 사려고 하는 소비자가 있다는 것을 수요곡선이 보여 주고 있다. 마찬가지로 이 상품 두 단위가 시장에 공급되었을 때 두 단위째 상품을 $P_2 = \square Q_1GHQ_2$까지 지불하고 사고자 하는 소비자가 있다. 그런데 이처럼 높은 가격을 치르고라도 사고자 하는 소비자들도 시장가격 P_E만 치르면 된다. P_E를 초과하여 수요가격을 모두 치를 필요가 없는 것이다. 따라서 첫 번째 단위, 두 번째 단위를 산 소비자는 각각 $P_1 - P_E = \square P_1P_EJF$, $P_2 - P_E = \square GHKJ$ 만큼의 이득을 본다.

상품을 분수단위로 작게 쪼개어 팔 수 있다고 가정하여 위와 같은 논의를 되풀이하면 Q_E단위를 얻기 위하여 소비자가 지불해도 좋다고 생각하는 금액은 면적 OP_DEQ_E로 표시된다. 그런데 소비자가 Q_E단위를 얻는데 실제로 지불한 금액은 $\square OP_EEQ_E$이다. 수요가격의 총계인 면적 OP_DEQ_E에서 실제로 지불한 금액인 $\square OP_EEQ_E$를 뺀 면적 P_DP_EE가 소비자잉여이다.

소비자잉여는 상품을 한 단위보다 많이 구입하면서 수요가격이 다를 때 발생하는 보편적 현상이다. 수요의 법칙에 반하여 시장수요곡선이 수평이라면 수요가격이 모든 단위에서 같게 되어 소비자잉여가 발생하지 않는다. 수요의 법칙이 성립하는 현실세계에서 시장은 품질이 같은 한 그 상품에 한 가지 가격만 성립하게 함으로써 소비자들로 하여금 그 상품에 지불해야 하는 가격보다도 더 많은 가치를 얻을 수 있게 한다. 수요곡선이 주어져 있을 때 가격이 낮을(높을)수록 소비자잉여는 더 커(작아)진다.

그림 4-1 소비자잉여와 생산자잉여

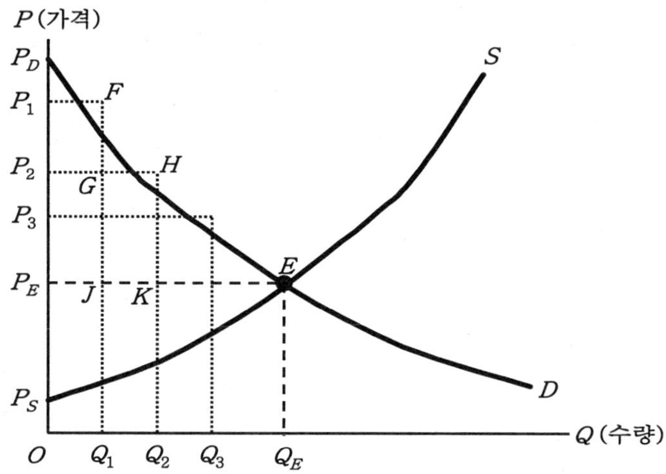

2) 생산자잉여

마샬의 소비자잉여에 대한 정의를 원용하여 생산자잉여(producer's surplus)를 정의할 수 있다. 생산자잉여란 생산자가 어떤 상품을 판매하여 얻는 실제수입이 생산자가 그 상품을 판매하여 꼭 얻어야 되겠다고 생각한 수입(생산비)보다 초과하는 부분이다. 예를 들어, 어떤 피자가게 주인이 10,000원의 비용(기회비용)으로 피자 하나를 만들었다면, 피자가게 주인은 최소한 10,000원은 받고 피자를 팔려고 할 것이다. 그런데 실제 11,000원을 받고 피자를 팔았다면 이 피자가게 주인의 생산자잉여는 1,000원이다.

공급곡선을 이용하여 생산자잉여를 설명하여 보자. [그림 4-1]의 균형점 E에서 생산자는 P_E의 가격으로 Q_E만큼을 판매하고 이때 생산자가 얻는 실제수입은 □OP_EEQ_E가 된다. 공급곡선은 생산자가 상품을 판매할 때 상품 각 단위에 대하여 꼭 받아야겠다고 생각하는 최저가격(생산비), 즉 공급가격을 표시한다.

상품의 공급량을 무한히 세분할 수 있다고 가정하면 생산자가 Q_E단위를 판매하여 꼭 얻어야겠다고 생각하는 최저수준의 수입은 면적 OP_SEQ_E가 된다. 이 면적을 생산자가 얻은 실제수입 $\square OP_EEQ_E$로부터 뺀 면적 P_SP_EE가 생산자잉여이다. 공급곡선이 주어져 있을 때 가격이 높을(낮을)수록 생산자잉여는 더 커(작아)진다.

4.2 자원배분의 효율성

앞의 [그림 4-1]에서 이 상품이 자유시장기구를 통하여 생산·교환·소비됨으로써 소비자와 생산자를 포괄하는 사회 전체의 후생(=복지)수준은 소비자잉여와 생산자잉여를 합한 면적 P_SP_DE만큼 증가한다. 즉, 생산자잉여와 소비자잉여를 합친 총잉여는

$$\begin{aligned}\text{총잉여금} &= \text{소비자잉여} + \text{생산자잉여} \\ &= (\text{소비자가 평가하는 가치} - \text{소비자가 실제 지불한 액수}) \\ &\quad + (\text{생산자가 실제 받는 액수} - \text{생산자의 생산비})\end{aligned} \tag{4.1}$$

가 된다. 위의 총잉여를 사회적 한계편익이라고도 한다.

총잉여가 극대화되도록 자원배분이 이루어질 때 자원배분이 효율적으로 이루어졌다고 말한다. 예를 들어, 어떤 상품이 가장 낮은 생산비로 생산되지 않았다면 자원배분은 비효율적이다. 왜냐하면 이 경우 높은 생산비를 들이는 생산자 대신 낮은 생산비를 들이는 생산자가 생산을 담당함으로써 생산비용을 낮추고 총잉여를 높일 수 있기 때문이다. 또한 어떤 상품이 그 상품의 가치를 가장 높게 평가하는 소비자에 의해 소비되지 않는다면 자원배분은 비효율적이 될 것이다. 왜냐하면 그 상품의 가치를 낮게 평가하는 소비자 대신 높게 가치를 평가하는 소비자가 그 상품을 소비함으로써 총잉여를 높일 수 있기 때문이다.

[그림 4-1]의 균형점에서 이루어진 자원배분이 총잉여를 극대화하는 가장 효율적인 자원배분인지 [그림 4-2]를 통해 살펴보자. 수요곡선은 소비자가 지불하고자 하는 최고가격(소비자들이 평가하는 상품가치)이고 공급곡선은 생산자가

받고자 하는 최저가격(생산비)을 나타낸다. 균형수량 Q_E보다 낮은 수량에서는 소비자가 평가하는 가치(예컨대 AC)가 생산자의 생산비(BC)보다 높다. 따라서 거래량이 Q_E보다 낮은 수준에서는 균형수량에 도달할 때까지 거래량을 증가시킬수록 총잉여는 증가한다.

그림 4-2 자원배분의 효율성

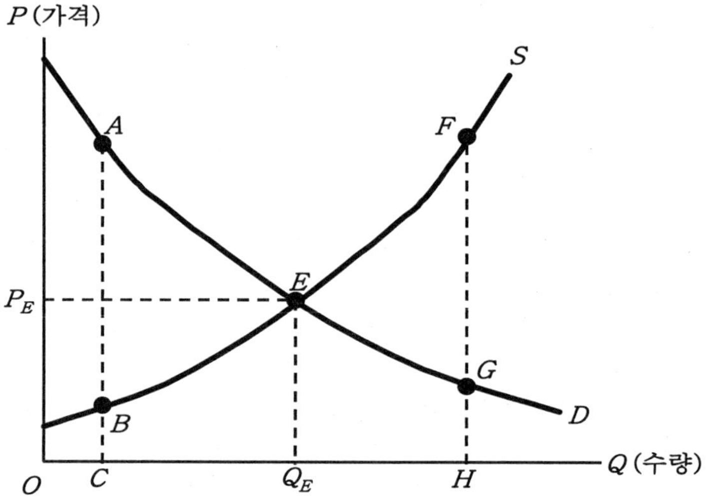

반대로 균형수량 Q_E보다 수량이 큰 경우에는 소비자가 평가하는 가치(GH)가 생산자의 생산비(FH)보다 낮다. 이 경우에는 균형수량보다 많이 생산할수록 총잉여가 줄어든다. 결국 균형가격과 균형수량수준에서 총잉여는 극대가 된다. 따라서 시장기구를 통한 자원배분이 가장 효율적이다.

효율의 문제는 가급적이면 총잉여(사회 전체의 후생수준)를 크게 하는 문제이고, 이것은 시장기구를 통하여 가장 잘 달성할 수 있다. 반면, 총잉여를 어떻게 공평하게 나눌 것인가 하는 형평의 문제는 효율의 문제보다 평가하기가 어렵다. 객관적, 실증적인 효율의 문제와는 달리 경제학의 범주를 벗어나는 정치철학이 개재되는 규범적 판단의 문제이기 때문이다.

4.3 가격통제

가격통제는 어떤 특수한 목적을 달성하기 위하여 시장기구에 정부가 직접적으로 개입하여 감시하는 경우를 말한다. 즉 정부는 어떤 재화나 용역이 어느 가격수준 이상 또는 이하에서 거래되는 것을 위법시함으로써 가격을 통제하는 경우가 있다. 그런데 이와 같은 인위적인 가격통제가 자유로운 시장경쟁기능과 과연 조화를 이룰 수 있을 것인가 하는 문제는 별도로 하고 여기서는 특정시장에 있어서의 가격통제의 효과를 살펴보고자 한다. 가격통제의 대표적인 것으로서 최고가격제와 최저가격제가 있다.

1) 최고가격제

최고가격(maximum price)제는 정부가 저소득층의 생존을 보호하기위해 서민아파트의 가격을 통제하고자 주택시장에 개입한다든지 전시에 생필품의 절대적 부족으로 물가가 폭등할 경우 물가를 안정시키고 소비자들의 권익을 보호하고자 가격의 최고액을 설정하여 그 가격 이상에서 거래되는 것을 법으로 엄격히 통제하는 경우 등을 말한다. 균형가격보다 낮게 최고가격수준이 설정되면 대개 초과수요를 발생케 한다. [그림 4-3]은 정부당국이 어떤 재화에 대해 최고가격제를 실시하고 있는 경우를 보여주고 있다.

가령 (a)에서 최고가격(P_1)이 수요의 일치를 나타내는 효과적인 균형가격 P^*보다 낮게 설정되어 있다고 하자. 그런데 여기서 만약 최고가격이 균형가격보다 높은 수준에서 설정된다면 균형가격 P^*는 여전히 달성이 가능하므로 정부당국의 시장개입은 시장질서에 아무런 영향을 미치지 못할 것이다. 그러나 여기서 최고가격이 P_1에서와 같이 균형가격 P^*보다 낮게 설정되어 있으므로 이제 균형가격 P^*는 법령상 도저히 도달할 수 없기 때문에 가격은 어쨌든 최고가격수준인 P_1으로 인하되어야 한다.

그러나 P_1에서 초과수요($Q_d - Q_s$)가 발생함으로써 가격에 대한 상승압력이 존재하게 된다. 즉 주어진 P_1수준에서 공급자는 Q_s만큼을 공급하기를 원하나 소비자는 이보다 많은 Q_d를 구매하고자 한다. 따라서 실제 거래되는 가격과 수량은 최고가격제가 실시되기 전보다 낮게 나타나게 된다. 즉 최고가격 P_1수준에서는 Q_sQ_d만큼의 재화가 부족(초과수요)하게 된 것이다. 따라서 이를 해결하기 위해서는 재화의 가격이 상승되어야 하나 이는 법으로 금지되어 있기 때문에 자유로운 시장기구는 더 이상 자원배분에 적절치 못하게 되며 여기에 인위적인 여러 가지 자원의 배분방법이 등장하게 된다.

그림 4-3 최고가격제의 효과

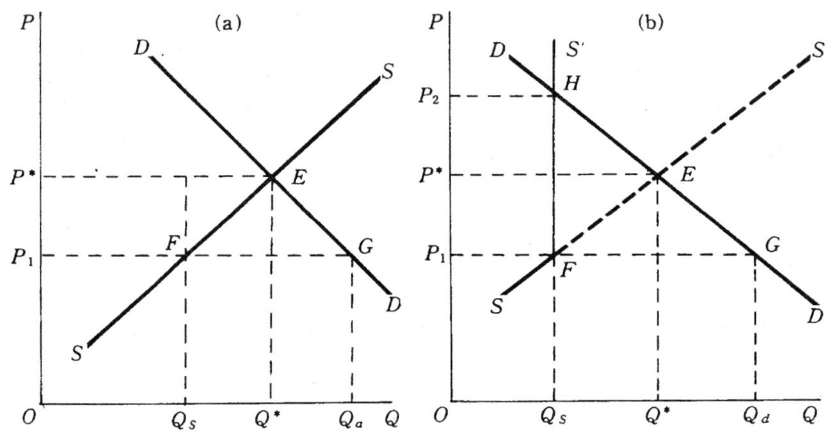

첫째, 먼저 오는 소비자들에게 부족한 상품을 우선적으로 판매하는 방법이 있다. 그러나 이러한 선착순에 의한 판매방법이 채택되면 먼저 온 사람들의 경우는 구매가 행해지나 뒤늦게 달려온 소비자들은 필요한 물건을 하나도 사지 못하는 경우가 나타날 가능성이 있다. 따라서 많은 소비자들의 욕구불만과 물품부족의 상태가 지속되게 된다. 또한 사고자 하는 재화를 판매하는 장소에 관한 정보수집 활동 등 여러 가지의 노력이 투여될 것이다.

둘째, 공급자가 임의로 부족한 재화를 배분하는 방법이 있다. 그러나 이는 형평의 원칙상 별로 타당한 방법이 못된다. 왜냐하면 이는 공급자와 지면이 있는 소비자는 쉽게 재화를 구입할 수 있겠으나 그렇지 못한 소비자들은 재화의 구입이 더 어려워질 것이기 때문이다. 또는 공급자와 관련된 특정 계층 및 특정 종교를 가진 사람에게 판매가 이루어질 경우 공정의 원칙에 위배될 것이다.

셋째, 정부당국이 부족한 재화를 적절히 배급하고자 각 소비자들에게 배급표(coupon)를 발행, 배분하고 이에 따라 상품을 구입할 수 있도록 하는 방법이다. 배급제는 가령 회원들에게 동일하게 배분하고자 총재화량을 총소비자 수로 나누어 그 수량만큼 소비자들이 살 수 있게 배급표를 나누어주는 경우가 일반적이다. 그런데 최고가격제가 실시되어 가격 이외의 여러 가지 자원배분 방법이 실시되다 해도 아마도 재화부족의 가능성이 많다. 이러한 상태 아래서는 법정최고가격 이상의 수준에서 불법적으로 거래가 이루어지는 암시장이 발생할 가능성이 많다.

[그림 4-3]의 (b)에서 최고가격이 P_1으로 설정되어 있을 경우 부족한 재화 Q_s가 모두 암시장에서 거래가 되는 경우를 나타내고 있다. 즉 초과수요상태 하에서의 재화 Q_s가 암시장에서 거래될 때 그 가격은 P_2가 될 것이다. 그런데 P_2는 이론적으로 가능한 암시장가격이나 실제로는 재화 모두가 암시장 형태로 거래가 이루어지는 것은 아니고 부족한 재화들 중의 일부는 최고가격제의 지배를 받고 또 다른 일부는 암시장 가격으로 거래가 이루어지는 것이 일반적이다.

2) 최저가격제

최저가격제는 정부에서 특정 재화나 용역에 대해 최저가격(minimum price)을 설정하여 그 이하로는 가격이 내려가지 못하게 하는 가격통제제도를 말한다. 최저가격제는 특정 상품 생산자 및 농민의 보호 또는 근로자들의 권익을 보호하기 위한 최저임금제 등 여러 가지 정책목적상 실시되고 있다. 물론 이러한 경우는 대개 자유로운 시장균형가격보다 높게 설정된다고 볼 수 있다.

그림 4-4 최저가격제의 효과

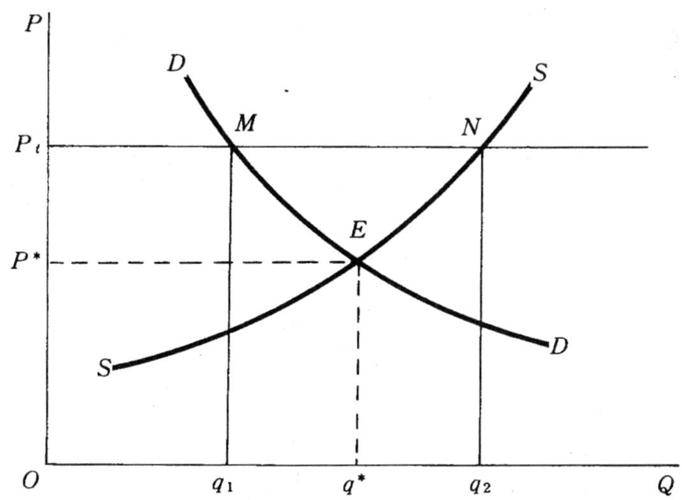

[그림 4-4]는 어떤 재화에 대해 최저가격제가 시행되었을 경우 그 효과를 나타내고 있다. 최고가격제와 반대로 최저가격제는 초과공급을 야기시킨다.

즉 최저가격 P_t가 균형가격 P^*보다 높게 설정되었다면 균형가격은 법률상 도달이 될 수가 없다고 보고 따라서 실제가격은 최저가격 수준으로 정해질 것이며 $MN(=q_1q_2)$만큼의 초과공급이 발생한다.

이러한 공급초과상태 하에 있는 각 공급자들은 과잉재화의 처분을 위해 치열한 마케팅 경쟁을 벌일 것이다. 또한 자기 재화에 대한 판매목적을 달성하고자 법을 어기면서까지 최저가격 이하로 재화를 판매하려고 할 것이다.

그런데 선진국들의 최저가격제는 농민의 보호, 노동자들의 생존권보장 등을 목적으로 실시되는 경우가 많다. 농산물 가격지지제도나 최저임금제도와 같이 농산물이나 노동이라는 상품에 대하여 그 가격(임금)을 규제하는 경우가 많다. 특히 노동자들을 보호할 목적으로 최저임금법을 시행하고 있는 예를 [그림 4-5]를 통해 살펴보고자 한다.

[그림 4-5]에서 S_LS_L은 노동의 공급곡선이고 D_LD_L은 노동의 수요곡선을 나타내고 있다. 만약 노동시장을 자유로운 시장경제에 맡겼을 경우 균형임금과 균형고용량은 각각 W_0, N_0가 될 것이다. 만약 정부당국이 W_1 이상의 임금지불을 법제화하였을 경우 어떠한 효과가 발생할 것인가. 그러면 W_1의 임금수준에서 노동의 공급은 ON_2이나 노동의 수요량은 ON_1으로 되어 N_1N_2 만큼의 비자발적 실업을 발생시킬 것이다. 즉 이러한 최저임금제 아래서는 고용되기를 원하지만 고용되지 못하는 잉여노동자가 출현한다는 것이다.

그림 4-5 최저임금제의 효과

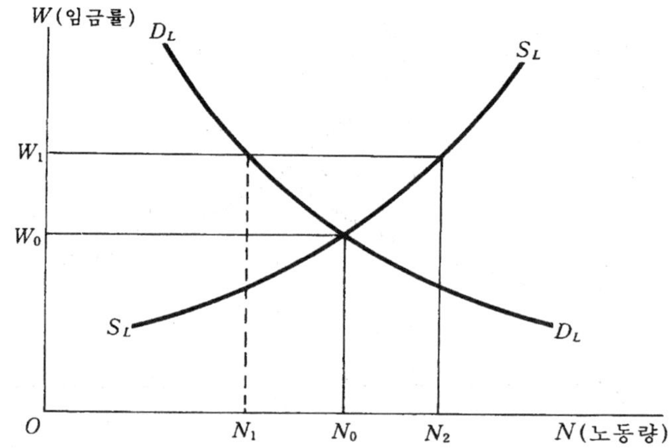

최저임금제를 실시하는 목적은 전술한 바와 같이 근로자들의 인간다운 삶을 보장하는 데 있으나 자칫 일자리를 상실하게 되어 원래의 취지에서 벗어날 경우가 있으므로 이 제도의 시행에는 많은 정책적 보완조치가 따라야 할 것이다. 우리나라에서는 1988년부터 제조업체를 대상으로 최저임금제를 처음으로 도입 시행하고 있다.

4.4 조세의 전가 및 귀착

개별 물품세는 종량세 혹은 종가세의 형태로 부과될 수 있다. 전자는 상품의 용적이나 수량 등 물량단위당 얼마씩의 조세가 부과되는 경우이고, 후자는 상품의 가격을 과세표준으로 전가 부과되는 것을 말한다.

여기서는 종량세의 경우를 가지고 이 종량세가 공급자에게 부과되는 경우를 고찰하기로 한다.

종량세가 부과되면 공급곡선은 좌측으로 평행이동할 것이다. 이것은 생산자들이 조세로 인하여 각 시장가격에서 전보다 적게 공급하려고 하기 때문이다. 조세의 전가는 조세부담이 각 경제주체 사이에 이전되는 현상이고, 조세의 귀착은 조세의 전가를 통해 조세부담이 최종적으로 낙착되는 현상을 말한다. 조세부담의 전가는 시장의 가격기구를 통해서 이루어지는데, 조세의 귀착은 수요와 공급의 탄력성에 따라 생산자와 소비자의 부담액이 결정된다. 경쟁적 시장에서 종량세가 공급자에게 부과될 때 그 전가의 내용을 [그림 4-6]에서 어떤 재화, 가령 사과의 수요곡선 및 공급곡선이 각각 DD, S_0S_0로 표시될 경우 E_0점에서 균형이 되어 균형가격 및 균형수급량이 P_0, Q'_0로 되어 있다고 하자. 이때 사과 산출량 단위마다 10원씩 정부에 납부하게 된다. 그러면 사과의 공급곡선은 S_0S_0에서 S_1S_1으로 이동할 것이고 이것은 생산자들이 물품세로 인하여 각 시장가격에서 전보다 적게 공급하려는 것을 의미한다. 따라서 새로운 균형은 E_1점에서 이루어질 것이다.

그림 4-6 종량세 부과의 전가효과

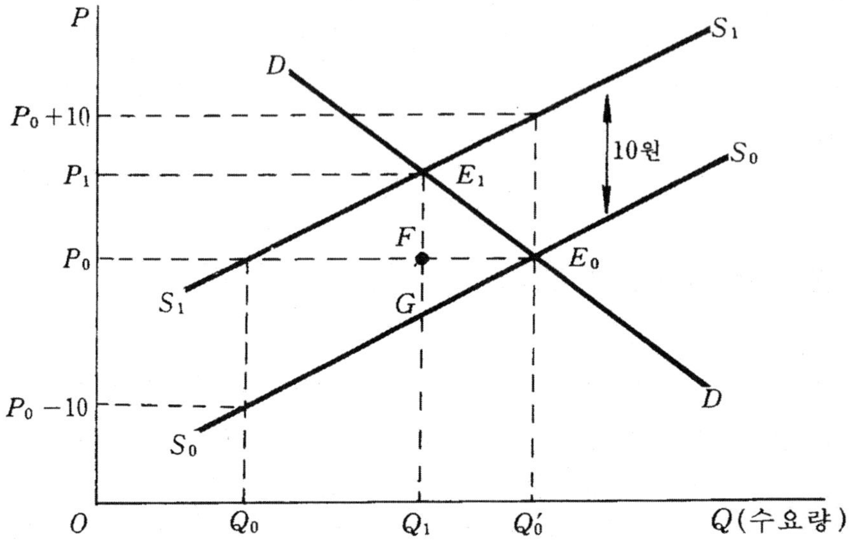

즉 균형수급량은 Q_1으로 감소하고, 균형가격은 P_1으로 상승하게 되었다. 그러나 여기서 수요곡선의 변동이 없을 것이다. 왜냐하면 소비자들은 사과값이 개당 P_0라면 여전히 Q'_0만큼의 사과를 사려고 할 것이기 때문이다. 다시 말해 소비자들은 조세를 직접 정부에 납부하지도 않으므로 소비자들의 사과에 대한 수요패턴은 생산자에 대한 물품세부담에도 불구하고 달라지지 않을 것이다.

그러면 이 물품세 10원은 과연 누가 부담하는 것일까? 즉 이 물품세를 누가 어느 정도 부담하느냐는 사실, 다시 말해 조세의 전가는 재화에 대한 수요의 가격탄력성에 따라 그 정도가 다르게 된다. [그림 4-6]에서 E_1G만큼의 물품세가 부과되었을 때 그 중 E_1F는 소비자가 부담하는 몫이며 나머지 FG는 생산자가 부담하는 몫이 된다.

[그림 4-7]에서는 물품세부과로 공급곡선이 SS곡선에서 $S'S'$곡선으로 이동할 때 수요의 가격탄력성에 따라 조세의 전가 내용이 달라지는 경우를 표시하고 있다.

그림 4-7 수요의 가격탄력성과 조세의 전가

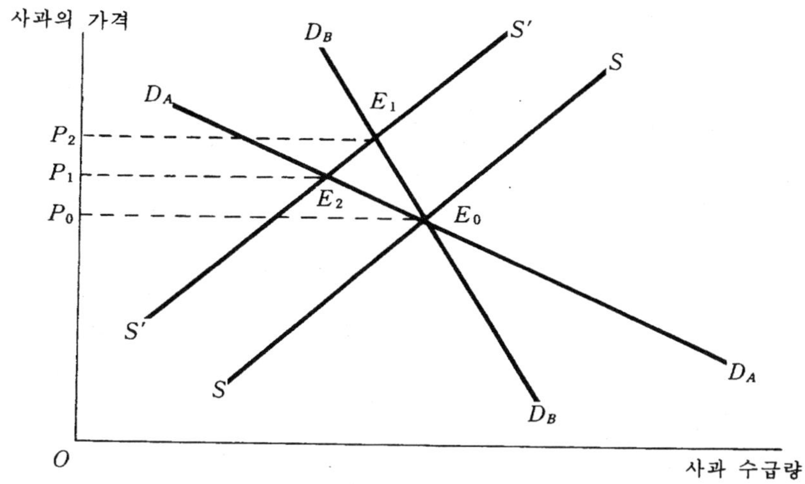

즉 [그림 4-7]에서처럼 D_AD_A는 비교적 탄력성이 큰 수요곡선이고, D_BD_B는 비교적 작은 탄력성을 가진 수요곡선이다. 이때 탄력성이 D_BD_B의 경우 물품세가 부과됨에 따라 균형점이 E_0에서 E_1으로 이동하고 사과 한 단위당 소비자에게 P_0P_2만큼의 조세가 전가된다. 그런데 탄력성이 큰 D_AD_A의 경우는 어떠한가, 즉 균형점이 E_0에서 E_2로 이동하고 재화 한 단위당 소비자에게 P_0P_1만큼의 조세가 전가된다. 따라서 수요의 가격탄력성이 클수록 조세의 소비자부담은 작아지고 생산자부담은 커지며, 반대로 수요가 비탄력적일수록 생산자부담은 작아지고 소비자부담은 커진다. 그런데 경우에 따라서는 조세부담이 소비자나 공급자 주 어느 한쪽에 전부 전가되는 현상이 있을 수 있다.

제 5 장

소비자의 최적 선택

5.1 소비자의 효용
5.2 기수적 효용이론과 서수적 효용이론
5.3 소비자의 선호
5.4 소비자의 제약
5.5 소비자의 최적선택

제2장에서 우하향하는 수요곡선에서 수요의 법칙을 직관적으로 고찰한 바 있다. 그런데 그와 같이 우하향하는 수요곡선의 배후에는 어떠한 경제원리가 있는가를 깊이 있게 연구하는 것이 제5장의 골자이다.

한편 경제적 합리주의에 따라 각 소비자는 한정된 가용소득으로 합리적인 소비활동을 함으로써 최대의 만족을 추구하게 된다. 즉 최적소비행태를 분석함으로써 우하향의 수요곡선을 도출할 수 있다.

5.1 소비자의 효용

1) 효용의 개념

소비자가 어떠한 재화를 구입하고자 하는 이유는 그 재화를 소유 또는 소비함으로써 만족을 느낄 수 있기 때문이다. 이 같은 소비자의 주관적 만족을 효용(utility)이라 한다. 즉 일정한 재화나 용역이 특정한 소비자에게 주는 만족의 정도를 그 재화나 용역의 효용이라 볼 수 있다.

2) 총효용

소비자가 일정한 기간 동안 일정량의 재화를 소비함으로써 얻을 수 있는 주관적인 만족의 총량을 총효용(total utility)이라고 한다. 총효용은 어떤 재화의 소비량이 증가할수록 증대한다. 그러나 소비량의 증가가 어느 수준에 도달하면 그 재화의 총효용은 극대가 되며 그 이상 소비량이 증가하면 총효용은 오히려 감소한다. 이 경우 재화의 소비량의 증가가 어느 한계에 도달하여 총효용을 극대화시키는 소비수준을 만족의 포화점(saturation point)이라고 한다. 포화점 이상으로 재화를 추가 소비하게 되면 오히려 총효용이 감소하게 된다.

그러므로 재화의 소비량과 그로부터 얻을 수 있는 효용과는 일정한 함수관계가 존재하게 되는데 이것을 효용함수(utility function)라고 한다. 따라서 소비자가 소비하는 한 재화, 즉 X재의 효용함수는 다음과 같이 표시할 수 있다.

$$U = U(X) \tag{5.1}$$

여기서 U는 총효용, X는 X재화의 소비량, $U(\cdot)$는 함수관계를 나타낸다. 이 효용함수는 소비자의 기호 및 취향이 일정하고 일정한 시간단위를 전제로 X재화의 소비량과 총효용과의 함수관계를 나타낸다.

3) 한계효용

한계효용(marginal utility)이란 한 재화의 일정량을 일정기간에 걸쳐서 소비할 때 그 재화의 최종단위의 추가적인 소비에 의한 총효용의 증가분이다. 따라서

X재화의 한계효용은 총효용의 증가분(ΔU)을 X재 소비량의 증가분(ΔX)으로 나눈 것과 같다. 즉 한계효용 MU_X는 다음과 같다.

$$MU_X = \frac{\Delta U}{\Delta X} \tag{5.2}$$

여기서 MU_X는 X재의 한계효용이고 ΔU는 총효용의 증가분을, 그리고 ΔX는 X재 소비량의 증분을 나타낸다. 만약 ΔX가 무한히 작게 된다면 ΔU도 무한히 작은 수치가 될 것인바, 이것을 다시 표시하면

$$MU_X = \lim_{\Delta X \to 0} \frac{\Delta U}{\Delta X} = \frac{dU}{dX} \tag{5.3}$$

즉 한계효용은 바로 총효용 U를 X로 미분한 것과 같아질 것이다. 따라서 한계효용은 총효용함수를 재화에 의해 1차미분한 값과 같게 될 것이다. 즉

$$\frac{dU}{dX} = U'(X) = MU_X \tag{5.4}$$

여기서 $\frac{dU}{dX}$는 X재의 한계효용이고, $U'(X)$는 총효용함수를 1차미분한 것이므로 한계효용함수가 된다.

[그림 5-1]은 X재의 총효용과 한계효용을 나타내고 있다. 그림에서 X재의 소비가 증가함에 따라 X재의 한계효용이 점차 감소하여 총효용곡선의 기울기가 점점 감소하고 있다. 이렇게 어떤 재화의 소비량을 1단위씩 증가시켜나갈 때 각 단위의 재화가 소비자에게 주는 한계효용은 점차 감소한다는 것을 한계효용체감의 법칙(law of diminishing marginal utility)이라고 부른다. 이 한계효용체감의 법칙 현상은 일상적인 인간의 소비생활에서 항상 발견할 수 있는 평범한 하나의 원리라 할 수 있다. 예컨대 배가 고플 때 처음 먹는 빵 한 조각에서 얻는 만족도는 매우 클 것이나, 빵을 계속 먹을수록 만족도는 줄어든다.

그림 5-1 총효용과 한계효용

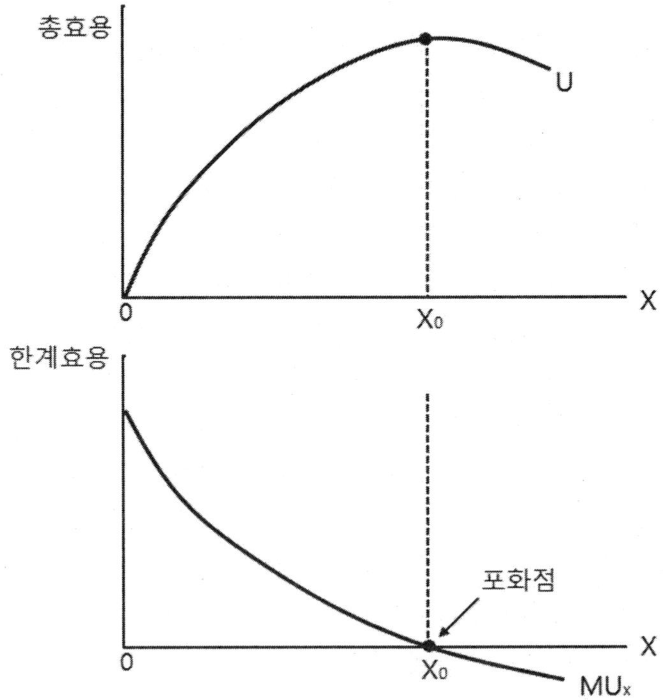

4) 총효용과 한계효용의 관계

지금까지 한 재화의 소비량이 증가할수록 그 재화의 한계효용이 감소한다는 사실을 설명하였다. 그런데 소비량이 증가할수록 한계효용이 감소하지만 그것이 영(0) 이하가 아닌 이상 소비량이 증가함에 따라 조금씩이나마 총효용이 증가한다. 앞의 [그림 5-1]을 자세히 살펴보면 다음과 같은 사실을 알 수 있다.

첫째, 재화 n단위의 총효용은 n단위까지의 각 단위의 한계효용을 모두 합한 것과 같다. 둘째, 재화의 소비량을 증가시켜나갈 때 한계효용이 정(+)의 값을 갖는 한 총효용은 증가하고 한계효용이 영이 되면 총효용이 극대가 되며 한계효용이 부(−)의 값을 가지면 총효용은 감소한다. 또한 한계효용이 체감하더라도 정의 값을 가지는 한 총효용은 증가한다. 그러나 그 증가율이 '체감하는 율'로 증가한다는 사실을 알 수 있다.

5.2 기수적 효용이론과 서수적 효용이론

기수적(基數的) 효용이론은 모든 재화에 대하여 소비자가 느끼는 효용을 구체적인 숫자로 표시할 수 있다고 가정한다. 경제학자들이 효용과 효용함수에 대해 처음 연구할 때, 개인의 선호가 어떤 기본적인 단위로 측정되어 수량화될 수 있고 따라서 사람들 간에 효용의 크기를 서로 비교할 수 있으며 또한 그에 따라 효용의 순위를 매길 수 있을 것으로 생각했다. 만약 그런 식으로 생각한다면, 옷 한 벌로부터 어떤 소비자 A가 얻는 만족이 20으로 측정되고 다른 소비자 B가 얻는 만족은 10으로 측정되어 옷 한 벌로부터 소비자 A가 얻는 만족이 소비자 B가 얻는 만족의 두 배라고 말할 수 있을 것이다. 이와 같이 소비자의 상품묶음에 대해 효용의 수치를 부여할 수 있다고 가정함으로써 소비자의 효용을 극대화하는 상품묶음을 찾아내고자 하는 이론이 기수적 효용이론인 것이다. 그리고, 기수적 효용이론의 효용함수는 한 재화조합이 다른 제상품묶음에 비해 얼마만큼 더 선호되는가를 나타내며, 이러한 효용함수를 기수적 효용함수(cardinal utility function)라고 한다. 본장의 5.4절에서는 기수적 효용이론을 적용하여 소비자가 직면하는 효용극대화문제를 다루고 있다.

이와는 달리 서수적(序數的) 효용이론은 효용을 숫자로 측정할 수는 없지만 한 소비자가 여러 가지 재화조합들을 비교하여 서열을 정할 수는 있다고 가정한다. 현실적으로 우리는 한 사람이 어떤 상품묶음으로부터 얻는 만족이 다른 상품묶음으로부터 얻는 만족의 몇 배인지를 알 수 있는 방법을 갖고 있지 않다. 또한, 같은 상품묶음을 소비하는 두 사람 중 한 사람이 다른 사람이 얻는 만족의 몇 배를 얻는지도 모른다. 다행스럽게도 우리의 목적이 소비자행동을 이해하는 것이라면 이러한 점이 문제가 되지는 않는다. 기수적 효용이론의 가정을 도입하지 않더라도 우리는 소비자가 상품묶음들에 대해 부여하는 순위를 알 수 있다면 서수적 효용이론의 가정만으로도 소비자의 효용극대화행동을 설명할 수 있다. 그리고 서수적 효용이론에서 소비자의 상품묶음이 가져다주는 효용에 순위를 부여하는 함수를 서수적 효용함수(ordinal utility function)라고 한다. 본장에서는 서수적 효용이론을 적용하여 소비자의 선택행위를 분석한다.

5.3 소비자의 선호

1) 선호관계에 대한 가정

서수적 효용이론에 있어서는 소비자의 효용을 기수적으로 측정할 수는 없지만 한 상품묶음을 다른 재화의 조합과 비교하여 선호의 우열을 가려낼 수는 있다고 가정한다.

또한 서수적 효용이론에서는 소비자의 선호관계가 일관성 있게 유지된다는 전제하에 소비자의 선호관계에 관한 다음과 같은 몇 가지 가정을 필요로 한다.

첫째, 두 가지의 상품묶음을 한 소비자에게 제시하였을 때 그 소비자는 두 묶음간의 우열을 결정하든지 아니면 두 묶음간의 무차별(indifference)을 인정해야 한다.

둘째, 만일 A라는 묶음을 B라는 묶음보다 선호했고 B를 C보다 선호했다면 A를 C보다 선호하여야 한다. 이를 선호관계의 이행성이라 한다.

셋째, 소비자는 재화를 많이 소비할수록 효용수준이 높아지며 포화상태는 존재하지 않는다.

넷째, 한 재화의 소비량이 많아질수록 그 재화의 중요성은 다른 재화에 비해 작아진다.

2) 무차별곡선

우리는 소비자의 선호를 무차별곡선을 이용하여 그래프로 표현할 수 있다. 무차별곡선(indifference curve)은 한 소비자에게 동일한 효용을 가져다주는 두 재화의 상품묶음들을 이은 곡선을 의미한다. 따라서 무차별곡선 상의 한 점으로 표시되는 각 상품묶음에 대해서 소비자는 무차별적이다. 즉 똑같은 크기의 효용을 얻는다.

소비자의 선호에 대한 위의 가정에 의해서 우리는 소비자가 어떤 상품묶음을 다른 상품묶음보다 더 좋아한다든지, 아니면 둘 다 똑같이 좋아한다든지 하는 것을 나타낼 수 있다. 따라서 그러한 정보를 사용하여 소비자가 취하는 소비선택에 대해 서열을 정할 수 있다. 이를 그래프로 살펴보자. X재와 Y재라는 두 종류의 재화가 있다고 하자.

표 5-1 X, Y재의 여러 조합

조합	X재의 양	Y재의 양
A	2	3
B	1	5
C	4	2
D	3	4
E	1	2
F	1	4

[표 5-1]은 어떤 소비자가 매달 구매하는 다양한 *X*재와 *Y*재의 묶음을 보여준다. [그림 5-2]는 수평축에는 *X*재의 양을, 수직축에는 *Y*재의 양을 표시하여 [표 5-1]의 상품묶음들을 나타내고 있다. 상품묶음 *A*(2단위의 *X*재와 3단위의 *Y*재)는 상품묶음 *E*보다 더 선호된다. 왜냐하면 *A*는 더 많은 *X*재와 더 많은 *Y*재를 갖고 있기 때문이다. 마찬가지로, 더욱 많은 *X*재와 *Y*재를 가지고 있는 상품묶음 *D*는 *A*보다 더 선호된다. 그러나 *B*묶음은 *A*묶음보다 *Y*재의 양은 더 많고 *X*재의 양은 적으며 *C*조합은 *A*조합보다 *Y*재의 양은 더 적고 그 대신 *X*재의 양은 더 많다. 따라서 *A*묶음과 *B*나 *C* 또는 *F*묶음과 서로 비교하여 선호의 서열을 부여하기 위해서는 추가적인 정보가 필요하다.

이 추가적인 정보를 [그림 5-2]에서 *A*, *B*, *C*점을 지나는 무차별곡선 U_1이 주고 있다.

그림 5-2 무차별곡선

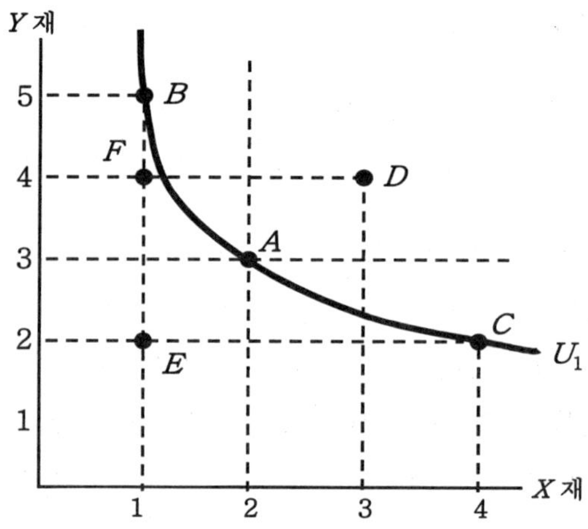

이 곡선은 소비자가 이 세 가지 재화조합에 대해 무차별적이라는 것을 나타낸다. 이 곡선은 재화조합 A에서 재화조합 B로 이동할 때, X재 1단위를 포기하고 그 대신 Y재 2단위를 더 얻음으로써 소비자는 더 좋아진 것도 더 나빠진 것도 없다고 생각한다는 것을 알려준다. 마찬가지로 이 소비자는 A점과 C점에 대해서도 무차별적이다. 이 소비자는 2단위의 X재를 얻기 위해 1단위의 Y재를 포기할 수 있다. 한편, 이 소비자는 F보다는 A를 더 선호한다. F는 무차별곡선 U_1 아래에 있다.

3) 무차별곡선의 성질

이상에서 설명한 무차별곡선은 다음과 같은 성질을 가진다.

첫째, 무차별곡선은 우하향한다. 왜냐하면 각 재화가 정의 한계효용을 갖는 한, 가령 Y재의 수량을 불변으로 유지하면서 X재의 수량을 증가시키면 총효용이 늘어나기 때문에 전과 동일한 무차별곡선상에 머무르게 하기 위해서는 Y재 양을 감소시켜야 할 것이다. 이같이 소비자가 동일한 효용수준의 무차별곡선상에 계속 머물러 있기 위해서는 X재의 증가(감소)에 의한 효용증가(감소)를 상쇄할 만큼 Y재가 감소(증가)되어야 할 것이다.

그림 5-3 무차별곡선은 교차하지 않는다

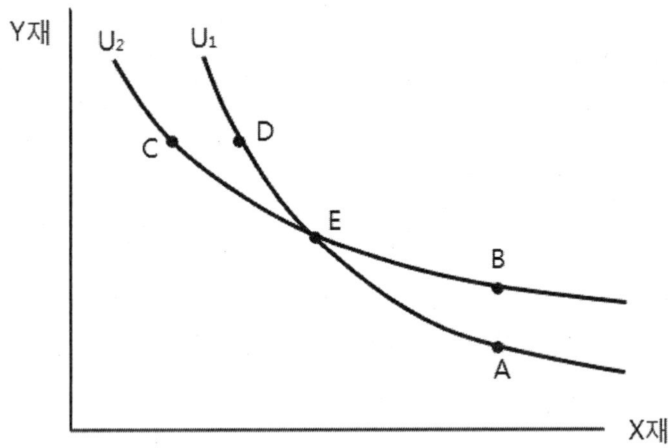

둘째, 무차별곡선은 서로 교차할 수가 없다. 이것은 서로 교차하는 두 개의 가상적인 무차별곡선(즉 U_1, U_2)을 나타내는 [그림 5-3]으로 설명할 수 있다. [그림 5-3]에 의하면 A와 D는 같은 U_1상에 있으므로 무차별이고, B와 C 역시 U_2상에 있으므로 무차별이다. 그런데 C와 D는 각각 다른 무차별곡선상에 있으므로 각 점에서 소비자의 효용수준이 다르다. 그러나 C와 E 및 D와 E는 각각 동일한 무차별곡선상에 있으므로 소비자는 동일한 효용을 느낀다. 따라서 C와 D의 효용수준은 같다는 결론이 나온다. 그런데 C와 D는 서로 다른 무차별곡선상에 존재하는 점들이므로 그 효용수준이 분명히 다르다. 따라서 C와 D의 효용수준이 같다는 것은 모순이 된다. 그러므로 무차별곡선은 교차할 수가 없다.

셋째, 무차별곡선들은 원점에 대해 볼록(convex forward origin)하다는 것이다. 그 이유는 동일한 효용수준을 유지하면서 한 상품을 다른 상품으로 대체해 나갈 때 두 상품 사이의 대체비율인 한계대체율이 점점 체감하기 때문이다.

넷째, 무차별곡선은 상품공간의 어떠한 상품묶음에 대해서도 그려질 수 있다. 즉 상품공간의 어떠한 점에 대해서도 그 점을 통과하는 무차별곡선이 존재한다. 그러므로 상품공간에는 무수히 많은 수가 존재할 수 있듯이 한 무차별곡선과 다른 무차별곡선 사이에도 다른 무차별곡선이 무수히 많이 존재할 수 있다는 것을 의미한다.

다섯째, 원점으로부터 멀리 떨어져 있는 무차별곡선일수록 더 높은 효용을 나타낸다. [그림 5-7]에서 보듯이 U_1보다 U_2가, U_2보다 U_3가, 더 높은 효용수준을 나타낸다. 이것은 상품의 양이 더 많은 상품묶음이 항상 더 높은 효용을 제공하기 때문이다. 여기서 U_1, U_2, U_3, U_4는 효용수준의 순서만 표시할 뿐이지 효용의 양을 나타내지는 않는다.

4) 한계대체율

한계대체율이란 한 무차별곡선상에서 한 재화가 다른 재화에 의해 대체될 수 있는 비율을 말하고 한계대체율을 MRS로 표시하며, Y재로 표시한 X재의 한계대체율은 다음과 같이 정의할 수 있다.

$$MRS_{XY} = -\frac{\Delta Y}{\Delta X} \tag{5.5}$$

마이너스(-) 부호를 갖게 되는 것은 ΔX는 플러스이나 ΔY는 마이너스 부호를 갖기 때문에 이를 절대치로 바꾸어 표현하기 위해서다. [그림 5-4]의 (a)에서 소비자는 X재와 Y재의 일정조합점(A: X_1, Y_2)에서 출발하여 Y재의 일정량을 줄이는 대신에 X재의 일정량을 더 가짐으로써 A점과 동일한 효용수준(B: X_2, Y_1)을 유지할 수가 있다. 식(5.5)는 이 경우를 설명하고 있다. 즉 Y재의 감소분($-\Delta Y$)을 X재의 증가분(ΔX)으로 나눈 비율을 나타내는 것으로 이것이 바로 Y재로 표시한 X재의 한계대체율(marginal rate of substitution of X in terms of Y)이다. 그런데 ΔY와 ΔX를 교환할 때 소비자는 손실도 이익도 보지 않고 ΔY만큼 감소된 것은 ΔX의 증대로 완전히 보상된다.

결국 한계대체율은 소비자가 동일한 효용수준은 유지하면서(즉 동일한 무차별곡선상에서의 이동) X재 1단위 증대에 대한 대가로 기꺼이 내놓고자 하는 Y재 양을 말한다고 볼 수 있다. 예를 들어 [그림 5-4]의 (b)에서 무차별곡선을 따라 A점에서 B점으로 이동할 경우 소비자는 X재 1단위를 더 얻기 위해 Y재 4단위를 기꺼이 포기하고자 한다. 이때의 한계대체율은 4가 될 것이다(ΔX=1, ΔY=-4이므로). 마찬가지로 B에서 C로 이동할 때 소비자는 X재 1단위를 더 얻기 위해 Y재 3단위를 기꺼이 포기하려 하므로 한계대체율은 3이다. 또한 C에서 D로 이동할 경우 한계대체율은 1이 된다.

그림 5-4 한계대체율

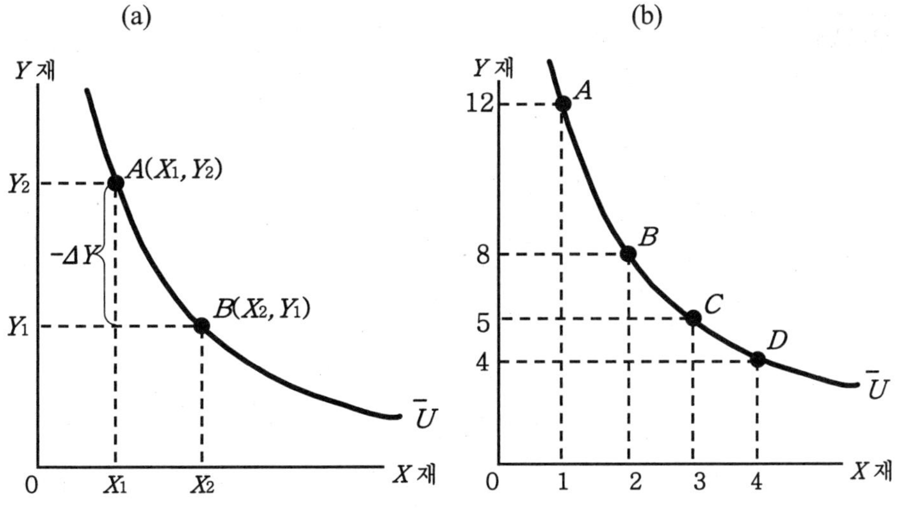

이상에서 우리는 X재가 많아지면 많아질수록 같은 X재로 대체할 수 있는 Y재의 양이 적어진다는 것을 알 수 있다. 즉 X가 많으면 많아질수록 Y재가 비교적 더 중요해진다는 뜻이다. 따라서 Y재로 표시한 X재의 한계대체율은 체감한다. 그런데 한계대체율을 측정함에 있어서 만약 X의 증분(ΔX)이 무한히 작아진다면(즉 ΔX가 0에 접근한다면) 이는 바로 해당 지점에서 접선의 기울기가 될 것이다. 이와 같이 무차별곡선상의 어느 점에서의 한계대체율은 그 점에서의 접선의 기울기와 같다고 할 수 있다.

그림 5-5 원점을 향해 오목한 무차별곡선(한계대체율 체증)

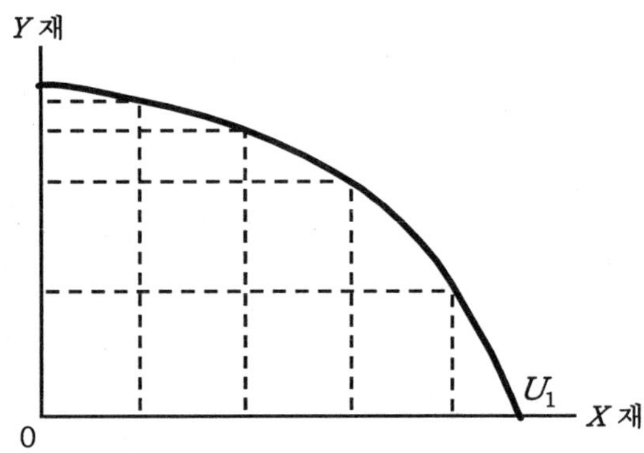

그림 5-6 완전대체재의 무차별곡선(한계대체율 불변)

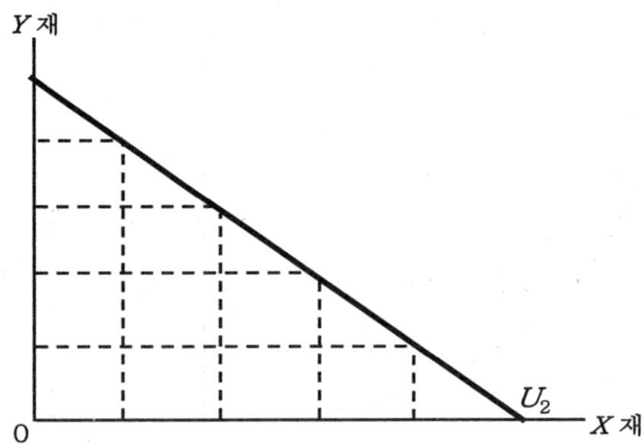

X재와 Y재가 항상 일정한 비율로 완벽하게 대체될 때의 무차별곡선은 직선이 되며 이 때의 한계대체율은 불변이다.

따라서 무차별곡선이 원점에 대해 볼록하다는 사실은 한계대체율이 체감한다는 것을 의미한다. 만약 무차별곡선이 [그림 5-5]와 같이 원점에 대하여 오목할 경우는 한계대체율이 체증할 것이고 [그림 5-6]과 같이 직선인 경우는 한계대체율이 일정할 것이다.

5) 무차별지도

지금까지 무차별곡선에 관해서 고찰하였다. 그런데 무차별곡선은 하나만 존재하는 것이 아니고 무수히 많이 존재한다. 즉 [그림 5-2]에서 D점과 동일한 효용수준을 가져다주는 X재와 Y재의 조합도 무수히 많을 것이므로 그들을 연결하면 또 다른 하나의 무차별곡선이 형성될 것이다. 마찬가지로 E점에 대해서도 동일한 효용수준을 나타내는 무차별곡선이 존재할 것이다. 이와 같이 효용수준을 달리하는 무차별곡선을 무수히 많이 표시할 수 있을 것이며 이것들은 [그림 5-7]과 같이 될 것이다.

그림 5-7 무차별지도

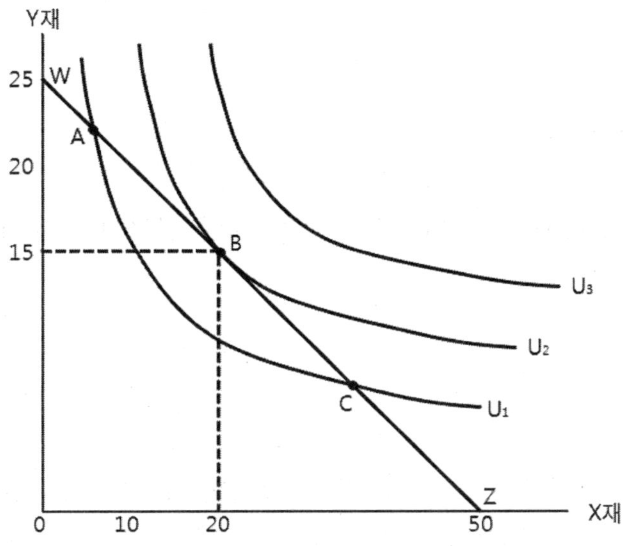

등고선의 경우에는 이것이 특정한 높이를 나타내는데 비해서 무차별곡선의 경우에는 특정한 크기의 효용을 나타내지 않는다는 점이 차이점이다. 단지 효용수준의 크기를 비교하고 있을 뿐이다.

무차별곡선은 우리가 지도에서 흔히 보는 등고선과 비슷한 성격을 갖고 있다. 등고선이 똑같은 높이를 갖는 지점들을 모아놓은 것처럼 무차별곡선은 똑같은 효용을 표시하는 상품묶음을 대표하는 점들을 모아 만든 곡선이다. [그림 5-7]에서 보듯이 여러 개의 무차별곡선을 모아놓으면 무차별지도가 된다.

5.4 소비자의 제약

1) 예산선

지금까지 고찰한 무차별곡선과 함께 예산선은 소비자의 행동원리를 분석하는 데 중요한 도구이다. 더구나 예산선은 소비자의 행동에 하나의 제약조건이며, 이에 대하여 고찰하기로 한다.

소비재가 X재와 Y재 두 가지일 때 소비자가 그의 소득을 X, Y 두 재화의 구입에 모두 사용한다고 가정하자. 이러한 경우 제5장에서 우리는 소비자의 가용소득을 I, X재와 Y재의 구입량을 각각 X, Y라 하고 X재와 Y재의 가격을 각각 P_X, P_Y라 하여 소비자의 예산제약조건을 다음의 식(5.6)과 같이 표현할 수 있다.

$$I = P_X X + P_Y Y \tag{5.6}$$

식(5.6)을 변형하면 다음과 같은 변수 Y에 관한 1차 방정식을 얻을 수 있다. 즉

$$Y = \frac{P_X}{P_Y} X + \frac{I}{P_Y} \tag{5.7}$$

식(5.7)은 소비자가 X, Y재의 가격이 일정할 때 그의 주어진 소득으로 구입할 수 있는 X재 양과 Y재 양의 관계를 표시한다. 즉 만약 $I = 10{,}000$원, $P_X = 1{,}000$원, $P_Y = 2{,}000$원이라고 가정할 경우 식(5.7)은 다음과 같게 된다.

$$Y = -\frac{1{,}000}{2{,}000} X + \frac{10{,}000}{2{,}000} = -\frac{1}{2} X + 5 \tag{5.8}$$

이 식(5.8)은 *X*, *Y*재의 가격이 주어졌을 때 소비자가 그의 소득으로 구입할 수 있는 *X*재 양과 *Y*재 양과의 관계를 표시한다. 여기서 10,000원의 소득으로 구입할 수 있는 *X*재 양과 *Y*재 양의 조합들을 구할 수 있는데 이러한 조합들을 그래프로 표시하면 [그림 5-8]에서의 직선 *AB*와 같아질 것이다. 이를 우리는 예산선(budget line) 혹은 가격선(price line)이라 부른다. 예산선은 소비자의 가용소득이 주어지고 이러한 소득을 모두 재화의 구입에 사용한다고 가정할 때 구입가능한 상품묶음들을 나타낸다.

결국 소득 및 두 재화의 가격이 주어졌을 때 많은 조합들로 이루어진 하나의 직선을 예산선이라 한다. [그림 5-8]에서 *AB*선 밖의 점, 즉 *H*의 경우는 현재의 소득으로 구입이 불가능한 조합을 나타내며 한편 *AB*선 안에 있는 모든 점들은 소비자가 그의 소득을 모두 지출하지 않는다는 것을 나타낸다. 그런데 소비자는 그의 소득을 모두 지출한다고 가정하고 있기 때문에 소비자는 예산선 *AB*선상의 점들만 선택이 가능할 것이다. [그림 5-8]의 예산선 *AB*에서 *OA*는 종축의 절편으로서 소비자가 소득 모두를 *Y*재 구입에 사용하는 경우(*X*재 구입량은 0)를 표시하고(한편 이는 *Y*재로 표시한 소비자의 실질소득으로 볼 수 있다), 또한 *OB*는 횡축의 절편으로서 소비자가 *Y*재의 구입량이 0일 때 *X*재의 구입량을 표시하므로 이는 *X*재로 표시한 소비자의 실질소득을 나타낸다.

그림 5-8 예산선

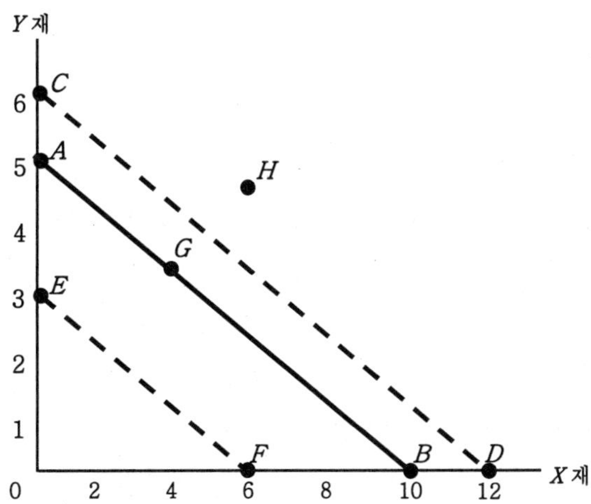

10,000원을 가진 소비자는 직선 *AGB* 이내의 상품묶음만 구매할 수 있고 그 밖의 상품묶음은 구매할 수 없다. 소비자가 구매할 수 있는 영역과 구매할 수 없는 영역을 구분해 주는 직선 *AGB*를 예산선 또는 가격선이라 한다.

여기서 예산선의 기울기(P_X/P_Y) 즉 두 재화의 가격비가 의미하는 내용을 살펴보기로 한다. 우리의 예에서는 $P_X = 1,000$, $P_Y = 2,000$이므로 예산선의 기울기는 1/2이 된다. 그런데 이 예산선의 기울기는 상대가격 이상의 의미를 지니고 있다. 즉 Y재로 표시한 X재의 기회비용(opportunity cost of X in terms of Y)을 나타내기도 한다. 왜냐하면 [그림 5-8]에서 A의 조합, 즉 X재 구입량이 0, Y재 구입량은 5인 상태에서 X재 1단위를 얻고자 한다면 지금까지 Y재 구입에만 사용하던 소득의 일부인 1,000원을 X재 구입에 지출하여야 한다. 이에 따라 $P_y = 2,000$원이므로 Y재 구입량은 1/2단위 감소될 것이다. 즉

$$\frac{P_X}{P_Y} = \frac{1}{2}$$

에서

$$P_X = \frac{1}{2} P_Y$$

가 된다. 따라서 이 소비자는 X재를 1단위 더 얻기 위해서는 반드시 Y재 1/2단위를 포기해야 할 것이다. 따라서 예산선의 기울기 P_X/P_Y는 Y재로 표시한 X재의 기회비용을 의미하며 이는 전반적인 경제분석에 중요한 의미를 가지고 있다.

2) 예산선의 이동

이상에서 예산선에 관하여 고찰하였다. 그런데 지금까지 주어진 것으로 가정해왔던 소비자의 소득 및 X, Y재의 가격과 같은 변수들이 변동하게 되면 예산선은 이동할 것이다. 이제 그러한 각각의 경우에 대하여 살펴보기로 한다.

첫째, 두 재화의 가격이 일정한데 소득만이 변동하는 경우를 가정하자. 즉 소득의 변동은 예산선을 이동케 할 것이다. 가령 [그림 5-8]에서와 같이 소비자의 소득이 10,000원에서 12,000원으로 증가되었다고 하자. 그러면 이 12,000원으로 Y재만 구입한다면 그 양은 6단위가 되며 X재만 구입한다면 그 양은 12단위가 되어 취득가능한 재화집합이 늘어나며 예산선은 CD가 될 것이다. 이와 반대로 소득이 10,000원에서 6,000원으로 감소되었다고 하자. 그러면 이 6,000원의 소득으로 X재만 구입한다면 6단위를 구입할 수 있으며 Y재만 구입한다면 그 양은

3단위가 될 것이다. 그러므로 소비자가 6,000원으로 살 수 있는 두 재화조합을 나타내는 예산선은 *EF*가 될 것이다. 따라서 재화의 가격이 변하지 않고 소득이 늘면 예산선이 평행하게 우측으로 이동하고 소득이 줄면 평행하게 좌측으로 이동하게 된다.

둘째, 소비자의 소득이 10,000원으로 그대로 있는데 두 재화 가격이 비례적으로 변화하는 경우에도 예산선이 이동할 것이다. 예를 들어 [그림 5-8]에서와 같이 *X*, *Y*의 재화가격이 모두 같은 비율로 인하되었다고 한다면 예산선은 우측으로 이동할 것이고, 반대로 *X*, *Y*의 재화가격이 모두 같은 비율로 상승하였다면 예산선은 좌측으로 이동할 것이다. 따라서 소비자의 소득과 두 재화의 가격이 동일한 비율로 동시에 증감하여도 예산선의 기울기는 전혀 변동하지 않으리라는 사실을 알 수 있다.

셋째, 두 재화의 가격비, 즉 P_X/P_Y가 변화하는 경우는 어떻게 될까? 물론 상대가격(P_X/P_Y)이 달라지면 예산선의 기울기가 달라질 것이다. 그런데 상대가격이 달라지는 경우는 두 재화가격이 상이한 비율로 변화하거나 혹은 어느 한 재화의 가격이 일정한데 다른 재화의 가격이 변화할 때에 나타난다. 여기서는 후자의 경우를 예로서 살펴본다.

그림 5-9 예산선의 이동

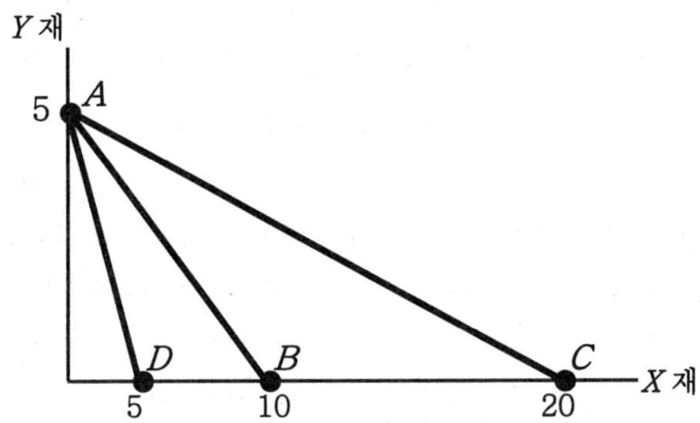

예산선 *AB*에서 *X*재 가격이 하락하면 예산선은 *AC*가 되고 예산선 *AB*에서 *X*재 가격이 상승하면 예산선은 *AD*가 된다.

[그림 5-9]에서 예산선 *AB*는 소득 10,000원, $P_X = 1{,}000$원, $P_Y = 2{,}000$원일 때의 예산선이다. 만약 다른 조건들이 일정한데 *X*재 가격만이 500원으로 하락

한다면 예산선은 AB에서 AC로 이동할 것이다. 반대로 X재 가격이 2,000원으로 상승한다면 예산선은 AB에서 AD로 될 것이다.

5.5 소비자의 최적선택

지금까지 소비자의 선호를 나타내는 무차별곡선과 소비자의 제약조건인 예산선에 관하여 살펴보았다. 그러면 이제 이 두 가지를 가지고 소비자의 선택문제를 살펴보기로 한다.

1) 소비자균형

지금 일정한 무차별지도를 가정하고 $I = 100,000$원, $P_X = 2,000$원, $P_Y = 4,000$원이라고 하자. 이 경우 소비자의 예산선은 [그림 5-10]과 같이 WZ가 될 것이며 WZ상의 모든 점들(가령 A, B, C 등)은 선택이 가능한 점들이다. 그러나 소비자는 무차별곡선 U_1상의 C점을 택하지 않을 것이다. 왜냐하면 예산선을 따라 B점으로 이동하면 동일한 소득으로 더 높은 효용수준을 나타내는 무차별곡선 U_2에 도달할 수 있기 때문이다. 마찬가지의 이유로 무차별곡선 U_1상의 A점도 같은 이유로 선택하지 않을 것이다. 또한 U_3의 무차별곡선의 경우는 현재의 소득과 재화의 가격조건으로는 도달이 불가능하다.

그러면 소비자는 어떠한 선택을 할 것인가? 이는 그의 소득으로써 가장 큰 효용을 주는 재화조합을 선택할 것이므로 균형점은 [그림 5-10]에서와 같이 무차별곡선과 예산선이 일치하는 B점(X재 20단위, Y재 15단위)을 택할 것이다. 왜냐하면 B점은 주어진 소득과 가격으로 가장 큰 효용수준을 가져다주는 재화의 조합이기 때문이다. 따라서 주어진 예산선과 접하는 무차별곡선상의 접점이 바로 소비자의 균형점이 된다. 즉 이 점에 있어서는 예산선의 기울기$(-P_X/P_Y)$와 무차별곡선의 기울기 $MRS_{XY}(=-\Delta Y/\Delta X)$와 같게 된다. 이상에서 우리는 B점으로부터 다음을 얻을 수 있다.

$$MRS_{XY} = \frac{P_X}{P_Y} \tag{5.9}$$

즉 균형점 B에서는 Y재로 표시한 X재의 한계대체율$(-\Delta Y/\Delta X)$과 Y재로 표시한 X재의 기회비용(예컨대 상대가격 P_X/P_Y)과 일치한다는 것이다. 따라서 식(5.9)가 소비자의 균형조건이 되는 것이다.

그림 5-10 소비자균형

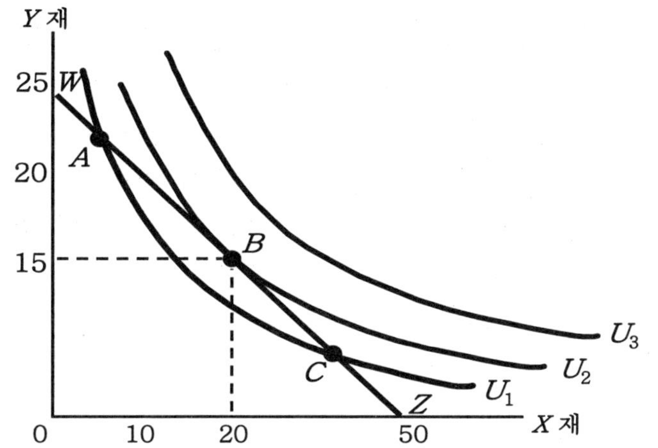

이제 식(5.9)의 의미를 고찰해보기로 하자. 가령 [그림 5-10]의 A점에 있어서 한계대체율$(=-\Delta Y/\Delta X)$이 두 재화의 상대가격$(-P_X/P_Y)$보다 크다면, 다시말해

$$\frac{\Delta Y}{\Delta X} > \frac{P_X}{P_Y}$$

라면 이는 소비자가 Y를 X로 대체하려는 비율이 시장이 소비자로 하여금 Y를 X로 대체하도록 하는 비율보다 크다. 예를 들어 $MRS_{XY}=5$이고 $P_X/P_Y=3$이라고 하자. 이 경우 소비자는 한 단위의 X와 5단위의 Y를 교환하려 한다. 즉 5단위의 Y를 포기하고 1단위의 X를 취하려고 한다. 그러나 시장에서 성립되는 가격상으로는 $P_X/P_Y=3$이므로 X의 1단위를 위해 단지 3단위의 Y재를 지불하기만 하면 된다. 따라서 소비자의 X에 대한 주관적 가치가 시장에서 주어지는 객관적 가치보다 크다. 따라서 이 경우 소비자는 X를 더 소비하게 되고 Y재를 덜 소비함으로써 더 큰 만족을 얻을 수 있을 것이다(이는 소비자가 예산선을 따라

A에서 B로 이동할 때, 보다 상위에 있는 무차별곡선에 도달하는 것을 말한다).

반대로 C점에 있어서는

$$MRS_{XY} < \frac{P_X}{P_Y}$$

즉 한계대체율$(-\Delta Y/\Delta X)$이 두 재화의 상대가격(기회비용)보다 더 작다. 이것은 소비자가 주관적으로 평가하는 X재 가치가 시장에서 주어지는 X재의 객관적 가치보다 작다는 것을 의미한다. 따라서 이 경우 소비자는 X재를 덜 구입하게 되고 Y재를 더 구입함으로써 더 큰 효용을 얻을 수 있을 것이다(이는 소비자가 예산선을 따라 C에서 B로 이동할 때, 보다 상위에 있는 무차별곡선에 도달하는 것을 의미한다).

결국 B점에서는

$$MRS_{XY} = -\frac{\Delta Y}{\Delta X} = \frac{P_X}{P_Y} \tag{5.10}$$

가 되며 소비자가 주관적으로 평가하는 X재 가치와 시장에서 실제로 평가하는 X재 가치가 일치하게 되는 것이다. 따라서 이 상태에서 소비자는 효용수준이 최대가 되며 소비자행동의 균형이 성립되는 것이다.

이상의 논의로부터 [그림 5-10]에서 소비자는 B점이 나타내는 X재와 Y재의 조합을 선택할 것이며, 따라서 서수적 효용이론의 소비자 균형조건은 식(5.11)과 식(5.12)로 요약된다.

$$MRS_{XY} = -\frac{\Delta Y}{\Delta X} = \frac{P_X}{P_Y} \tag{5.11}$$

$$I = P_X X + P_Y Y \tag{5.12}$$

제 6 장

수요함수의 성격

6.1 가격의 변화와 소비행위
6.2 소득의 변화와 소비행위
6.3 소득효과와 대체효과
6.4 시장수요곡선
6.5 소비자이론의 기타문제

제5장에서 우리는 소비자의 선호관계, 소득, 그리고 재화의 가격이 주어졌다는 가정 하에 소비자의 균형, 즉 만족 또는 효용의 극대화문제를 고찰하였다. 그런데 6장에서는 이렇게 주어진 변수 중의 하나가 변할 때 그 균형점이 어떻게 변화하겠느냐에 관한 비교정태분석을 통하여 수요함수가 지니는 성격을 파악해 보도록 하자.

6.1 가격의 변화와 소비행위

1) 가격소비곡선

앞에서는 소득이 변했을 때 소비의 균형점이 어떻게 이동하는가를 고찰하였다. 그런데 소득이 불변인 채 재화의 가격이 변하는 경우 균형점이 어떻게 변하는가를 보기로 하자. [그림 6-1]에서 소비자의 최초의 균형점은 무차별곡선 U_1상의 P점이고, 이때 X재를 X_1, Y재를 M만큼 구입하게 된다.

그림 6-1 가격소비곡선

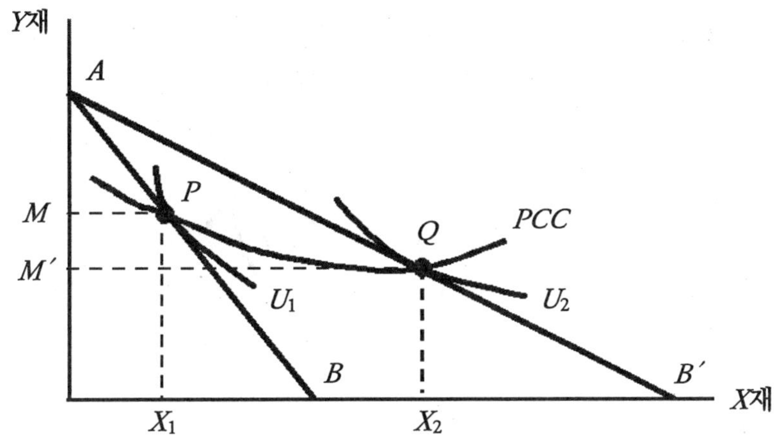

X재 가격이 하락하면 소비자 균형점이 $P \to Q$로 이동하는데 이 점을 연결한 곡선이 가격소비곡선(price comsumption curve; PCC)라고 한다.

이제 Y재의 가격(P_Y) 및 소득이 불변이고 X재의 가격(P_X)만이 하락하게 된다면 [그림 6-1]에서와 같이 예산선은 AB'가 되며 따라서 소비자의 새로운 균형점은 X재를 X_2, Y재를 M'만큼 구입하는 무차별곡선 U_2상의 Q로 이동할 것이다.

이같이 X재 가격이 하락함에 따라 균형점이 이동하게 되는데, X재의 가격이 계속적으로 변화한다면 각각의 균형점이 존재할 것이다. 이러한 모든 새로운 균형점을 연결한 곡선을 가격소비곡선(price consumption curve; PCC)이라 한다. 다시 말하면 이것은 X재 가격의 변화로 인한 X재 구입량의 변화를 나타내는 곡선이라고 할 수 있다.

2) 수요곡선의 유도

이상에서 고찰한 가격소비곡선으로부터 우리는 한 재화에 대한 개별소비자의 수요곡선을 도출할 수 있다. [그림 6-2]에 의해 도출해 보기로 한다.

[그림 6-2]의 (a)에서 X축은 X재의 수요량을, Y축은 Y재의 수요량을 표시하고 있다. 현재 소비자의 소득이 I라고 할 경우 그 소득으로 X재를 전부 구입한다면 X_4만큼 구입할 수 있음을 나타낸다.

즉 X재의 가격이 P_{X_1}이고 예산선이 IA_1일 때 소비자의 균형점은 P점인데, 이때 소비자는 X_1만큼의 X재와 M만큼의 Y재를 구입하게 될 것이다. 만약 X재의 가격이 P_{X_1}에서 P_{X_2}로 인하되었다면 X재의 구입량은 X_2로 늘어나고, 다시 P_{X_3}으로 떨어지면 X_3이 될 것이다. 따라서 이러한 X재의 가격변화와 X재의 수요변화를 표시한 것이 [그림 6-2]의 (b)가 되며 여기서의 DD곡선은 소비자의 수요곡선이다. 즉 (b)에서 Y축을 X재의 가격(P_X), Y축을 X재의 수요량으로 했을 때 가격이 P_{X_1}일 때 X_1량을, P_{X_2}일때 X_2량을, 다시 P_{X_3}일 때 X_3량을 구입함을 의미한다. 물론 여기서 $P_{X_1} > P_{X_2} > P_{X_3}$임은 두말할 나위도 없다. 여기서 X재 가격과 수요량과의 조합점을 P', Q', R'라 하고 이를 연결하면 DD와 같은 우하향하는 수요곡선이 형성된다. 또한 Y재의 수요곡선도 P_Y로 도출이 가능하다.

그림 6-2 수요곡선의 도출

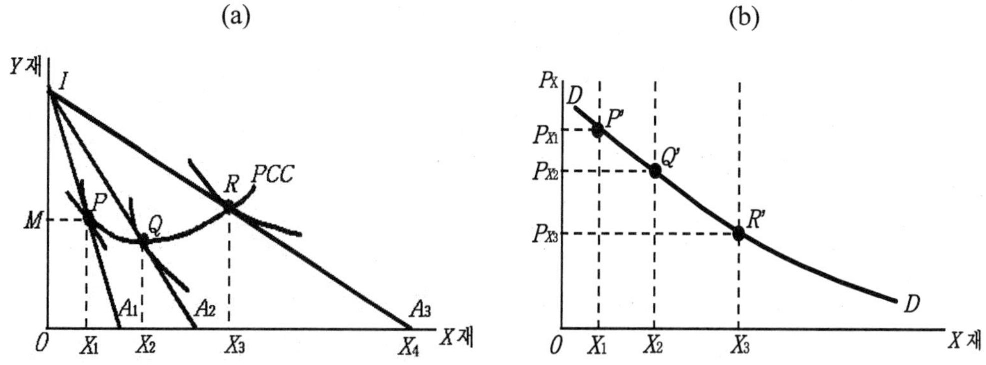

(a)는 소비자 균형점이 $P \to Q \to R$로 변화하는 가격소비곡선을 보여주고 있으며, (b)는 X재 가격이 변할 때 수요량이 어떻게 변하는지를 나타내는 X재의 수요곡선이 도출되어 있다.

6.2 소득의 변화와 소비행위

1) 소득소비곡선

제5장에서 고찰한 바와 같이 두 재화의 가격이 일정한데 소비자의 소득이 변화한다면 예산선은 평행 이동할 것이며 따라서 예산선으로 나타나는 재화의 취득가능 면적이 변하게 된다. 다시 말해 재화의 가격이 불변인 채 소득만이 변할 경우 예산선은 기울기를 일정하게 유지하며 평행이동을 하게 되는데 이때의 소비자균형점을 연결한 것이 소득소비곡선(income consumption curve; ICC)이다.

[그림 6-3]에서 보는 바와 같이 소득이 늘어남에 따라 예산선은 우측으로 이동하며 각 예산선마다 새로운 균형점이 존재하게 된다. 즉 P점은 원래의 예산선 AB일 때의 균형점이고, Q는 소득이 증가하여 예산선이 CD일때의 균형점이며 R는 EF의 예산선에서 균형을 이루고 있는 점이다. 이와 같이 소득이 증가하면 X재와 Y재의 소비량이 늘어나며 더 높은 무차별곡선상에 도달하게 된다.

대부분의 경우 [그림 6-3]에서와 같이 소득이 늘어남에 따라 X와 Y재의 소비가 늘어나는데 이러한 재화를 보통재(normal goods, 또는 우등재)라 하며 이 경우 소득소비곡선은 우상향하는 형태가 된다.

그림 6-3 소득소비곡선

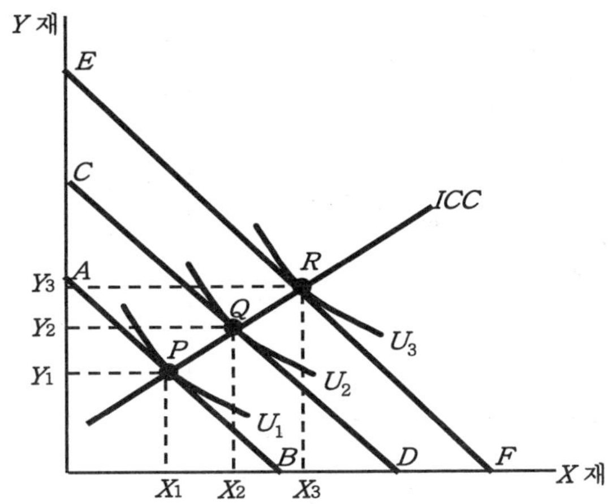

소득이 증가하면 균형소비점이 $P \to Q \to R$로 이동하는데 이점을 연결한 것이 소득소비곡선이다.

2) 열등재와 중립재

[그림 6-4]의 (a)에서와 같이 어느 범위에 있어서 소득소비곡선이 ICC_1과 같이 왼쪽 위로 기울어진다든가 또는 ICC_2와 같이 오른쪽 아래로 기울어지는 경우가 있다. 즉 이것은 소득소비곡선의 어느 점 이후부터는 다소 여유가 있더라도 오히려 특정 재화의 소비를 줄이는 것을 의미한다. 이러한 재화를 열등재(inferior goods)라 하며, 열등재의 예로는 소주나 보리같은 재화를 들 수 있다. 즉 소득이 높아지면 오히려 맥주를 더 마시거나 또는 쌀을 더 먹으며 보리를 덜 소비하려 하기 때문이다.

[그림 6-4]의 (a)에서 소득소비곡선이 ICC_1이라면 X재가 열등재이고, ICC_2라면 Y재가 열등재이다. 만약 소득소비곡선이 [그림 6-4]의 (b)에서와 같이 Y축과 평행선이라면 소득이 증가되어도 X재의 소비는 일정하다. 이럴 때 X를 중립재(neutral goods)라고 하는데 이런 재화는 소득수준의 변동과 관계없이 소비량이 대개 일정한 재화이다. 가령 간장과 같은 생활필수품들은 이러한 재화로 분류할 수 있으며 이들의 소비량은 보통 소득과 상관없다고 볼 수 있다.

그림 6-4 열등재와 중립재의 소득소비곡선

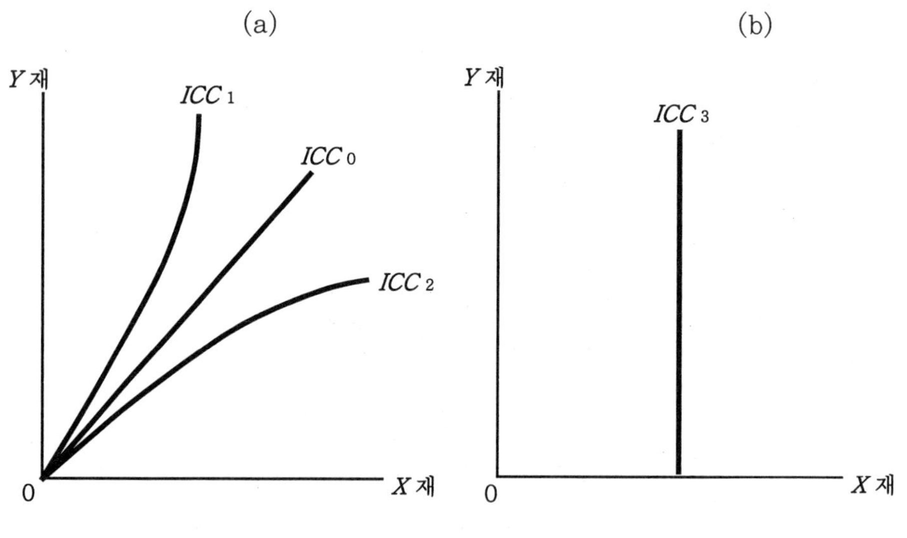

6.3 소득효과와 대체효과

1) 가격효과

소득이 일정할 때 어떤 재화의 가격변화는 소비자로 하여금 그 재화의 구입상태를 변화시킨다. 즉 한 재화의 가격변동으로 일어나는 그 재화 소비량의 증감을 가격효과(price effect)라 한다. 그런데 이러한 가격효과는 두 가지 측면에서 분석될 수 있는데 하나는 가격의 변화에 따른 실질구매력의 증감에 의한 재화소비량의 변화이고 다른 하나는 상대적으로 가격이 하락한 재화의 구매를 증가시키고 가격이 상승한 재화의 구매를 감소시키게 된다. 전자를 소득효과(income effect)라 하고 후자를 대체효과(substitution effect)라 하는데 가격효과는 결국 소득효과와 대체효과의 합으로 구성된다고 볼 수 있다. 이러한 사실을 [그림 6-5]에 의해서 설명할 수 있다.

[그림 6-5]에서 소비자의 최초의 균형점이 예산선 AA_1과 무차별곡선 U_1의 접점에서 이루어져 X재를 X_1, Y재를 Y_1만큼 구입하는 무차별곡선 U_1상의 P에 위치하고 있다고 하자. 그런데 시장에서 변화가 일어나 X재의 가격이 떨어져 예산선이 AA_1에서 AA_3으로 이동했다고 하자. 이때 R점은 새로운 균형점을 나타내며 X재의 수요는 X_1에서 X_3으로 늘어났다. 여기서 $X_3 - X_1$이 가격효과이다. 그런데 X재의 가격이 하락하여 예산선이 우측으로 이동했다는 것은 X, Y재의 취득가능한 재화집합이 ΔOAA_1에서 ΔOAA_3으로 증대되었다는 것을 의미한다. 즉 소득과 Y재의 가격이 불변인 상태에서 X재의 가격이 하락했다는 것은 소득의 실질구매력(혹은 실질소득)이 늘어났다는 것이다.

그런데 X재의 가격이 하락했다면 앞서 밝힌 바와 같이 두 가지 이유로 X재의 구매량이 증대된다. 첫째, X재의 가격하락으로 인한 소비자의 실질소득의 증가로 X재의 구매량이 늘어날 것이고, 둘째, X재의 가격하락으로 X, Y재간의 상대가격이 달라짐으로 인해(즉 Y재의 가격은 불변) 소비자는 Y재를 상대적으로 싼 X재로 대체하려 할 것이다. 이러한 내용을 [그림 6-5]를 통해 자세히 살펴보자.

그림 6-5 가격효과(소득효과+대체효과)

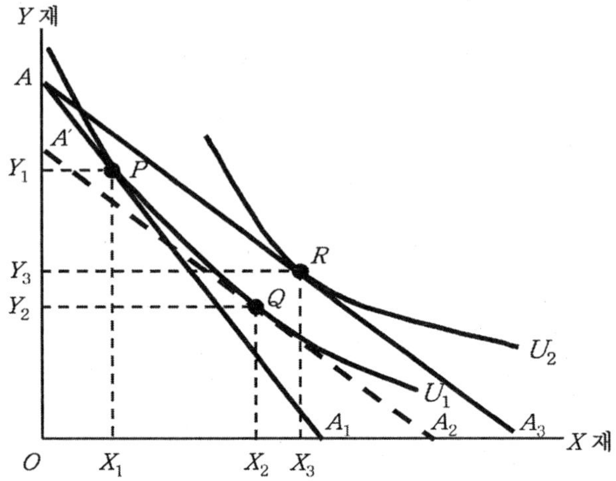

X_1X_2는 대체효과에 의한 소비량의 증가분이고 X_2X_3는 소득효과에 의한 소비량의 증가분이다.

X_1X_2 : 대체효과(X재 소비량 증가)
X_2X_3 : 소득효과(X재 소비량 증가)
X_1X_3 : 총효과(가격효과)

[그림 6-5]에서 X재의 가격이 하락했을 경우 균형점이 P에서 R로 이동하는 가격효과가 발생할 것이다. 전술한 바와 같이 X재의 가격하락이 X재의 수요에 미치는 영향(즉 가격효과)은 첫째, X재의 가격하락이 소비자의 실질소득을 증대시켜 마치 화폐소득의 증대가 X재 구매에 미치는 효과(소득효과)와, 둘째, Y재의 가격이 일정한데 반해 X재의 가격이 하락하였다는 것은 Y재에 대하여 X재의 상대가격 하락을 의미하므로 Y재에 비하여 X재의 수요를 상대적으로 증가시키는 효과(대체효과)로 나누어질 수 있다.

소득효과의 크기를 알아보고자 새로운 예산선 AA_3과 평행하면서 가격변동 이전의 무차별곡선 U_1과 접선을 이루는 직선 $A'A_2$를 그린다. 이에 따라 균형점은 R에서 Q로 이동할 것이다. 그러면 결과적으로 X재의 가격이 하락했지만 소득도 하락해 X재의 가격이 하락하기 전과 동일한 효용을 얻게 된다. 즉 종전의 U_1의 무차별곡선상에 있다는 것이다. 이때 $X_3 - X_2$는 순전히 실질소득의 증대에 따른 소비증대효과이다. 왜냐하면 소득이 증가하면 예산선이 우측으로 평행이동하기 때문이다. $X_2 - X_1$은 소득을 종전과 동일하게 줄인 후의 X재의 수요증가이므로 이는 X재 가격하락으로 인한 Y재로부터 X재로의 대체효과의 크기를 나타낸다. 따라서 균형점 P에서 균형점 R로의 이동인 가격효과는 균형점 P에서 Q로의 이동인 대체효과와 균형점 Q에서 R로의 이동을 나타내는 소득효과의 합으로 구성된다는 것을 말해주고 있다.

2) 기펜재

일반적으로 어떤 재화가격이 하락할 경우 대체효과는 항상 구입량을 증가시키는데 반하여 소득효과의 경우는 재화의 종류에 따라 달라진다. 즉 보통재의 경우에는 구입량을 증가시키나, 열등재의 경우에는 구입량을 오히려 감소시킬 수도 있다. 즉 [그림 6-6]에서 대체효과는 $X_2 - X_1$이나, 소득효과는 $X_3 - X_2$이며 전체효과는 $(X_2 - X_1) + (X_3 - X_2) = -(X_1 - X_3)$이다. 즉 X재의 가격이 내렸을 때 대체효과는 $X_2 - X_1$이나, 소득효과는 $-(X_2 - X_3)$이며 $(X_2 - X_1) < (X_2 - X_3)$이므로 전체 효과는 마이너스로 나타난다.

그림 6-6 기펜재

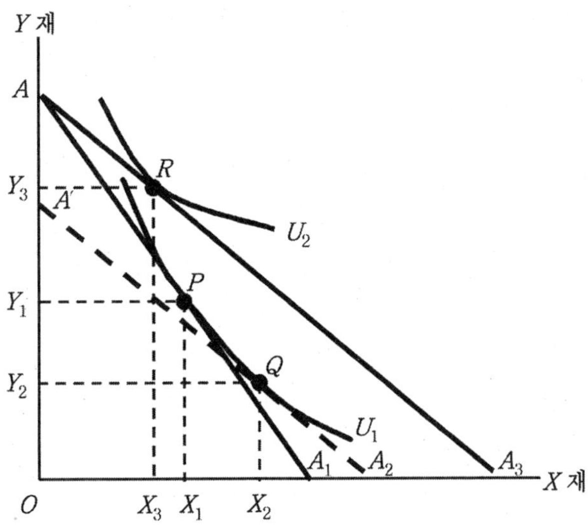

실질소득이 증가함에도 X재 수요량은 Q에서 R로 감소하여 소득효과가 대체효과 모두를 상쇄시키고도 남음을 보여준다.
X_1X_2 : 대체효과(X재 소비량 증가)
X_2X_3 : 소득효과(X재 소비량 감소)
X_1X_3 : 총효과(X재 총 소비량 감소)

다시말해 어떤 재화의 경우 가격이 하락하면 그 소비량이 도리어 줄어드는 경우가 있는데 이는 가격하락으로 인한 대체효과의 '+'효과보다 실질소득의 증가로 인한 소득효과로서의 '−'효과가 더 크기 때문에 가격하락에도 불구하고 구매량이 감소한다. 이와 같이 가격이 하락할 때에 구매량이 감소하는 특수한 유형의 열등재를 특히 Giffen재라 한다.

6.4 시장수요곡선

지금까지 우리는 개별 소비자의 소비행위에 대하여 고찰하였다. 이제 시장수요곡선에 대해 살펴보기로 하자. 시장의 수요곡선은 소비자들 전체가 한 재화의 가격이 변함에 따라 그 재화를 얼마나 소비하려고 하는가를 보여주는 것이다. 시장수요곡선은 해당 재화의 모든 소비자들에 대해서 앞절에서 유도한 소비자들의 개별수요곡선을 수평으로 합한 것이 된다.

[그림 6-7]에서 d_1, d_2, d_3, …은 개별 소비자들의 개인수요곡선을 나타낸다. 가격이 주어질 때, 시장에 존재하는 모든 소비자들이 수요하는 전체량을 알기 위해서는 개별 소비자들의 수요량을 합하면 될 것이다. 따라서 시장수요곡선 D는 시장에 존재하는 모든 소비자들의 개인수요곡선들 d_1, d_2, d_3, …을 수평적으로 합한 것이 된다. 그리고 모든 소비자들의 개인수요곡선이 우하향한다면 시장수요곡선 또한 그림과 같이 우하향하게 된다.

시장수요곡선이 개별 소비자들의 개인수요곡선들의 수평적 합이라는 점에 착안하면, 시장수요곡선의 성격을 파악할 수 있다. 첫째, 더 많은 소비자들이 시장에 참여함에 따라 시장수요곡선은 오른쪽으로 이동한다. 즉, 소비자의 수가 증가하면 시장수요곡선은 오른쪽으로 이동한다는 것이다. 둘째, 앞에서 고찰한 가격이나 소득과 같이 개인수요곡선에 영향을 미치는 요인들은 시장수요곡선에도 영향을 미친다. 예컨대 X재 시장에 있는 대부분의 소비자들의 소득이 증가하여 그들 각각의 X재에 대한 수요가 증가했다고 하자. 이 경우 각 소비자들의 수요곡선이 오른쪽으로 이동하므로 시장수요곡선도 오른쪽으로 이동하게 되는 것이다.

그림 6-7 시장수요곡선

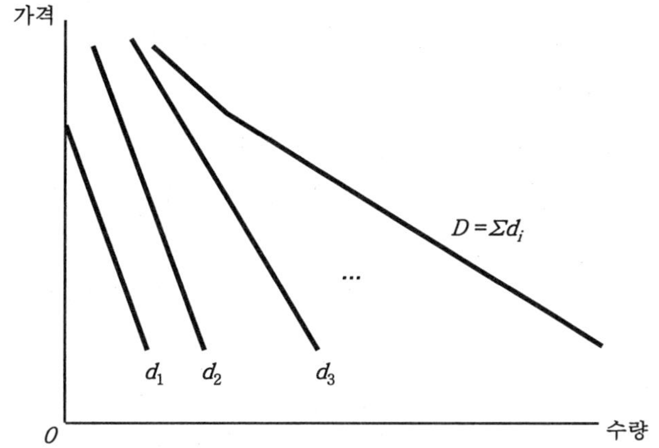

6.5 소비자이론의 기타문제

지금까지의 전통적인 소비자균형이론에 있어서는 합리적인 소비자를 가정하고 독자적인 선호관계에 따라 자신의 효용극대화를 위하여 소비행동을 한다는 것이었다. 그런데 미국의 경제학자 라이벤스타인(Harvey Leibenstein)은 소비자들의 합리성에 관한 가정은 비현실적이며 또한 그들의 재화소비에는 상호영향을 주고받는다는 사실을 발견하고 상호영향을 받고 있는 양상에 따라 편승효과(Bandwagon effect), 청개구리효과(Snob effect) 및 베블렌효과(Veblen effect) 등으로 분류하였다.

한 소비자가 어떤 재화를 수요하고자 하는 이유는 다른 소비자들이 그 재화를 많이 소비하고 있기 때문이라면 그의 소비는 편승효과에 의한 소비라 일컬어진다. 즉 편승효과란 한 소비자의 소비가 다른 소비자들의 소비에 영향을 받는다는 것을 의미한다. 이에 대한 한 가지 좋은 예는 여성들의 의상에 관한 소비행위이다. 즉 어떤 모양의 의상이 유행하게 되면 그 의상이 자기에게 잘 어울리든 어울리지 않든 그 의상을 구입하게 되는 경우를 말한다. 편승효과의 존재는 그것이 없을 때 비하여 그 재화의 소비가 많아진다.

청개구리효과는 편승효과와는 정반대되는 소비효과로서 다른 사람들이 어떤 재화를 많이 소비하고 있기 때문에 자기는 그 재화의 소비를 줄이거나 그만두는 경우를 말한다. 즉 청개구리효과는 자기가 다른 사람보다 품위가 다르다는 것을 과시하고자 할 때 나타난다. 이 청개구리효과가 있으면 그것이 없을 때보다 그 재화의 소비가 작아진다. 등산이 일반화되어 많은 사람들이 등산을 즐기게 되면 등산은 이제 너무 흔한 운동이라 생각하여 등산을 포기하고 다른 것을 택하는 경우가 여기에 속한다.

베블렌효과는 소비자들이 다른 사람에게 돋보이고 싶어서 하는 소비를 말한다. 즉 값비싼 재화를 쉽게 살 수 있다는 능력을 보여주고 싶어서 하는 소비가 여기에 속한다. 외제 자동차, 다이아반지 등 고가품에 있어서 가격이 비싸기 때문에 오히려 구매하는 예가 그것이다. 결국 베블렌효과가 있으면 그것이 없을 때보다 가격이 높은 재화일수록 소비가 늘어나게 된다.

라이벤스타인은 이상과 같은 전통적인 소비자선택원리를 벗어나는 소비행동 이외도 또 다른 소비수요형태가 있다고 하였다. 이를 통틀어 비기능적 수요(nonfunctional demand)라 하여 여기에 속하는 대표적 형태는 가수요(speculative demand)와 비합리적 수요(irrational demand) 등이 있다. 가수요는 어떤 재화의 가격상승이 예상될 때 그 재화를 꼭 필요한 수량보다 많이 구입하는 경우인데 흔히 '사재기' 수요라고도 한다. 특히 연탄, 쌀, 농산품 등에서 주로 나타난다. 비이성적 수요는 어떠한 충동이나 즉흥적인 생각 등에 의해 소비행위가 이루어지는 경우는 말한다. 비합리적으로 결정해서 행하는 소비형태이다.

제 7 장

기업의 생산비용과 행동원리

7.1 단일가변요소하의 생산
7.2 단기생산함수
7.3 비용의 측정
7.4 단기생산비용

이 장과 다음 장에서는 공급곡선의 뒤에 숨어 있는 경제원리를 설명하고자 한다. 재화나 용역은 일차적으로 기업의 생산에 의하여 결정되는바, 이 장에서는 우선 생산과 생산함수의 기본개념을 살펴보기로 한다. 그리고 생산비에 관한 여러 가지 기초개념을 살펴본 후 다른 조건이 일정할 때 생산비와 생산량과의 관계를 설명하도록 한다.

7.1 단일가변요소하의 생산

1) 생산요소와 생산량

생산(production)이란 생산요소(inputs)를 생산물(outputs)로 전환시키는 경제활동을 의미하며 이 활동을 담당하는 경제주체는 기업(firms)이다. 현대자동차주식회사는 기업인데 이 회사는 공장설비를 갖추어 놓고 노동자를 고용하여 자동차를 생산한다. 공장설비는 자본(capital : K)이라는 생산요소인데 노동(labor : L)과 더불어 2대 생산요소로 간주된다.

기업은 생산활동을 하면서 생산요소 구매를 위해 생산비(costs)를 지출하고 생산물을 판매하여 수입(revenue)을 얻는다. 판매수입에서 생산비 지출을 뺀 값이 이윤(profits)인데 기업은 이윤을 극대화할 수 있도록 생산활동을 한다.

기업은 가능한 한 적은 생산요소로 많은 생산물을 생산할수록 더 많은 이윤을 벌 수 있다. 적은 생산요소를 투입함으로써 생산비를 줄일 수 있고 많은 생산량을 생산함으로써 판매수입을 증가시킬 수 있기 때문이다. 이와 같이 기업에게는 얼마만큼의 생산요소로 얼마만큼의 생산물을 생산해 낼 수 있느냐가 기업이윤을 결정짓는 관건이 된다. 생산요소와 생산물의 이러한 관계를 파악하기 위해 생산과정을 통해 얼마만큼의 생산요소가 얼마만큼의 생산물로 전환되어 나오느냐를 수학적 함수식으로 표현한 것이 생산함수(production function)이다. 생산요소를 노동(labor)과 자본(capital)이라고 할 때, 이 두 생산요소로부터 생산되는 생산의 양 Q는 다음과 같은 생산함수식으로 표현될 수 있다.

$$Q = f(L, K) \tag{7.1}$$

L : 노동의 양
K : 자본의 양
Q : 생산의 양

2) 단기와 장기 및 고정요소와 가변요소

기업이 생산량을 변화시키기 위해서는 투입되는 생산요소의 양을 변화시켜야 한다. 즉, 생산량을 증가시키기 위해서는 노동과 자본의 양을 증가시켜야 한다. 그런데 생산요소는 그 특성상 쉽게 변화시킬 수 있는 것도 있지만 그렇지 못한 것도 있다. 예컨대 생산요소가 노동과 자본이라고 할 때 노동의 사용량은 비교적 쉽게 조정될 수 있는 성질을 가지고 있지만, 자본은 공장시설이나 기계시설 등을 의미하는 것이기 때문에 이들의 양을 조정하기 위해서는 상당한 시간이 요하기 마련이다.

자본처럼 그 양을 쉽게 조정할 수 없는 생산요소를 고정요소(fixed inputs)라고 한다. 반면에 노동은 노동시간을 쉽게 변화시킬 수 있기 때문에 이런 생산요소를 가변요소(variable inputs)라고 한다. 그런데 자본이라고 해서 그 양이 항상 고정되어 있는 것은 아니다. 시간이 충분히 주어지면 자본의 양도 변화시킬 수 있다. 따라서 경제학에서는 고정요소의 양을 변화시킬 수 있는지의 여부에 따라 단기와 장기를 구분하고 있다.

시간이 충분치 못하여 고정요소의 양을 변화시킬 수 없다면 이러한 기간은 단기(short run)이다. 그러나 시간이 충분하여 고정요소까지도 적정량으로 조정될 수 있다면 이러한 기간은 장기(long run)가 된다. 그러므로 장기에는 고정요소가 아예 존재하지 않고 모든 요소가 가변요소이다. 경제학에서의 단기와 장기는 통상적인 시간의 길이와는 상관없이 생산요소의 양이 조정되는지에 따라 구분되어지는 개념이다. 1주일이라도 이 기간 내에 모든 생산요소의 양이 조정될 수 있다면 이 기간은 장기가 되고, 1년이라도 이 기간 내에 적어도 하나의 생산요소는 조정이 불가능하다면 이 기간은 단기가 된다.

단기와 장기의 구분과 고정요소와 가변요소의 구분은 불가분의 관계를 가지고 있다. 고정요소는 단기에서만 정의되는 개념이고, 가변요소는 단기와 장기 모두에 있어서 정의되는 개념이다. 그리고 단기와 장기의 구분은 고정요소의 존재여부를 기준으로 정의되는 개념이다.

7.2 단기생산함수

1) 총생산, 한계생산과 평균생산

먼저 일정시간당 생산의 총량을 총생산(total product; TP)이라 한다. 한편 편의상 두 가지 생산요소, 즉 노동과 자본만이 있는 경제를 가정할 경우 자본을 고정요소라 하고 노동을 가변요소라 할 때 자본의 투입량은 그대로 일정하게 유지하면서 노동의 투입량을 1단위 증가시킬 때 그 노동을 1단위 추가할 때 생산되는 추가적인 생산량을 노동의 한계생산(marginal product of labor; MP_L)이라 한다. 또한 노동의 평균생산(average product of labor; AP_L)은 단순히 총생산을 노동의 양으로 나눈 것을 말한다.

여기서 단순화를 위해서 노동(L)과 자본(K)의 두 요소로 구성되는 단기생산함수를 가정한다. 물론 단기에 자본은 고정요소가 되고 노동은 가변요소가 된다. 이때 노동의 평균생산을 AP_L이라 하면 수식으로 다음과 같이 나타낼 수 있다.

$$AP_L = \frac{Q}{L} \tag{7.2}$$

여기서 Q는 총생산, L은 투입노동량을 나타낸다. 예를 들어 100명의 노동자가 연간 10,000단위의 재화를 생산했다면 연간 노동의 평균생산은 다음과 같다.

$$AP_L = \frac{10,000}{100} = 100(\text{단위})$$

또한 노동의 한계생산을 MP_L이라고 하고 수식으로 다음과 같이 나타낼 수 있다.

$$MP_L = \frac{\Delta Q}{\Delta L} \tag{7.3}$$

여기서 ΔQ는 총생산량의 변화량을 나타내고, ΔL은 노동의 변화량이다. 그런데 어떠한 생산요소의 한계생산력은 주어진 생산함수를 그 생산요소로써 1차 편미분한 것이기도 하다. 즉 $Q = f(L, \overline{K})$의 생산함수에서 노동의 한계생산은 다음과 같다.

$$\frac{\partial Q}{\partial L} = f_L(L, K)$$

에서

$$\frac{\partial Q}{\partial L} = MP_L$$

이며, f_L도 생산함수를 노동량에 관하여 1차 편미분한 것을 나타내기 때문에 노동의 한계생산을 표시하고 있다.

예를 들어 앞의 예에서 10명의 노동자를 증가시켜 110명의 노동자가 1년 동안 10,500단위의 재화를 생산해내다면 노동의 한계생산은

$$MP_L = \frac{10,500 - 10,000}{110 - 100} = \frac{500}{10} = 50(\text{단위})$$

이 된다.

2) 단기생산함수와 생산의 3단계

단기생산함수(short-run production function)는 최소한 한 가지의 생산요소가 고정된 상태에서 나머지 가변요소의 투입만이 변동하는 경우의 요소투입량과 산출품과의 관계를 나타낸다. 이론의 단순화를 위하여 생산요소를 자본과 노동으로 대별하고 자본을 고정요소, 노동을 가변요소라 하면, 자본량을 일정상수로 볼 수 있으므로 생산함수는 다음과 같이 규정된다.

$$Q = f(L, \overline{K}) \tag{7.4}$$

그리고 식(7.4)의 가상적인 단기생산함수를 [표 7-1]을 이용하여 살펴보자. [표 7-1]에서는 어느 기업에서 기계나 장비 등의 자본을 비롯하여 여러 가지 투입요소들이 고정되어 있다고 가정할 때 노동력을 증가시킴에 따라 총생산(TP), 한계생산(MP), 평균생산(AP)등이 각각 어떻게 변동하고 있는가를 나타내고 있다.

[표 7-1]을 살펴보면 자본이 고정된 상태에서 노동력의 투입을 늘리면 어느 한도까지는 총생산이 증가하지만 그 한도를 넘으면, 즉 노동투입이 8단위로 되면 총생산이 오히려 감소한다는 것이다.

또한 한계생산(MP)은 처음에는 증가하다가 어느 단계에서 극대치가 되고 그 이후에는 감소한다. 한계생산량이 감소해가다가 영(0)이 되는 지점에서 총생산량

이 극대로 되는 것을 알 수 있다. 더구나 한계생산량이 부가 되면 총생산량은 오히려 줄어든다는 사실도 나타내고 있다. 평균생산의 경우는 한계생산력과 같은 점에서 극대치에 도달하고 그 이후에는 감소하는 것으로 되어 있다.

표 7-1 노동의 생산력과 생산의 3단계

노동투입량	총생산	한계생산	평균생산	노동에 대한 생산의 3단계
0	0	0	0	제1단계
1	50	50	50	
2	120	70	60	
3	180	60	60	제2단계
4	210	30	52.5	
5	230	20	46	
6	240	10	40	
7	240	0	34	제3단계
8	220	-20	29	

그런데 이러한 노동의 총생산력의 변동과 관련하여 노동에 대한 생산을 3단계로 구분하고 있다.

생산의 제 1단계는 균형생산력이 극대가 되는 점(즉 한계생산력과 평균생산력 일치)까지이며 노동투입의 증대와 함께 평균생산이 늘어난다.

생산의 제2단계는 평균생산의 극대점에서부터 한계생산이 0이 되는 점, 즉 총생산이 극대가 되는 점까지이다. 이 단계에서는 평균생산과 한계생산이 모두 감소하나 총생산의 절대량은 계속 증가한다. 마지막으로 노동의 한계생산이 '영(0)' 혹은 '부(−)'를 나타내고 평균생산과 총산출량이 감소하는 영역을 노동에 대한 생산의 3단계라고 한다.

지금까지 설명한 바와 같이 자본을 포함한 다른 생산요소들이 모두 고정된 상태에서 연속적인 노동력의 투입과 관련된 각 생산의 관계를 그림으로 표시하면 [그림 7-1]과 같이 부드러운 곡선이 된다.

[그림 7-1]을 통해 이상에서의 설명한 내용을 다시 검토하면 다음과 같다. L_1까지는 한계생산(MP_L)이 상승한다. 이는 TP곡선의 기울기, 즉 $\frac{dTP}{dL}$가 커진다는 것이다. L_1부터 MP_L은 줄어들어 L_3에 가서는 영(0)이 된다.

AP_L은 $\dfrac{TP}{L}$이므로 TP선상의 점과 원점을 연결하는 기울기이다. 즉 A점에서의 AP_L은 원점과 A를 잇는 직선의 기울기이다. 따라서 주어진 TP에 대해 L_2까지 AP_L이 상승하고 L_2부터는 하강하는 것을 알 수 있다. 또한 여기서의 중요한 사실은 AP_L이 최대일 때 MP_L은 AP_L보다 적어진다.

그림 7-1 노동의 생산곡선과 생산의 3단계

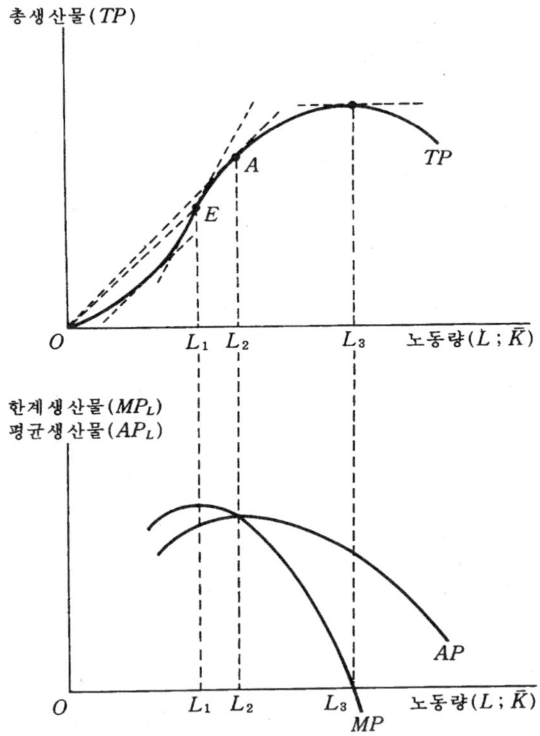

L_1에서는 한계생산(MP_L)이 극대화되고 L_2에서는 평균생산(AP_L)이 극대화되면서 한계생산과 평균생산이 일치하고, L_3에서는 총생산(TP)이 극대화되면서 한계생산이 0이 된다. 생산의 3단계 중 실제로 생산이 이루어지는 단계는 제2단계 즉 L_2L_3구간이다.
제1단계($0 \le L \le L_2$) : $MP_L \ge AP_L$
제2단계($L_2 \le L \le L_3$) : $AP_L \ge MP_L \ge 0$
제3단계($L_3 \le L$) : $MP_L \le 0$

그런데 이상에서의 설명과 함께 생산의 각 단계는 합리적인 기업가의 생산영역에 관한 문제를 해결해 줄 수 있다. 즉 제1단계에서는 AP_L이 증가하는데 이 경우는 투입요소의 양을 증가시켜 생산을 계속하는 것이 합리적이다. 왜냐하면

AP_L이 증가한다는 것은 평균비용이 감소한다는 것과 같은 뜻이기 때문에 이윤의 계속적인 증대가 가능하다. 제2단계에 있어서는 AP_L이 계속 감소하나 MP_L이 여전히 정(+)이므로 TP는 증가하므로 TP가 극대가 되는 점까지 생산을 계속할 수 있다. 그러나 제3단계부터는 MP_L이 부(-)이므로 TP가 감소하고 따라서 제3단계에서는 어느 누구도 생산을 하지 않을 것이다.

결국 합리적인 생산영역은 일반적으로 생산의 제2단계까지로 볼 수 있으나 생산요소의 투입량은 생산가격(혹은 투입)과 생산요소의 가격(혹은 비용)에 따라 결정해야 할 것이다.

3) 수확체증의 법칙과 수확체감의 법칙

주어진 고정생산요소(K)를 가정할 경우 가변생산요소(L)를 계속 증가시켜나감에 따라 처음에는 노동의 한계생산이 증가하지만 어느 한도가 지나면 노동의 한계생산이 감소해간다. 전자의 경우 수확체증의 법칙(law of increasing returns)이라 하고, 후자의 경우 수확체감의 법칙(law of diminishing returns) 혹은 한계생산체감의 법칙(law of diminishing marginal products)이라고 일컫는다.

[그림 7-1]에서와 같이 처음에는 MP_L이 상승하다가 어떤 생산량 수준에서 극대치에 달하고 그 후에는 감소한다. 그런데 고정투입요소(K)를 일정하게 두고 가변요소(L)를 증가시킬 때 왜 처음에는 노동의 한계생산량이 증가하다 감소하는가?

가령 일정한 고정설비를 갖고 있는 공장을 가정할 때 노동의 투입량을 점차 증가시켜가면, 일정량의 기계를 조작할 적당한 단위의 노동량이 투입될 때까지는 노동의 평균생산량이 증가하게 될 것이다. 그러나 한정된 자본시설에 노동자를 계속 투입하면 총생산량은 증가할지 모르나 노동 1단위당 설비의 사용량이 점차 감소해가서 노동량이 상대적으로 과잉해지고, 따라서 노동의 평균생산성이 체감해갈 것이다. 그러한 경우는 수확체감의 법칙이 작용된다고 말할 수 있다. 나아가 너무나 많은 노동자가 투입되어 노동자 사이에 부딪쳐서 작업을 할 수 없게 된다면 총생산량은 오히려 감소할 수도 있을 것이다.

그런데 평균생산력이 체감해가는 이유는 결국 한계생산력이 체감해가기 때문이다. 즉 노동 1단위당 기계의 사용량이 감소해감에 따라 추가 1단위의 노동투입에 따른 한계생산력이 체감해갈 것이다. 따라서 일정한 고정요소를 전제로 가변요소를 증가시켜나갈 때 나타나는 생산력의 감소현상을 한계생산력체감의 법칙

(law of diminishing marginal productivity)이라 한다. 이와 같이 평균생산력의 체증·체감 및 한계생산력의 체감현상은 모두 생산요소의 투입비율의 변화에 따르는 현상이므로 이것들을 모두 합쳐 가변비례의 법칙(law of variable proportion)이라 부르기로 한다.

7.3 비용의 측정

생산비라 함은 생산에 투입된 요소들의 화폐비용을 말하는데, 경제분석의 목적과 대상에 따라 여러 가지의 비용에 관한 개념들이 정의되고 있다.

1) 기회비용과 실질비용

기회비용(opportunity cost)은 한 재화를 하나의 용도에 사용함으로 인하여 그 재화를 어떤 다른 용도에 쓰지 못함으로써 상실한 편익(benefit)과 같다. 가령 일정한 생산요소를 가지고 A와 B의 두 가지 재화를 생산할 수 있고 또한 유휴생산요소가 없다고 가정하면 그 생산요소를 A재 생산에만 사용한다면 B재의 생산기회는 희생되는 결과가 된다.

이 경우 A재 생산의 기회비용은 그것 때문에 희생된 B재의 가치액을 말하며, 기회비용을 대체비용(substitution cost)이라고도 한다. 이에 대해 A재 생산을 위하여 직접적으로 투입된 생산요소의 화폐금액을 실질비용(real cost)이라 한다.

2) 회계적 비용과 경제적 비용

회계적 비용이란 기업의 회계상 화폐의 지출이 실제로 일어나는 비용을 말하며 이를 명시적 비용(explicit cost)이라고도 한다. 여기에서는 임금, 지대, 이자 등 생산요소에 대한 원료비, 고정자본 소모비, 조세, 보험료, 감가상각비 등이 포함된다. 그러나 기업가 자신이 가지는 노동, 자본, 토지, 경상활동 등에 대한 보수는 포함되지 않는다.

경제적 비용은 명시적 비용과 암묵적 비용(implicit cost)의 합이 된다. 암묵적 비용에는 기업가 자신이 가지는 생산요소의 기회비용인 귀속비용(imputation)과 정상이윤(normal profit)이 포함된다. 귀속비용은 기업가 자신의 노동의 기회비용인 귀속임금, 자기자본의 기회비용인 귀속이자, 자기토지의 기회비용인 귀속지대 등으로 구성된다.

정상이윤이란 기업가로 하여금 동일한 재화를 계속 생산하게 할 정도로 높고, 새로운 기업들이 진입할 유인이 될 수는 없을 정도로 낮은 이윤수준을 말한다. 따라서 경제적 비용은 기업으로 하여금 같은 재화의 생산을 계속할 수 있게 하는 최소한의 총수입과 동일하다. 회계적 이윤은 정상이윤과 초과이윤의 합으로 구성된다. 초과이윤은 기업의 총수입에서 총기회비용인 경제적 비용을 뺀 부분이 되며 경제적 이윤(economic profit)이라고도 한다.

일반적으로 기업은 총수입에서 회계적 비용을 공제한 상태를 이윤으로 계상하고 있으나 정확한 이윤의 측정에는 암묵적 비용도 비용의 항목에 추가시켜야 할 것이다. 가령 자동차 대리점을 하는 사람이 그 일을 그만두고 자동차 정비공장에 취업하면 연간 1,000만원을 벌 수 있다고 하자. 그가 자동차 대리점을 함으로써 정비공장 취업으로 벌 수 있었던 1,000만원을 포기해야 한다. 또한 자동차 대리점이 자신의 점포일 경우 그것을 남에게 임대하면 임대료를 받을 수 있을 것이다.

그런데 보통 이러한 비용은 회계적 비용에 가산되지 않기 때문에 이윤이 과다표시되고 있다고 할 수 있다. 따라서 엄격한 의미의 이윤계산에는 기업의 총수입에서 회계적 비용은 물론 이상과 같은 기업의 암묵적 비용도 공제하여야 할 것이다.

결국 경제적 비용에는 회계적 비용뿐만 아니라 암묵적 비용 및 정상이윤 등이 포함되며 이 책에서 다루는 비용은 회계적 비용이 아닌 경제적 비용의 개념이다.

사례 7-1 : 대학등록금은 얼마인가?

여러분은 등록금으로 매학기 얼마를 납부하고 있는가? 여러분이 한 학기 동안 수강하는 과목의 총 수업시간수는 얼마인가? 그렇다면 시간당 수업료는 얼마인가? 여러분은 대학에 다니는 동안 등록금만 납부한다고 생각하는가? 만약 여러분이 대학에 진학하지 않고 고등학교를 졸업한 후 곧바로 취직했다면 여러분은 시간당 임금으로 얼마나 받을 것으로 생각하는가? 그렇다면 여러분이 대학에 다니는 동안 시간당 지불해야 하는 경제학적 비용은 얼마인가? 적지 않은 금액일텐데, 여러분은 이 금액을 충분히 보상받을 만큼 후회없는 대학생활을 하고 있는가? 사회 일각에서 "대졸과 고졸의 임금격차를 없애자"는 주장에 대해 여러분은 동의하는가? 다음의 표를 보고 생각해보자.

회계학적 등록금	경제학적 등록금
등록금 : 1,300,000×2=2,600,000 교재비·용돈 : 300,000×12=3,600,000 기타 : 1,000,000	등록금 : 1,300,000×2=2,600,000 교재비·용돈 : 300,000×12=3,600,000 기타 : 1,000,000 학교를 그만두고 취업했을 때의 연봉 : 18,000,000 연봉에 대한 이자(가정) : 1,000,000

3) 사적 비용과 사회적 비용

어떤 일정한 재화를 생산하는데 필요한 사회적 비용은 개별생산자의 입장에서 본 개별적 비용과 차이가 발생한다.

가령 제철공장에서 공장폐수를 인근의 강으로 흘러 보냈을 경우 그 공장으로 볼 때 폐수처리비용은 오직 폐수를 강으로 흘러 보내는데 필요한 금전상의 비용이 될 것이다. 이것이 사적 비용(private cost)이다.

그러나 폐수로 인해 강물이 오염되고 강이 휴양공간으로서의 기능을 상실하고 식수로의 사용이 불가능하게 되는 등의 추가적인 비용이 나타날 것이다. 이와 같이 사회 전체의 입장에서 볼 때의 금전상의 비용 또는 기회비용을 그 재화의 사회적 비용(social cost)이라 한다.

7.4 단기생산비용

1) 총비용, 평균비용, 한계비용

총비용(total cost; TC)은 생산수준과 관계없이 발생하는 고정비용(fixed cost; FC)과 원재료 및 연료비, 임금비용 등과 같이 생산수준이 변함에 따라 변동하는 가변비용(variable cost; VC)을 합한 것이다.

$$총비용(TC)=고정비용(FC)+가변비용(VC) \tag{7.5}$$

한계비용(marginal cost; MC)은 생산량을 한 단위 증가할 때 추가적으로 증가하는 총비용을 말한다. 이는 생산의 마지막 1단위를 더 생산하기 위한 총비용의 증가분을 나타낸다.

$$MC=\frac{\Delta TC}{\Delta Q} \tag{7.6}$$

평균비용이란 총비용을 생산량으로 나눈 것이다. 이는 생산량 1단위당의 생산비를 표시한다.

$$AC=\frac{TC}{Q} \tag{7.7}$$

2) 단기비용함수

어떤 기업의 비용함수는 비용과 산출량간의 관계를 나타낸다. 즉 기업의 생산함수와 생산요소 가격에 의해 기업의 비용함수가 결정된다. 생산함수의 경우 단기생산함수와 장기생산함수가 존재하듯이 비용함수에 있어서도 단기비용함수와 장기비용함수가 있다.

여기서 우선 단기비용함수를 살펴보기로 한다. 단기비용함수는 공장이나 설비의 규모를 변경할 수 없는 기간에 있어서 산출량과 생산비 사이의 함수관계를 말한다. 비용함수에 있어서도 생산함수와 같이 단기비용분석은 고정요소가 존재하는 경우 각 생산량과 비용의 관계를 밝히는 것이다. 단기에 있어서 총비용은 고정비용과 가변비용의 합으로 구성된다. 고정요소로 인한 비용을 고정비용이라 하며 고정비용은 기업의 생산량에 관계없이 일정하며, 또한 그것에 의해 단기적으로 기업의 규모가 결정된다. 이에 반해 노동이나 원료 등과 같이 조업율에 따라 변화는 생산요소를 가변생산요소(variable inputs)라 하는데, 가변생산요소에 의한 비용이 가변비용이다. 가변비용은 생산이 증가함에 따라 증가하게 된다.

단기비용함수의 예를 [표 7-2]에서 나타내고 있다. [표 7-2]에서 기업의 고정비용은 200원으로 고정되어 있다. 한편 [표 7-2]에서 (1)은 매 기당 산출량을 나타내고, (2)는 고정비용 (*FC*)이며 기업이 어떤 재화를 생산하기 위해서 모든 고정요소에 대하여 지출하는 비용으로 산출량의 수준과는 독립적으로 200원으로 표시되어 있다. 즉 산출량이 0일 때도 임대료와 같은 고정비용은 발생한다. (3)은 가변비용이므로 산출량의 수준이 증가함에 따라 증대하게 된다. 가령 노동이나 원재료비 등이 이에 해당한다. (2)와 (3)을 합하면 총비용 (4)가 된다. (5)는 평균고정비용(average fixed cost; AFC)으로서 총고정비용을 산출량으로 나눈 것이다. 평균고정비용의 크기는 산출량의 증가와 함께 감소하며, 수학적으로 평균고정비용곡선의 형태는 직각쌍곡선이다. (6)은 평균가변비용(average variable cost; AVC)인데 총가변비용을 산출량으로 나눈 것이다. 처음에는 산출량이 늘어남에 따라 평균가변비용은 하락하지만 어느 점을 지나면 산출량이 증가함에 따라 증가한다. (5)와 (6)을 더하면 평균비용 (7)을 얻는다. (8)은 한계비용을 나타내는데 추가된 한 단위의 산출물로 인한 총비용의 증가분을 의미한다. 즉, 산출물 1단위를 더 산출함으로써 소요된 부가적인 비용을 말하며, 한계비용은 처음에는 감소하다가 나중에는 증가하는 것을 알 수 있다. 어떠한 가상적인 기업의 각종 비용을 나타내는 [표 7-2]를 그래프로 나타낸 것들이 [그림 7-2]이다.

표 7-2 여러 가지 종류의 비용표

산출량 Q (1)	고정비용 FC (2)	가변비용 VC (3)	총비용 TC (4)	평균고정비용 AFC (5)	평균가변비용 AVC (6)	평균비용 AC (7)	한계비용 MC (8)
0	200	0	200	–	–	–	–
1	200	200	400	200	200	400	400
2	200	300	500	100	150	250	100
3	200	330	530	67	110	177	30
4	200	400	600	50	100	150	70
5	200	500	700	40	100	140	100
6	200	600	800	34	100	134	100
7	200	733	933	28	105	133	133
8	200	880	1,080	25	110	135	147
9	200	1,350	1,550	22	150	172	470
10	200	2,100	2,300	20	210	230	750

[그림 7-2]의 (a)는 총비용곡선, 고정비용곡선 및 가변비용곡선을 [표 7-2]의 비용자료에 따라 표시한 것이다. 고정비용(*FC*)은 생산량의 증가에도 불구하고 일정불변임을 나타낸다. 고정비용에 산출량의 증가와 함께 상승하는 가변비용(*VC*)

을 합하면 총비용곡선 TC를 얻을 수 있다.[1)]

[그림 7-2]의 (b)에서는 평균고정비용, 평균가변비용, 평균총비용 및 한계비용을 표시하고 있다. [그림 7-2]의 (b)에서 평균고정비용곡선(AFC)은 산출량이 증가함에 따라 계속 떨어진다. 즉 앞에서 밝힌 바와 같이 AFC곡선은 직각쌍곡선의 형태를 취한다. 왜냐하면 [표 7-2]에서 우리는 $FC = AFC \times Q = 200$으로서 일정하기 때문이다. 평균가변비용(AVC)은 처음에는 감소하다가 E점에서 최저점에 달한 후 다시 상승한다. AVC곡선이 이러한 형태를 취하는 이유는 생산이론에서 쉽게 알 수 있다.

그림 7-2 각종 비용곡선

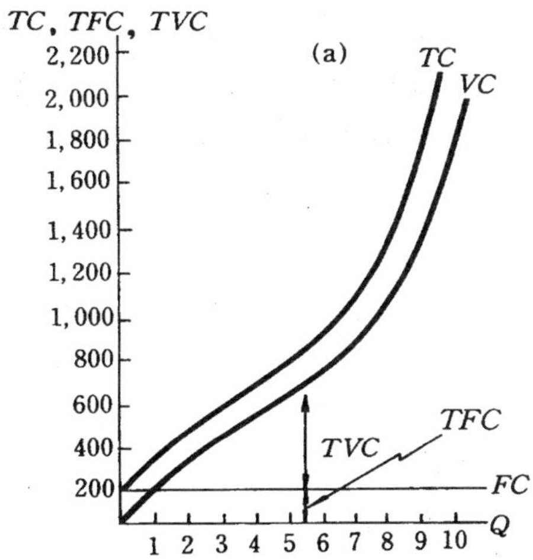

고정비용곡선은 수평이고 가변비용곡선은 증가하는 곡선이며 총비용곡선은 이들을 수직으로 합한 곡선이다.

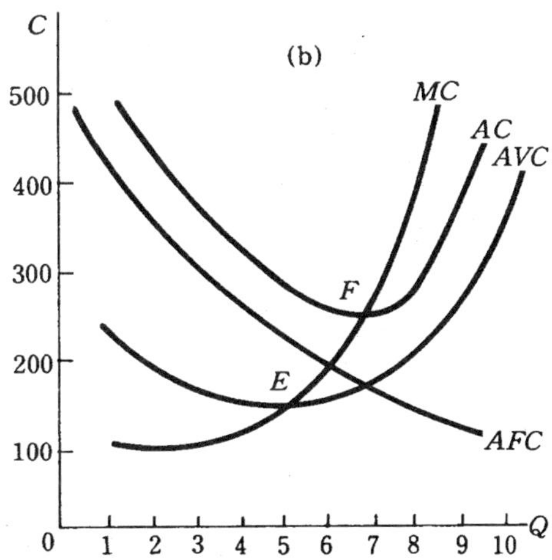

평균고정비용곡선(AFC)은 계속 하락하는 곡선이고 평균가변비용곡선(AVC), 평균비용곡선(AC), 한계비용곡선(MC)은 감소하다가 일정 시점 후 증가하는 곡선이다.

즉 평균비용과 평균생산은 서로 역의 관계에 있다. AVC를 평균가변비용, TVC를 총가변비용, Q를 산출물, L을 가변요소인 노동의 투입량, P_L을 노동의

1) X재의 총생산을 Q_x라 하면,

$$AFC = \frac{FC}{(Q_x}),\ AVC = \frac{VC}{Q_x},\ AC = \frac{TC}{Q_x} = \frac{FC + VC}{Q_x} = AFC + AVC$$

$$MC_x = \frac{\Delta TC}{\Delta Q_x} = \frac{\Delta VC}{\Delta Q_x}$$ 로 각각 정의한다.

단위당 가격이라고 하면,

$$AVC = \frac{P_L \cdot L}{Q} = P_L \cdot \frac{L}{Q} = P_L \cdot \frac{1}{\frac{Q}{L}} = P_L \cdot \frac{1}{AP_L} \tag{7.8}$$

이 된다. 따라서 AP_L은 일반적으로 산출량이 증가함에 따라 증가하였다가 나중에는 감소하는데 결국 P_L이 일정하다면 AVC는 산출량이 증가함에 따라 처음에는 점점 하락하다가 일정한 산출량 단위를 넘어서면 생산량의 증가에 따라 증가하게 된다. 다시 말하면 평균총비용이나 평균가변비용은 U자형으로 생산량이 증가함에 따라 처음에는 감소하다가 일정한 산출량을 넘어서면 증대하게 된다는 것이다. 한계비용(MC)은 [그림 7-2]의 (b)에서 보는 바와 같이 낮은 산출량수준에서 산출량이 증가하면 한계비용은 감소하다가 극소점에 이른 후, 산출량이 더욱 증가하게 되면 다시 증가하게 된다. 이와 같은 한계비용곡선의 특성은 한계생산체감의 법칙과 관련이 있다. 즉

$$MC = \frac{\Delta VC + \Delta FC}{\Delta Q} \tag{7.9}$$

이다. 여기서 ΔFC는 0이다. 따라서 한계비용은

$$MC = \frac{\Delta VC}{\Delta Q} = P_L \cdot \frac{1}{MP_L} \tag{7.10}$$

여기서 한계비용과 한계생산은 서로 역의 관계임을 알 수 있다.

MP_L은 노동의 한계생산이며 이 MP_L은 일반적으로 산출량이 증가함에 따라 증가하여 극대점에 달한 후 감소하게 되므로 결국 한계비용은 산출량이 증가함에 따라 감소하였다가 극소점에 도달한 후 다시 증가하게 된다. 따라서 MC가 증가할 때 MP_L은 감소하고 MC가 감소할 때 MP_L은 증가하며 MP_L이 극대가 될 때 MC는 극소가 된다는 사실을 알 수 있다.

한편 평균비용과 한계비용의 관계는 평균생산과 한계생산의 관계와 같다. 즉 한계비용이 평균비용보다 작으면 한계비용이 평균비용을 끌어내린다. 따라서 한

계비용이 평균비용보다 낮으면 평균비용곡선은 하강한다. 한계비용이 평균비용과 같게 되면 평균비용은 최저점에 있게 된다. 한편 한계비용이 평균비용보다 높게 되면 한계비용이 평균비용을 끌어올린다. 따라서 평균비용이 상승하면 한계비용은 평균비용 위에 존재한다.

이러한 내용을 [그림 7-3]에 나타내고 있다 [그림 7-3]에서 (a)의 한계비용은 총비용곡선(*TC*)에 그은 접선의 기울기를 나타내는 바, *N*까지 점점 감소하다가 *N*점에서 최소가 되고 그 이후에는 증가하고 있다. 따라서 (b)에서 한계비용곡선은 처음에는 감소하다가 최소가 되고 다시 증가하는 형태를 보이고 있다. 또한 평균비용의 경우는 원점으로부터 각 생산량에 대응하는 총비용곡선상의 점을 연결하는 직선의 기울기 값으로 표시된다. 즉 생산량이 Q_4수준에 이를 때까지 원점을 출발하는 직선의 기울기 값이 점점 감소하다가 Q_4수준에서 가장 작은 값을 가짐과 동시에 한계비용과도 일치한다. Q_4수준을 넘어서면 기울기 값이 증가하여 평균비용이 상승하게 된다. 따라서 [그림 7-3]에서 알 수 있는 사실은 한계비용이 평균비용보다 빨리 하강하여 평균비용보다 먼저 극소치에 달한 후 반전 상승한다는 것이다. 이 한계비용이 평균비용을 아래로부터 교차하는 점에서 평균비용은 극소치가 된다.

그림 7-3 평균비용과 한계비용

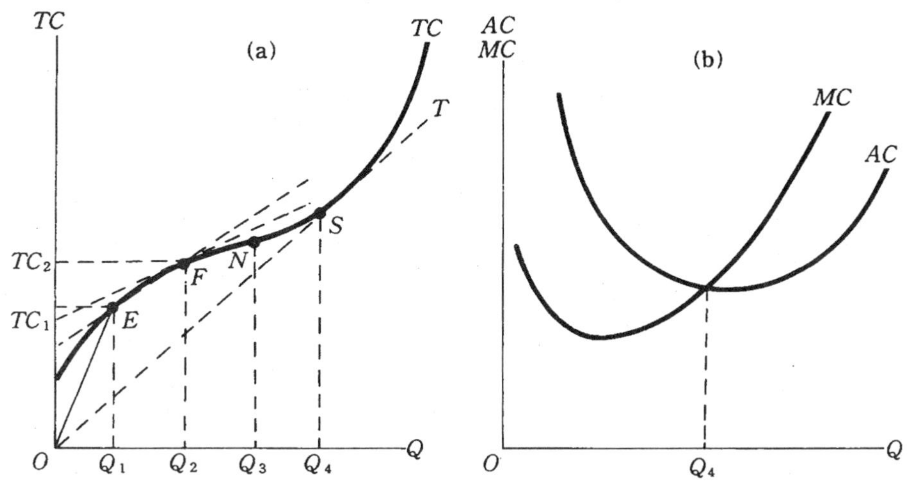

Q_4에서 *AC*가 극소화되면서 *MC*=*AC*가 된다.

제 8 장

생산자의 최적선택

8.1 장기생산함수
8.2 생산자균형
8.3 장기생산비용

단기에 고정되었다고 가정했던 자본과 같은 생산요소들이 장기에서는 변하게 마련이다. 이때 개별기업이 직면하는 가장 중요한 문제 중의 하나는 각기 다른 수준의 생산량을 생산하는데 여러 가지 생산요소를 어떻게 결합시키는 것이 비용을 최소화할 수 있을 것인가이다. 본장에서는 여러 가지의 가능한 생산방법 중에서 어떤 방법이 가장 적은 비용으로 생산량을 극대화시킬 것인가에 대한 해답을 포함하여 여기에 관련된 여러 기초개념들과 그에 관한 제반 경제현상들을 파악하기로 한다.

8.1 장기생산함수

1) 장기생산함수

제7장에서는 한 가지 생산요소를 고정시킨 상태에서 다른 요소의 변화에 따른 생산의 변화를 나타내는 단기생산함수에 관하여 설명하였다. 이제 주어진 기술수준 하에서 모든 생산요소나 생산설비 등이 변화한다고 가정하는 장기생산함수에 관하여 설명하고자 한다.

그런데 장기생산함수에 있어서는 자본의 양과 생산설비 등의 조절이 가능하므로 생산요소를 결합하는 데 보다 신축적이라 할 수 있겠다. 장기생산함수에 있어서는 모든 생산요소를 가변요소라 보고 이러한 요소들의 변화에 따른 생산수준의 변화를 살펴보도록 한다. 우선 노동 L과 자본 K로 구성되는 장기생산함수를 다음과 같이 정의한다.

$$Q = f(L, K) \tag{8.1}$$

2) 등량곡선

등량곡선(iso-quant product curve)이란 주어진 산출량 수준을 생산하기 위하여 사용될 수 있는 두 가지 생산요소의 여러 가지 조합을 연결한 하나의 곡선이다. 따라서 등량곡선 상에서의 생산은 어떤 위치에서 생산하든지 간에 동등한 생산을 가져온다.

[표 8-1]은 노동과 자본이라는 두 가지 생산요소의 여러 조합에 의하여 달성될 수 있는 최대의 생산량을 나타내고 있다. 소비자에게 동일한 수준의 만족을 줄 수 있는 어떤 두 가지 재화의 조합을 나타내는 무차별곡선이 있듯이 생산에 있어서도 동일량의 생산을 할 수 있는 두 가지 생산요소의 여러 가지 결합방법이 있는 것이다.

표 8-1 두 가변생산요소에 의한 생산의 여러 가지 조합

노동(L) / 자본(K)	1	2	3	4	5
1	20	40	55	65	75
2	40	60	75	85	90
3	55	75	90	100	105
4	65	85	100	110	115
5	75	90	105	115	120

[그림 8-1]의 (a)는 [표 8-1]의 예에 따라 X축에는 노동(L)을 Y축에는 자본(K)을 표시하고 어떤 재화를 생산할 수 있는 투입요소의 결합을 연결한 등량곡선을 나타내고 있다.

예를 들어 동일생산량 75단위를 생산하기 위한 노동 1단위와 자본 5단위, 노동 2단위와 자본 3단위, 노동 3단위와 자본 2단위, 노동 5단위와 자본 1단위 등 여러 가지 있다. 마찬가지로 또 다른 등량곡선도 무수히 많이 표시할 수 있을 것이다.

실질적으로 의미가 있는 생산의 범위 내에서는 두 요소를 모두 증가시켜나가면 산출량도 증가할 것이기 때문에 등량곡선의 위치가 원점에서 멀어질수록 그 등량곡선에 나타나는 산출량수준은 커진다. 이러한 여러 등량곡선들을 [그림 8-1] (b)가 보여주고 있다.

그림 8-1 등량곡선

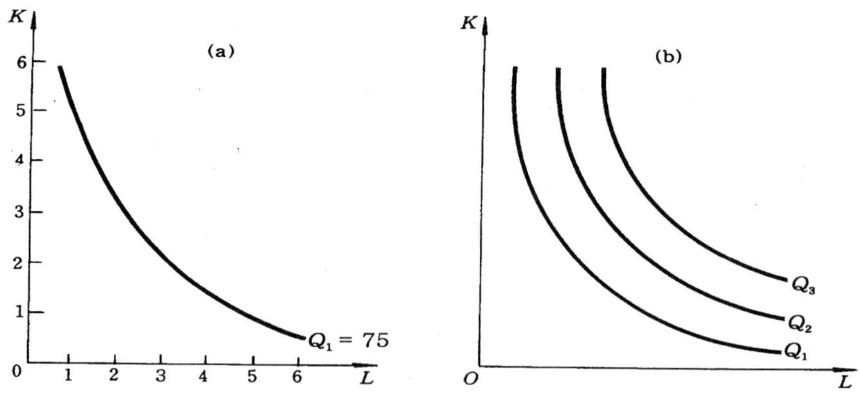

생산량이 동일한 생산점을 연결한 곡선이며 이때의 생산량(Q_1)은 75단위이다.

등량곡선의 성질은 무차별곡선의 그것과 동일하다. 즉 ① 등량곡선은 서로 교차하지 않는다. 왜냐하면 만약 두 개의 등량곡선이 서로 교차한다면 동일한 요소의 투입으로 서로 두 가지 생산을 할 수 있다는 뜻인데, 이것은 기업이 기술적으로 가장 효율적인 생산을 하고 있는 이상 불가능하다. ② 등량곡선은 우하향하는 형태를 가진다. 즉 우하향 한다는 것은 생산요소를 서로 대체할 수 있다는 것을 의미한다. ③ 등량곡선은 원점에 대하여 볼록하다. 이것은 한계기술대체율이 체감하기 때문이다. 아울러 두개의 생산요소가 서로 대체될 수 있으나 완전대체는 아니라는 것을 의미한다.

3) 한계기술대체율

등량곡선상의 어떤 점(L_1, K_1)의 접선의 기울기는 그 등량곡선에 대응하는 산출량수준을 유지하면서 K를 L로 또는 L을 K로 대체할 수 있는 비율을 나타내므로 이 기울기에 $(-)$부호를 붙여서 $(+)$값으로 한 것을 한계기술대체율(marginal rate of technical substitution; MRTS)이라 부른다. 노동과 자본 간의 한계기술대체율은 동일한 생산수준을 유지하면서 노동을 추가로 한 단위 더 고용할 때 감소시켜야 하는 자본량을 말한다. 이를 수식으로 나타내면 다음과 같다.

$$MRTS_{LK} = -\frac{\Delta K}{\Delta L} \tag{8.2}$$

곧 식(8.2)는 투입요소인 노동과 자본 사이의 교환비율로서 만약 노동의 증가량을 영(0)에 가까울 정도로 작게 하면 식(8.2)는 다음과 같이 표시될 것이다. 즉

$$MRTS_{LK} = -\lim_{\Delta L \to 0} \frac{\Delta K}{\Delta L} = -\frac{dK}{dL} \tag{8.3}$$

이다. 따라서 한계기술대체율은 등량곡선 상에서 임의의 한 점에서의 접선의 기울기라 할 수 있다. 물론 등량곡선 위의 모든 점에 대응하는 접선을 그릴 수 있으며, 이 접선들은 각각 다른 기울기를 갖는다. [그림 8-2]에서 A점에서 생산이 이루어지고 있어서 200단위의 재화를 생산하고 있을 때 노동을 1단위 더 추가시킬 때 200단위의 생산을 그대로 유지하고자하면 자본량을 2단위 감소시켜야 할

것이다. 따라서 한계기술대체율을 계산하면,

$$MRTS_{LK} = -\frac{\Delta K}{\Delta L} = -\frac{-2}{+1} = 2$$

가 된다. 또한 200단위를 C점에서 생산하다가 D점에서 생산하고자 하면 노동을 1단위 증가시키는 데 대하여 자본을 1단위 감소시키면 된다. 이 경우 한계기술대체율은

$$MRTS_{LK} = -\frac{-1}{+1} = 1$$

이와 같이 [그림 8-2]에서 볼 수 있듯이 노동이 계속적으로 증가함에 따라 감소되는 자본이 양이 계속 감소됨으로서 한계기술대체율($MRTS_{LK}$)이 계속 감소하게 되는데 이러한 현상을 한계기술대체율체감의 법칙(law of diminshing marginal rate of technical substitution)이라 부른다.

그림 8-2 한계기술대체율

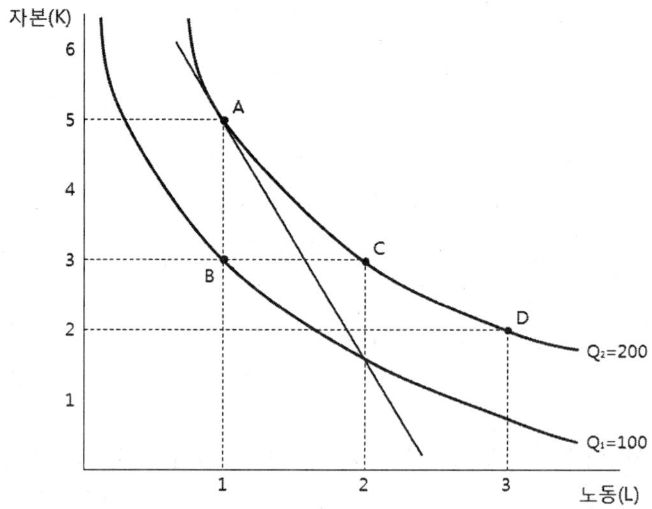

한계기술대체율 체감의 법칙 : *A-C-D*로 갈수록 접선의 기울기는 점점 감소하는데 이 때문에 등량곡선은 원점을 향해 볼록해진다.

그런데 한계기술대체율체감의 법칙은 한계생산체감의 법칙과 관련이있다. 왜냐하면 자본 대신 노동투입을 증가시킬수록 자본에 대한 대체재로서 노동의 한계생산이 감소하게 되는바, $MRTS_{LK}$도 감소하게 된다. 이러한 사실을 설명하기 위해 [그림 8-2]에서 주어진 등량곡선 Q_2상에서 두요소의 결합점이 A에서 C로 이동하는 경우를 가상해보기로 한다. [그림 8-2]에서 ΔK만큼의 자본량 감소는 생산량을 $\Delta K \times MP_K$만큼 감소시키고, 마찬가지로 ΔL만큼의 노동량 증가로 생산량은 $\Delta L \times MP_L$만큼 증가한다. C점은 A점과 같은 등량곡선상의 점이므로 동일한 생산량을 나타내게 된다. 결국 총생산량의 변화가 일어나지 않았기 때문에 $\Delta Q = 0$이다. 이를 수식으로 표시하면 다음과 같다. 즉

$$\begin{aligned} &\Delta Q = -\Delta K \cdot MP_K + \Delta L \cdot MP_L = 0 \\ &-\Delta K \cdot MP_K = \Delta L \cdot MP_L \end{aligned} \qquad (8.4)$$

식(8.4)는 A와 C가 동일한 등량곡선에 있기 때문에 자본량 감소로 인한 생산의 감소가 노동량 증가로 인한 생산의 증가와 같다는 것이다. 식(8.2)를 다시 변형하면

$$MRTS_{LK} = -\frac{\Delta K}{\Delta L} = \frac{MP_L}{MP_K} = \frac{\text{노동의 한계생산력}}{\text{자본의 한계생산력}} \qquad (8.5)$$

즉 노동에 대한 자본의 한계기술대체율($MRTS_{LK}$)은 자본의 한계생산에 대한 노동의 한계생산 비율과 같게 된다.

4) 규모에 대한 보수

만약 각 투입요소(L과 K)의 양을 λ배 증대시킬 생산량이 λ배로 변화하다면 식(8.1)의 생산함수를 다음과 같이 나타낼 수 있다.

$$\lambda Q = f(\lambda L, \lambda K) \qquad (8.6)$$

그런데 노동량 L과 자본량 K를 각각 λ배씩 증가시킬 때 생산량 Q의 변화배수

를 규모에 대한 보수(returns to scale)라 한다. 즉 모든 생산요소를 일정비율로 변동시킬 수 있을 때 산출량의 증가배수를 말한다. 따라서 식(8.6)에서 λ가 1 또는 1보다 큰 실수라고 할 경우 규모에 대한 보수는 다음과 같이 나타낼 수 있다.

$$\lambda^t Q = f(\lambda L, \lambda K) \tag{8.7}$$

여기서 t는 0보다 큰 상수이다.

식(8.7)을 t차동차생산함수(homogeneous production function of degree t)라 부르고 t를 동차도(degree of hamogeneing)라 한다. 가령 $t=1$일 때 모든 생산요소를 λ배로 증가시킬 때 생산량 Q도 λ배 증가한다. 이 경우의 생산함수, 즉 $t=1$인 경우를 규모에 대한 보수불변(constant returns to scale)의 생산함수라고 부른다. 이러한 생산함수를 일차동차생산함수(linear of constant returns to scale)라고 한다.

그리고 식(8.7)에서 $t<1$이라고 하면 모든 투입요소를 λ배로 증가함에 따라 생산량은 λ배 이하로 증가한다. 이러한 경우를 규모에 대한 보수감소(diminishing returns to scale)생산함수라고 하며, 특히 이러한 현상을 규모에 대한 보수감소의 법칙(law of diminishing returns to scale)이라 한다. 규모에 대한 보수감소현상은 주로 기업경영상의 통제라든가 상호협동의 곤란 등 제반 비효율성에서 발생한다.

마지막으로 $t>1$이라고 한다면 모든 투입요소들이 λ배로 증가함에 따라 생산량수준이 λ배 이상으로 증가한다. 이 경우를 규모에 대한 보수증가(increasing returns to scale)생산함수라고 하며 이러한 현상을 규모에 대한 보수증가의 법칙(law of increasing returns to scale) 또는 규모의 경제(economy of large scale)라고 한다. 이러한 규모에 대한 보수증가의 현상이 나타나는 원인은 전문화와 분업화이며, 특히 대규모 기업들이나 대규모의 독과점 기업들이 산업을 지배할 때 나타난다.

8.2 생산자균형

1) 등비용선

생산자가 직면하는 중요한 문제 중의 하나는 어떻게 하면 일정한 생산량을 생산하는 데 필요한 비용을 최소화할 것인지 혹은 주어진 비용으로써 어떻게 최대의 생산량을 생산할 것인가 하는 것이다. 즉 주어진 생산량을 생산하는 데 여러 가지 생산방법 중 생산비용을 최소화하는 방법을 선택함으로써 이익의 극대화가 가능하다는 것이다. 따라서 생산함수가 $Q=f(L,K)$로 주어졌을 때 일정하게 주어진 총비용을 가지고 최대한의 산출량을 얻기 위해서 노동과 자본을 각각 얼마만큼 써야 하느냐 하는 것이다. 또는 어느 주어진 Q를 생산하는 데 총비용을 극소화시키려면 노동과 자본을 어떻게 결합시켜야 하느냐는 것이다.

이제 생산요소가 노동과 자본 두 가지 뿐이라 가정한다. 우선 일정한 단위의 생산량을 생산하는데 필요한 총비용이 TC라고 하면 생산자의 총비용 방정식은 다음과 같이 나타낼 수 있다.

$$TC=wL+rK \tag{8.8}$$

여기서 w는 노동자 1인당 임금이며, L은 고용된 노동량이다.

그리고 r은 자본의 가격(혹은 임대료)이고, K는 자본의 량을 표시하고 있다. 식(8.8)을 등비용선(iso-cost line)이라 한다. 등비용선은 소비자이론에서의 예산선(budget line)과 같은 개념이다. 따라서 여기서 등비용선이란 생산자가 주어진 총비용으로써 구입할 수 있는 노동과 자본의 모든 가능한 결합점들을 연결한 직선이다. 즉 한 등비용선 위의 모든 점들은 결합비율은 다르지만 동일한 총비용을 나타낸다고 할 수 있다.

식 (8.8)을 다시 K에 관하여 정리하면 다음과 같다.

$$K=-\frac{w}{r}L+\frac{TC}{r} \tag{8.9}$$

식(8.9)를 그래프로 나타내면 [그림 8-3]과 같다. 즉 임금이 w_1, 임대료가 r_1로 주어지면 총비용이 TC_1이 되고 이에 대응하는 등비용선을 나타낼 수 있다. 가령 총비용이 TC_1이라고 하자. 이때 총비용 TC_1으로 노동만 구입한다면 TC_1/w 단위를 구입할 수 있고, 자본만 구입한다면 TC_1/r단위를 구입할 수 있다. 그러므로 X축과 Y축의 절편을 연결하면 TC_1의 등비용선을 그릴 수 있을 것이다. 이 선의 기울기는

$$-\frac{w}{r}(=-\frac{TC_1}{r}/\frac{TC_1}{w})$$

이다.

만약 총비용이 TC_1에서 TC_2로 증가하면 [그림 8-3]의 (a)에서와 같이 등비용곡선이 우측으로 평행이동하게 될 것이다. 이와 같이 총비용이 많으면 등비용선이 원점에서 멀어지고 적으면 원점에 가까워진다.

그림 8-3 등비용선

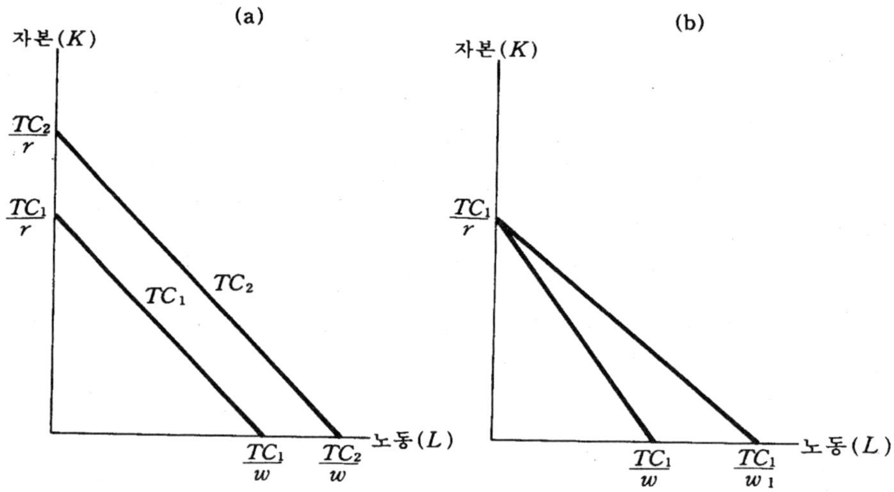

바깥부분에 있는 등비용선일수록 더 높은 비용을 나타낸다. 요소가격의 비율이 변하면 등비용선의 기울기가 변한다.

그런데, 생산요소의 가격이 일정한 경우에는 등비용선의 기울기는 변하지 않는다. 그러나 총비용이 TC_1으로 일정한 경우, 가령 생산요소인 자본의 가격이 r으로 일정한데 반해 노동의 가격이 w에서 w_1로 하락한다면 요소의 가격비율이 [그림 8-3]의 (b)에서와 같이 감소하게 된다. 혹은 등비용선의 기울기가 완만해진다.

2) 생산자균형

생산자균형의 조건은 일정한 생산량을 얻는데 최소의 비용으로 생산할 수 있는 생산요소의 구성조건 혹은 일정한 생산비로써 최대의 생산량을 얻게 하는 생산요소의 구성조건을 말한다. 즉 생산자가 더 이상의 다른 상태로 변동되기를 원하지 않는 가장 만족한 상태에 도달된 경우를 말한다.

소비자선택이론에서와 마찬가지로 앞에서 고찰한 등량곡선과 등비용선을 하나로 결합함으로써 생산자균형조건을 설명하려는 이론이 등량곡선에 의한 생산자균형이론이다.

일반적으로 일정량의 재화생산에 있어서 최소비용조건은 그 재화생산을 나타내는 등량곡선과 등비용선이 접할 때이다. 즉 등량곡선에 등비용선이 접하게 되는 점에 대응하는 요소결합방법이 최소비용의 요건을 충족시킨다.

[그림 8-4]에서 350단위의 등량곡선과 480단위의 등량곡선과 총생산비를 나타내는 여러 가지 등비용선이 그려져 있다. 가령 등량곡선 Q_1상에서 C점과 A, B, D점에서의 요소결합방법의 경우 동일하게 350단위를 생산할 수는 있으나 A, B, D점에서는 비용이 C점의 350만원보다 많이 들며 등량곡선 Q_2에서 요소결합은 480단위를 생산할 수는 있으나 350만원 이상의 비용이 소요된다. 그리고 350만원 이하의 생산비로서는(가령 I점) 350단위의 산출물 생산이 불가능하다는 사실을 알 수 있다. 따라서 350단위의 산출량을 생산할 바에야 생산비용이 가장 적에 드는 C점을 택할 것이다. 즉 C점을 요소의 최저결합점 또는 최소비용점이라고 한다.

그런데 [그림 8-4]에서 C점의 특성은 등량곡선과 등비용선이 접선을 이룬다는 것이다. 따라서 C점에서는 등량곡선과 등비용선의 기울기가 같아지는데 여기서 생산자의 균형조건을 찾을 수 있다.

그림 8-4 등량곡선에 의한 생산자균형

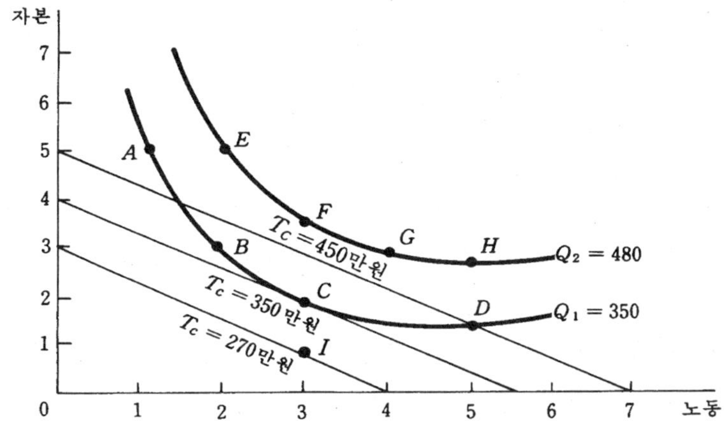

생산량 Q_1을 생산하는 최소비용은 Tc=350만원이고 생산점은 C이다.

앞에서 살펴본 바와 같이 등량곡선의 기울기는 생산요소 사이의 한계기술대체율($MRTS_{LK}$)을 나타내며 그것은 또한 노동의 한계생산력(MP_L)에 대한 자본의 한계생산력(MP_K)의 비를 표시하기도 한다.

$$MRTS_{LK} = -\frac{\Delta K}{\Delta L} = \frac{MP_L}{MP_K} \tag{8.10}$$

그리고 등비용선의 기울기는 앞에서 본 바와 같이 노동과 자본의 가격비와 같다. 즉 등비용선의 기울기는

$$\frac{\text{노동의 가격}}{\text{자본의 가격}} = \frac{w}{r}$$

이다. 따라서 C점에서는 식(8.5)와 등비용선의 기울기가 같으므로 다음과 같은 등식이 성립한다.

$$MRTS_{LK} = -\frac{\Delta K}{\Delta L} = \frac{MP_L}{MP_K} = \frac{w}{r} \tag{8.11}$$

결국 생산자균형은 생산요소의 한계생산비와 생산요소의 가격비가 균등할 때 달성된다. 그리고 식(8.10)을 약간 변형해 보면 다음과 같게 된다.

$$\frac{MP_L}{w} = \frac{MP_K}{r} \tag{8.12}$$

식(8.11)은 한계생산균등의 법칙을 나타낸다.

생산자가 각 생산요소에 대한 생산비의 한계단위가 모두 동일한 한계생산의 획득할 수 있도록 각 생산요소의 결합방법을 결정하는 원리를 한계생산력균등의 법칙(law of equality marginal productivity)이라고 한다.

생산자는 이윤의 극대를 추구하므로 주어진 생산비로 생산량을 극대화하려 하거나 주어진 생산량을 최소의 생산비용으로 생산하는 생산요소의 투입방법을 모색하는 과정에서 한계생산균등의 법칙이 나타난다. 특히 생산요소의 추후 1단위

추가 투입에 따라 부가되는 생산량의 증가분을 한계생산이라 하는데, 이때 각 생산요소의 한계생산을 가격으로 나눈 값이 균등하게 되는 생산요소의 결합법칙을 한계생산균등의 법칙이라 한다.

예를 들면 생산요소가 노동과 자본이라면

$$\frac{\text{노동의 한계생산력}}{\text{노동의 가격}} = \frac{\text{자본이 한계생산력}}{\text{자본의 가격}}$$

으로 되게 노동량과 자본량을 사용하면 일정생산량을 최소비용으로 혹은 일정비용으로 최대의 산출량을 얻을 수 있다. 이것이 곧 한계생산균등의 법칙이다.

3) 생산확장선

만약 생산자의 총생산비가 커지는 경우 생산요소의 가격이 불변이라고 가정하면 등비용선은 [그림 8-5]와 같이 L_1K_1선에 평행한 L_2K_2, L_3K_3선으로 이동하고, 이에 따라 생산자균형조건을 나타내는 최소비용점도 C, E, F로 이동하게 된다. 그리고 각 단계의 최소비용점을 연결한 곡선을 확장경로(expansion path) 혹은 규모선(scale lines)이라 부른다. 이 확장경로는 소비자이론에서의 소득소비곡선에 대응하는 곡선이며 일반적으로 우측상방으로 상승하며, 그 형태는 등량곡선과 등비용선의 형태에 따라 결정된다.

그림 8-5 생산확장선

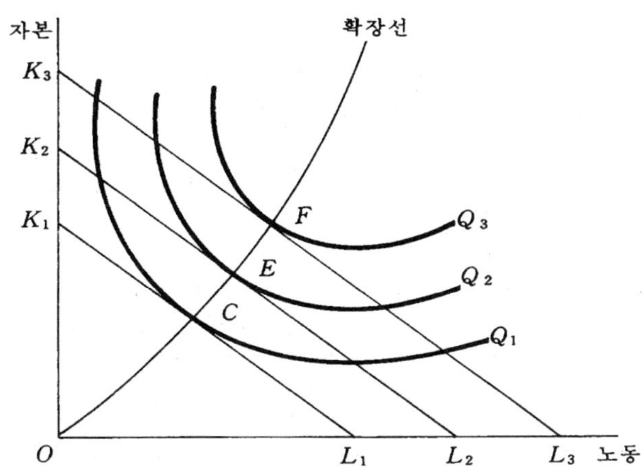

8.3 장기생산비용

1) 장기비용함수

장기(long-run)란, 기업이 모든 생산요소의 사용량을 변화시킬 수 있는 충분한 시간이라고 정의할 수 있다. 따라서 장기에서는 고정요소와 고정비용은 존재하지 않고 기업은 어떠한 설비규모(size or scale of plant)도 변경할 수 있다. 즉 장기에는 고정비용은 없어지고 모든 비용은 가변비용이 된다.

장기비용함수란 비용함수의 일반적 개념에 따라 기업이 임의로 설비규모의 조정이 가능하다는 조건하에 일정한 산출량을 최소비용으로 생산할 경우에 있어서 산출량과 비용의 함수관계를 의미한다. 따라서 장기평균비용곡선(long-run average cost; LAC)은 기업의 생산설비 내지 규모를 마음대로 변경할 수 있을 때 각 산출량 수준에서의 단위당 생산비의 최소점을 연결한 곡선이다. 왜냐하면 장기적으로는 모든 비용이 가변비용이므로 기업은 가장 경제적인 방법으로 각종 생산요소를 결합할 수 있기 때문이다.

장기에 있어서는 생산시설이나 규모를 자유로이 변경시킬 수 있으므로 각각의 생산시설 및 규모에 해당하는 단기비용곡선이 형성된다. 따라서 이 경우에는 장기적으로 건설할 수 있는 대체적 설비규모를 나타내는 많은 단기평균비용곡선이 존재하게 한다. 다시 말하면 장기에 있어서 기업은 주어진 생산수준에 알맞은 생산시설 및 규모를 선택하고 이에 따라 가변요소를 투입하여 비용의 극소화를 도모하려 한다. 따라서 단기비용곡선과 장기비용곡선 간에는 밀접한 관계가 있으며, 장기비용곡선은 각각의 생산시설 및 규모에 해당하는 여러 가지 단기비용곡선 중에서 주어진 생산량을 생산하는 데 생산비를 최소화할 수 있는 점들을 연결함으로써 도출할 수 있다.

[그림 8-6]의 (a)에는 세 가지 서로 다른 단기총비용곡선(short-run total cost; STC)을 예시하고 있다. 이 세 가지의 단기총비용곡선은 각각의 생산설비 및 규모에 해당하는 것들이다. 가령 기업이 매기당 Q_1수준을 생산할 것이라 예상한다면 STC_1에 의해 주어지는 규모의 설비를 건설해서 조업을 하게 될 것이다. 왜냐하면 단기총비용곡선 STC_1, STC_2 및 STC_3에 해당하는 Q_1을 생산하기 위한 총비용은 각각 E, H 및 I이므로 이 중에서 Q_1을 생산하는 비용이 최저가 될 수 있는 규모는 STC_1이기 때문이다. 즉 장기에 있어서는 주어진 산출량의 수준에 대하여 비용을 최소로 하도록 모든 투입요소의 투입량이 조절이 가능하기 때문이다. 따라서 E는 장기총비용곡선(long-run total cost; LTC)상의 점이다.

그림 8-6 단기 및 장기비용함수

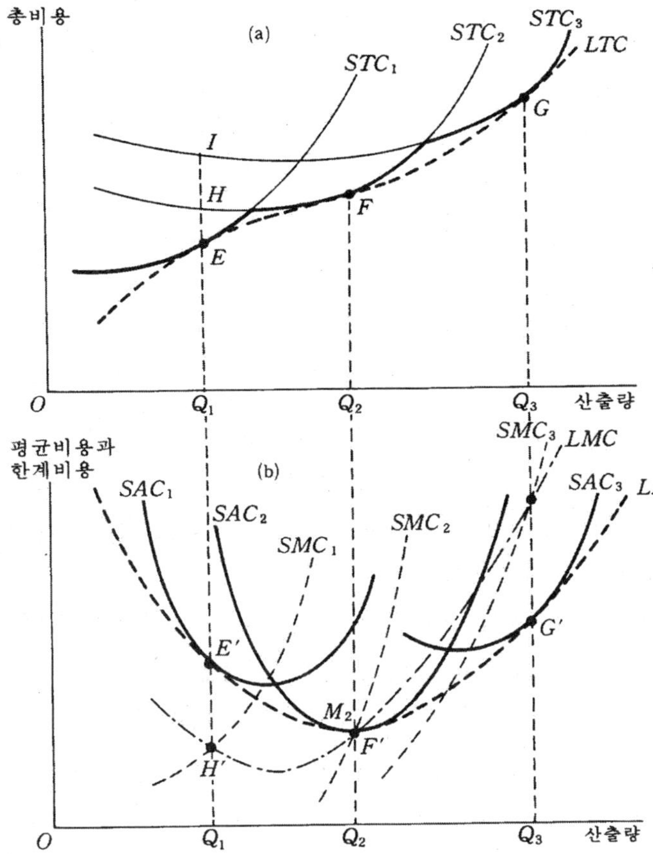

산출량이 Q_1보다 많아지면 STC_1 곡선의 기울기는 급격하게 상승하는데 이는 생산비가 급증해간다는 것을 뜻한다. 따라서 Q_2의 산출량에 적합한 설비규모는 STC_2가 될 것이다. 이 경우 F가 장기총비용곡선상의 점이 된다. 마찬가지로 G도 Q_3의 산출량에 대응하는 장기총비용곡선상의 점이 될 것이다.

이러한 점들을 연결한 것이 결국 장기총비용곡선이고 그림에서 LTC는 점선으로 표시되고 있다. 여기서 또한 생산설비 및 규모가 연속적으로 변화할 경우 장기총비용곡선은 무수히 많이 존재하는 단기총비용곡선들의 포락선(envelope curve)으로 표시된다는 사실을 알 수 있다. 즉 각각의 단기총비용곡선은 오직 한 점만을 장기총비용곡선과 접하고 있으며 따라서 그 점에서 장·단기한계비용이 같아진다.

[그림 8-6]의 (b)에서는 (a)에서의 비용을 평균비용 및 한계비용의 개념으로 바꾸어 다시 나타내고 있다. 즉 STC_1, STC_2, STC_3로부터 SAC_1, SAC_2, SAC_3 및 SMC_1, SMC_2, SMC_3의 개념으로 표시하고 있다. [그림 8-6]의 (a)의 장기총비용곡선상의 세 가지 점 E, F, G는 [그림 8-6]의 (b)의 E', F', G'에 대응하며, 장기평균비용곡선은 생산설비규모가 가변적일 때 각각의 생산량을 최소비용으로 생산할 수 있는 단기평균비용곡선상의 점들을 연결한 것이다. 결국 장기평균비용곡선 LAC는 모든 단기평균비용곡선들의 포락선이라 할 수 있다. 그러나 다음과 같은 상황을 유의해야 한다.

첫째, 장기평균비용곡선이 수평인 경우를 제외하고는 장기평균비용곡선이 모든 단기평균비용곡선의 극소점과 접하는 것은 아니다. 즉 단기평균비용곡선 상에서 비용이 극소가 되는 점을 연결하는 궤적이 아니다는 것이다. [그림 8-6]의 (b)에서 SAC_2의 최저점은 LAC의 최저점과 일치하나 SAC_1, SAC_3는 그렇지 못하다는 것이다. 따라서 장기평균비용곡선 LAC는 [그림 8-6]의 (b)에서 한 점 F'를 제외하고는 단기평균비용곡선 SAC의 최저점을 나타내지 못한다는 것이다.

둘째, 장기한계비용곡선(long-run marginal cost; LMC)은 단기한계비용곡선(short-run marginal cost ; SMC)의 포락선이 아니라는 사실과 장기총비용곡선과 단기총비용곡선이 접하는 점에서 장기한계비용곡선 LMC와 단기한계비용곡선 SMC_1과 같고 생산량이 Q_2일 때는 LMC와 SMC_2가 같게 되며, 생산량이 Q_3일 때는 LMC와 SMC_3가 같아진다는 것이다.

2) 규모의 경제와 장기평균비용곡선

장기에 있어서는 고정설비도 변동하므로 고정비용은 없어지고 모든 비용이 가변비용으로 된다. 장기적으로 생산시설 및 생산규모를 확대가면서 생산량을 증대시켜나갈 때 일반적으로 처음에는 장기평균비용이 체감하는 현상이 나타난다. 이러한 현상을 규모의 경제(economy of scale)라 하는데 이는 단기의 경우인 대량생산의 법칙과 구별된다. 장기에 있어서 장기평균비용의 저하현상, 즉 규모의 경제가 나타나는 이유는 규모의 확대에 따라 여러 가지 신기술의 도입이 가능해지고, 보다 효율적인 생산설비의 선택이 용이하며, 노동의 분업과 전문화가 추진됨으로써 산출량의 증가에 따라 장기평균비용곡선이 감소하기 때문이다. 가령 노동의 분업과 전문화는 노동자로 하여금 단순하고 반복적인 특정 업무수행에 특화시킴으로써 생산성이 증대된다. 또한 대규모로 생산할 경우 소규모생산에서

보다 더욱 전문화되고 나아가 생산적인 설비의 도입이 가능하므로 결국 어느 정도까지 평균비용이 저하하는 것이다.

3) 장기평균비용곡선과 장기한계비용곡선

앞에서 장기평균비용곡선은 단기평균비용곡선의 포락선임을 살펴보았다. 그런데 장기총비용곡선(LTC)이 주어지면 이로부터 장기평균비용곡선(LAC)과 장기한계비용곡선(LMC)의 도출이 가능하다. 그것은 평균생산곡선과 한계생산곡선을 도출하는 것과 비슷하다.

그림 8-7 장기평균비용곡선과 장기한계비용곡선의 도출

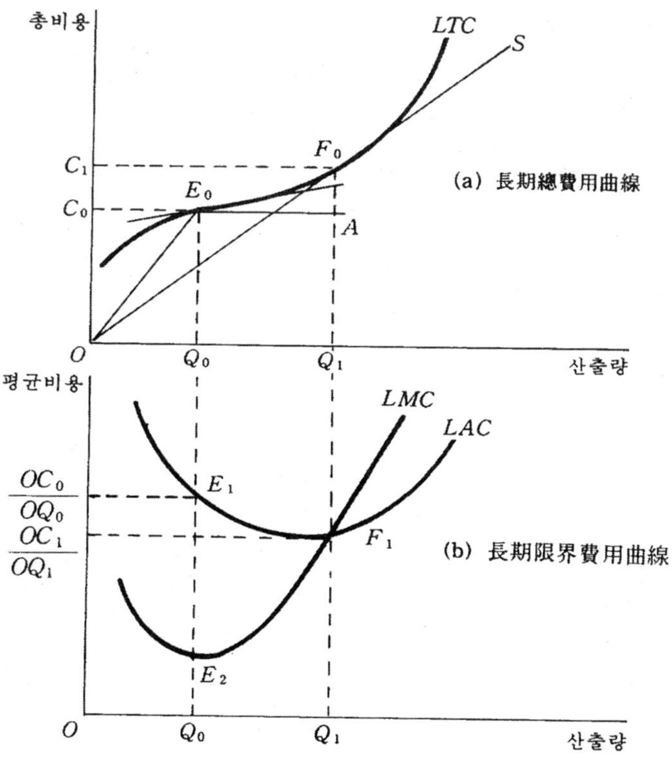

E_0점은 단기와 장기가 일치할 때의 총비용, E_1점은 단기와 장기가 일치할 때의 평균비용, E_2점은 단기와 장기와 일치할 때의 한계비용을 나타내는 점이다.

이제 [그림 8-7]의 (a)에서 장기총비용곡선이 LTC로 주어져 있다고 하자. 임의의 산출량수준에 대한 평균비용은 원점과 총비용곡선(즉 LTC)상의 어느 점을 이은 선의 기울기를 나타낸다. 가령 산출량이 Q_0일 때 장기평균비용은 C_0/Q_0, Q_1일 때는 C_1/Q_1이며 이를 [그림 8-7]의 (b)에 표시할 수 있다. 이같이 각각의 산출량수준에 대한 장기평균비용을 모두 나타내면 [그림 8-7]의 (b)에서와 같이 LAC라는 장기평균비용곡선을 얻을 수 있다. [그림 8-7]의 (b)에서 보듯이 산출량이 낮은 수준에서 점차 증가할수록 장기평균비용이 감소하게 된다. 그러나 산출량수준이 Q_1을 넘어서게 되면 산출량이 증가함에 따라 장기평균비용이 증가하는 것으로 나타나 있다. 따라서 산출량이 Q_1일 때 장기평균비용은 최소가 된다는 것을 알 수 있다.

한편 장기한계비용의 경우는 어떠한가? 만약 산출량이 Q_0에서 Q_1으로 증가하면 총비용은 C_0에서 C_1으로 증가하게 된다. 따라서 산출물 단위당 추가비용은 $(C_1 - C_0)/(Q_1 - Q_0) = F_0A/E_0A$가 된다. 만약 산출량의 증가폭이 아주 미세하다면 F_0A/E_0A는 F_0점에서의 접선 OS의 기울기와 같은 것이다. 따라서 각 산출량수준에 대응하는 장기한계비용은 각 산출량에 대응하는 총비용곡선상의 접선의 기울기를 나타낸다는 사실을 알 수 있다. 낮은 산출량수준에서 산출량이 증가함에 따라 총비용곡선에 대한 접선의 기울기가 작아지다가 극소점에 달한 후 다시 증가하게 된다는 것이다. 즉 장기한계곡선이 Q_0까지 감소하다가 Q_0에서 장기한계비용이 극소가 된 후 Q_0 이상의 산출량수준에서는 장기한계비용이 증가하게 된다.

그런데 여기서 하나 알 수 있는 사실은 산출량 Q_1에서 장기평균비용이 최소가 되며, 이때 장기한계비용이 장기평균비용과 일치한다. 이는 (a)에서 F_0를 살펴보면 원점과 F_0를 통과하는 직선의 기울기(즉 장기평균비용)와 F_0점에서 LTC선의 기울기(즉 장기한계비용)가 같으므로 Q_1의 산출량수준에서 장기평균비용과 장기한계비용이 같게 된다.

제 9 장

시장의 조직형태와 기업의 행동준칙

9.1 시장의 조직형태와 산업조직
9.2 기업의 목표와 행동준칙

앞 장에서는 주어진 생산량을 최소의 비용으로 생산하거나 또는 주어진 비용으로 최대의 생산량을 생산하기 위한 생산요소의 최적배합원칙에 관하여 살펴보았다. 물론 이를 위하여 기술적 및 경제적 효율이 보장되는 조건에서 기업의 생산량과 생산비 간에 존재하는 관계, 즉 비용함수에 관한 설명이 있었다. 그리고 장·단기 비용의 결정원리도 고찰하였다. 그러나 문제는 주어진 생산량의 생산방법에 관한 설명은 있었으나 얼마나 생산할 것인가에 관한 언급이 없었다. 따라서 제10장부터는 기업이 이윤의 극대화를 시도한다는 전제하에 기업의 최적생산량 수준의 결정과정을 살펴보고자 한다. 그런데 최적생산량이 결정되는 과정은 생산물의 시장구조에 따라 다르다. 따라서 본 장에서는 우선 기업이 참여하는 여러 시장형태에 관하여 살펴보고 아울러 현실경제에 있어서 기업이 추구하는 행동목표와 준칙에 관하여 설명하고자 한다.

9.1 시장의 조직형태와 산업조직

시장(market)이란 수요와 공급이 서로 마주치는 장소를 말한다. 경제학의 관점에서 시장이라 함은 어떤 상품의 수요·공급에 대한 정보가 수요자·공급자에 교환됨으로써 상품의 가격이 형성되고 상품의 매매가 규칙적으로 이루어지는 추상적이고 관념적인 장소를 말하며, 실제로 상품이 거래되는 구체적인 시장만을 의미하지 않는다. 가령 서울의 '노량진 수산시장'이나 '동대문시장' 등도 일종의 시장이긴 하나 구체적인 장소적 특징을 표시하는 협의의 시장개념이라 하겠다. 따라서 경제학의 견지에서 시장이라 함은 꼭 사고파는 사람들이 모이는 장소만을 말하는 것이 아니며, 어떤 상품에 대한 수요·공급에 관한 정보가 수요자와 공급자 사이에 교환되고, 따라서 그 상품의 매매가 규칙적으로 이루어지는 추상적인 사회적 기구를 포함한다.

상품을 공급 및 판매하고자 하는 집단을 산업이라고 하는데, 산업은 공급하는 상품의 종류에 따라 여러 분야로 분류될 수 있다. 가령 섬유산업, 전자산업, 컴퓨터산업, 자동차산업 등이 그것이다. 따라서 하나의 산업은 동일한 재화 또는 동일 종류의 재화를 시장에 공급하는 집단(기업군)을 의미한다. 여기서 동일 종류의 재화란 밀접한 대체적(substitute)인 관계에 있는 재화를 말한다.

시장의 조직형태를 시장형태라 하는데 경제학에 있어서 시장은 일정한 기준에 따라 몇 가지의 형태로 나누어진다. 즉 완전경쟁, 독점, 과점시장과 독점적 경쟁시장으로 분류한다. 그런데 이들 시장의 형태를 구분 짓게 하는 요소는 다음과 같이 요약하여 말할 수 있다.

첫째, 상품의 동질성 내지 유사성 여부이다. 가령 쇠고기, 석유, 쌀, 보리 등은 동질적인 상품이며, 자동차, 전자제품, 화장품과 같은 것은 동질성이 매우 적은 상품이다. 상품이 서로 동질적이라면 그것은 거의 완전한 대체물의 관계에 있고 소비자들에게는 그 상품이 어느 기업에 의해 생산된 것인지를 가릴 필요가 없으며, 기업들로서는 특별히 자사제품을 광고할 필요도 없다. 이에 반해 동질성이 약한 상품은 서로 완전대체물의 관계가 될 수 없고 각 기업들은 각자가 어느 정도 독특한 상품을 생산, 공급하며 각기 수요자들의 기호에 호소하게 된다. 더구나 동일한 종류의 재화라 할지라도(가령 자동차나 가전제품 등) 재화의 질적 차이가 있게 되면 그 질적 차를 이용하려는 수요자에 대해서는 어느 정도의 독점력 행사가 가능하며 기업들로서는 판매를 위한 광고선전 활동도 활발해진다.

둘째, 상품의 공급자와 수요자의 수이다. 그 수가 많으면 경쟁이 강한 시장이라 할 수 있고, 그 수가 적으면 경쟁의 정도가 약한 시장이라 할 수 있다. 가령 같은 상품을 생산하는 기업이 무수히 많다면 개별기업은 다수의 생산자 중의 하나이므로 상품을 판매하는 시장가격에 영향을 줄 수 없게 될 것이다. 이 경우 각각의 공급자들은 시장 전체에서 결정되는 가격에 복종할 것이며 단독으로 시장가격을 좌우할 수 없다. 마찬가지로 같은 상품을 수요하고자 하는 수요자가 무수히 많아 어떤 개별수요자의 소비 수요가 시장 전체의 수요량에서 차지하는 비중이 너무나 작다면 각각의 수요자는 시장 전체에서 결정된 가격에 영향을 줄 수 없을 것이다. 따라서 공급자의 수가 많을수록 판매경쟁이 심한 시장이라 할 수 있고, 또한 수요자가 많을수록 수요경쟁의 정도가 높다고 할 수 있다.

셋째, 시장으로의 자유로운 전출입 여부이다. 새로운 기업이 한 산업에로의 전입에 아무런 장벽이 없고 또한 기존의 기업도 원하면 언제나 자유로이 전출할 수 있다면 그 산업은 경쟁이 심하다고 볼 수 있다. 따라서 신참기업의 참가에 아무런 장애(가령 기존기업들의 협약에 의한 신참기업의 전입 방지 또는 정부의 허가 등)가 없는 산업은 장애가 있는 산업에 비하여 경쟁의 정도가 높을 것이다.

넷째, 소비자, 기업 및 자원보유자들이 정확한 경제적 의사결정을 내리는 데 필요한 모든 정보를 갖고 있느냐의 여부이다. 그런데 일반적으로는 소비자들이 시장의 모든 가격들에 대하여 충분한 정보를 가지고 있지 않으며 또한 노동자와 자본의 소유자들이 소유한 자원을 여러 가지 가능한 용도에 투입했을 때 각기 어느 정도의 수익을 얻을 수 있는가에 관하여 잘 알지 못한다.

위에서 밝힌 네 가지의 요소 이외에도 시장의 형태를 특징지어주는 요소에는 여러 가지가 있을 수 있다. 그러나 현실경제에서는 전술한 네 가지 요소들이 가장 중요한 것이며, 이들 요소들이 다양하게 복합적으로 작용함으로써 여러 가지의 시장형태가 나타난다. 일반적으로 경제학에서는 시장을 다음과 같이 크게 네 가지 형태로 구분한다. 즉 완전경쟁, 독점, 독점적 경쟁, 과점 등으로 구분해서 각 기업의 생산량과 재화의 가격결정에 관한 문제를 전개하고 있다.

1) 완전경쟁시장

완전경쟁시장(perfectly competitive market)은 가장 기초가 되는 기업행동유형을 나타내는 개념이다. 그런데 경제학의 이론적 개념인 완전경쟁과 개별기업의 경쟁개념과는 다르다. 가령 기업들의 경쟁이 치열하다고 말할 때 이는 보통 어떤 동일한 목표를 추구하는 기업들이 경쟁기업들을 의식하면서 각자가 그 목표를 달성하고자 온갖 수단을 다 쓰면서 경쟁하는 것을 말한다. 즉 광고, 상품의 선택, 상품의 외양, 포장방법, 내구성 등의 가능한 경쟁수단을 동원하여 고객 유치에 노력한다. 이와는 달리 경제학에서 의미하는 완전경쟁이란 개념에는 경제주체들 간에 직접적인 경쟁이 전혀 존재하지 않는 시장을 말한다. 완전경쟁은 시장에 동일한 상품을 생산하는 다수의 기업이 있어서 개별기업이 전체 시장에 미치는 영향은 거의 무시할 수 있을 정도이고 나아가 시장에서 결정된 가격에 개별기업들은 복종하고 순응하게 되는 상태이다. 가령 작은 규모로 면도날을 생산하는 기업이 또 다른 작은 규모의 면도날 생산기업을 경쟁자로 보지 않듯이, 1개 산업 내에 많은 기업이 존재하기 때문에 어떤 한 기업이 다른 기업을 경쟁자로 보지 않고 또한 어느 한 기업은 그 시장에서 결정된 가격을 그대로 받아들이게 된다. 완전경쟁시장이 되기 위해서는 다음과 같은 조건이 필요하다.

첫째, 상품의 공급자와 수요자가 다수이고 소규모이기 때문에 각 공급자와 수요자는 시장가격을 주어진 것으로 받아들이는 가격순응자(price-taker)이어야 한다.

둘째, 각 기업이 공급하는 상품이 모두 동질적이어야 한다는 것이다. 따라서 한 시장에서 한 가지 가격만이 존재하고, 수요자들은 어떤 공급자에게 상품을 구입하는 것이 유리한가를 가릴 필요가 없다.

셋째, 각 기업은 산업에 자유로이 전출입할 수 있어야 하며, 아울러 모든 생산요소도 자유롭게 이동할 수 있어야 한다. 가령 자본은 한 지역에서 다른 지역으로, 한 기업에서 다른 산업으로 이동이 가능해야 하며, 판매대상이 되는 시장에의 전출입 또한 용이해야 한다.

넷째, 각 기업 또는 소비자 및 생산요소 소유자들이 시장정보에 관하여 완전한 지식을 갖추고 있어야 하며, 상호간에 시장정보의 교환이 또한 자유로워야 한다.

그러나 현실경제에 있어서는 이상과 같은 조건을 만족시키는 완전경쟁시장은 찾아보기가 매우 어렵다. 가령 어떤 상품시장에서 완전경쟁시장에 가까울 정도의 예를 찾아볼 수 있지만 상기한 네 가지의 조건들을 모두 충족시키기는 어렵다. 따라서 대부분의 시장들은 불완전경쟁시장에 속한다고 볼 수 있다.

2) 독점시장

독점(monopoly)이란 어떤 상품에 대하여 유일한 공급자가 존재하고 그 상품에 대하여 가까운 대체재도 존재하지 않는 시장을 말한다. 즉 산업을 하나의 기업이 독점적으로 지배하는 경우이다. 이러한 시장은 흔히 순수독점(pure monopoly) 또는 완전독점(perfect monopoly)이라고도 한다. 이러한 시장에 속하는 기업들로서는 철도 및 도로, 상수도, 전매사업들을 예로 들 수 있다. 경쟁기업이 없고 밀접한 대체재가 없는 상품을 생산하는 독점기업은 상품의 가격과 산출량을 임의로 조절할 수 있다는 특성을 지니고 있다. 따라서 완전경쟁기업이 가격순응자임에 비추어 독점적 기업은 능동적인 가격설정자(price-maker)가 된다. 이때 독점기업의 공급량은 시장전체의 공급량이 될 것이다. 독점은 여러 가지 요인에 의하여 형성되겠지만 그 중에서도 다음과 같은 몇 가지 요소를 대표적인 것으로 지적할 수 있다.

첫째, 어떤 사람이 정부의 허가를 얻어야만 할 수 있는 것이 있다. 정부에서는 전매사업, 대한항공, 의사, 변호사, 중개사 등을 사회후생의 차원에서 허가제도로 하는 경우가 있다. 또한 어떤 상품제조나 상품제조과정을 발명한 자에게 특허권을 부여하는데 이 특허권은 경쟁자를 배제하게 된다. 즉 특허를 얻으면 어느 기간 동안 독점권을 취득하는 것이 된다.

둘째, 어떤 상품에 대한 생산기술의 성질상 하나의 거대한 기업이 시장 전체의 유일한 공급자가 되는 것이 오히려 여러 소규모의 기업들에 의한 것보다 낮은 비용으로 생산할 수 있다면 사회후생의 관점에서 유리할뿐더러 이 경우에도 독점이 발생한다. 가령 한 기업의 생산규모가 커질수록 단위당생산비가 계속 하락하는(즉 장기평균비용곡선이 우하향하는 기울기를 갖는) 경우라면 오히려 한 산업에 하나의 기업이 존재하는 것이 경제적일 것이다. 이러한 경우의 독점을 자연독점(natural monopoly)이라 부르며 전력, 수도 등이 그러한 예이다.

셋째, 한 기업이 어떤 상품의 생산에 참여할 수가 없다. 이에 관한 좋은 예는 수년 동안 미국의 알루미늄회사(Alcoa)가 미국의 모든 알루미늄 원광을 소유하고 있었는데 이러한 자원공급조건 때문에 알코아사는 알루미늄생산에서 독점자가 되었던 것이다.

넷째, 어떤 기업은 대규모의 자본이 소요되기 때문에 진입이 사실상 불가능한 경우가 있다. 가령 제철, 철도, 체신, 전기, 수도 등과 같은 기업을 들 수 있다. 이러한 산업의 경우는 막대한 자본과 기술이 소요되며 민간기업이 능히 담당하기 어려우므로 이러한 산업에 대해서는 국가 또는 공공기관이 독점적으로 직접 경영하는 경우가 많다. 또한 국민의 경제생활상 매우 중요한 산업에 있어서도 때때로 국가 또는 공공기관이 독점적으로 운영하는 예가 있다.

다섯째, 한 기업의 생산기술이 타경쟁기업보다 월등히 우수함으로써 그의 경제능력이 강하다면 타 경쟁기업들을 여러 가지 경쟁방법을 통해 탈퇴케 한다든지 혹은 통합함으로써 독점력을 행사하는 경우가 있다. 우리나라의 POSCO 등이 누리는 독점상태는 생산기술의 우수성에 기인하는 독점의 대표적 예이다.

3) 독점적 경쟁시장

독점적 경쟁(monopolistic competition)시장이란 그 시장에 다수의 공급자가 존재하고 그들 모두는 소규모적이며, 각 공급자들이 시장에 공급하는 상품은 소비자의 입장에서 볼 때 다소 차이가 있고, 한편으로 전출입의 자유도 허용되는 시장형태를 말한다. 따라서 완전경쟁시장과는 여러 면에서 유사하나 차별화된 이질적인 재화가 각 생산자에 의해 생산·공급된다는 점에서 차이가 있다. 즉 상표, 디자인, 품질, 포장 등의 차이가 있어서 어느 정도 차별화된 이질적인 유사상품을 생산·공급하는 다수의 기업들이 존재하는 시장형태가 독점적 경쟁시장이다. 따라서 독점적 경쟁은 완전경쟁과 독점의 두 가지 요소를 모두 포함한다고 볼 수 있다.

우리나라에 있어서 독점적 경쟁의 예는 목욕탕, 이발관, 다방, 약국 등의 서비스업종을 들 수 있다. 이와 같은 시장형태에 관한 이론적 정립은 1930년대에 에드워드 챔벌린(Edward Chamberlin), 로빈슨(Joan Robinson)여사 등에 의해 이루어졌다.

4) 과점시장

과점(oligopoly)시장은 비교적 소수의 대기업들이 전체 시장의 생산물의 대부분 또는 전부를 생산하며, 한편으로 상호 유사한 상품을 생산하여 시장에서 상호경쟁하는 시장형태이다. 대부분의 선진제국에 있어서 거의 모든 산업은 과점의 시장형태를 띠고 있다. 가령 시멘트, 운동화, 냉장고, TV, 라디오, 소주, 맥주, 버스, 타이어, 자동차 등 이루 헤아릴 수 없을 정도로 많다.

그런데 과점은 산업 내 기업간의 상호의존성이 존재하는 특성이 있다. 즉 시장 내 공급자가 소수이므로 각 공급자는 경쟁기업들의 행동과 반응에 유의해야 하고 또한 경쟁기업들도 또 다른 기업들의 행동과 반응에 유의해야 한다. 다시 말하면 과점에서 소수의 기업들만이 존재하므로 한 기업의 가격이나 생산량 변동이 다른 경쟁기업들에게 큰 영향을 미치기 때문에 각 과점기업들은 상대방 경쟁기업들의 행동과 반응을 고려하면서 자신의 행동을 정하게 된다. 따라서 한 과점기업은 경쟁기업의 불확실한 반작용을 예측해야 하므로 자신의 가격과 공급량의 결정에는 다른 시장형태보다 더 많은 정보가 필요하며 따라서 과점시장형태 하에서는 생산량 및 가격수준이 매우 불안정하다고 할 수 있다.

현실경제에 있어서 과점이 되는 원인에는 여러 가지가 있으나 그 중에서 규모의 경제가 작용하는 산업에서 주로 과점시장이 나타난다. 우리나라에 있어서도 과점시장을 형성하고 있는 분야로는 자동차, 냉장고, 텔레비전, 철강 등 중요한 산업들의 시장을 들 수 있다.

9.2 기업의 목표와 행동준칙

현실경제에 있어서 기업이 추구하는 행동목표에는 여러 가지가 있을 수 있다. 그 중에서도 지금까지 대부분의 경제학자들은 기업이 이윤극대화를 최종목표로 하여 활동하고 있다고 가정하고 기업의 행동이론을 전개해오고 있다. 그러나 학자들 중에서는 기업들이 이윤을 극대화하는 것 외에도 여러 가지 새로운 목적을 가지고 있으며 이러한 현상을 설명하기 위해 이윤극대화가설을 다음과 같이 몇 가지 사실을 들어 비판하고 있다.

첫째, 현실적으로 기업이 이윤극대화에 필요한 기술적 능력이나 정보를 갖고 있지 못하다는 것이다.

둘째, 현실의 기업은 사회적 성격을 갖고 있으므로 이윤극대화가설만을 그 목표로 제시하기에는 너무 단순하며,

셋째, 이윤극대화가설을 대신할만한 내용들이 있다는 것이다.

이와 같은 비판에 입각해서 나타난 몇 가지 가설로는 보몰(W. Baumol)의 매상고극대화가설, 갈브레이드(J. K. Galbraith)의 생존과 자활가설, 사이몬(H. A. Simon)의 만족이윤가설, 스키토브스키(T. Scitovsky)가 주장한 기업의 효용이론 등이 있다.

그러나 이러한 이윤극대화에 대체되는 가설들은 그 나름대로 타당성을 갖고 있는 것이 사실이나 장기적으로 볼 때 기업의 이윤극대화목표와 별로 다르지 않다는 것이다. 즉 그러한 여러 가지 목표들은 장기적인 기업의 행동원리와 관련해 볼 때 이윤을 획득하는 하나의 수단인 점에서 이윤극대화가설과 거의 비슷하

다고 보아야 할 것이다.

이와 같은 사실에서 볼 때 아직까지 이윤극대화가설을 대체할만한 적절한 가설은 없다고 볼 수 있으며, 기업의 목표와 행동원리는 이윤을 극대화하는 방향에서 설정되고 전개되어야 할 것 같다.

기업의 행동목표가 이윤의 극대화에 있다면 기업이 생산요소를 구입하여 생산하고, 생산된 재화를 시장에 공급하는 것은 모두 이윤극대화와 조화를 이루어야 할 것이다. 우선 기업은 제품의 판매에서 획득하는 총수입(total revenue)에서 생산요소 구입에 지출한 총비용(total cost)을 뺀 나머지 총이윤을 극대화하려 한다. 총이윤함수를 다음과 같이 표시할 수 있다.

$$\pi = TR - TC \tag{9.1}$$

여기서 π는 총이윤, TR은 총수입, TC는 총비용이다. 단기에 있어서 기업들은 고정된 설비 하에서 가변요소의 투입량을 변화시켜 그들의 생산량을 결정함으로써 이윤의 극대화를 기하고자 한다. 식(9.1)에서 총수입(TR)이 총비용(TC)보다 커서 이윤 π가 양의 값을 가지는 한 기업은 생산을 계속할 것이다. 그런데 총수입(TR)이나 총비용(TC) 등은 생산량(Q)이 늘어남에 따라 증가하는바, 모두 생산량의 함수라고 할 수 있다. 따라서 총이윤 π도 생산량의 함수라 볼 수 있다. 그리고 총수입(TR)이 총비용(TC)보다 작아서 이윤이 음의 값을 갖는다 하더라도 총수입(TR)이 총가변비용(TVC)보다 크다면 생산을 계속할 것이다. 왜냐하면 생산을 중단한다 할지라도 고정비용의 지출은 계속되므로 고정비용의 지출을 다소나마 감소시켜 손실을 최소화해야 하기 때문이다.

이윤을 극대화하는 생산량은 식(9.1)에서 나타난 바와 같이 총수입과 총비용에 관한 함수관계를 생산량(Q)에 관하여 1차미분하여 그것을 영(0)으로 두면 이윤극대화의 필요조건을 구할 수 있게 된다.

$$\frac{d\pi}{dQ} = \frac{dTR}{dQ} - \frac{dTC}{dQ} \tag{9.2}$$

식(9.2)에서 한계수입(marginal revenue; MR)과 한계비용(marginal cost; MC) 및 한계이윤(marginal profit; MP)의 개념을 도입하고 있다. 즉 기업이 생산량을 한

단위 증가시킬 때 추가되는 수입을 한계수입이라 하고, 추가되는 비용을 한계비용이라 하며, 또한 추가되는 이윤을 한계이윤이라 한다. 다시 말해 $\frac{d\pi}{dQ}, \frac{dTR}{dQ}$ 및 $\frac{dTC}{dQ}$ 등은 각각 총이윤곡선, 총수입곡선 및 총비용곡선의 기울기를 나타낸다고 볼 수 있다.

따라서 식(9.2)에서 다음과 같은 사실을 알 수 있다. 만약 추가되는 생산량의 한계수입이 한계비용보다 크다면 생산량을 한 단위 더 생산할 때 그 한 단위 추가생산에서 얻는 수입이 그 생산에 소요되는 비용보다 크므로 한 단위 더 생산함으로써 이윤의 증대가 가능하다. 이와 반대로 한계비용이 한계수입보다 크다면 생산을 한 단위 더함으로써 오히려 손실을 보게 되므로 이때에는 생산량을 줄여야 할 것이다. 왜냐하면 생산량을 한 단위 감소시킴으로써 줄어드는 비용(한계비용)이 줄어드는 수입(한계수입)보다 크므로 한계비용과 한계수입의 차이만큼의 이윤이 증가한다. 결국 기업이 이윤극대화를 추구한다면 한계수입과 한계비용이 일치될 때까지 계속 생산을 증감시키게 된다.

식(9.2)를 바꾸어 쓰면

$$\frac{d\pi}{dQ} = MR - MC = 0 \quad \therefore MR = MC \tag{9.3}$$

이 되는 생산량의 생산방법을 택하게 될 것이다. 즉 한계수입과 한계비용이 같게 될 때 이윤이 극대화된다는 것이다.

$MR = MC$를 나타내는 식(9.3)은 이윤극대화의 필요조건이며 $MR = MC$에 부가하여 또 하나의 충분조건이 필요하다. 그것은 한계비용(MC)이 상승하면서 한계수입(MR)과 만나야 한다는 것이다. 이것은 총이윤함수 식(9.1)을 생산량 Q에 관하여 2차미분한 값이 영(0)보다 작아야 한다는 것이다. 즉

$$\begin{aligned} &\frac{d^2\pi}{dQ^2} = \frac{d^2TR}{dQ^2} - \frac{d^2TC}{dQ^2} < 0 \\ &\therefore \frac{d^2TR}{dQ^2} < \frac{d^2TC}{dQ^2} \end{aligned} \tag{9.4}$$

식(9.4)는 한계수입곡선의 기울기가 한계비용곡선의 기울기보다 작아야 한다는

것을 의미하며 이것이 이윤극대화의 충분조건이다. 즉 $MR = MC$가 성립해야 한다는 것이다.

따라서 기업은 한계수입(MR)과 한계비용(MC)이 같아질 때까지 생산을 하되 한계수입곡선 기울기가 한계비용곡선의 기울기보다 작아야 한다는 사실이 이윤극대화의 조건이 된다. 다시 말해 기업은 한계수입곡선과 한계비용곡선이 교차하되 한계비용곡선이 한계수입곡선을 아래로부터 교차하는 점에서 이윤극대화생산점이 결정된다는 것이다. 이것이 곧 기업의 행동준칙인 것이다.

제 10 장

완전경쟁시장

10.1 완전경쟁시장의 기업
10.2 완전경쟁시장의 단기균형
10.3 완전경쟁산업의 장기균형
10.4 완전경쟁산업의 장·단기 자원배분 과정

이 장에서는 생산물시장이 완전경쟁적일 때 개별기업의 생산량이 어떻게 결정되는가를 고찰한다. 또한 이 분석을 통하여 완전경쟁기업의 장·단기균형과 공급곡선을 도출해보기로 한다.

10.1 완전경쟁시장의 기업

1) 완전경쟁기업의 수요곡선

완전경쟁시장에서의 균형가격은 시장수요곡선과 시장공급곡선이 만나는 점에서 결정되며, 이러한 시장균형가격은 완전경쟁기업에게는 주어지는 하나의 여건으로 된다. 즉 이윤을 극대화하려는 완전경쟁기업은 가격이 일정하게 주어진 것으로 보고 공급량을 조절하고자 한다. 즉 완전경쟁시장 내에서는 수많은 기업들이 참여하고 있으므로 개별기업은 시장가격을 좌우할 수 없다. 마치 시장의 쌀값을 한 농부가 변경할 수 없다는 사실과 같다. 따라서 완전경쟁기업은 상품을 생산하여 판매할 때 시장에서 결정된 가격에 순응하게 된다.

또한 완전경쟁기업들은 주어진 시장가격 하에서 생산량에 관계없이 얼마든지 팔 수 있다고 본다. 따라서 한 기업의 총수입(total revenue)은 다음과 같이 표시할 수 있다.

$$TR = P \times Q \tag{10.1}$$

여기서 TR는 총수입이고, P는 시장가격이며, Q는 상품의 판매량이다. 물론 여기서 시장가격 P는 기업의 입장에서는 상수로 생각한다.

[그림 10-1]에서와 같이 횡축에 생산량을 표시하고 종축에 총수입을 표시하면 총수입곡선은 원점으로부터 직선으로 표시된다. 직선의 기울기 값이 상품의 가격이다.

한편 시장가격을 2라고 하면 [표 10-1]과 같은 관계를 알 수 있을 것이다.

[표 10-1]에서 평균수입(average revenue; AR)은 상품단위당 수입을 말하며 이것은 총수입을 판매량으로 나누면 된다. 즉

$$AR = \frac{TR}{Q} = \frac{PQ}{Q} = P \tag{10.2}$$

그림 10-1 총수입곡선

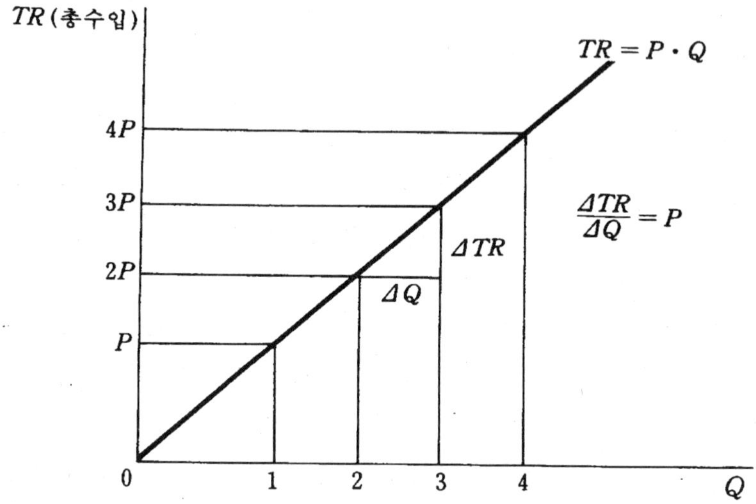

표 10-1 완전경쟁기업의 평균수입, 총수입, 한계수입

Q	$P(=AR)$	TR	MR
0	2	0	0
1	2	2	2
2	2	4	2
3	2	6	2
4	2	8	2
5	2	10	2
6	2	12	2
7	2	14	2
8	2	16	2
9	2	18	2
10	2	20	2

따라서 평균수입은 시장가격(P)과 같게 된다. 그런데 평균수입곡선은 개별기업이 직면하는 수요곡선이 된다. 이는 평균수입과 시장가격이 일치하는 데서 연유한다. 그리고 경쟁적 기업이 그 판매량을 [표 10-1]과 같이 계속 증대시켜도 시장가격을 변화시킬 수 없을 때 가격과 판매량(=소비자의 구매량)과의 관계를 그림으로 표시하면 [그림 10-2]의 (b)와 같이 수평선 dd가 도출된다. 즉 기업의 판매량을 아무리 증대시켜도 시장가격(P)은 불변이다.

그림 10-2 시장수요곡선과 개별기업의 수요곡선

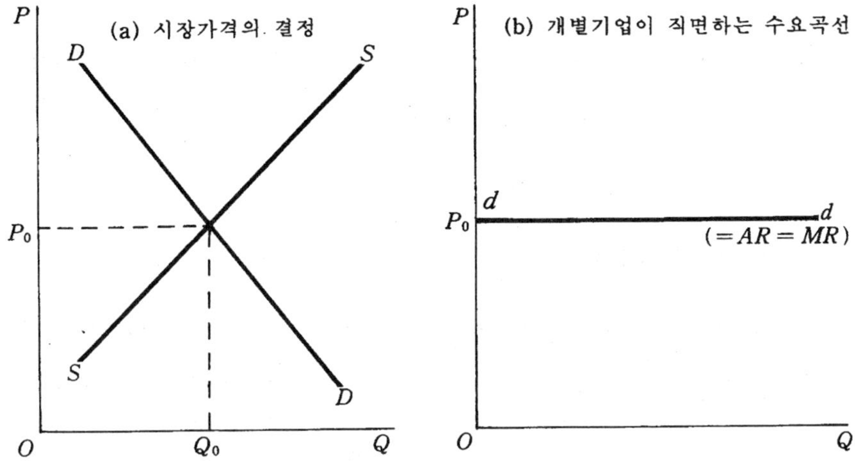

수요곡선 d는 P_0에서 수평이고 AR 및 MR과 일치한다.

이와 같이 가격과 판매량(소비자의 구매량)의 관계가 곧 수요곡선인바, 그 수평선은 경쟁적 기업이 직면하는 수요곡선이라 할 수 있다. 즉 어떠한 완전경쟁기업의 입장에서 볼 때 P의 가격으로 자기 제품을 얼마든지 팔 수 있다는 것을 의미하며, 주어진 시장가격으로 얼마든지 판매할 수 있는 데도 불구하고 그 가격보다 낮게 판매하는 경우는 있을 수 없으며, 또한 동질적인 제품을 그 시장가격보다 높게 자기 혼자만이 주어진 가격 이상으로 판매한다면 그 제품을 구매하는 수요자는 아무도 없을 것이다.

[그림 10-2]에서 S와 D는 각각 시장공급곡선과 시장수요곡선을 나타내며 dd는 개별기업이 직면하는 수요곡선을 나타낸다. 물론 여기서 시장수요곡선은 시장에 참여하고 있는 모든 기업의 판매량과 가격과의 관계이나 개별기업의 수요곡선은 어느 한 기업의 판매량과 가격과의 관계를 나타낸다.

한편 한계수입은 생산물 1단위를 추가로 더 판매할 때의 총수입의 증가분이다. 즉

$$MR = \frac{dTR}{dQ} = P \tag{10.3}$$

이다. 다시 말해 완전경쟁기업의 경우 시장가격이 기업의 공급량과 관계없이 일정하므로 총수입의 증가분은 $dTR = P \times dQ$로 표시되므로 한계수입은 $MR = \frac{dTR}{dQ} = P$로서 시장가격과 같게 된다. 결국 완전경쟁기업의 경우 [그림 10-2]의 (b)와 같이 수평선으로 표시된 기업의 수요곡선은 평균수입곡선인 동시에 한계수입곡선이기도 하다.

2) 완전경쟁기업의 단기균형

단기에 있어서 경쟁기업은 가변투입물의 사용을 증감시킴으로써 단위기간 당 산출량의 증감을 가져올 수 있다. 앞에서 밝힌 바와 같이 기업의 행동원리와 목표가 이윤극대화에 있다면 단기적으로 한계수입(MR)이 한계비용(MC)과 같게 될 때까지 생산하는 상태를 기업의 단기적 균형이라 한다. 그러면 여기서 완전경쟁기업의 균형산출량, 즉 이윤극대화산출량 결정에 관해 살펴보기로 한다. 기업의 비용원리에서와 같이 균형산출량도 장·단기에 따라 달라진다.

각 기업은 이윤을 극대화하기 위하여 산출량을 조절한다고 가정할 때 판매로부터 얻는 총수입과 총비용의 차이로 정의되는 이윤을 극대화하는 산출량수준에서 균형이 이루어지게 된다.

기업이윤은 앞에서와 같이 총수입과 총비용의 차이로 정의되므로 다음과 같은 공식으로 제시된다.

$$\pi = TR - TC \tag{10.4}$$

물론 여기서 기업은 가격순응자이며 현행시장가격에서 그의 생산량을 얼마든지 판매할 수 있으므로, 그의 총수입 TR는 그의 판매량과 정비례한다. 또한 완전경쟁을 가정할 경우 가격은 한계수입 및 평균수입과 같아진다($P = AR = MR$).

한편 이윤극대화의 필요조건은

$$\frac{d\pi}{dQ} = \frac{dTR}{dQ} - \frac{dTC}{dQ} = 0 \quad \therefore MR = MC$$

이었다. 또는 $P = MR = MC$가 된다. 왜냐하면 완전경쟁상태에서 시장가격은 한계수입과 같기 때문이다. 따라서 기업의 단기균형은 시장가격과 한계비용이 일치하는 점에서 결정된다.

그리고 이윤극대화의 충분조건은 앞에서와 같이

$$\frac{d\pi}{dQ} = \frac{dTR}{dQ} - \frac{dTC}{dQ} = \frac{d(P \cdot Q)}{dQ} - \frac{dTC}{dQ} = P - MC \quad \because P = \overline{P} \tag{10.5}$$

에서

$$\frac{d^2\pi}{dQ^2} = \frac{d^2TR}{d^2Q} < 0 = -\frac{d(MC)}{dQ} < 0 \quad \therefore \frac{d(MC)}{dQ} > 0 \tag{10.6}$$

이었다. 결국 한계비용곡선의 기울기가 양으로 되는 부분, 즉 우상향하는 부분에서 극대이윤의 조건이 성립된다. [그림 10-3]은 완전경쟁기업의 단기균형을 나타내고 있다.

[그림 10-3]의 (a)는 총비용곡선(TC)과 총수입곡선(TR)을 나타낸다. A점과 D점에서 총비용과 총수입이 일치하고, 그 양 점의 중간은 총수입>총비용을 나타내며 B점은 AC의 최저점을, 그리고 C점은 $MR = MC$가 되는 점을 나타낸다. MR와 MC는 각각 TR의 기울기와 TC의 기울기로 표시되는데, C점에서 TR의 기울기와 TC의 기울기가 같게 된다. 따라서 기업은 q_3에서 $MR = MC$가 되며 총이윤(π)이 최대화된다.

그림에서와 같이 q_3보다 높거나 낮은 산출량수준에서 총이윤은 극대화되지 않으며 더구나 q_1보다 적거나 q_4보다 더 높은 산출량수준에서 기업이 손실을 본다.

[그림 10-3]의 (b)는 (a)로부터 도출되며 (b)의 각 점은 (a)의 각 점과 대응한다. (b)는 기업의 평균비용곡선과 한계비용곡선을 기업의 수요곡선과 함께 표시하고 있다. 완전경쟁시장에서 기업의 수요곡선은 기업의 평균수입곡선이며 또한 한계수입곡선이다. 생산이론에서와 같이 한계비용곡선은 평균비용곡선의 최저점을 통과한다. 기업은 MC곡선과 MR곡선이 만나는 E점, 다시 말해 생산량 q_3에서 단기적인 균형형태에 도달하며 이윤의 극대화를 가져온다. 판매량을 q_3로 하여 가격 P로 판매하면 총수입은 사각형 $OPEq_3$로 표시되고 총비용은 $OHIq_3$로 표시됨으로써 기업의 총이윤은 사각형 $HPEI$로 된다.

그림 10-3 완전경쟁기업의 단기균형

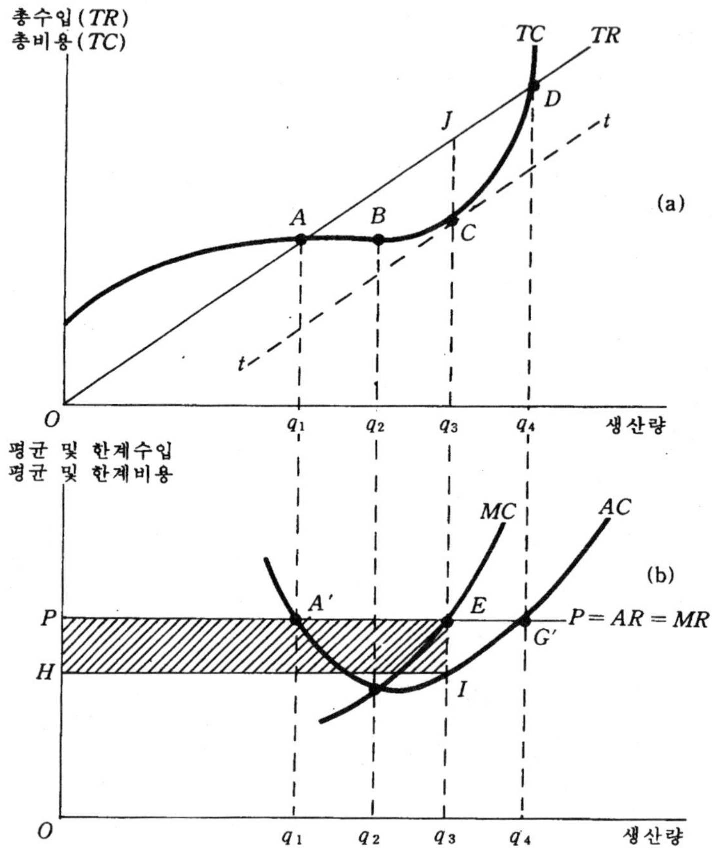

단기에는 $P=MR=MC$가 충족되는 q_3에서 생산할 때 완전경쟁기업은 이윤을 극대화할 수 있다. 극대화된 이윤은 □$PEIH$이다.

만약 기업이 판매량을 q_3보다 줄이면 그 기업에게 한계비용보다 더 큰 수입의 감소를 가져오기 때문에 점 E의 왼쪽부분은 이윤이 극대수준에 도달하지 못한 상태를 나타낸다. 한편 q_3보다 적게 하든지 많이 하게 되면 이윤의 감소가 있게 됨을 알 수 있다. 따라서 판매량 q_3가 기업의 단기균형생산량이다.

E점에서는 $MR=MC$가 일치하는 이윤극대화의 필요조건뿐만 아니라 MC곡선이 MR곡선과의 교점에서 상승해야 한다는 충분조건을 모두 충족시키고 있다.

3) 완전경쟁기업의 단기공급곡선

지금까지 우리는 단기에 있어서 기업이 이윤극대화를 가져오는 산출량 및 판매량의 결정과정을 살펴보았다. 그러면 이제 단기에 있어서 상품의 가격이 변할 때 기업이 어떻게 반응하며 행동할 것인가를 알아보고자 한다. 그런데 상품가격의 변화와 기업의 이윤극대화를 가져오는 산출량과의 관계는 개별기업의 단기공급곡선으로 나타난다.

[그림 10-4]는 개별기업의 평균가변비용 및 평균비용곡선과 한계비용곡선 등을 보여주고 있다. [그림 10-4]와 같이 주어진 비용구조 하에서 만약 가격이 P_0이하로 떨어진다면 기업은 전혀 생산 및 공급을 하지 않을 것이다. 왜냐하면 이 경우는 총수입이 가변비용보다 적어지기 때문에 생산을 전혀 하지 않음으로써 개별비용만큼만 손해를 보는 편이 오히려 손해를 적게 하는 방법이기 때문이다. 따라서 가격이 평균가변비용보다 낮을 때에는 단기균형산출량이 영(0)이 된다.

그림 10-4 기업의 단기균형과 단기공급곡선

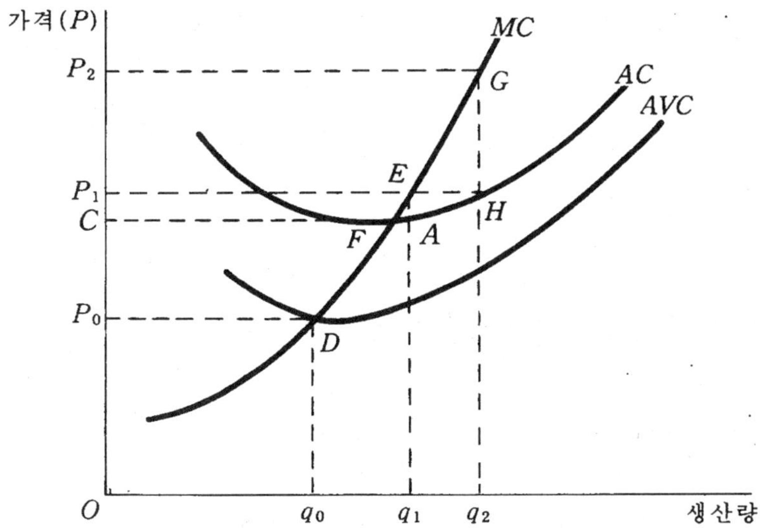

가격이 P_0 이하일 때는 공급량이 0이고 P_0 이상일 때에는 공급곡선을 따라 공급량이 정해진다.

따라서 [그림 10-4]에서 시장가격이 P_0일 때의 기업균형점인 D점을 조업중단점이라 한다. 즉 가격이 단위당 P_0보다 낮으면 균형산출량은 영(0)이 된다. 만약 가격이 단위당 P_0와 같거나 그보다 크다면 평균산출량은 한계비용곡선과 가격선이 교차하는 점에서 결정될 것이다. 가령 시장가격이 P_1이면 기업의 수요곡선은 P_1에서 출발하는 수평선($P=MR$)이 되는바, 극대이윤을 보장하는 기업균형은 E에서 이루어져 q_1만큼 공급한다. 이때 P_1은 평균비용(AC)보다 높은 수준이므로 초과이윤을 획득하게 된다(즉 총수입은 P_1Eq_1O로 표시되고, 총비용은 CAq_1O가 되어 총이윤은 P_1EAC가 될 것이다).

만약 상품의 가격이 P_1에서 P_2로 상승하면 기업의 이윤은 다시 MC가 상품가격 P_2와 같게 되는 점에서 극대화가 되므로 균형은 G에서 이루어지고 또한 기업은 산출량을 q_1에서 q_2로 증대시킬 것이다. 즉 가격이 P_2로 상승했으나 여전히 q_1수준만큼 생산하고 있으면 q_1에서 $MR(=P)=MC$의 조건이 성립하는 q_2가 될 때까지 산출량 조절이 계속될 것이다.

따라서 경쟁적 기업의 이윤극대화준칙인 $MR(=P)=MC$에 의하면 상품의 가격이 오르면 기업의 이윤을 증대시키고자 상품생산을 늘릴 것이라는 사실을 알 수 있다. 결국 상이한 각각의 가격에 따라서 얼마만큼을 생산할 것이냐를 보여주는 기업의 한계비용곡선이 바로 기업의 단기공급곡선이 된다.

요컨대 경쟁적 기업의 단기공급곡선은 평균가변비용곡선 최저점 D에서부터 E점을 통과하는 단기한계비용곡선이 바로 완전경쟁기업의 단기공급곡선이다.

10.2 완전경쟁시장의 단기균형

1) 완전경쟁시장의 단기공급곡선

시장의 단기공급곡선은 개별기업들의 개별공급곡선을 횡으로 합하면 된다. 그런데 각 기업들은 주어진 시장가격수준에 맞추어 생산·공급량을 결정하기 때문에 모든 기업의 총공급량도 시장가격수준에 의해 이루어질 것이라는 사실은 명백하다.

[그림 10-5]는 개별기업들과 시장의 공급곡선을 나타내고 있다. 우선 시장에 참여하고 있는 기업의 수가 A기업과 B기업 등 두 기업만 존재한다고 보고, A

기업의 한계비용곡선(공급곡선)이 S_1으로 표시되고 B기업의 한계비용곡선(공급곡선)이 S_2로 표시되어 있다고 하자. 이러한 상태 하에서 각 가격에서의 시장공급량은 그 가격에서 A 및 B기업이 공급하는 양을 합산한 것이다. 따라서 가격수준(P_1)에서 시장공급량은 $Q_1(=q_1^1+q_2^2)$이며, 이것이 그림 (c)에서 표시되고 있다.

그림 10-5 개별기업들의 공급곡선과 시장의 공급곡선

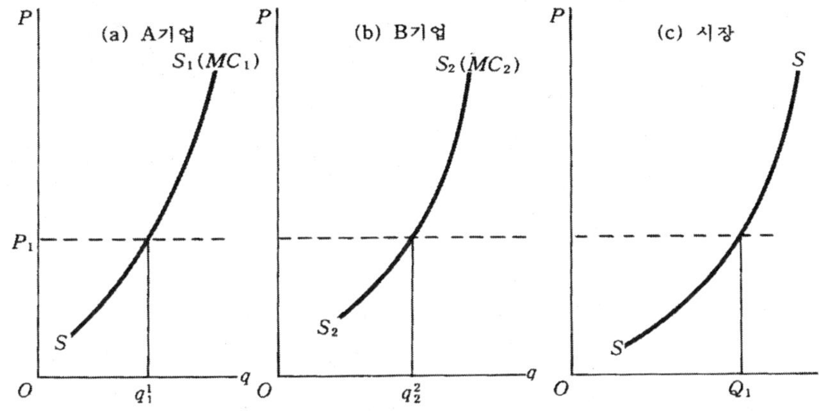

2) 완전경쟁시장의 단기균형

시장의 수요곡선과 시장의 공급곡선이 주어지면 산업의 단기균형은 시장의 수요량과 공급량이 일치하는 가격수준에서 이루어진다. 즉 [그림 10-6]의 (a)에서 시장수요곡선(D)과 단기시장공급곡선(S)이 E_0에서 교차하여 시장가격이 P_0로 결정되면 시장수급량은 Q_0로 결정되는바, 이것이 산업의 단기균형이다. 한편 (b)에서와 같이 개별기업들은 그 시장가격을 주어진 것으로 받아들여서 각자의 한계비용선과 가격이 일치하는 생산량을 결정한다. 즉 시장가격이 P_0로 주어지면 기업은 q_0만큼을 생산, 공급할 것이다.

왜냐하면 q_0에서 $MR(=P)=MC$가 성립하기 때문이다. 한편 시장수요가 증가하여 시장수요곡선이 $D'D'$로 되었다면 시장수요곡선과 시장공급곡선은 E_1에서 교차하여 시장가격은 P_1, 시장수급량은 Q_1이 될 것이다. 따라서 시장가격이 P_1으로 결정되면 기업의 입장에서는 이윤의 극대화를 위하여 생산·공급량을 q_1으로 행함으로써 균형을 취할 것이다.

그림 10-6 산업의 단기균형

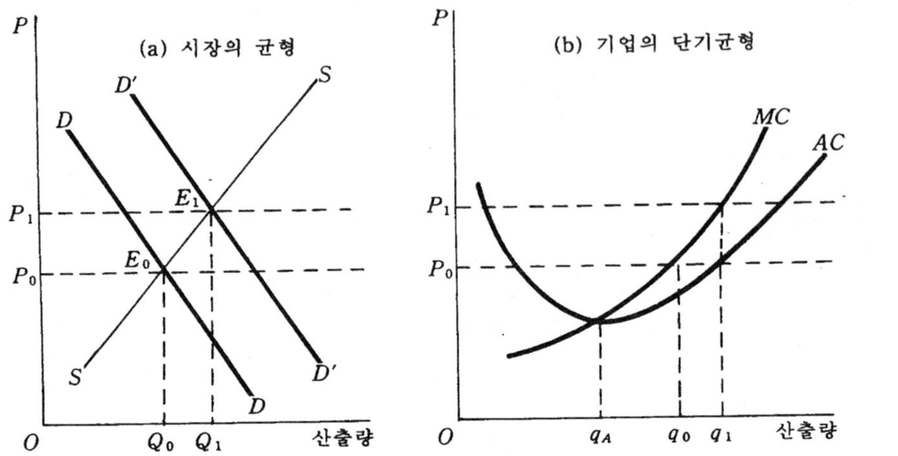

이상에서와 같이 완전경쟁기업은 단지 수량조정자일 뿐이며 가격은 시장에 의해 주어지고, 따라서 개별기업은 이미 존재하는 설비규모 하에서 이윤을 극대화하거나 손실을 극소화하는 생산량을 생산하게 될 것이다.

10.3 완전경쟁산업의 장기균형

장기에 있어서는 단기와는 달리 모든 투입물이 가변적이므로 이윤극대화를 달성하고자 산출량뿐만 아니라 시설규모 자체를 조정할 수 있다. 또한 장기에 있어서는 기존의 기업이 그 산업을 떠날 수도 있으며, 이윤의 전망이 밝다고 판단된다면 새로운 기업이 그 산업으로 진입할 수도 있다. 따라서 이윤동기에 따라서 산업내 기업의 수가 조정되는 것과 시설규모 자체의 변경에 따른 조정 등이 기업의 장기균형을 분석하는데 필요한 요소가 된다.

1) 기업과 산업의 장기균형

장기에 있어서는 기업들이 그 생산기술을 확장 또는 축소할 수 있을 뿐만 아니라 새로운 기업들이 그 산업에 들어오거나 기존기업들이 전출할 수 있는 충분한 여유시간이 있으므로 이윤율의 고저에 의하여 기업들의 전출입이 있게 됨으로써 기업의 산출량뿐만 아니라 기업의 균형산출량과 시장가격이 조정된다.

가령 어떤 기업이 초과이윤을 얻고 있다면 새로운 기업들이 그 산업에 들어올 것이다. 그 결과로 수요에 변화가 없는 한 가격이 하락하고 생산량의 증대로 요소가격이 상승함으로써 비용곡선이 상향이동할 것이다. 가격이 하락하고 비용이 상승하여 기업들의 이윤이 점차로 줄어들어 장기적 조정이 이루어지면 총수입=총비용이 되어서 새로운 기업들의 전출입이나 기존기업들의 시설규모 변경이 더 이상 일어나지 않게 될 것이다.

[그림 10-7]은 산업과 기업이 어떻게 하여 장기균형에 도달하는가를 표시하고 있다. (a)에서 시장수요(DD)와 시장공급(SS)이 일치함으로써 가격(P_0)이 결정되고 있다. 이 가격수준에서 기업은 (b)에서와 같이 비용이 SAC_1으로 표시되는 공장을 움직여서 E_S에서 단기균형을 취하고, q_1을 생산함으로써 빗금친 부분만큼의 초과이윤을 얻게 된다. 한편 이러한 초과이윤은 기존기업으로 하여금 시설의 확장을 유발할 뿐만 아니라 신규기업의 진출을 가져온다. 기존기업들의 생산확장과 신규기업의 진입으로 시장공급량이 증가하게 되며 시장공급곡선이 우측으로 이동하고 가격은 하락하게 된다.

그런데 이때 공급곡선이 어느 정도 우측으로 이동하여 어떤 가격수준에 도달할 것인가? [그림 10-7]의 (a)에서와 같이 $S'S'$까지 공급곡선이 이동할 것이다.

그림 10-7 산업과 기업의 장기균형

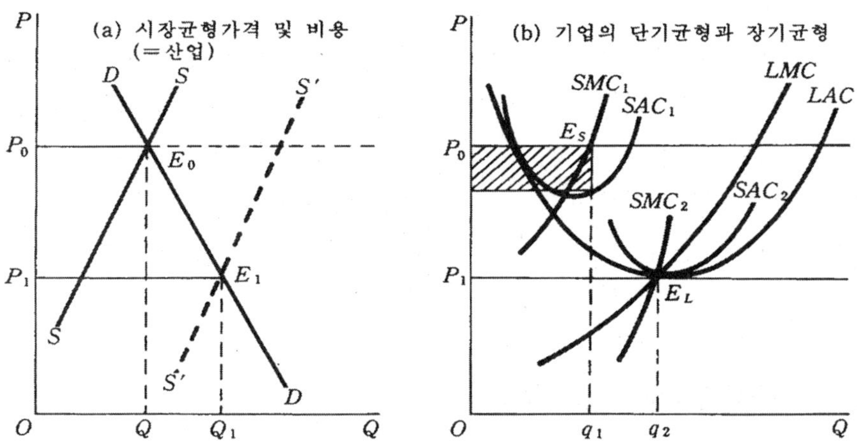

시장내 기존기업이 생산량과 생산설비를 모두 조정해나가면 q_2를 생산할 때 최대의 이윤을 획득할 수 있다.

왜냐하면 새로운 기업의 전입과 공급곡선의 우측이동 및 가격하락은 초과이윤이 존재하는 한 계속 될 것이므로 (b)에서와 같이 시장가격이 기업의 장기평균비용곡선의 최저점에 대응하는 P_1이 될 때까지 새로운 기업들의 전입이나 기존기업들의 시설확장이 계속될 것이다. 가령 공급곡선이 $S'S'$보다 더 오른쪽으로 이동하여 가격수준이 P_1이하로 된다면 (b)에서 보듯이 평균비용의 회수가 불가능하므로 기업으로서는 손실을 보게 된다. 이렇게 되면 기존기업들의 일부가 산업에서 전출하는 현상이 나타나 공급량이 줄어듦으로써 공급곡선이 좌측으로 이동할 것이므로 다시 가격이 상승하게 될 것이다. 한편 새로운 공급곡선이 SS와 $S'S'$사이에 있다면 P_1보다 높은 수준에서 가격이 이루어져 P_0에서와 같이 기존기업들은 초과이윤을 얻게 될 것이다. 그래서 많은 기업들이 시설규모를 확대하여 생산량을 늘리거나 새로운 기업들이 전입함으로써 결국 공급곡선을 우측으로 이동시킨다. 따라서 시장가격이 단기평균비용곡선 SAC_2의 최저점과 같은 P_1으로 될 때 기업은 q_2를 생산·판매함으로써 장기균형을 이룬다. 물론 이 장기균형 하에서 초과이윤이나 손실이 없이 사회적 정상이윤만 남게 된다. 한편 장기평균비용곡선이 LAC로 주어졌을 때 시장가격수준이 P_1으로 되면 이제 기업은 시설규모의 변경을 꺼릴 것이고, 현재의 시설을 최적적으로 조업하여 q_2의 상품을 생산·공급하여 장기균형에 도달하게 될 것이다. 따라서 완전경쟁기업의 장기균형조건은 $P_1 = SMC_2 = SAC_2 = KMC = LAC$가 되며 시장요소가 일정하다면 [그림 10-7]에서 장기균형가격(P_1)과 개별기업의 장기균형점(E_L), 산업의 장기균형점(E_1)이 이루어질 것이다.

요약하면, 모든 기업들은 장기평균비용곡선의 최저점에서 생산, 판매함으로써 정상이윤만을 유지하는 가격수준에 도달할 때 기업은 장기균형에 이른다. 이때의 장기균형가격은 모든 기업들의 전출입이나 기존기업 기술의 확장 및 축소와 같은 모든 조정이 이루어지고 난 뒤의 균형가격이다.

한편 장기균형의 상태는 이윤이 영(0)이라는 상태로 특징지어진다. 즉 기업에게는 이윤도 손실도 없는 경우가 된다.

2) 완전경쟁산업의 장기공급곡선

완전경쟁시장에 있어서 단기공급곡선은 개별기업의 한계비용곡선을 수평으로 합한 것이다. 그런데 완전경쟁기업의 장기공급곡선(long-run supply curve ; LS)

은 시장수요에 대응하여 기존설비의 규모조정이나 기업의 전출입이 이루어질 수 있는 충분한 시간적 여유를 기업이 갖고 있을 때에 있어서 상품의 가격과 상품 공급량과의 관계를 나타내는 곡선이다.

일반적으로 경제학자들은 기업의 장기공급곡선형태를 생산량이 증대됨에 따라 해당산업의 생산비가 어떻게 변화하는가에 따라 비용불변산업의 장기공급곡선, 비용체증산업의 장기공급곡선 및 비용체감산업의 장기공급곡선 등 세 가지로 구분하여 설명하고 있다.

(1) 비용불변산업의 장기공급곡선

비용불변산업의 장기공급곡선을 도출하기 위하여 우선 균형점에서 출발하여 장기적 산업수요가 증가함에 따라 생산량 및 공급량을 늘려갈 때 생산요소의 가격이 불변으로 유지되는 경우를 예로 들기로 한다.

[그림 10-8]의 (a)는 대표적 기업의 장기균형상태를 보여주고 있고, (b)는 전체로서 산업(시장)의 장기균형을 묘사하고 있다. *DD*와 *SS*는 최초의 시장수요와 공급곡선으로 시장균형가격이 P_0, 그리고 시장수급량 Q_1으로 나타나고 따라서 완전경쟁기업의 생산량은 q_1으로 하여 장기균형을 취하게 된다. 물론 이 기업의 장기균형에서 장기한계비용(*LMC*)=장기평균비용(*LAC*)=단기한계비용(*SMC*)=단기평균비용(*SAC*)=가격(*P*)=한계수입(*MR*)이 성립하게 된다.

그림 10-8 비용불변산업의 장기공급곡선

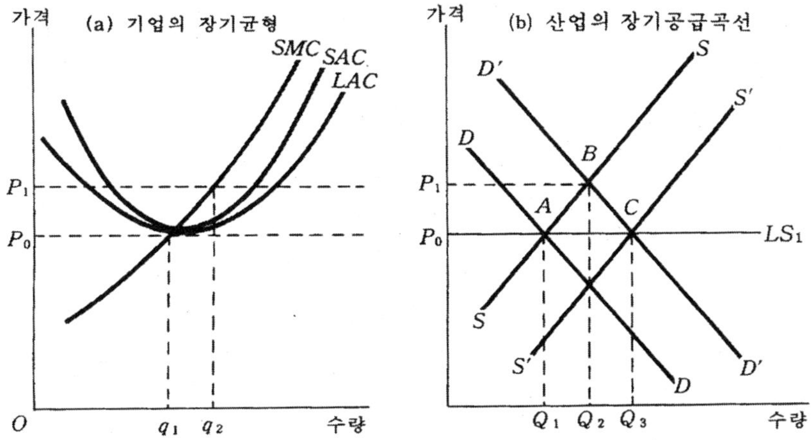

장기 산업공급곡선 LS_l은 수평이다.

이때 만약 수요가 $D'D'$로 증가한다고 가정하자. 기업의 수가 고정되어 있으므로 가격은 P_1로 상승하고 대표적 기업은 생산량을 q_2로 늘리게 된다. 한편 생산량이 q_2로 증대됨에 따라 이 기업은 초과이윤을 얻게 되고, 이러한 초과이윤의 존재는 여러 기업들로 하여금 그 산업으로 진입을 유도한다. 결국 공급의 증가현상이 나타나 시장공급곡선 SS에서 $S'S'$로 우측이동하게 된다. 그러나 초과이윤이 진입을 유발하기 때문에 이러한 상태는 초과이윤이 존재하는 한 계속된다.

생산량증가로 생산요소에 대한 수요가 증가하더라도 생산요소의 가격이 상승하지 않는다고 가정하고 있으므로 LAC곡선은 이동하지 않으며 신기업들은 그와 똑같은 LAC곡선에서 기업을 운영할 수 있는 것이다. 그러므로 신기업의 진입에 따른 시장공급곡선의 우측 이동은 시장가격이 본래의 가격수준인 P_0로 될 때까지 계속된다. 그렇게 되면 완전경쟁하의 기업은 가격 P_0하에서 생산량을 q_1으로 하여 장기균형을 취할 것이고 산업 전체의 장기균형은 C에서 이루어질 것이다. 물론 산업의 산출량은 Q_3로 증가할 것이고 원래의 균형가격수준에서 AC를 연결한 것이 장기공급곡선이다. 만약 가격이 P_0보다 크다면 초과이윤의 발생으로 신기업들의 진입현상이 나타나 공급을 증가시켜 가격이 하락될 것이고, 또한 가격이 P_0보다 낮다면 기존기업들은 손실이 발생하므로 산업으로부터의 전출현상이 나타나 공급이 줄어들어 다시 가격이 P_0로 상승하게 될 것이다. 따라서 장기공급곡선은 당초의 가격수준인 P_0에서 횡축과 평행하는 직선이다.

(2) 비용체증산업의 장기공급곡선

장기적인 산업수요의 증대에 따라 생산량이 증가함에 따라 생산요소의 가격이 상승하게 되면 평균비용곡선이 윗쪽으로 이동함으로써 산업의 장기공급곡선이 우하향의 기울기를 갖게 된다.

[그림 10-9]는 비용이 체증하는 산업에서 산업수요의 증가에 따라 산업의 공급이 증가해가는 과정을 표시하고 있다. 만약 시장수요가 DD에서 $D'D'$로 증가하면 가격이 상승하게 되어 초과이윤이 발생하게 됨으로써 공급의 증가가 있게 되고 이에 따라 산업공급곡선은 SS에서 $S'S'$로 이동하며 동시에 생산요소시장에서 생산요소가격이 상승하므로 각 기업의 생산비용곡선을 윗쪽으로 이동시킨다. 즉 비용체증산업에 있어서는 산업의 생산량이 증가함에 따라 생산요소의 수요가 증가하게 되고 생산요소의 가격이 상승하게 된다. 생산요소의 가격이 상승하게 되면 기존기업이나 신규기업들의 평균비용곡선이 SAC_1에서 SAC_2로, LAC_1에서

LAC_2로 상향이동하게 된다. 나아가 장기평균비용이 상승하면 장기 공급가격도 상승하게 된다. 결국 $D'D'$와 $S'S'$가 E_1점에서 교차하게 되어 시장가격은 P_1으로 되고 따라서 e_1에서는 e_0에서보다 더 많은 수의 기업이 산업에 종사하게 되며 각 기업은 q_1을 생산하게 된다. 그리고 (b)에서 수요곡선 DD가 이동하기 전에는 E_0점이 장기균형점이었고 수요가 $D'D'$로 이동한 후에는 E_1점이 균형점으로 산업의 장기공급곡선은 E_0점과 E_1점을 통과하는 곡선이 된다. 따라서 산업에 참여하는 기업의 수가 증가함에 따라 생산비용이 증가하는 산업의 장기공급곡선은 가격과 정(+)의 관계에 있다. 즉 우상향하는 곡선으로 나타난다.

그림 10-9 비용체증산업의 장기공급곡선

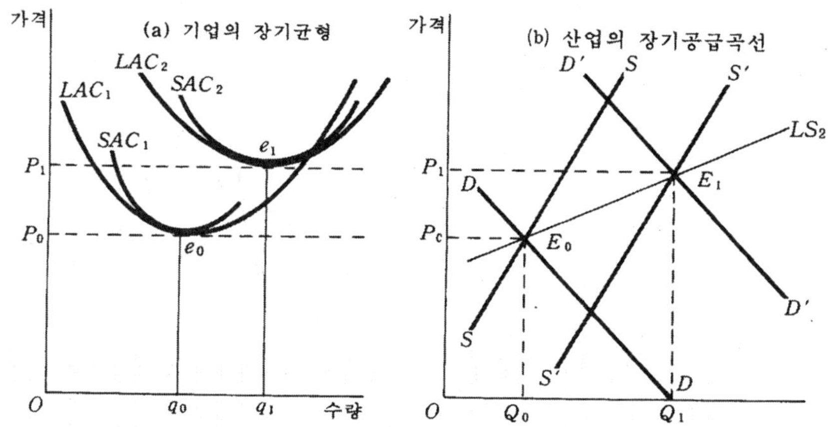

장기 산업공급곡선(LS_2)는 우상향한다.

(3) 비용체감산업의 장기공급곡선

산업의 생산량이 증가함에 따라 생산요소가격이 경우에 따라서는 하락할 수가 있다. 즉 장기적인 산업수요의 증대에 따라 산업 전체의 공급이 증가해감에 따라 생산비가 저하되는 경우가 있다. 이러한 비용체감산업의 장기공급곡선은 우하방의 기울기를 갖는다.

[그림 10-10]의 (b)에서 시장수요가 DD에서 $D'D'$로 증가하면 단기에 가격이 상승하고 산업은 초과이윤을 얻게 되어 기존기업들은 생산시설을 확장하는 한편 새로운 기업들이 전입하게 될 것이다. 이 경우 산업에서의 산업공급곡선은 우측

으로 이동하게 되는데, 한편으로는 이 산업에서의 생산요소의 수요가 증가하지만 비용체감산업에서는 생산요소의 가격이 오히려 하락하므로 개별기업의 장단기평균비용곡선이 아래로 이동하게 된다. 새로운 균형가격은 원래의 가격수준인 P_0보다 낮은 수준인 P_1에서 결정되고 원래의 균형점 E_0와 새로운 균형점 E_1을 연결하면 우하향하는 기업의 장기공급곡선을 얻을 수 있다. 그런데 여기서 생산요소의 수요증가가 생산요소의 가격을 과연 하락시킬 수 있는가? 상식적으로 판단할 때 불가능할 것 같으나 생산요소시장에서의 수요증가가 더 효율적인 생산방법을 추구하게 한다든지 규모의 경제 등이 작용할 때 나타날 수 있다.

그림 10-10 비용체감산업의 장기공급곡선

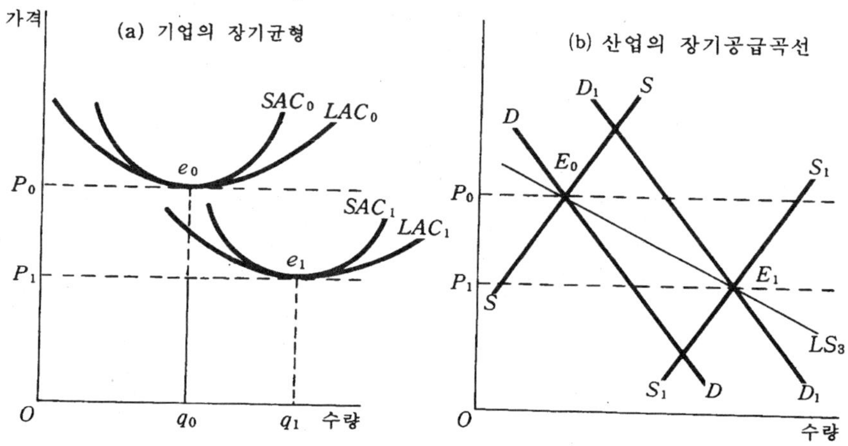

장기 산업공급곡선 LS_3는 우하향한다.

10.4 완전경쟁산업의 장·단기 자원배분 과정

경제체제의 가장 중요한 기능 중의 하나는 주어진 자원을 여러 가지 용도에 어떻게 하면 적절하게, 그리고 최적적으로 배분하느냐이다. 따라서 여기서는 완전경쟁경제에서 소비자들의 기호가 변함에 따라 자원의 배분상태가 어떻게 변화하는가를 살펴봄으로써 완전경쟁시장의 자원배분의 역할을 살펴보기로 한다. 가령 소비자들의 기호가 변해서 예전보다 보리를 더 좋아하게 되고 쌀을 덜 좋아하게 되었다고 가정하자. 우선 보리수요의 증가는 보리의 가격을 오르게 하고 보리생산량도 어느 정도 증가시킬 것이다. 그러나 단기적으로는 보리생산이 크게 늘어나지는 않는다. 왜냐하면 단기적으로 보아 보리산업의 생산능력의 변경이 어렵기 때문이다. 마찬가지로 쌀의 수요감소는 쌀의 가격하락과 함께 쌀의 생산을 어느 정도 줄이게 될 것이다. 그러나 쌀 생산량의 큰 감소는 없을 것이다. 왜냐하면 쌀 생산자들이 단기적으로는 쌀생산에 가해지는 가변비용만 회수할 수 있는 수입이 확보되는 한 생산을 계속할 것이기 때문이다.

보리와 쌀의 상대가격변화는 자원의 재배분을 생산자들에게 암시해 준다. 보리가격이 상승하고 쌀가격이 하락하였기 때문에 보리 생산자들에게는 초과이윤을 가져다주고, 쌀 생산자들에게는 손실을 가져다줌으로써 자원의 재배분을 유도하게 된다. 만약 쌀생산에 사용되는 생산요소가 보리생산에도 효율적으로 사용될 수 있다면, 그 생산요소는 쌀생산으로부터 보리생산으로 전환될 것이다. 가령 보리생산과 쌀생산에 함께 사용할 수 있는 생산요소가 없다 하더라도 이는 여러 상호관련 시장을 통하여 조정이 이루어질 것이고, 결국 보리 생산에 더 많은 자원이 투입될 것이며 쌀생산 부문에는 자원이 사용이 줄어들게 될 것이다.

보리산업과 쌀산업의 단기균형에 어떠한 변화가 일어났다 하더라도 자원의 배분이 쉽게 끝나지는 않을 것이다. 왜냐하면 각자의 생산자들은 새로운 생산시설을 설치하거나 구설비를 폐기할 수 있는 충분한 시간이 주어지지 않는 상태이기 때문이다. 더구나 생산자들이 평균비용의 극소점에서 생산하고 있는 것도 아니다. 보리생산들은 평균비용의 극소점이 되는 생산량보다 많은 양을 생산하게 될 것이고, 쌀생산자들은 평균비용의 극소점보다 적은 양을 생산하게 될 것이다.

그러면 장기에 있어서는 어떻게 될 것인가를 살펴보자. 단기와는 달리 장기에 있어서 쌀로부터 보리에로의 수요전환은 쌀산업에서 생산자들이 떠나게 되고 보리산업에는 새로운 생산자들이 전입하게 된다. 특히 단기의 손실 때문에 쌀생산에 사용되던 토지나 그에 따른 설비들이 방치되거나 기존생산자들의 일부는 아예 쌀산업을 떠나게 될 것이다. 쌀생산자들이 쌀산업을 떠남에 따라 쌀의 공급곡선이 좌측으로 이동하고 쌀가격은 단기의 균형가격보다 상승하여 손실이 없어지는 가격수준이 되면 자원의 이동이 중단될 것이다.

한편 단기에 나타난 보리산업에서의 초과이윤은 새로운 생산자들의 진입과 기존생산자들의 시설확장을 유도할 것이다. 따라서 쌀산업에서 생산요소의 투입이 줄어들게 되고 보리산업에 생산요소의 투입이 증대함에 따라 보리생산요소의 가격이 상승함으로써 보리의 생산비를 증대시키게 되고 새로운 생산자들의 진입으로 보리의 공급곡선이 우측으로 이동하게 되어 보리가격은 하락한다. 나아가 초과이윤이 사라지고 새로운 기업의 진입도 없어진다. 결국 장기균형상태가 되면 단기에 비하여 보리산업에 더 많은 생산자들이 있게 되고 더 많은 양의 생산요소가 투입됨으로써 자원의 재배분이 완성된다.

제 11 장

독점이론

11.1 독점의 개념
11.2 독점기업의 수요곡선과 단기균형
11.3 독점기업의 장기균형
11.4 독점기업과 가격차별
11.5 독점의 경제적 효과
11.6 쌍방독점

앞 장에서는 한 제품의 공급자와 수요자가 많이 존재하는 완전경쟁의 경우를 고찰하였다. 이 장에서는 기업의 수가 하나뿐인 독점시장에서 재화의 가격과 수급량이 어떻게 결정되며, 완전경쟁기업과 달리 독점기업은 어떠한 수요곡선을 가지며 또한 독점기업의 경우 공급곡선을 규정할 수 없으며 가격차별이 가능하다는 사실도 지적하고자 한다. 이와 함께 독점의 경제적 효과를 완전경쟁과 비교하여 자세히 설명하려고 한다.

11.1 독점의 개념

완전경쟁과는 달리 독점은 판매자가 단 하나 뿐이고, 또한 서로 가까운 대체재가 없는 재화를 생산하며, 진입의 장벽이 있는 시장구조이다. 이러한 시장구조를 독과점과 구별하고자 순수독점(pure monopoly)이라 부른다. 그러므로 독점기업은 한 산업에 존재하는 유일한 기업이므로 독점기업이 직면하는 수요곡선은 해당 상품에 대한 시장 전체의 수요곡선이다. 따라서 이 시장수요곡선은 일반적인 시장수요곡선과 같이 우하향한다. 특히 독점기업은 경쟁자가 없기 때문에 이윤에 맞추어 생산량과 가격을 임의로 조절한다.

미시경제학에 있어서 완전경쟁과 함께 순수독점은 매우 유용한 이론적 모델이나 순수독점의 경우도 완전경쟁과 마찬가지로 현실의 경제에 있어서 찾아보기가 힘든 시장형태이다. 그러나 모델의 유용성은 그것의 예측력으로 평가되는 것이지 모델구성을 위한 가정의 현실성 여부로 판단하는 것은 아니다. 때문에 순수독점이론도 현실성은 별로 없지만 예측능력을 인정받아 매우 유용한 분석도구로 취급되고 있다. 특히 독점의 정의에서 가까운 대체재가 없다는 사실을 밝혔다. 즉 가까운 대체재가 있다면 그 기업은 타기업과 경쟁관계에 있으므로 이미 독점이 아닌 상태다. 예를 들어 삼성전자제품은 LG전자제품의 대체재이므로 LG전자는 전자산업의 독점기업이 못되는 것이다. 또한 SM5자동차는 소나타자동차의 대체재이므로 현대자동차는 자동차산업의 독점기업이 아닌 것이다.

그러나 순수독점의 경우도 다음과 같은 사실을 인정할 수밖에 없다. 즉 순수독점에 있어서도 간접적·잠재적 경쟁과 불완전 대체재의 존재 등에 의하여 순수독점의 정책(가격·수량정책)을 조정하는 경향이 있다. 즉 순수독점이라 하더라도 경제체제 내에서 다른 경제활동 영역과 완전히 고립될 수는 없으며, 다른 경제 주체들이 취하는 행동으로부터 영향을 받게 마련이다. 더구나 소비자의 기호면에서 볼 때 모든 재화는 경쟁관계에 있다고 할 수 있다. 가령 육류가 어느 의미에서는 버터, 달걀 심지어 어류 등과 경쟁관계에 있다고 볼 수도 있을 것이다.

잠재적 형태의 경쟁 때문에도 독점생산자는 차질을 가져올 수 있다. 만약 순수독점자가 가격을 어느 정도 이상으로 상승시키면 새로운 기업들이 진입하게 되어 그 생산자는 독점자의 위치가 쉽게 무너질 수 있기 때문이다.

어쨌든 독점기업은 경쟁기업이 없고 가까운 대체재가 없는 상품을 생산하고 이와 함께 상품의 가격과 산출량을 임의로 조절할 수 있다는 점에서 완전경쟁기업이 가격순응자임에 비해 독점기업은 오히려 능동적인 가격설정자가 된다.

그런데 독점기업이 독점력을 행사할 수 있는 요인은 무엇보다도 산업에로의 진입에 장벽이 있기 때문이며 이러한 진입장벽은 법률적·행정적 및 경제적 요인에 연유한다.

11.2 독점기업의 수요곡선과 단기균형

1) 독점기업의 수요곡선과 수입곡선

완전경쟁시장에서는 각 기업은 가격순응자여서 그들이 직면하는 수요곡선은 시장가격수준에서 수평이 되었다. 그러나 독점기업의 경우는 그렇지 않다. 즉 독점기업은 그 자체가 산업이고, 어떤 상품을 생산하는데 있어서 유일한 기업이므로 그 기업이 직면하는 수요곡선은 바로 그 상품에 대한 시장수요곡선이 된다. 그러므로 독점기업의 수요곡선을 결정하는 요인들은 그 상품에 대한 시장수요곡선을 결정하는 요인들과 같다. 그러한 요인들이란 대체재와 보완재의 가격, 소득, 소비자들의 기호 등이라 할 수 있다. 더구나 독점기업은 광고선전 등을 통해 소비자들의 기호를 자극시켜 수요곡선을 우측으로 이동시킬 수도 있다.

일반적으로 시장수요곡선은 음의 기울기를 가지는 우하향하는 곡선이므로 독점기업의 수요곡선도 우하향의 기울기를 갖고 있는바 평균수입곡선과 한계수입곡선이 일치하지 않는다. 이는 평균수입곡선과 한계수입곡선이 일치하는 완전경쟁시장과 전혀 다르다. 따라서 독점기업은 그의 수요곡선이 시장수요곡선이며 시장수요곡선은 우하향하는 곡선으로 표시된다.

즉 완전경쟁기업과 달리 독점기업의 경우 생산, 판매량을 증가시키려면 가격을 인하해야 한다. 이제 독점기업의 판매량을 가격의 함수로 표시한 가상적인 예가 [표 11-1]에 나타나 있고, 그것을 그림으로 나타낸 것이 바로 [그림 11-1]이다.

[표 11-1]에서 독점기업의 판매량을 늘리기 위해서는 가격을 인하해야 함을 알 수 있다. 가격은 물론 평균수입이고 수요곡선은 바로 평균수입곡선이며 독점에 있어서는 $P(=AR)>MR$의 관계가 성립한다. [표 11-1]에서 판매량이 1단위일 때 단위당 가격은 18원이고 총수입이 18원이다. 판매량을 2단위로 늘리려면 그 마지막 단위뿐만 아니라 앞의 1단위까지 포함해서 2단위 모두에 대하여 16원으

로 단위당 가격이 인하되어야 하며, 이때 총수입은 32원이 된다. 두 번째 단위를 추가해서 판매한 결과로 얻은 총수입의 순증가는 14원이다. 이는 한 단위 추가 판매로부터 나오는 수입의 총증가는 그 단위의 가격에서 그 전의 단위에 대한 가격의 인하로 인한 수입의 감소분을 공제해야 하기 때문이다. [표 11-1]에서 2 단위 째의 한계수입은 16원에서 전의 1단위에 대한 가격하락으로 발생한 수입의 감소분인 2원을 공제한 14원이 될 것이다. 즉 가격의 인하는 추가판매량에 대해서만이 아니고 그 전의 것을 포함한 전판매량에 대해서 이루어지므로 증가판매에서 오는 총수입의 증가(한계수입)는 항상 가격(평균수입)보다 작다.

이제 [표 11-1]에서 나와 있는 MR를 그래프로 나타내보자. 판매량을 0에서 1 단위로 증가시킬 때 한계수입은 18원이 된다.

표 11-1 독점기업의 수요와 수입

(1) 가격($P=AR=\frac{TR}{q}$)	(2) 판매량(q)	(3) 총수입(TR)	(4) 한계수입(MR)
20	0	0	
			18
18	1	18	(16)
			14
16	2	32	(12)
			10
14	3	42	(8)
			6
12	4	48	(4)
			2
10	5	50	(0)
			−2
8	6	48	(−4)
			−6
6	7	42	(−8)
			−10
4	8	32	(−12)
			−14
2	9	18	(−16)
			−18
0	10	0	

이것은 [그림 11-1]의 (a)에서 F점으로 표시되어 있다. 마찬가지로 판매량이 1단위에서 2단위로 증가했을 때의 한계수입은 14원이며 G점으로 표시된다. 이 같은 방식으로 한계수입을 그래프로 옮겨 각 점을 연결한 것이 바로 MR곡선이다. 그런데 [그림 11-1]을 자세히 살펴보면 수요곡선이 직선일 때 MR곡선이 횡축과 만나는 점은 원점과 수요곡선이 횡축과 만나는 점간의 거리의 1/2이라는 사실이다. 즉 $OT=(1/2)OB$이다. 마찬가지로 수요곡선상의 임의의 점 C에서 보면 $PH=(1/2)PC$가 된다.

한편 [그림 11-1]의 (a), (b)에서 우리는 TR이 극대인 점에서 MR가 0이 된다는 사실을 알 수 있다. 다시 말해 MR곡선이 횡축과 만나는 점에서 TR이 극대가 된다. 왜냐하면 MR가 양의 값을 가지는 한 상품판매가 늘어나면 TR는 증가될 것이고 또한 TR가 극대상태에 있지 않다는 것이다. 반대로 MR가 양의 값을 갖게 되는 한 상품판매가 증대하면 TR는 줄어든다. TR가 줄어든다는 사실은 TR가 이미 극대치를 지났다는 것이다. 결국 MR가 0이면 TR는 증가도, 감소도 하지 않는 극대상태에 도달하게 된다.

그림 11-1 독점기업의 수요, 한계수입 및 총수입곡선

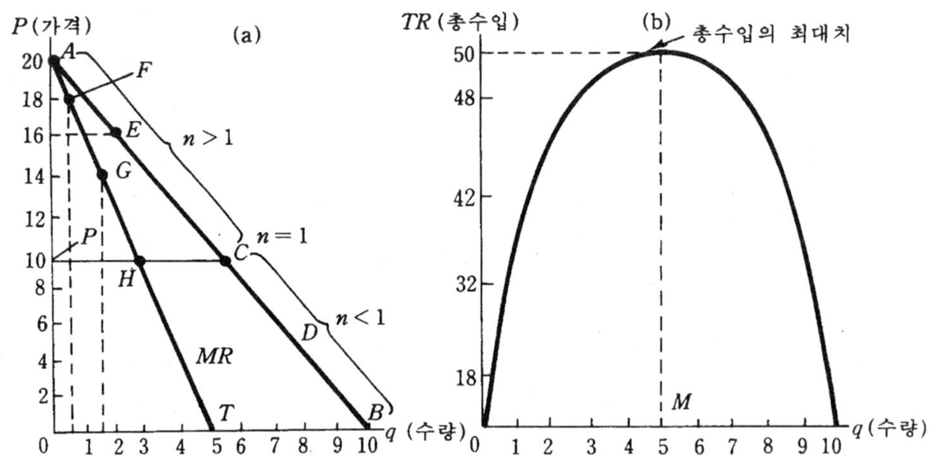

수요곡선은 우하향하고 한계수입곡선은 수요곡선의 아래에 있으면서 우하향한다. 총수입곡선은 증가하다가 감소한다.

2) 독점기업의 수요탄력성과 수입곡선

독점기업의 가격(=평균수입)과 총수입과의 관계를 보다 명확하게 밝히고자 수요탄력성의 개념을 사용하여 설명하기로 한다.

[그림 11-1]과 같이 독점기업의 수요곡선과 수입곡선이 주어졌을 때 (b)에서 판매량이 OM일 때 총수입이 극대가 됨을 알 수 있다.

즉 우리는 (a)에서처럼 앞의 수요이론에서 살펴본 바와 같이 하나의 수요곡선이 어떤 부분은 탄력적($n>1$)이고 어떤 부분은 비탄력적($n<1$)이라고 할 때 전자의 영역에서는 가격의 하락률보다 수요의 증가율이 적으므로 이때는 가격을 하락시킴으로써 독점기업은 오히려 총수입(TR)이 극대가 되며, 물론 이때의 한계수입(MR)은 0이 된다.

특히 앞에서 우리는 한계수입과 수요탄력성 사이에 다음과 같은 관계가 성립되었다는 사실을 고찰한 바 있다. 즉

$$MR = P(1 - \frac{1}{n})$$

이다. 여기서 볼 때도 똑같은 결론을 얻을 수 있다. 예컨대 $n>1$이면 한계수입은 양(+)이고 $n<1$이라면 한계수입은 음(−)의 값을 취하게 된다.

3) 독점기업의 단기균형: 이윤극대화조건

독점기업의 경우 단기에 있어서 이윤극대화를 위한 가격수준과 생산량 결정에 관한 기초적 원리는 완전경쟁의 경우와 일치한다. 즉 독점기업의 행동원리도 이윤극대화 및 손실극소화, 그리고 조업중단으로 요약할 수 있다. 따라서 독점기업에 있어서도 행동원리를 분석하는 과정이 완전경쟁기업과 동일하므로 편의상 기업이 시장의 수요조건과 비용조건 등을 고려하여 이윤극대화를 추구하는 경우만을 살펴보기로 한다.

일반적으로 독점기업도 다음과 같은 두 가지 조건이 만족될 경우 단기이윤의 극대화가 실현된다. 첫째 한계비용과 한계수입이 일치하는 산출량을 생산 및 판매할 것, 둘째 한계비용곡선의 기울기가 한계수입곡선의 기울기보다 클 것 등이다.

표 11-2 독점기업의 수입, 비용 및 이윤

(1) 판매량 (q)	(2) 가격 (P)	(3) 총수입 (TR)	(4) 총비용 (TC)	(5) 총이윤 (π)	(6) 한계수입 (MR)	(7) 한계비용 (MC)	
0	200	0	145	−145			
					180	30	
1	180	180	175	5	(160)	(27.5)	
					140	25	
2	160	320	200	120	(120)	(22.5)	$MR > MC$
					100	20	
3	140	420	220	200	(80)	(25)	
					60	30	
4	120	480	250	230	(40)	(40)	$MR = MC$
					20	50	
5	100	500	300	200	(0)	(60)	
					−20	70	
6	80	480	370	110	(−40)	(80)	
					−60	90	
7	60	420	460	−40	(−80)	(100)	$MR < MC$
					−100	110	
8	40	320	570	−250	(−120)	(120)	
					−140	13	
9	20	180	700	−520	(−160)	(140)	
					−180	150	
0	0	0	850	−850			

[표 11-2]는 가상적인 독점기업의 수입, 비용 및 이윤에 관한 자료를 예시하고 있다. [표 11-2]에서 알 수 있는 사실은 이 독점기업은 그의 한계수입과 한계비용이 일치하는 산출량수준에서 생산할 때 극대이윤이 얻어진다는 것이다. 즉 [표 11-2]에서 독점기업의 극대이윤은 230이며 이는 4단위를 생산, 판매할 때 얻어진다. 이때 한계수입(40)과 한계비용(40)이 같으므로 이윤극대화의 조건이 충족된다. 다시 말하면 $MR > MC$이면 판매량을 증대시킴에 의하여 이윤이 증대되고 $MR < MC$이면 판매량을 감소시켜야 이윤이 증대된다. 결국 $MR = MC$일 때 이윤극대화상태에 있게 된다. [표 11-2]를 도표로 나타낸 것이 [그림 11-2]이다.

그림 11-2 독점기업의 이윤극대화

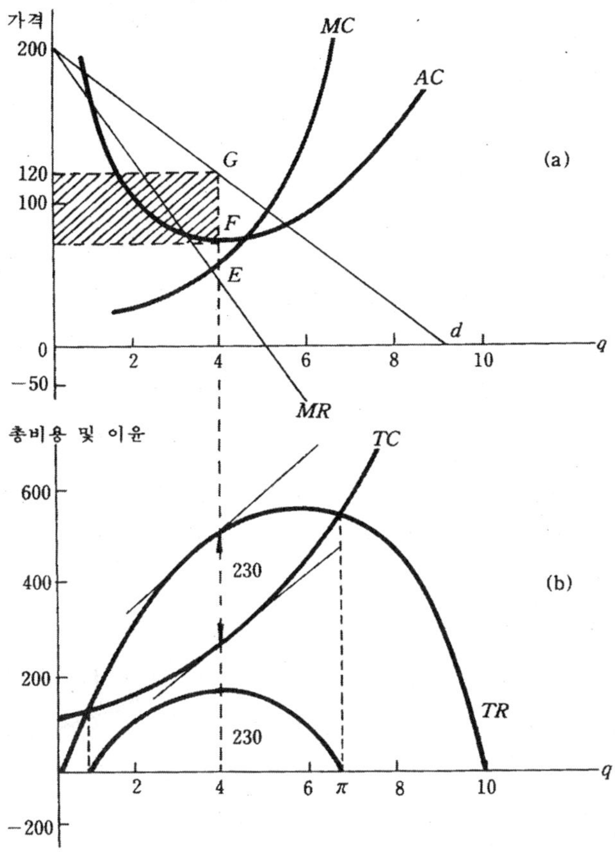

독점기업은 *MR*=*MC*조건이 충족되는 생산량인 4단위를 생산하면서 가격은 120원에서 정할 때 이윤을 극대화할 수 있다.

[그림 11-2]의 (a)에서 생산량 4단위를 120원으로 판매하면 이윤의 값이 230원으로서 극대이윤이 보장된다. 총이윤은 총수입과 총비용의 차가 최대가 될 때 극대가 된다. [그림 11-2]의 (b)에서 이윤극대화는 산출량이 4단위일 때 달성하며 다른 산출량수준에서는 총이윤은 이보다 작다는 것이 그림에서 명확히 나타나 있다.

한편 한계수입과 한계비용은 각각 *TR*와 *TC*곡선 각 점에서 그은 접선의 기울기로 표시되며 4단위의 산출량에서 그 기울기가 같아진다.

[그림 11-2]의 (a)는 산출량수준이 4단위일 때 $MR=MC$가 되어 이때 독점기업의 이윤은 극대화된다. 한편 이때 수요곡선은 가격과 산출량의 관계를 보여

주므로 독점기업에 의해 이윤극대화산출량 수준이 결정되면 가격은 수요곡선에 따라 결정되는바 수요곡선상의 G점, 즉 120원이 될 것이다. 이때 총이윤은 빗금친 면적으로 표시된다. 이것은 독점이윤으로 독점 하에서는 새로운 기업의 전입이 차단되는 데서 나타난다.

4) 독점기업의 균형과 손실극소화

독점기업하면 당연히 이윤을 남기는 것으로 생각하기 쉽다. 그러나 독점기업도 경쟁기업과 마찬가지로 시장수요와 비용조건에 따라 손실을 볼 수가 있다.

그러나 수요가격이 단기평균비용에 미달하더라도 평균가변비용보다 높을 경우에는 생산을 계속함으로써 손실을 극소화할 수가 있다.

[그림 11-3]에서 (a)에서와 같은 비용 및 수요조건하에서 수요곡선(DD)과 평균비용곡선(AC)이 접하고 있으므로 비록 이윤극대화의 조건($MR=MC$)이 성립하게 되더라도 독점이윤은 발생하지 않고 있다. 따라서 독점기업은 정상이윤의 수준에서 균형을 취하게 된다.

[그림 11-3]의 (b)에서는 비용조건과 수요조건이 말해주듯이 독점기업의 균형조건($MR=MC$)에서 손실을 보고 있다. 독점기업의 시설 혹은 비용조건에 비하여 시장이 너무 협소하여 모든 산출량에 있어서 비용이 수요가격을 초과하게 되어 균형에서도 사각형 $PBEA$만큼의 손실이 발생한다. 그렇다고 시설을 놀려두더라도 고정비용만큼의 비용은 들게 된다.

그림 11-3 독점기업의 손실극소화

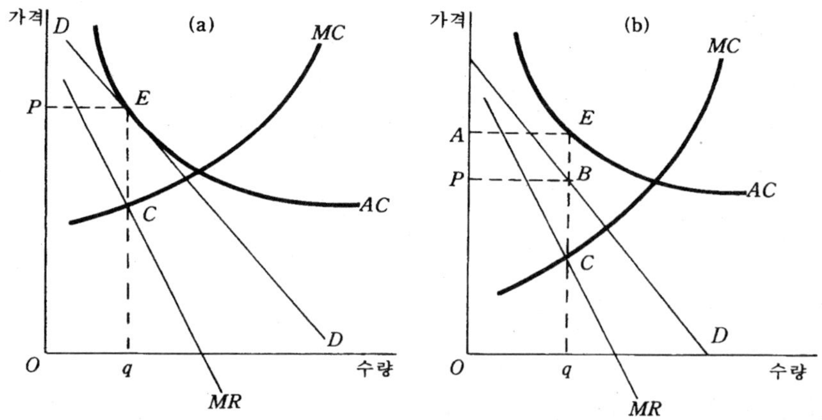

결국 생산을 해서 가변비용의 일부를 회수하고도 어느 정도 여분이 있다면 그만큼의 고정비용의 손실을 줄일 수가 있다. 따라서 생산을 할 경우에는 MR과 MC를 일치시켜야 하며, 이 경우 (b)에서의 손실극소액은 사각형 $PBEA$가 된다.

5) 독점기업의 공급곡선

완전경쟁 하에서는 각 산출량에 대해서 유일한 공급가격을 정의함으로써 일정한 산출량에 대해서 하나의 가격으로 판매하게 되어 가격과 공급량간의 어떤 일정한 관계가 성립됨으로써 공급곡선이 쉽게 도출되었다. 그러나 독점의 경우에는 공급가격이 일정하지 않다. 즉 주어진 산출량이 수요곡선형태와 한계수입에 따라서 일정한 공급량이 여러 가지 가격으로 공급된다. 이것을 [그림 11-4]에서 보여주고 있다.

[그림 11-4]에서 한계비용곡선(MC)이 주어져 있을 때 독점기업이 가격을 설정하는 방법은 수요곡선의 형태에 달려 있다. 즉 수요곡선이 D_1이고 한계수입이 MR_1이라면 단위당 P_1의 가격으로 전과 같은 $\overline{Q}$량을 판매할 것이다. 따라서 가격이 상승할 때 산출량이 증가한다는 일반적인 공급곡선의 개념은 없게 된다. 다시 말하면 독점에 있어서는 일정한 수량에 대하여 유일한 공급가격을 정의할 수 없으므로 가격과 공급량과의 일정한 관계를 규정할 수 없게 된다.

그림 11-4 독점기업의 균형과 공급곡선유무

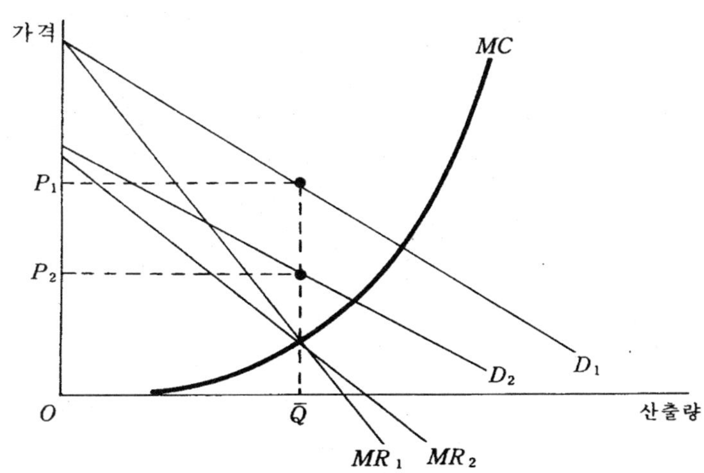

11.3 독점기업의 장기균형

완전경쟁과는 달리 독점기업에 있어서는 장기균형에 있어서도 초과이윤이 존재한다. 즉 단기적으로 독점기업이 초과이윤을 얻더라도 그 산업의 독점적 성격이 계속되는 한 다른 기업들은 얼마만큼의 이윤이 존재하든 그것을 얻기 위해 산업에 진입할 수가 없다. 따라서 완전경쟁의 경우와는 달리 독점기업에 있어서는 장기적 균형상태에서도 초과이윤이 제거되지 않는다.

그런데 만약 단기적으로 독점기업이 손실을 겪는다면 장기적으로 그 기업이 조업을 계속하기 위해서는 생산시설의 규모나 설비를 적절히 조정해야 한다. 더구나 장기적으로 독점기업의 손실에서 벗어날 수 없다면 그 기업은 산업을 떠날 수밖에 없다.

여기서는 단기적으로 초과이윤을 얻고 있는 독점기업이 장기적으로는 생산시설규모를 변경함으로써 더 큰 이윤을 얻을 수 있는 경우를 살펴보고자 한다. 가상적인 독점기업의 수요곡선, 한계수입곡선, 장기평균비용곡선이 [그림 11-5]로 예시되어 있다.

그림 11-5 독점기업의 장기균형

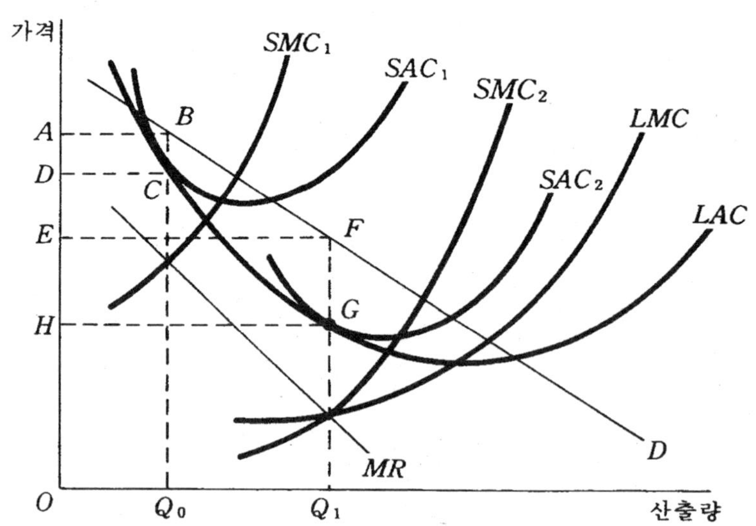

독점기업은 $SMC_2=LMC=MR$가 충족되는 점에서 장기균형생산량 Q_1과 가격 E를 정한다.

[그림 11-5]에서 DD와 MR는 각각 독점기업이 직면하는 시장수요와 한계수입을 나타내고 장기평균비용곡선 LAC는 단기평균비용곡선 SAC_1, SAC_2 등의 포락선이며, 그에 따른 장기한계비용곡선 LMC가 표시되어 있다. 최초에 기업이 SAC_1 및 SMC_1의 생산시설규모를 가동한다고 가정하면 단기한계비용과 단기한계수입이 일치하는 점이 단기균형점이며 이때 Q_0의 생산 및 공급량을 $OA(=Q_0B)$의 가격으로 판매한다.

이 경우 단기평균비용은 단위당 $Q_0C(=OD)$가 되므로 기업의 단기초과이윤은 사각형 $ABCD$가 된다.

그러나 장기적으로 볼 때 그러한 초과이윤의 존재는 독점기업으로 하여금 보다 많은 이윤의 확보를 목적으로 생산시설을 확장케 할 것이고 그럴 경우 독점기업의 관점에서 볼 때 규모의 경제를 실현할 수도 있을 것이다. 이를 살펴보고자 장기한계비용곡선의 개념을 도입한다. 장기적 이윤극대화조건은 장기한계비용과 한계수입이 같아질 때 이루어지므로 장기적으로 독점기업은 SAC_2와 같은 단기평균비용곡선을 가지고 생산시설규모를 선택함으로써 OQ_1만큼을 생산하고 장기균형에 도달하게 된다. 그것은 OQ_1의 산출량에서 한계수입과 단기한계비용곡선은 물론 장기한계곡선과도 일치하기 때문이다. 이때 장기평균비용이 $Q_1G(=OH)$, 가격이 $OE=(Q_1F)$가 되고, 총이윤은 $EFGH$가 된다.

11.4 독점기업과 가격차별

완전경쟁 하에서는 하나의 재화에 대해서 균일한 가격으로 판매하는 것이 보통이나 독점에 있어서는 동일한 하나의 재화에 대해 생산비가 같음에도 불구하고 두 가지(혹은 그 이상) 서로 다른 가격으로 판매함으로써 단 하나의 가격 때보다 더 많은 이윤을 확보하게 된다. 이때 이런 형태의 가격결정행위를 가격차별(price discrimination)이라 한다. 가령 전력의 요금에 있어서 사업용과 주거용이 다를 수가 있다. 혹은 어떠한 종류의 질병치료에 있어서 부자들에게는 높은 가격을 받고 가난한 사람들에게는 낮은 가격을 받게 되는 경우이다. 이와 같이 가격차별은 독점기업이 자기의 생산물에 대하여 동일한 가격을 매기는 단순독점과는 달리 자기의 생산물을 상이한 수요자들에게 비용의 차이와는 관계없이 상이한 가격으로 공급함으로써 독점이윤을 증대시킬 수 있다.

더구나 독점기업은 외국시장에서 재화를 생산비 이하로 덤핑판매하는 경우에도 이윤을 확보할 수 있는데 이는 독점기업이 대규모 생산을 행함으로써 생산비를 인하시킬 수도 있고 국내에서 획득하게 되는 독점이윤으로 덤핑에 의한 손실을 커버할 수 있기 때문이다.

가격차별은 일반적으로 독점기업에 의하여 쉽게 이루어지나 대부분의 기업들은 소비자들이 구매하는 품목, 거래기간, 고객들의 위치 및 기타 요인 등에 따라서 소비자들에게 상이한 가격을 부과하는 것이 보통이다. 그런데 독점자들이 가격차별을 실시할 수 있기 위해서는 다음과 같은 조건들이 갖추어져야 한다.

첫째, 시장이 수요탄력성에 따라 두 개 이상으로 분리될 수 있어야 한다. 즉 수요자들이 상품에 대한 수요의 가격탄력성이 현저히 다른 몇 개의 집단으로 나누어져야 한다.

둘째, 구매자간에 상품의 재판매가 없어야 한다. 왜냐하면 그렇게 될 경우 구매자들은 낮은 가격으로 팔리는 시장에서 상품을 사가지고 높은 가격이 매겨진 시장에 그 상품을 재판매함으로써 이득을 볼 수 있고, 그렇게 되면 상이한 시장간의 가격차별은 지속이 어렵다.

셋째, 가격차별이 주는 이익이 시장을 분할하는 데 드는 비용보다 커야 한다. 시장을 분리하여 각 수요자집단의 기호, 선호 및 성질 등을 조사·분석해서 적절한 가격을 설정하는 데는 비용이 소모되며, 이것이 가격차별화에 의한 이익보다 적을 때 가격차별이 성립된다.

1) 가격차별의 결정원리

위에서 밝힌 가격차별의 세 가지 조건이 충족된다면 독점기업은 이윤을 극대화하고자 얼마만큼을 생산하여 각기 다른 시장에 얼마만큼씩 공급하느냐가 문제로 된다. 이때의 최적조건은 분할이 된 각 시장으로부터의 한계수입이 균등해야 한다. 가령 A시장에서는 상품의 최후 1단위가 10원의 수입(한계수입)을 가져오는 반면 B시장에서는 상품의 최후 1단위가 9원의 수입(한계수입)을 가져온다면 독점기업은 상품 1단위의 공급을 B시장에서 A시장으로 전환시킴으로써 총수입의 순증가가 1원이 있게 됨으로써 상품을 두 시장에 최적적으로 공급한 상태라고 볼 수 없다. 즉 상품을 어느 시장에 이전시키더라도 총수입의 증가 가능성이 없을 때만이 공급배분이 최적상태가 된다(즉 $MR_A = MR_B$).

(1) 생산비가 없는 경우

[그림 11-6] (a)에서 생산비가 없는 경우, 가령 A시장과 B시장의 수요곡선을 각각 D_A, D_B로 MR_A, MR_B를 각각 수요곡선에 대응하는 한계수입곡선으로 보고 생산비가 없는 것으로 한다.

그림 11-6 가격차별의 결정

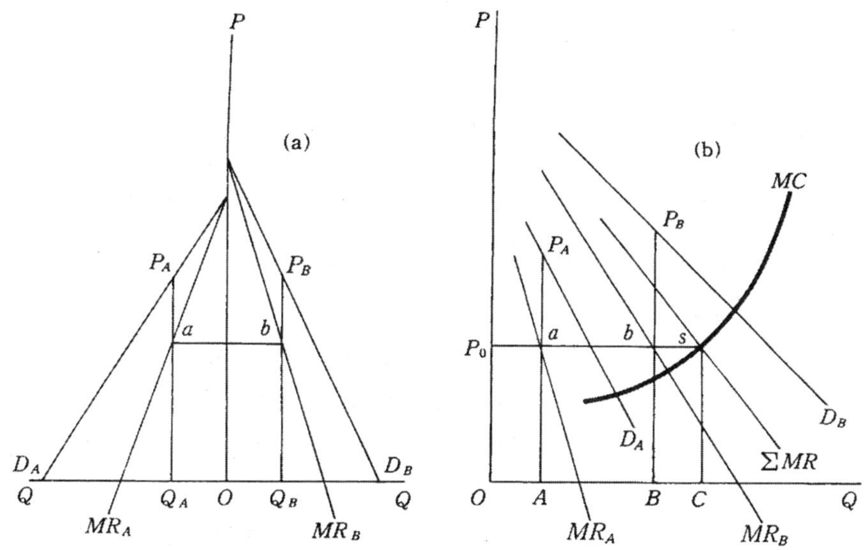

이때 각 기업의 생산량을 A시장에 Q_A, B시장에 Q_B로 할당할 때 기업의 총수입(총이윤)은 극대화된다. 각 시장의 한계수입은 Q_Aa, Q_Bb로 동일하다. 만약 독점기업의 생산량이 두 시장의 한계수입이 상이하게 배분되고 있다면 생산량의 일부를 한계수입이 낮은 시장으로부터 한계수입이 높은 시장으로 이동시킴으로써 기업의 총수입(총이윤)을 증가시킬 수 있을 것이다. 두 시장의 한계수입이 같도록 공급량을 배분하고 나면 A시장에서는 P_A가격, B시장에서는 P_B가격이 성립된다.

(2) 생산비가 있는 경우

기업의 생산비를 고려하게 되면 기업의 균형생산량을 결정하기 위하여 한계비용과 한계수입을 대비하여야 한다. 이를 위해 양 시장의 수요를 합한 총수요곡선과 그로부터 총체적 한계수입곡선을 횡적으로 합하여 직접적으로 ΣMR를 구하는 것이다.

[그림 11-6]의 (b)에서 독점기업은 MC곡선과 ΣMR 곡선의 교차점인 OC의 생산량을 택할 것이다. 이 중에서 OA를 A시장에서 OB를 B시장에 공급할 것이다. 결국 A시장에서는 P_A, B시장에서는 P_B의 가격이 결정될 것이다. 이 경우 양 시장의 공급량 합은 생산량과 같고(즉 $OC = OA + OB$), 양 시장에서의 한계수입(즉 $A_a = Bb = OP_0$)이 균등하므로 각 시장에 대한 공급배분은 최적상태라 말할 수 있다.

2) 가격차별의 긍정적 효과

이러한 가격차별은 독점자에게 초과이윤을 부여하고 자원의 배분을 비효율적으로 하는 등 여러 가지 바람직하지 못한 결과를 낳고 있으나 긍정적인 면이 전혀 없는 것은 아니다.

첫째, 차별가격을 설정하지 않으면 재화의 생산이 불가능하게 될 경우 가격차별은 생산량의 증대효과가 있다. 즉 단일시장을 대상으로 하는 경우보다 시장을 두 개 이상으로 늘려서 가격차별을 하는 경우에는 생산량이 커질 수 있다.

[그림 11-7]에서와 같이 수요곡선이 평균비용곡선보다 낮아서 가격차별을 실시하지 않으면 $BCEF$의 손실을 보게 되어 생산이 불가능해지므로 사회적 공급량은 영(0)이 될 것이다. 만약 여기서 독점기업이 생산물의 매 단위마다 다른 가격을 매기는 가격차별을 실시한다면 총수입은 $OAEH$, 총비용은 $OBCH$가 되어 $\Delta ABC - \Delta CDE$만큼의 이윤이 발생하게 된다. 이 경우 가격차별로 인하여 생산량이 많아지는 것이 확실하다.

둘째, 특히 가격차별이 아니고서는 소비자에게 소비의 가능성조차 줄 수 없다면 규범적 또는 윤리적 면에서 보아 가격차별은 소득재분배의 효과를 나타낼 수가 있다. 가령 의사가 부자들로부터는 많은 치료비를 받고 가난한 사람들에게는 저렴한 비용으로 치료해줌으로써 소득이 재분배되는 효과를 기대할 수가 있을 것이다.

어쨌든 가격차별은 독점의 산물이다. 슘페터, 갤브레이스 등 독과점 옹호론자들은 독점의 특수한 형태인 가격차별 등으로 얻은 이익을 기술개발 등에 투자함으로써 장기적으로 사회에 기여하게 된다는 사실을 주장하고 있다. 그러나 1970년대 이후 우리나라의 경제사정으로 수출증대를 위한 지나친 해외덤핑은 국내

소비자에 대한 압박은 물론 전반적인 인플레의 큰 요인으로 작용해왔으며 생산비를 하회하는 상품의 수출가격은 기업과 국내시장의 막대한 희생을 강요하였다는 사실을 상기하여야 할 것이다.

그림 11-7 가격차별화의 이점

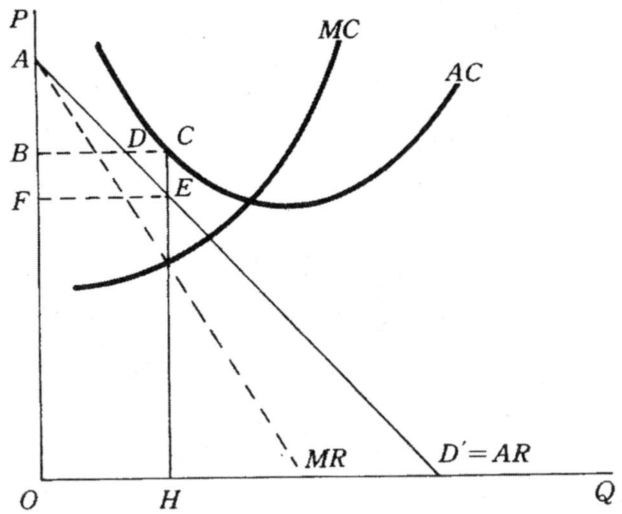

11.5 독점의 경제적 효과

순수독점과 완전경쟁을 비교하면 독점이 자유자본주의 기업제도의 경제적 기능에 미치는 효과를 평가하는 데 도움이 될 것이다.

1) 가격과 생산량에 있어서 차이

독점과 완전경쟁의 비교를 쉽게 하고자 선형의 수요함수와 불변의 장기평균비용(즉 장기한계비용곡선과 동일)을 가정하기로 한다. [그림 11-8]이 완전경쟁이라면 $LMC(=LAC)$가 공급곡선이고 DD는 시장의 수요곡선이 되어 생산량은 Q_1, 가격은 P_1이 된다. 그러나 독점의 경우에는 $MR=MC$조건에 의하여 Q_2가 생산량이 되고 가격은 P_2가 된다. 따라서 독점은 완전경쟁에 비하여 생산량의 감소와 가격의 인상을 가져온다. 즉 완전경쟁기업은 가격이 한계비용과 균등해지는 점까지 조업하는 데 비하여 독점기업은 가격이 한계비용을 초과하는 어느 점까지만 생산하게 된다.

그림 11-8 독점의 완전경쟁의 가격 및 생산량 비교

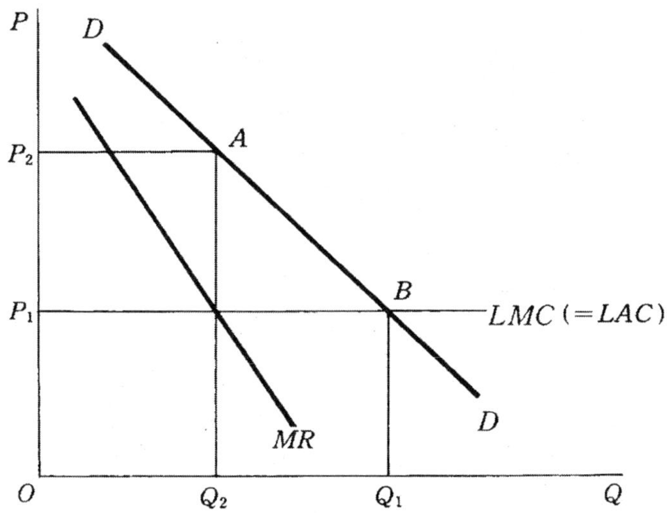

2) 가격과 비용에서의 차이

완전경쟁기업의 장기균형상태 하에서의 평균비용과 가격이 일치하여 초과이윤이 소멸되지만 독점기업의 경우에는 장기균형상태에서도 초과이윤이 존재한다. 즉 완전경쟁 하에서는 일부 산업으로 진입하게 됨으로써 상품의 공급을 증가시켜 이윤이 없어지나 독점 하에서는 다른 기업의 진입이 저지됨으로써 독점이윤이 유지될 수 있다. 결국 독점의 경우는 소비자가 비용 이상의 대가를 치르고 소비하게 된다.

사회적 관점에서도 이윤은 생산확장과 능률향상의 중요한 요인이 되고 있는데, 독점에서는 항상 높은 이윤이 존재하고 다른 기업의 진입이 불가능하기 때문에 1국의 국민소득은 최대 가능량보다 적게 된다.

3) 생산의 능률

독점에 있어서는 생산의 능률을 극대화하지 못한다. 그 이유는 완전경쟁하의 기업들은 경쟁의 압력에 의하여 어쩔 수 없이 최적규모의 생산시설을 최적조업률로 가동하지만, 독점기업은 이윤극대화의 목적에 따라 비최적의 규모와 조업률을 택하게 된다. 따라서 독점기업은 자원이용의 효율을 극대화하지 못한다.

그림 11-9 완전경쟁과 독점의 장기균형

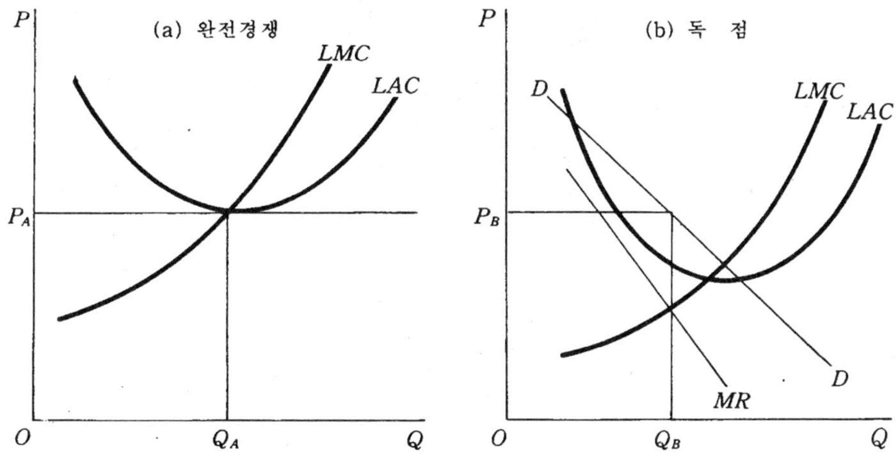

[그림 11-9]에서 완전경쟁기업과 독점기업의 장기균형을 비교하고 있다. (a)는 완전경쟁기업의 장기균형을 보여주는데 기업이 극대이윤의 목적을 위하여 OQ_A를 생산하여 장기평균비용의 최저점의 조업을 유지하게 된다. (b)와 같이 우하향하는 수요곡선에 직면하는 독점기업의 경우는 이윤극대화를 위하여 장기평균비용곡선의 최저점에 대응하는 산출량보다 적은 OQ_B만큼의 산출량을 생산하게 된다. 결국 독점은 완전경쟁에 비하여 자원의 낭비가 초래된다고 볼 수 있다.

4) 독점통제

대부분의 국가에서는 독점기업의 과도한 이윤추구를 억제하고 소비자를 보호하기 위하여 때때로 독점에 대하여 정부가 간섭하는 예가 많다. 어떻게 하면 독점기업으로 하여금 최저의 비용으로 최대의 생산량을 시장에 공급하게 할 수 있는가? 이 목적을 위하여 정부가 독점통제의 한 방법인 통제가격제를 실시하면 어떠한 경제적 효과가 나타나는가를 [그림 11-10]을 통해 살펴보기로 한다.

그림 11-10 독점통제

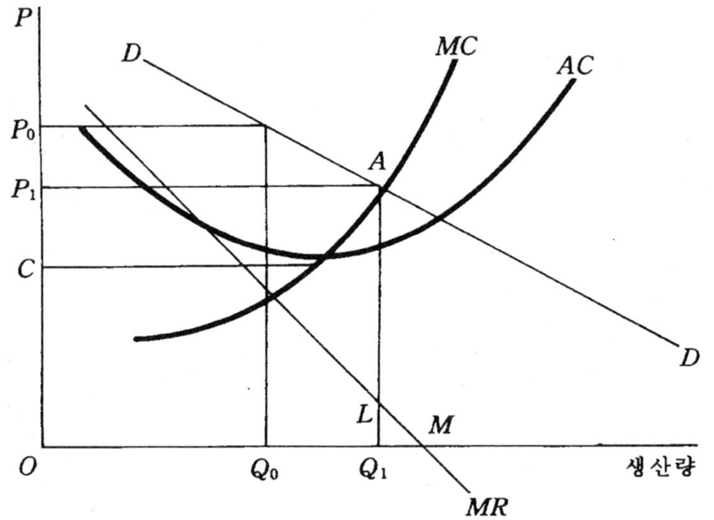

[그림 11-10]에서 독점에 관한 통제가 없다면 독점기업은 이윤극대화를 위하여 한계비용과 한계수입이 일치하는 OQ_0의 생산량을 OP_0의 가격으로 판매할 것이다. 이때 정부에서 통제가격을 OP_1이상으로 할 수 없으므로 시장수요곡선은 P_1AD로 되고 한계수입곡선도 P_1ALMR로 변형된다. 이렇게 되면 종전의 생산량 Q_0하에서는 한계수입이 한계비용을 초과하므로 기업으로서는 생산량을 확장하는 것이 유리하게 되어 결국 이윤극대화의 조건에 따라 통제가격 OP_1하에서는 균형산출량이 OQ_1이 된다. 이리하여 독점통제는 독점기업으로 하여금 생산량을 증대케 하고 소비자는 종전보다 낮은 가격으로 보다 많은 수량을 소비할 수 있게 한다.

5) 독점도와 독점력측정

완전경쟁에 있어서는 $P=MC$인 데에 비해 독점균형에 있어서는 $P>MC(=MR)$라는 특징이 있었다. 따라서 독점은 물론 긍정적 측면도 없지 않으나 그 폐해도 적지 않으므로 대부분의 국가에서는 이에 대한 규제를 가하고 있다. 그런데 독점규제를 위해서는 독점에 관한 정보가 필요한데, 그 정보의 하나가 독점도(degree of monopoly)이다.

러너(A. P. Lerner)는 독점기업의 균형에서 $P > MC(= MR)$이라는 사실에 착안하여 독점도(u)를 다음과 같은 식으로 정의하였다.

$$u = \frac{P - MC}{P} = \frac{P - MR}{P} \tag{11.1}$$

즉 독점기업의 균형에서 가격과 한계비용간의 차이가 발생한다는 사실에서 가격이 한계비용을 초과하는 부분의 독점가격에 대한 비율로써 독점도를 측정하고 있다. 완전경쟁균형에 있어서는 가격이 항상 한계비용과 일치하나, 독점균형의 경우에는 한계수입은 한계비용과 일치한 가격은 언제나 한계비용보다 크다. 즉 $P - MC > 0$이다. 그러므로 한계비용과 가격과의 차이가 크면 클수록 독점력이 크다고 말할 수 있다.

한편 힉스는 이러한 독점도가 수요의 가격탄력성으로 표시된다는 사실을 밝히고 있다. 총수입을 TR, 상품의 가격이 P, 생산량을 Q로 하면 총수입은

$$TR = P \cdot Q \tag{11.2}$$

이다. 식(11.2)를 생산량 Q에 관하여 미분하면 한계수입이 계산된다.

$$\frac{dTR}{dQ} = P + Q \cdot \frac{dP}{dQ} = P(1 + \frac{Q}{P} \cdot \frac{dP}{dQ}) \tag{11.3}$$

식(11.3)의 $\frac{Q}{P} \cdot \frac{dP}{dQ}$는 수요의 가격탄력성 $\frac{P}{Q} \cdot \frac{dQ}{dP}$의 역수이므로 식(11.3)은 다음과 같은 식으로 변형될 수 있다.

$$MR = P(1 - \frac{1}{n}) \tag{11.4}$$

여기서 n은 수요의 가격탄력성이다. 식(11.4)를 러너의 독점도에 대입하면

$$u = \frac{P - MR}{P} = \frac{P - P(1 - \frac{1}{n})}{P} = \frac{1}{n} \tag{11.5}$$

이라는 결과를 얻게 된다. 즉 수요가 가격에 대하여 비탄력적일수록 독점도가 높아진다는 것을 알 수 있다.

11.6 쌍방독점

쌍방독점(bilateral monopoly)이란 공급자측에서도 수요자측에서도 독점력이 존재하는 경우를 말한다. 즉 시장이 단일판매자와 단일구매자로 구성되어 있는 경우다. 가령 철강이 어느 한 기업에 의하여 모두 생산되고, 이 철강은 다른 어느 한 기업만이 사용한다고 하면 이것은 쌍방독점의 경우가 된다. 또한 간혹 노동시장이 쌍방독점으로 되는 경우가 있다. 가령 강력한 노동조합과 단 하나의 공장만이 있는 어느 지역의 경우 정확한 쌍방독점은 아니더라도 그것과 매우 유사한 것이다.

쌍방독점을 [그림 11-11]을 이용하여 분석해보자. DD는 시장에 있는 유일한 수요자의 수요곡선이다. 따라서 DD와 MR은 독점적 공급자가 직면하는 수요곡선과 한계곡선이다. 또한 MC_A와 MR은 A점에서 교차하므로 공급독점자는 Q_0의 단위를 단위당 P_0의 가격으로 팔려고 원할 것이다.

이제 수요자의 입장에서 살펴보자. 상품수요자는 상품공급자의 한계비용곡선(MC_A)을 공급곡선으로 생각할 것이다. 따라서 수요자의 입장에서 볼 때 MC_A 곡선은 평균비용곡선이다. 만약 그렇게 된다면 MC_A의 한계비용곡선인 MC_B가 하나의 추가단위에 대한 한계구매비용곡선이 될 것이다[1]. 한편 수요자의 입장에서 볼 때 생산물에 대한 한계가치곡선[2](여기서는 수요곡선 DD에 의해 주어진다)이 그의 한계비용곡선 MC_B와 교차하는 점에 대응해서 구매함으로써 이윤

1) 즉 평균비용곡선이 MC_A로 주어지면 한계비용곡선의 작성원리에 따라 MC_B곡선은 MC_A에 대한 또 다른 한계비용곡선이다.
2) 수요자의 입장에서는 수요곡선 DD는 한계수입곡선 혹은 한계가치곡선이다.

극대화를 실현할 수 있을 것이다. 즉 수요자는 B점에서 P_1의 가격으로 Q_1단위를 구매하고자 할 것이다.

그림 11-11 쌍방독점

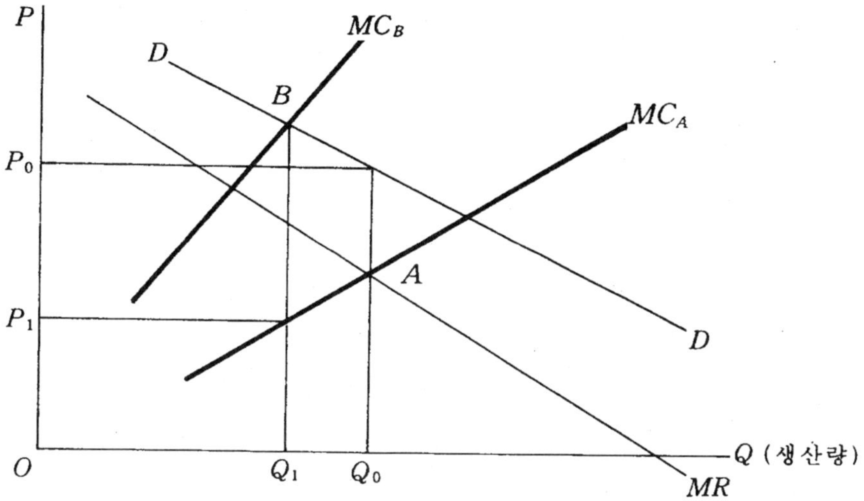

이 경우 공급독점자와 수요독점자의 목표는 일치하지 않는다. 결국에는 가격과 생산량은 확정되지 않고, 다만 양측의 세력관계에 의하여 가격과 거래량이 P_0의 P_1의 사이, 그리고 Q_0와 Q_1의 사이의 어느 점에서 각각 결정될 것이다. 특히 교섭력이나 협상기술 또는 여론 등을 포함한 여러 가지 외적 요인이 그 결정에 중요한 요소로 작용할 것이다.

제 12 장

독점적 경쟁과 과점

12.1 독점적 경쟁
12.2 과점시장

지금까지 완전경쟁시장과 독점시장에 있어서의 가격형성원리와 생산에 관하여 살펴보았다. 그러나 현실경제에 있어서 가장 지배적인 시장형태는 완전경쟁도 아니고 그렇다고 순수독점도 아니다. 더구나 경제학자들은 완전경쟁과 순수독점이라는 극단적인 경우의 중간형태의 시장을 분석하기위한 이론적 모형을 개발하고자 노력하였다. 특히 1920년대를 전후한 기간에는 경제학자들 사이에 여기에 관한 열성적인 연구가 진행되었던바, 여기서 불완전경쟁시장의 형태로 불러지는 독점적 경쟁시장과 과점시장에 관한 이론이 전개되기 시작하였다. 이하에서는 완전경쟁과 독점의 중간형태인 불완전경쟁으로서의 독점적 경쟁시장과 과점시장에 있어서의 기업의 행동원리의 생산량 등에 관하여 차례로 고찰해보기로 한다.

12.1 독점적 경쟁

1) 독점적 경쟁시장의 특징

독점적 경쟁은 다수의 생산자들이 자기의 경쟁자들이 생산하고 있는 것과 조금씩 상이한 생산물을 생산하고 있는 시장형태를 가리킨다. 생산물의 이질성은 재료와 디자인이 다르기도 하고 포장이 다를 수도 있다. 이것은 생산물분화(product differentiation)라고 하며, 독점적 경쟁은 조금씩 상이한 재화들을 생산하는 수많은 기업들 사이의 상당히 큰 경쟁을 의미하기 때문에 생산물의 동질성을 가정하는 완전경쟁과는 생산물의 분화가 이루어졌다는 점에서 구별되고, 독점과는 다수의 공급자가 분화된 생산물(따라서 서로 대체성이 높은)을 가지고 경쟁한다는 점에서 구별된다.

2) 독점적 경쟁기업의 수요곡선

독점적 경쟁기업의 수요곡선(평균수입곡선)은 아래로 기울어지는 형태를 취한다. 이것은 첫째 생산물이 분화되어 있고, 둘째 다수의 경쟁자들이 있기 때문이다. 따라서 어떤 기업이 가격을 올리면 자사의 생산물에 대한 고객을 경쟁자에게 빼앗기게 되지만 가격상승이 근소하면 그 기업은 자기의 모든 고객을 잃지는 않을 것이다.

그림 12-1 독점적 경쟁기업의 수요곡선

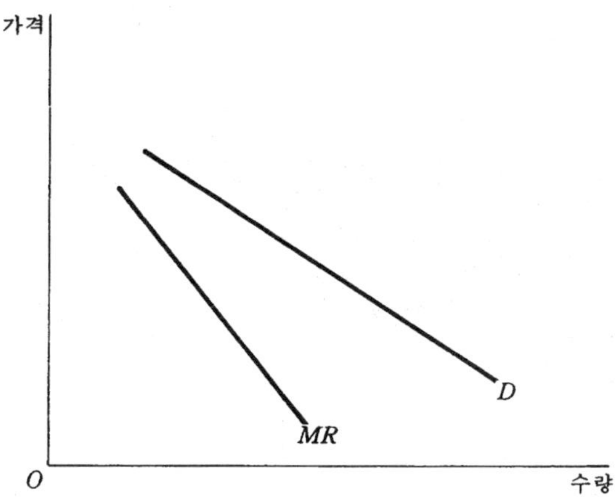

독점적 요소 때문에 수평은 되지 않고 경쟁적 요소 때문에 비교적 탄력적 곡선이 된다.

즉 독점적 경쟁기업은 자기의 제품을 선호하는 소비자들에 대하여 어느 정도의 시장지배력을 행사하여 능동적인 가격설정자(price maker)가 되므로 완전경쟁하에서와 같이 평균수입곡선(수요곡선)은 수평선이 아니라 우하향한다. 다만 이 수요곡선은 탄력성이 상당히 큰 것이 보통일 것이며 생산물의 분화되는 정도가 작을수록 수요의 탄력성은 더욱 커질 것이다.

3) 독점적 경쟁기업의 균형

(1) 단기균형

독점적 경쟁기업이 단기균형위치에 도달하는 과정은 [그림 12-2]에 의해 설명된다.

AR곡선과 MR곡선은 독점적 경쟁기업의 평균수입곡선과 한계수입곡선으로 상당히 완만한 기울기를 가진다. 또한 SAC곡선과 SMC곡선은 통상의 U자형 단기평균비용곡선과 단기한계비용곡선이다.

독점적 경쟁의 기업은 단순한 가격순응자가 아니기 때문에 가격 및 생산량을 조정하여 이윤의 극대화를 꾀하게 된다. [그림 12-2]에서는 가격 P의 판매량 q에서 $MR = SMC$로 되고 이윤 $PVUW$로 단기균형을 이룬다.

그림 12-2 독점적 경쟁시장의 단기균형

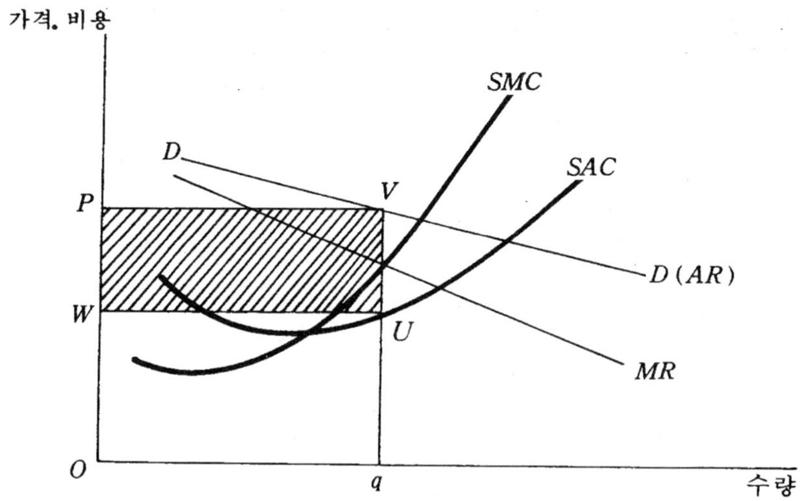

균형생산량은 Oq, 균형가격은 OP, 초과이윤은 □$WPVU$이다.

(2) 장기균형

단기의 경우 독점적 경쟁은 독점의 경우와 다를 바 없으나, 장기의 경우에는 독점적 경쟁의 기업이 초과이윤을 획득하고 있는 한 새로운 기업의 진입을 유발하게 될 것이므로 독점의 경우와 다르게 된다.

[그림 12-3]에서 보는 바와 같이 이 산업에 진입하는 기업의 수가 많아지면 시장수요는 보다 더 많은 수의 기업간에 나누어지기 때문에 각 기업의 시장점유율은 감소한다. 그러므로 모든 가격에서 개별기업이 판매할 수 있는 양은 감소하게 되고 기업의 평균수입곡선(즉 수요곡선)은 왼쪽으로 이동한다($AR \rightarrow AR'$). 이러한 움직임은 초과이윤이 없어질 때까지 계속된다.

평균수입곡선이 왼쪽으로 이동하는 과정에서 AR곡선이 LAC곡선과 접하게 될 것이며, 이 기업의 생산량은 Q가 될 것이다. 여기서 기업의 이윤은 영(0)이 될 것이며 $MR = LMC$의 조건이 달성되고 있다. 이와 같이 독점적 경쟁 하에서는 개별기업의 수요곡선이 우하향하고 있음에도 불구하고 이윤이 영(0)이 되는 장기균형상태에 도달하게 된다. 그런데 [그림 12-3]에서 점 C가 장기평균비용곡선(LAC)의 최저점이므로 완전경쟁기업과 달리 QQ'만큼의 초과생산능력(excess capacity)—생산능력을 완전가동치 않는—을 지니게 된다. 만일 이 경우에 생산능력을 완전가동한다면 장기평균수입(즉 AR)이 장기평균비용 LAC보다 작아져 손실을 보게 된다.

그림 12-3 독점적 경쟁기업의 장기균형

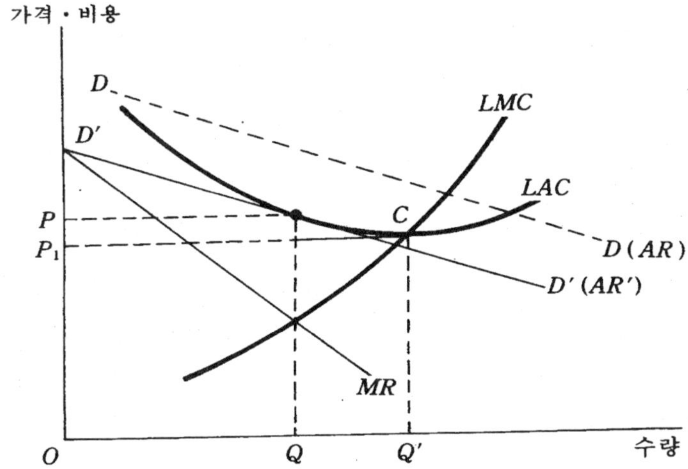

균형생산량은 Q, 균형가격은 OP이다.

결국 독점적 경쟁기업의 장기균형수준인 Q의 산출량수준에서 장기한계비용 LMC는 가격수준 P보다 작다. 따라서 가격과 한계비용이 작아야 한다는 완전경쟁의 장기균형조건을 충족시키지 못하고 비효율적인 생산을 하게 된다.

4) 독점적 경쟁기업의 경제적 효과

(1) 가격과 산출량

독점적 경쟁기업의 장기균형가격은 완전경쟁가격보다도 높고 그 산출량은 완전경쟁적 산출량보다도 작다([그림 12-3]에서 $P > P_1$, $Q < Q'$). 이것은 독점적 경쟁기업의 수요곡선이 우하향의 경사를 갖기 때문이다.

(2) 기업의 능률

독점적 경쟁기업의 산출량은 장기에 있어서는 최적산출량보다 적기 때문에 초과능력이 존재하게 된다. 이것은 수많은 기업이 산업에 진입하게 되는 결과로 개별기업들은 자기가 보유하는 생산능력을 완전히 이용하지 못하므로 비능률이 따른다고 볼 수 있다.

(3) 비가격경쟁

완전경쟁적 기업은 현행가격에서 자기의 생산물을 얼마든지 판매할 수 있기 때문에 판매량을 증가시키기 위하여 판매비를 지출할 필요가 없다. 그러나 독점적 경쟁에서는 생산물에 대한 수요를 증가시키고자 품질경쟁, 판매조건경쟁 등 비가격경쟁을 하게 된다.

(4) 가격과 평균비용

독점적 경쟁에 있어서는 기업의 전입이 비교적 용이하므로 가격과 평균비용 사이의 간격이 좁혀지는 경향이 있고 독점이나 과점에 비하면 이윤의 폭과 지속성은 훨씬 작고 또한 이윤이 소비자의 취미와 기호의 변화에 따라 비교적 정확하게 생산요소를 재조직하는 유인이 될 수 있다는 점에서 사회적으로 유용한 기능을 한다고 볼 수도 있다.

5) 독점적 경쟁론과 그 타당성

이상과 같은 독점적 경쟁이론은 1933년에 챔벌린 교수에 의하여 경제분석에 도입된 후 이에 동조 또는 반대하는 주장이 계속되어 왔다. 오늘날 수많은 분화된 생산물이 과점기업에 의해 생산되고 있으므로 오늘날의 대부분의 생산물에 대하여 독점적 경쟁이론을 그대로 적용하기는 곤란하다.

그러나 양복점이나 양장점, 이발업 또는 그 밖의 수많은 소매업은 독점적 경쟁의 산업이라고 생각된다. 이러한 산업은 그 입지조건과 경영자의 개성 등의 차이로 생산물의 분화가 이루어지고 있다.

이러한 산업에 속하는 각 기업은 어느 정도의 독점력을 가지지만 진입의 자유가 있기 때문에 초정상이윤(超正常利潤)은 장기적으로 영(0)이 되는 경향이 있다. 또한 그들은 초과능력을 가지기 쉽다.

따라서 생산물분화 때문에 평균수입곡선이 오른쪽 아래로 기울어지고 장기에는 진입의 자유가 있다는 것을 조건으로 하는 독점적 경쟁의 이론은 현실적으로 이러한 산업을 분석하는 데 기여한다.

12.2 과점시장

1) 과점시장의 특징

과점시장은 소수의 거대기업이 전체 시장이 산출물의 대부분 또는 전부를 생산하는 시장을 말하는데, 우리나라를 포함한 대부분의 선진제국의 경우에 있어서 거의 대부분의 산업은 과점산업이다.

과점을 다른 시장조직과 구분짓는 첫째의 특징은 산업 내의 기업간의 상호의존성(mutual interdependence)이다. 시장 내에 공급자가 소수이기 때문에 각 공급자는 경쟁상대 기업들의 행동과 반응을 예의주시하지 않으면 안되고, 반대로 경쟁상대기업은 또한 다른 공급자의 행동과 반응에 의하지 않으면 안된다. 예컨대 삼성냉장고를 얼마의 가격에 판매하느냐에 따라 LG냉장고의 가격은 큰 영향을 받을 것이고 또한 해태제과의 가격인하는 롯데제과의 가격인하를 초래할 것이며, 자동차산업에서 현대자동차의 광고비 증대는 타자동차업계로부터 상응하는 광고비 증대를 유도한다. 그러므로 과점기업은 가격결정, 광고비 등의 비가격경쟁에 대한 자신의 의사결정이 타기업에 어떠한 영향을 미치며 또한 타기업이 어떠한 반응을 보일 것인가를 감안하여야 한다. 더구나 완전경쟁기업은 타기업들의 행동, 의중, 목표 등을 일일이 주시할 필요가 없다. 또한 완전경쟁기업은 시장가격과 한계비용이란 제약조건하에 주어진 시장가격으로 자신이 팔려고 하는 양을 얼마든지 팔 수 있으므로 별도의 광고비지출 등을 하지 않는다. 그러나 과점기업에 있어서는 타기업의 반응과 행동에 크게 의존하므로 가격결정에 신중을 기하고 광고비를 대량 지출하며, 상대방의 태도에 항상 관심을 기울인다.

둘째, 과점기업에서의 가격은 상당히 경직적인 특성을 지니고 있다. 과점기업간에는 상호 밀접한 의존관계에 있으므로 가격경쟁은 일어나기만하면 서로에 파멸적인 효과를 줄 수가 있다. 가령 기업이 가격인하를 단행하면 다른 기업들도 고객을 빼앗기지 않기 위해 역시 가격인하 조치를 취할 것이다. 한편 한 기업이 가격을 인상하게 될 경우 다른 기업들이 가격인상에 주저하거나 인상하더라도 소폭인상에 그친다면 가격을 인상한 기업은 수요의 감퇴와 고객의 격감에 직면하게 될 것이다. 그 결과 과점시장의 상품가격은 다른 시장에서처럼 자주 바뀌지 않고 안정적인 경향을 갖는다.

셋째, 과점산업에서 과점기업들은 동질적인 상품을 생산하거나 또는 유사하나 비교적 이질적인 차별화된 상품을 생산하다. 완전히 동질적인 상품을 생산하는 과점산업을 순수과점(pure oligopoly) 또는 동질적 과점(homogeneous oligopoly)이라 부르고, 유사하나 이질적인 차별화된 상품을 생산하는 과점산업을 이질적 과점(heterogeneous oligopoly)이라 한다. 대개 과점이라 할 때 이질적 과점의 경우가 대부분이며 순수과점이란 예외적인 것이 현실이다.

넷째, 기업들이 담합(collusion) 혹은 기타의 공동행동을 하려는 경향이 나타난다. 즉 산업이 소수의 기업에 의해 장악되고 있으므로 상호간에 경쟁이 치열해지면 서로에게 이로울 것이 없다는 공동적인 계산에서 가격을 협정하고 더구나 여러 가지 공동행위를 취하는 경우가 많다.

다섯째, 과점산업은 대부분 정부의 규제나 비호에 의하여 특정 기계나 원재료의 독점적 사용권 등에 의해 성립, 유지되는 경우가 많으며, 더구나 기존의 경쟁적 기업들이 다른 기업들을 흡수병합된 결과로 과점산업이 성립되는 경우도 많다. 결국 과점기업들은 대체로 규모가 크며 상당한 진입의 장벽 등이 존재한다는 특징이 있다.

이와 같이 과점시장의 구조는 다양하고 복잡한 만큼 이에 관한 일반이론을 정립한다는 것은 사실상 어려운 일이다.

2) 과점가격의 경직성

(1) 의의

과점기업들은 개방적인 경쟁이 피차에 불리함을 알기 때문에 흔히 담합하여 가격 및 판로 등을 협정하고 이를 통하여 이윤의 보장 내지 영업상의 안정을 꾀하려 한다. 그러나 법률적·재정적인 제재가 없는 기업간의 협약이란 유명무실하게 되기 쉽고 음성적인 가격경쟁은 여전히 계속되게 마련이다. 그렇다면 과점가격은 상당히 불안정한 것이 되어야 할 터인데 일반적으로 과점산업의 실정을 보면 오히려 가격의 경직성(안정성)이 두드러진 특징으로 나타나고 있다. 일견 기이한 이 현상을 스위지(P. M. Sweezy)는 굴절수요곡선의 모델을 제시하여 설명하고 있다.

(2) 굴절수요곡선(kinked demand curve)

[그림 12-4]에서 하나의 과점기업이 현재 P의 가격으로 매 기당 Q의 수량을 팔고 있다고 가정하자. 만약 이 기업이 가격을 현수준에서 약간 내린다면 타기업들도 따라서 가격을 내려(시장을 뺏기지 않기 위하여) 이 기업은 타기업의 시장을 탈취하는 데 성공하지 못하고 따라서 판매량은 조금밖에 증가하지 못한다. 이 경우에 조금이라도 판매량이 증가하는 것은 가격인하의 대체효과 때문이다.

그림 12-4 과점기업의 수요곡선

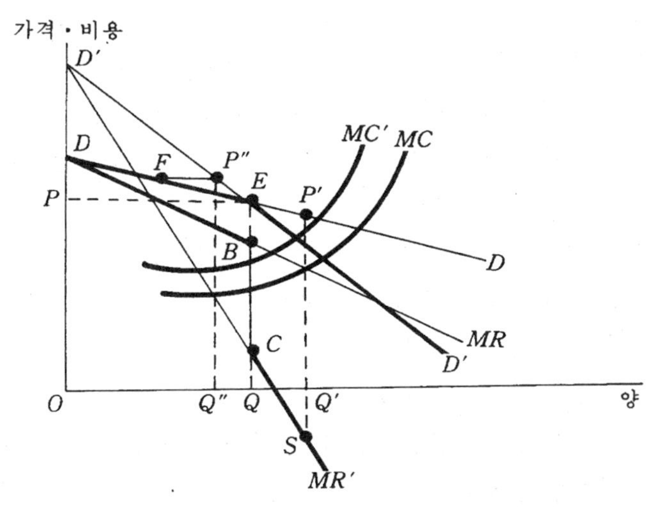

이리하여 타기업들의 반응이 있을 경우에는 이 과점기업은 $D'D'$와 같은 비교적 비탄력적인 수요곡선에 직면한다. 한편 이 과점기업이 현수준에서 가격을 약간 올릴 경우에 타기업이 가격인상을 추종하지 않는다면 이 기업은 타기업에게 시장을 잃게 되고 DD와 같은 비교적 탄력적인 수요곡선에 직면할 것이다.

즉 [그림 12-4]에서 우선 E에서 운영되고 있는 기업이 가격을 인상시킬 때 다른 기업들이 따라서 가격을 인상해준다면 그 기업은 DD가 아니라 $D'D'$를 자기의 수요곡선으로 생각할 것이다. 이 경우에 $D'D'$에 대응하는 한계수입곡선은 MR'이므로 이 기업은 $MC=MR$의 조건에 도달하기 위하여 생산량을 Q''로 감소시키고 가격을 $P''Q''$로 인상시키고자 할 것이다. 그러나 예상과는 반대로 다른 기업들이 전혀 이 기업의 가격인상에 동조하지 않는다면 이 기업의 수요곡선은 $D'D'$가 아니라 보다 비탄력적인 DD가 됨으로써 가격인상 결과 수요량이 FP''만큼 감소함으로써 자신의 시장점유율이 격감하게 될 것이다.

이상에서 과점기업이 경쟁자의 반응을 고려해 넣는다면 현행가격을 기점으로 하여 가격인상의 경우에는 ED와 같은 탄력적인 수요곡선을 예상하고, 가격인하의 경우에는 ED'와 같은 비탄력적인 수요곡선을 예상하여 두 가지를 종합한다면 DED'와 같이 꺾이는 수요곡선을 예상하게 되는 것이다.

(3) 가격의 경직성

과점기업이 예상하는 수요곡선이 [그림 12-4]에 나타난 바와 같이 굴절수요곡선이라면 그들은 가격변경을 꺼리게 된다. 즉 가격을 내려보았자 경쟁자들의 반응 때문에 판매량을 크게 늘릴 수 없고 가격을 올릴 경우 시장을 크게 잃을 우려가 있다면 현행가격의 유지가 최선일 것이다.

이상은 비용을 고려해 넣지 않은 추론이지만 비용을 고려해 넣더라도 동일한 결론에 도달한다. [그림 12-4]에서 굴절수요곡선 DED'에 대한 한계수입곡선은 $DBCS$가 되고 BC의 불연속구간을 가지게 된다.

기업의 이윤극대화조건은 $MR=MC$이므로 [그림 12-4]의 E점에서 과점기업은 균형을 이루고 P의 가격으로 Q를 생산한다.

지금 원재료 가격의 등귀로 인하여 [그림 12-4]에서 기업의 한계비용곡선이 MC'로 상승하였다 하자. 그러나 새로운 한계비용곡선은 여전히 한계수입곡선의 수직부분을 통과하므로 균형생산량과 가격을 변경할 필요가 없다.

이같이 과점기업은 상대 경쟁기업의 행동과 태도를 잘 모르기 때문에 이윤극대화가 어렵고 따라서 가격과 생산량의 결정이 불확실해진다. 이리하여 스위지

(Sweezy)의 모델에 의할 때 과점기업들은 비용이나 기타 요인이 변해도 과점가격의 변경을 꺼리게 된다는 사실을 알 수 있다.

(4) 비판

굴절수요곡선의 굴절이 실제로 존재하느냐에 대하여 의문을 품는 학자가 있다. 그러나 만약 존재한다면 그것은 대체로 아래와 같은 시장 하에서 발생할 것이다.

첫째, 경쟁기업의 수가 너무 적지도 않고 많지도 않아야 한다. 경쟁자의 수가 아주 적을 때에는 어떤 기업이 가격을 올리면 타기업들도 그를 따를 가능성이 많고, 반대로 경쟁자의 수가 많을 때에는 동일 보조를 취하기 어려워 한 기업이 가격을 올릴 때에 추종하지 않는 기업이 있을 것은 물론이지만 가격을 내릴 때에도 추종하지 않는 기업이 있어 굴절이 일어나지 않는 예가 많다.

둘째, 경쟁기업의 규모상의 차이가 적어야 한다. 과점기업 중의 한 기업이 압도적 대기업이고 나머지는 중소기업이라면 대기업은 가격선도자(Price Leader)가 될 것이다. 군소기업은 대기업의 가격에 복종할 것이므로 그들이 직면하는 수요곡선은 선도가격선상에 수평이 될 것이다.

셋째, 상품 내의 유사성이 높을수록 대체의 가능성이 높아져 가격상승에 대하여 탄력적이고 가격하락에 대하여 비탄력적인 수요가 따르게 되어 굴절의 가능성이 클 것이다.

넷째, 과점기업간의 담합이 없어야 한다. 기업간에 양성적 혹은 음성적인 담합이 있으면 굴절이 생길 까닭이 없다.

이렇게 스위지(P. Sweezy)의 분석은 현실적으로 많은 비판의 여지가 있다. 특히 인플레기간 중에서는 하나의 기업이 가격을 올리면 타기업도 따라서 가격을 올리는 현상을 볼 수 있다.

그러나 굴절수요곡선의 모델은 과점기업의 경쟁적 반응이 가격의 신축성에 영향을 줄 수 있다는 일면을 보여주고 있는 점에서 유용한 것이라 할 수 있다.

3) 과점의 담합(collusion of oligopoly)

과점기업들이 상호간의 극한경쟁에서 오는 피차간의 손실을 피하기 위하여 생산가격 및 판매정책에 관하여 암묵적 혹은 명시적으로 협상하는 행위를 기업의 담합(collusion)이라고 한다.

기업의 담합은 여러 가지 형태를 취하게 된다. 기업가간의 언약, 신사협정일 경우도 있고 혹은 명문으로 표시된 협약일 수도 있다.

담합의 내용에는 가격유지, 시장분할, 생산제한 내지 조업단축, 원재료의 가격조작, 선전의 제한 등이 포함된다. 담합이 한층 구체화하면 각종의 카르텔이 성립된다. 그러나 담합은 강제적 구속력이 없으므로 그 효력이 유지된다는 보장이 없다. 따라서 기업간의 경쟁의 작용은 담합의 범위를 넘어 트러스트, 콘체른 등과 같은 법적 혹은 실질적인 기업집중의 과정으로 발전하기가 쉽다. 경쟁의 작용은 오히려 경쟁을 배제하는 방향으로 발전하기도 한다.

독점적 성격을 내포하는 담합은 소비자에게 불리하고 사회자원의 효율적 이용을 방해한다. 그러나 담합은 기업집중과 달라 음성적인 성질의 것이므로 법적으로 규제하기 곤란한 것이 사실이다.

4) 비가격경쟁

과점기업에 있어서 기업들이 서로 시장을 쟁탈하기 위하여 가격을 내리는 가격전(price war)은 피차간에 불리한 경우가 많다. 그러므로 현대의 기업들은 가격경쟁보다 다른 경쟁방법을 중시한다. ① 선전경쟁, ② 품질경쟁, ③ 판매조건경쟁 등이 주요 수단인데 이를 통틀어 비가격경쟁이라고 한다.

선전의 목적은 자기의 생산물에 대한 수요곡선을 우측으로 이동시키는 것과 현행가격 주변에서 수요의 탄력도를 적게 만드는 것이다. 품질경쟁, 판매조건경쟁도 대체로 동일한 효과를 노리고 있는 것이다.

여기서 품질이란 상품의 물리적 성질뿐만 아니라 포장상 차이를 포함하고 또 사실적인 차이뿐만 아니라 디자인, 수요자의 상상적 차이에 불과한 경우도 포함된다. 이러한 의미에서는 선전경쟁까지도 품질경쟁의 일종이라고 볼 수 있다. 판매조건경쟁에는 그 주요 형태로 외상제도, 할부제도, 소비자 신용제도, 품질보증제도가 포함된다.

5) 진입의 장애

과점시장에서는 기존기업이 새로이 이 산업에 참입하고자 하는 기업에 비하여 유리한 점이 많아 진입을 방해하는 여러 가지 장애(barrier)가 존재한다.

(1) 비용조건의 절대적 우위

과점시장에 있어서 기존기업은 신규 참가기업에 비하여 비용면에서 절대적으로 우위에 있어 [그림 12-5]에서 보듯이 기존기업의 평균비용곡선(ATC')에 비하여 아랫쪽에 있는 경우가 많다. 이러한 비용의 차이의 요인으로 다음과 같은 것이 있다.

그 가장 중요한 것은 생산과정의 특수기술이라 할 수 있다. 거기에다가 비가격경쟁의 제 수단을 구사하여온 오랜 경험을 가지고 있어 이들이 비용에 미치는 영향도 고려하여야 할 것이다. 생산활동 및 판매활동을 통하여 형성된 기업가치(going-concern value)라든가 실용신안등록, 또는 의장등록 및 나아가서는 원료의 특수가공·처리기술 등이 비용곡선에 미치는 영향은 흔히 장구한 세월을 두고 지속되는 것이다.

[그림 12-5]에서 어떤 상태에서 과점기업들이 결정한 가격 및 생산량이 각각 P_a, Q_a라 하자. 그러면 일정한 수요곡선, 비용곡선에 비추어 새로운 기업이 참가하더라도 이윤을 볼 수 있는 여지가 있다. 그래서 과점기업들은 가격을 인하하고 생산량을 늘림으로써 새로운 기업과의 경쟁가능성을 배제하려고 할 것이다. 즉 생산량을 Q_b로 늘려서 가격이 P_b로 하락하도록 과점기업들이 가격 및 생산량을 조정하면 새로운 기업이 진입하려고 할 때 ATC와 시장가격을 비교하여 보면 이윤유인이 소멸되어 진입을 포기한다.

그림 12-5 과점기업의 비용조건

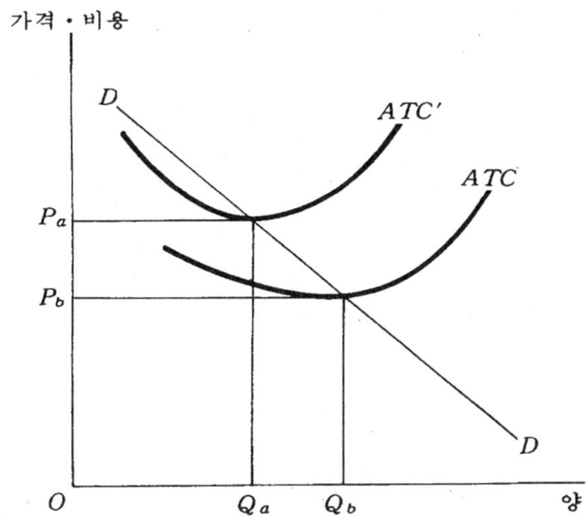

(2) 규모의 이익

진입의 장애를 가져오는 또 하나의 요인은 기존기업이 가지고 있는 규모의 이익이 있다.

[그림 12-6]에서 기존 기업은 오랜 생산 및 판매활동을 통해서 확보한 높은 시장점유율로 말미암아 그 기업의 수요곡선은 D_e로 나타나고 있다. 장기평균비용곡선은 대규모생산의 이익을 반영하여 우하향이다. 이때 과점기업들이 가격을 P_0로 정하면 기존 기업은 이윤을 낼 수 있다. 새로 진입하려는 기업의 수요곡선이 D_a라고 한다면 그 생산량의 크기에 불구하고 시장가격이 P_0라면 비용이 더 크므로 손실이 발생한다.

이러한 손실을 감수하고 생산을 계속하여 시장점유율을 높여감에 따라 수요곡선 D_b에 도달하는 경우나 또는 처음부터 효율적인 판매전략을 수행하여 수요곡선 D_b를 초래하여 생산공급하는 경우에 있어서는 손실도 이윤도 나타나지 않게 된다.

이와 같은 기업이 과점시장에 참가하여 존속하려면 계속적인 고객유치에 성공하여야 한다.

그림 12-6 규모의 이익

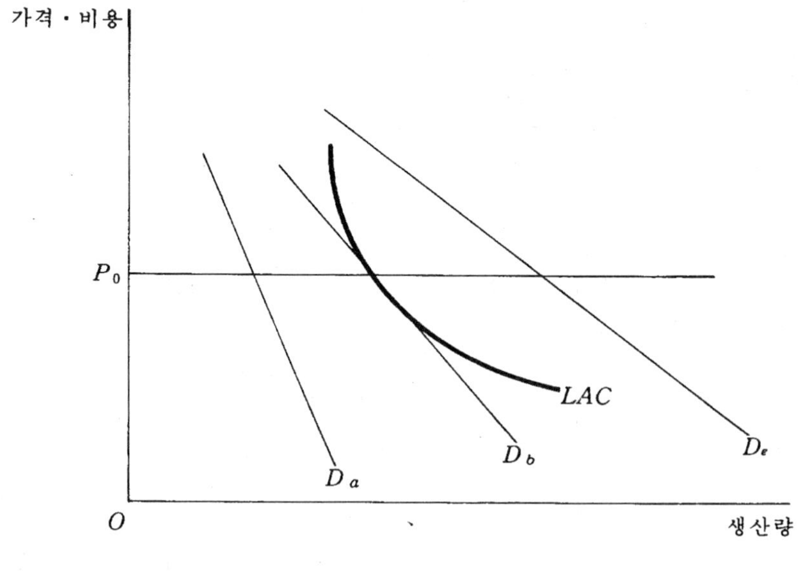

6) 과점의 경제적 효과

(1) 산출량과 가격

과점상태를 완전경쟁과 비교할 때 전자의 경우 기업들이 생산을 제한하여 가격을 치켜올린다. 완전경쟁하의 기업이 가격과 한계비용이 일치하는 데까지 산출량을 확장하는 데에 비하면 과점 하에서는 산출량은 적고 가격은 높다.

(2) 가격과 평균비용

과점산업에 대한 기업의 진출입이 부분적 혹은 전적으로 저지되는 것이 보통이므로 장기적으로 가격이 평균비용을 초과하는 상태가 지속될 수 있다. 그러나 과점 하에서 기업의 진입이 제한되는 정도는 독점의 경우보다는 덜하므로 과점은 독점에 비하여 소비자에게 유리하다고 할 수 있다.

(3) 기업의 능률

과점상태 하에서 장기적으로 기업이 최적시설을 최적조업률로 가동하리라는 보장은 없다. 과점 하에서는 상품의 사회적 총수요가 소수기업간에 분할되므로 개별기업은 자기에게 허용된 판매량에 따라 그에 적합한 규모의 시설을 세울 뿐이다. 그러나 시장이 협소한 경우에는 과점기업의 대규모생산이 완전경쟁하의 소규모생산보다 오히려 더 능률적인 경우가 있다.

(4) 자원의 낭비

과점 하에서는 시장확보 내지 쟁탈을 위하여 광범한 비가격경쟁이 계속되므로 사회적인 자원의 낭비가 있게 된다.

(5) 생산물의 다양성

차별적 과점은 완전경쟁이나 독점에 비하여 생산물을 보다 다양화하여 소비자에게 선택의 범위를 넓혀줌으로써 같은 소득으로부터 더 큰 만족을 얻을 수 있다.

(6) 기술발전

현대에 있어서 새로운 발명이나 발견이 주로 대규모의 조직적 연구나 조사에 의존하는 경향이 있기 때문에 과점기업 같은 대기업만이 그러한 연구사업을 수행할 수 있다.

요컨대 과점은 소비자들의 입장에서 볼 때 불리한 결과를 나타내나 규모의 경제를 가능케 하는 등 현대 산업에서 흔히 볼 수 있는 일반적인 시장형태이다. 따라서 과점의 장점을 활용하면서 그 폐해를 적절히 규제하는 정책수단이 동원되어야 할 것이다.

제 13 장

고전파 무역이론

13.1 고전파 무역이론의 역사적 배경
13.2 스미스의 절대우위론
13.3 리카도의 비교우위론
13.4 밀의 상호수요균등의 법칙

기업이 처해있는 무역환경을 체계적으로 분석하기 위해서는 기본적인 무역이론을 이해할 필요가 있다. 본 장에서는 무역발생의 원인을 설명해주는 대표적 고전적 이론으로 스미스의 절대우위론, 리카도의 비교우위론 및 밀의 상호수요균등의 법칙을 중심으로 살펴본다.

13.1 고전파 무역이론의 역사적 배경

한 국가가 무역을 하게 되는 동기는 무역으로부터 이익을 얻을 수 있기 때문이다. 그런데 그러한 무역으로부터의 이익은 왜 발생하는가와 그 이익이 교역국 사이에 어떻게 분배되느냐에 관하여도 명확한 해답이 주어져야 할 것이다. 또한 각국 사이에 어떠한 재화가 교역되며 특히 어떠한 재화가 수입되고 어떤 재화가 수출되는가의 문제, 즉 무역의 패턴에 관한 사항도 해명해야 할 기본적인 과제다. 우선 17세기와 18세기에 지배적이었던 중상주의적인 경제철학은 어느 한 국가가 부강해지기 위해서는 수입보다 수출을 더 많이 해야 한다는 논리(즉 한 국가는 다른 국가를 희생시킴으로써만 이익을 얻을 수 있다는 것)의 경제정책을 주장하였으나 무역이 발생하는 근본적인 이유를 체계적으로 설명하지는 못했다. 무역의 발생원인을 이론적으로 설명한 최초의 사람은 고전학파의 창시자인 스미스이다. 스미스에 의하면 가령 상호간에 자발적인 무역이 이루어지려면 두 국가 모두가 이익을 얻어야 한다는 명제에서 출발하고 있다.

스미스에 의하면 자유무역을 하게 되면 각 국가는 생산비에서 절대우위를 가지는 재화의 생산에 특화해 수출을 하고 절대열위에 있는 재화를 수입함으로써 세계 전체의 생산량은 증대되고 이 증대된 생산물을 교역당사국에 배분하게 되면 모든 나라가 동시에 이익을 얻을 수 있다는 주장을 하였는데, 이를 스미스의 국제무역에 관한 절대우위의 법칙(the law of absolute advantage) 또는 절대생산비설(theory of absolute cost)이라 한다.

그런데 스미스의 절대우위의 논리는 한 나라가 두 가지 재화의 생산에 있어서 모두 절대우위에 있다면 상호이익이 되는 무역이 발생할 수 없다는 문제를 안고 있다. 즉 한국이 일본보다 철강생산비도 싸고 직물생산비도 쌀 경우에도 과연 한국과 일본이 서로 철강과 직물을 교역하게 될까? 또는 교역을 할 경우 양국 모두 이익을 볼 수 있을까? 리카도에 의하면 이러한 경우에도 스미스의 절대우위론과는 달리 한국과 일본이 무역을 하게 되면 두 나라 모두에게 이익이 된다는 것이다. 이것이 이른바 비교우위의 법칙(the law of comparative advantage) 또는 비교생산비설(theory of comparative cost)이라 한다.

13.2 스미스의 절대우위론

1) 절대우위론

아담 스미스는 국가 사이의 무역은 절대우위(absolute advantage)로 인하여 발생한다고 보았다. 즉, 한 상품의 생산에 있어서는 타국보다 더 효율적이나 다른 상품의 생산에서는 덜 효율적일 경우 양국은 각각 자국이 절대우위에 있는 상품의 생산에 특화(specialize)하여 그 일부를 서로 교환함으로써 상호이익을 얻을 수 있다는 것이다. 이렇게 하여 자원은 가장 효율적인 방법으로 사용됨으로써 양 상품의 생산은 모두 증가하게 되며 이 양 상품의 생산량 증가가 바로 생산의 특화에 의해서 얻게 되는 양국의 이익을 나타내는데, 이 이익은 무역을 통하여 양국에 분배된다는 것이다.

가령, 자연현상 때문에 캐나다는 밀의 재배가 효율적이나 바나나의 재배는 덜 효율적이고, 반면 브라질은 바나나를 재배하는 데는 효율적이나 밀의 재배에는 덜 효율적이라고 하자. 이 경우 캐나다는 밀의 재배에는 브라질에 대해서 절대우위에 있지만 바나나의 재배에는 절대열위에 있다. 브라질의 경우는 이와 반대이다.

이러한 상황에서 양국은 자국이 절대우위를 가지고 있는 상품의 생산에 특화(전문화)하여 타국과 무역을 통해 교환함으로써 양국이 모두 이익을 얻을 수 있다. 캐나다는 밀의 생산에 특화하여 이 중의 일부를 브라질에서 재배한 바나나와 교환한다. 결과적으로 밀과 바나나는 모두 더 많이 재배되고 소비되며 캐나다와 브라질은 모두 이익을 보게 된다.

이렇게 볼 때 한 국가의 행동은 개인의 행동과 다를 바 없다. 한 개인은 자기가 가장 효율적으로 생산할 수 있는 상품만을 생산하여 이중 일부를 자기가 필요로 하는 다른 상품과 교환한다. 이러한 방법으로 모든 개인의 총생산과 후생을 극대화하는 것이다.

따라서 중상주의자들은 한 국가는 다른 국가의 희생을 통하여만 이익을 얻을 수 있다고 생각하여 모든 경제활동 및 무역에 대한 정부의 강력한 통제를 주장하였으나 스미스(및 그를 계승한 기타의 고전학파 경제학자들)는 모든 국가가 무역을 통하여 상호이익을 볼 수 있다고 생각하여 자유방임정책(policy of laissez-faire)을 강력히 주장했다. 즉, 자유무역에 의해 세계자원은 가장 효율적으로 이용되고 세계후생은 극대화되리라고 본 것이다. 이러한 자유방임정책과 자유무역을 주장하는 데는 극소수의 예외가 있었다. 그 중의 하나가 국방에 중요한 산업을 보호하자는 것이었다.

2) 절대우위에 의한 무역이익과 문제점

그렇다면 스미스가 주장하는 절대우위에 관한 것을 간단한 수치적 예를 들어 설명해 보기로 한다. 가령 한국과 미국의 두 나라가 각각 직물과 밀을 생산하고 두 상품을 생산하는 데 사용되는 생산요소는 노동뿐이라고 한다. [표 13-1]에서처럼 한국에서는 직물 1단위를 생산하는 데 노동 100단위를 필요로 하고 밀 1단위 생산하는 데 노동 120단위를 필요로 하며, 미국의 경우에는 직물 1단위 생산하는 데 노동 120단위를, 밀 1단위 생산하는데 노동 100단위를 각각 필요로 하는 것으로 되어 있다. 이 경우 한국은 직물에 절대우위가 있고 미국은 밀에 절대우위가 있다. 이것은 한국의 경우 직물의 생산비가 미국보다 싸고 밀에 있어서는 미국이 한국보다 싸다는 것이다. 따라서 양국이 무역을 하게 된다면 한국은 직물을 수출하고, 미국은 밀을 수출하는 교역형태가 이루어질 것이다. 우선 양국이 절대우위에 따라 한국은 직물의 생산에 특화할 경우 220단위의 노동으로 직물을 2.2단위 생산할 수 있게 된다. 미국도 220단위의 노동으로 밀생산에 특화하여 밀을 2.2단위 생산하게 된다. 이때 양국 사이에 무역이 성립하여 두 재화가 1:1로 교환된다고 하자. 분석의 편의상 교역에 드는 수송비 등은 무시하기로 한다. 이 경우 한국이 1단위의 직물을 수출하고 미국으로부터 밀 1단위를 수입한다면 무역의 결과로 한국은 교역 전보다 직물 0.2단위 이익을 가져오게 된다. 마찬가지로 미국의 경우에는 밀을 1단위 수출하고 직물을 1단위 수입함으로써 무역전에 비하여 0.2단위의 밀을 더 얻게 된다. 즉 전체적으로 무역이익이 직물 0.2단위, 밀 0.2단위씩 발생하게 되었다.

표 13-1 각국의 재화단위당 생산비(투입노동량) 비교

	직물	밀
한국	100	120
미국	120	100

한편 생산요소의 절약으로 본다면 무역전에 비하여 양국은 모두 직물 1단위와 밀 1단위를 얻는 데 20단위의 노동을 각각 절약할 수도 있다. 이와 같이 양국은

절대적으로 유리한 재화를 분업적으로 특화·생산하여 서로 교역을 하게 되면 양국은 무역이익을 얻을 뿐만 아니라 전세계적으로도 이익이 발생한다는 것이다. 그러나 이러한 스미스의 절대우위론에 있어서 나타나는 문제점은 첫째, 양국간의 교역에 있어서 어느 한 나라가 두 재화의 생산에 모두 절대우위에 있다면 이 경우에는 절대우위론에 의하여는 무역이 성립되지 않게 된다는 것이다.

둘째, 무역에 있어서 이익을 설명하고 있긴 하지만 국제적인 이익의 분배문제, 즉 교역조건의 결정에 대해서는 설명이 부족하다.

셋째, 절대우위론은 선진국과 개발도상국 사이의 무역과 같은 세계무역의 일부분을 설명하고 있을 뿐이다.

그러나 스미스의 절대우위론은 무역의 기본원리와 그 이익을 설명하려는 고전적 무역이론의 기원을 이루었고, 그 뒤에 나타난 리카도의 비교우위론과 기타 신고전파 경제학자들에 의해 더욱 발전되었다.

13.3 리카도의 비교우위론

1) 리카도이론의 개요

리카도는 1871년 『정치경제 및 과세의 원리』(principles of political economy and taxation)라는 저서에서 비교우위론을 제시하였다. 리카도는 스미스와는 달리 1국이 타국에 비해 두 재화 모두의 생산성이 절대열위에 있을지라도 그 열위의 정도에 상대적 격차만 있으면 그 중 한 재화를 특화·수출하고 다른 재화를 수입하는 것이 무역당사국 모두에게 이익이 된다는 것이다.

즉 비교우위론에 의하면, 비록 1국이 두 가지 재화의 생산에 있어 모두 다른 국가보다 덜 효율적이라 하더라도 상호이익을 볼 수 있는 무역은 역시 가능하다. 1국은 절대열위가 가장 작은 상품(이것이 비교우위상품임)의 생산에 특화하여 이를 수출하고 절대열위가 가장 큰 상품(이것이 비교열위상품임)을 수입하면 두 나라 모두 무역이익을 얻게 된다는 것이다.

따라서 리카도의 비교우위론은 국제분업의 이익, 또는 무역의 이익을 설명하면서, 국제분업이 어떻게 이루어지고 있는가를 설명하는 이론이다. 또한 이 원리는 이론적으로 국제무역론의 기본원리를 제시하고 있을 뿐 아니라 정책적으로 자유무역주의의 근거가 되기도 한다. 이 학설은 리카도의 『정치경제 및 과세의 원리』에서 최초로 확립되었고, 그 후 밀, 마샬, 타우식(F. W. Taussing), 바이너(J. Viner) 등에 의해 계승되었다.

2) 비교우위론의 내용

앞에서 지적한 바와 같이 리카도에 의하면 스미스의 경우와는 달리 양국에 있어서 생산비의 상대적 차이가 존재하는 경우에도 무역이 발생한다는 것이다. 즉 한 국가가 생산비에 있어서 상대적인 우위가 있는 재화의 생산에 특화해서 교역을 할 경우에도 모두 다 이익을 보게 된다는 것이 비교우위에 관한 무역이론의 주장이다.

리카도의 비교우위론에 있어서도 앞에서와 같이 한국과 미국으로 구성된 양국이 오직 두 개의 생산품, 즉 직물과 밀만을 생산하고 있으며 노동이 유일한 생산요소라고 가정하자. 이러한 가정 하에서 한국과 미국에서 직물과 밀을 한 단위씩 생산하는 데 투입되는 노동의 투입량은 [표 13-2]와 같다. 즉, 한국에서는 직물 1단위와 밀 1단위의 생산비가 각각 노동 100, 120단위인데 비하여 미국에서는 직물 1단위의 생산비는 노동 90단위이고 밀 1단위의 생산비는 노동 80단위이다. 그러면 미국은 직물과 밀을 생산하는 데 있어서 한국에 비해 모두 절대우위를 갖는다. 따라서 절대우위론에 의하면 미국은 두 가지 재화의 생산에 있어서 모두 절대우위를 갖고 있으므로 두 재화의 일방적 수출국이 되고 한국은 언제나 두 재화를 수입해야 한다는 결론이 나온다. 이 경우 비교우위론에 의하면 생산비의 상대적인 차이가 존재하기만 해도 무역이 성립하게 되고 또한 상호이익을 보게 된다. 비교우위는 두 나라 사이의 직물 생산비 비율과 밀 생산비 비율을 비교함으로써 알 수 있다. 즉 직물의 경우 한국과 미국의 생산비 비율은 100:90이고, 밀의 경우는 120:80이다.

표 13-2 각국의 재화단위당 생산비(노동투입량) 비교

	직물	밀
한국	100	120
미국	90	80

따라서 미국의 직물 생산비는 한국의 직물 생산비(90/100=0.9)의 90%인데 반해 밀 생산비는 한국의 밀 생산비(80/120 = 0.67)의 약 67%에 불과하다. 이때

미국은 한국에 비해 직물을 생산하는 것보다 밀을 생산하는 것이 상대적으로 더 유리하다는 것이다. 다시 말해 미국은 한국과 비교하여 직물과 밀의 생산에 있어서 모두 절대우위를 가지고 있지만 밀에서의 절대우위(80/120)가 직물에서의 절대우위(90/100)보다 크기 때문에 미국은 밀에 비교우위를 갖게 된다. 즉 미국은 직물보다 밀을 생산하는 데 있어 한국보다 비교적 더 효율적이다.

또한 한국의 입장에서 살펴보면 미국에 대한 한국의 생산비를 비교하면 직물은 100/90이지만, 밀은 120/80이다. 그러므로 한국에서는 미국에 비하여 직물 생산비는 111%, 밀 생산비는 150%나 되므로 이 경우 한국은 미국에 비해 밀을 생산하는 것보다 직물을 생산하는 것이 비교적 더 큰 효율성을 가진다고 말할 수 있다. 따라서 미국은 한국에 비하여 밀의 생산에 비교우위를 가지고 한국은 미국에 비하여 직물에 비교우위를 가지고 있다고 말할 수 있다.

먼저 특화 전의 자급자족 상태에서는 한국과 미국은 각각 주어진 노동투입량으로 직물과 밀을 각각 1단위씩 생산하고 있다. 그런데 양국이 각 재화의 생산에 특화를 하게 되면 한국은 직물 생산에 노동 220단위를 투입하여 2.2단위의 직물을 생산하게 된다. 그리고 미국은 밀 생산에 노동을 170단위 투입하여 2.125단위의 밀을 생산하게 된다. 만약 두 재화(직물과 밀)의 교환비율이 1:1인 경우를 가정하자. 그리하여 한국은 1.1단위의 직물을 미국에 수출하고 그 대가로 미국으로부터 1.1단위의 밀을 수입한다고 한다. 그러면 양국이 각각 비교우위가 있는 재화에 완전특화를 하여 교역을 하게 되면 한국은 직물과 밀의 소비를 각각 1.1단위씩 하게 되므로 각 재화의 소비량을 0.1단위씩 증대시킬 수 있다.

한편 미국은 직물 1.1단위와 밀 1.025단위의 소비가 가능하게 되어 각각 0.1, 0.025단위씩 소비의 증가를 가져오게 되는 것이다. 이를 달리 표현할 수도 있다. 즉, 한국에서 밀 1단위를 생산하는데 노동 120단위가 소요되므로 밀 1단위의 가격은 직물 1.2단위(=120/100)이며 반면 미국에 있어서는 밀 1단위 가격은 직물 0.89단위(=80/90)에 해당된다. 따라서 지금 양국이 무역을 행한다고 할 경우 만약 한국이 밀 1단위를 직물 1.2단위 이하의 가격으로 수입할 수만 있다면 한국으로서는 이익이 된다. 또 만약 미국이 밀을 1단위 수출함으로써 직물 0.89단위 이상을 수입할 수 있다면 이것은 또한 미국의 이익이 될 것이다.

따라서 리카도의 비교우위론에 의하면 한 국가가 타국가와 비교하여 두 가지 재화의 생산 모두에서 덜 효율적이라고 하더라도 상호이익이 되는 무역이 발생할 가능성이 있음을 알 수 있다. 또한 두 가지 재화 생산에 모두 절대우위가 있는 국가도 비교우위에 입각한 무역으로 이익을 얻게 된다는 것이다.

3) 비교우위론의 현대적 설명

앞에서 리카도의 이론은 각국이 비교우위를 가지는 상품만을 분업적으로 생산하여 서로 교역을 하면 모두 이익을 볼 수 있다는 것이었다. 이 같은 비교생산비설을 현대적 입장에서 생산가능곡선을 이용하여 설명해 보기로 한다.

그림 13-1 리카도의 생산가능곡선

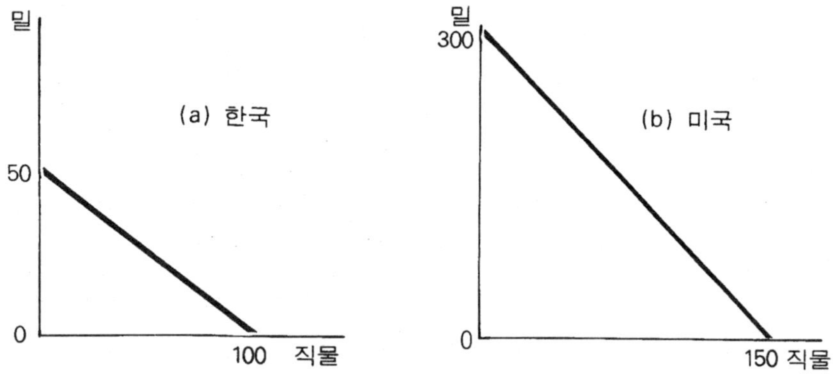

표 13-3 각국의 최대생산가능량

	직물	밀
한국	100	50
미국	150	300

지금 한국과 미국이 모두 생산자원을 투입하여 직물과 밀을 생산하고 있다고 하자. 그런데 리카도는 노동을 사용하여 어떠한 재화를 생산할 경우 노동의 한계생산물이 항상 일정하다고 보았다. 이와 같은 가정 하에서 무역 이전에 한국과 미국이 주어진 자원으로 생산할 수 있는 최대 생산가능량은 [표 13-3]과 같다. 이것을 그림으로 표시하면 [그림 13-1]과 같이 직선의 생산가능곡선으로 표시된다.

[그림 13-1] (a)의 생산가능곡선에 의하면 무역 이전 한국은 직물 1단위를 더 생산하기 위하여 밀 0.5단위의 생산을 희생시켜야 하며, 밀 1단위를 생산하기 위해서 직물 2단위를 희생해야한다. 즉 직물 1단위의 기회비용은 밀 0.5단위이고 밀 1단위의 기회비용은 직물 2단위이다. 결국 한국에 있어서의 직물과 밀의

교환비율은 2:1이다. 그러나 미국에 있어서의 직물과 밀의 교환비율은 1:2가 된다. 그런데 여기서 직물과 밀의 기회비용은 각 재화의 생산량에 관계없이 일정불변하다. 이러한 생산조건하에서 무역 이전의 한국과 미국의 비교우위를 보면 한국에 있어서는 밀 1단위 대신에 직물 2단위 획득이 가능한데 비해 미국에서는 직물 0.5단위밖에 얻을 수 없으므로 한국은 직물생산에 있어서 미국보다 비교우위에 있다는 사실을 알 수 있다. 한편 미국에 있어서는 직물 1단위 대신에 밀 2단위 획득이 가능한데 비해 한국에서는 밀 0.5단위밖에 얻을 수 없으므로 미국은 한국보다 밀 생산에 있어서 비교우위가 있음을 알 수 있다. 결국 한국은 직물 생산에 특화하고 미국은 밀 생산에 특화하게 되고, 또한 비용불변의 가정에 의해 각국은 직물과 밀의 생산에 완전특화하게 된다. 이제 한국과 미국이 교역을 하게 되고 밀과 직물에 대한 국제적 교환비율이 1:1이 되었다고 하자. 한국의 경우 무역을 하지 않을 때는 2단위의 직물을 희생하여 1단위의 밀을 얻을 수 있는데 무역을 하면 직물 1단위를 희생하여 밀 1단위를 얻을 수 있다. 즉 한국은 모든 생산시설을 직물생산에 투입하여 완전특화한 후 이를 미국에 수출하고 대신에 밀을 미국으로부터 수입하게 된다면 무역전보다 이익을 얻게 된다는 것이다. 가령 한국은 무역을 하기 전에 모든 생산요소를 투입하여 직물 50단위와 밀 25단위를 생산하여 소비하고 있었다고 하자. 이제 한국은 무역을 하게 되어 모든 생산요소를 직물생산에 투입하여 100단위의 직물을 생산하고 이중 50단위를 미국에 수출하여 50단위의 밀을 수입할 수 있게 된다. 즉 무역을 하기 전에는 50단위의 직물과 25단위의 밀을 소비할 수밖에 없었는데 무역을 하게 되면 50단위의 직물과 50단위의 밀을 소비할 수 있음으로써 사회전체의 효용이 증가한다. 마찬가지로 미국에 있어서는 비교우위성이 있는 밀의 생산에 완전 특화하여 한국과 교역을 하게 된다면 사회전체의 효용이 증대하게 될 것이다. 이와 같이 무역을 하지 않을 때 한 국가의 생산가능곡선이 곧 이 국가의 소비가능곡선이나, 무역을 하게 되면 각국은 비교우위 재화의 생산에 특화하여 이중 일부를 자국이 비교열위에 있는 다른 국가의 특화재화와 교환한다. 이렇게 함으로써 양국은 무역을 하기 전보다 두 재화를 그만큼 더 소비할 수 있음으로써 소비가능곡선이 확장되는 결과가 된다.

4) 비교우위론에 대한 비판

리카도의 비교생산비의 원리는 19세기 자유무역주의의 이론적 근거로 제시되기도 하였으나, 노동만이 유일한 생산요소이며 또한 노동이 동질적(즉 노동이 한 가지 종류밖에 없다는 것)이라는 가정 하에 출발하였기 때문에 많은 비판을 받곤 했다. 가령 대부분의 재화생산에 있어서 노동 이외의 자본과 기타 생산요소의 존재를 인정하지 않을 수 없으며, 또한 생산요소 사이의 대체가능성을 경시하고 있다. 한편 노동은 명백히 동질적이 아니며, 교육 정도라든지 생산성 및 임금에서의 차이가 심하게 나타나는게 현실이다. 더구나 재화생산에 있어서 기회비용이 일정하다는 사실과 한 나라가 비교우위에 있는 재화생산에 완전특화하고 비교열위에 있는 재화는 전혀 생산하지 않는다는 점에서도 비현실성을 엿볼 수 있다.

사례 13-1 : Ricardo 이론 검증 - MacDougall과 Golub

MacDougall(1951)은 미국과 영국의 25개 수출산업 데이터(1937년 기준)를 중심으로 Ricardo 이론을 검증하였다. 미국 근로자의 평균임금이 영국 근로자의 약 2배에 달하는 당시 상황에서 MacDougall은 미국 근로자의 노동섄상성이 영국 근로자의 노동생산성을 2배 이상 상회하는 산업에서 미국이 비교우위를 가지게 될 것이고 이는 수출시장에서 상대적으로 높은 시장점유율의 확보로 이어질 것으로 내다보았다. MacDougall은 미국과 영국 사이에 이뤄지고 있던 무역을 연구대상에서 제외하였는데 이는 양국 사이의 산업별 관세율이 양국 노동생산성의 차이를 상쇄할 지도 모를 위험성을 내포하고 있었으며 양국 사이 수출규모 또한 양국 전체 수출규모의 5%에도 못 미치는 무시할 만한 수준이었기 때문이었다. 반면 양국은 제3의 수출시장에서 동일한 관세를 지불해야 하는 입장이라 관세로 인한 문제점을 피할 수 있었다.

MacDougall의 검증결과는 Ricardo 이론을 경험적으로 지지하는 것으로 경제학계에서 수용되었으나 몇 가지 의문점을 남겼다. 첫째는 미국이 영국에 비하여 비교우위를 가지는 경우에 왜 수출시장을 독점할 수 없는가 하는 점이다. 이에 대해 MacDougall은 '제품차별화'를 그 주된 원인으로 지적하고 있다. 미국의 제품과 영국의 제품이 같은 산업에 속한다 하더라도 차별화되어 있다는 것이다. 둘째는 왜 수출량 비율이 1일 때 노동생산성 비율이 정확히 2가 아닌 2를 상회하는가 하는 점이다. 이에 대해 MacDougall은 영국의 경우 영연방제국에 수출할 경우 미국보다 낮은 특혜관세를 누리게 된다는 점과 수출활동에 필요한 간접노동을 추가할 경우 미국이 불리해져 노동생산성이 그만큼 더 높아져야 한다고 주장했다.

<김세영·허윤, 국제무역론, 율곡출판사, 2004, pp.48~49.>

13.4 밀의 상호수요균등의 법칙

리카도는 비교생산비설을 통하여 무역의 발생원인과 무역의 이익을 밝힘으로써 무역이론의 발전에 크게 기여했다. 문제는 리카도의 이론은 무역의 공급측면만을 중시한 나머지 수요측면을 무시함으로써 무역이익이 교역당사국에 얼마만큼 배분되는가에 대하여 언급하지를 못했다. 밀은 리카도가 규명하지 못한 교역상품의 교역조건(국제교환비율)과 교역당사국에 대한 무역이익의 배분비율을 규명하였다. 이 이론이 상호수요균등의 법칙(law of equation of reciprocal demand) 또는 국제가치론(theory of international value)이다.

1) 교역조건의 결정

밀은 상품의 국제교환비율, 즉 교역조건이 비교생산비의 상한과 하한내의 어느 점에서 결정되는가를 중시하고 그의 이론을 전개하고 있는데, 교역조건은 결국 자국상품에 대한 외국의 수요와 외국상품에 대한 자국수요가 상호 일치되는 점에서 결정된다고 주장했다. 나아가 밀은 이 교역조건에 의하여 교역당사국에 대한 무역이익의 배분비율이 결정된다고 주장했다. 이와 같이 밀은 상대국상품에 대한 양국 수요의 규모가 교역조건을 결정한다는 사실을 주장했고, 그 후에는 이외에도 수요의 탄력성이 교역조건을 결정한다고 주장했던 것이다. 예컨대, 그에 의하면 상대국 상품에 대한 자국의 수요탄력성이 크면 교역조건은 자국에 불리하고, 이와 반대의 경우 교역조건은 자국에 유리하다는 점을 밝혔다. 따라서 교역당사국의 상호수요의 규모와 수요의 탄력성에 의하여 교역조건이 결정된다는 것이다.

교역당사국간에 교역조건이 어떻게 결정되며, 또 이들 국가에 대한 교역이익이 얼마만큼 배분되는가를 살펴보기 위하여 [표 13-4]를 이용한다. 이 표를 통하여 동일한 노동량으로 영국에서는 10야드의 나사와 15야드의 아마포(linen)를 생산할 수 있고, 또 독일에서는 10야드의 나사와 20야드의 아마포를 생산할 수 있다고 가정한다. 이 생산조건에서는 영국이나 독일은 모두 동일 노동량으로 나사보다 아마포를 더 유리하게 생산할 수 있다는 것을 알 수 있다.

표 13-4 밀의 생산량 비교

	영국	독일
나사	10야드	10야드
아마포	15야드	20야드

그러나 1단위의 나사를 생산하는 데 필요한 양국의 노동량은 동일하지만, 1단위의 아마포를 생산하는 데 필요한 노동량은 독일이 영국보다 적게 든다. 따라서 영국은 나사 생산에 특화하고 독일은 아마포 생산에 특화하여 양생산물을 교환한다면 양국은 이익을 얻을 수 있다. 그러면, 이 두 가지 상품의 교환비율은 어떻게 결정될 것인가를 살펴보자.

이 경우 양국에서의 두 상품의 국제교환비율은 영국의 국내교환비율인 나사 10야드에 대한 아마포 15야드와, 독일의 국내교환비율인 나사 10야드에 대한 아마포 20야드 사이에서 결정된다. 무역이 성립됨에 따라 영국은 나사 10야드를 독일에 제공하는 대가로 아마포를 15야드 이상 받으려고 하고, 한편 독일은 영국으로부터 나사 10야드를 받는 대가로 아마포를 20야드 이상 제공하려고 하지 않을 것이다. 왜냐하면, 영국은 나사 10야드를 제공하고 아마포를 15야드 이상 받지 못할 바에야 아마포를 국내에서 생산하는 것이 한층 더 유리하며, 한편 독일은 나사 10야드를 받는 대가로 아마포를 20야드 이상 제공한다면 이는 국내에서 나사를 생산하는 것보다 불리하기 때문이다. 따라서 영국의 나사와 독일의 아마포 교환비율은 나사 10야드에 대하여 아마포 15야드 내지 20야드 범위 내에서 결정될 것이다.

이 범위는 양상품의 국제교환비율, 즉 교역조건의 한계가 된다. 그런데, 영국은 나사 10야드 대 아마포 15야드의 비율로는 무역을 하지 않으려고 할 것이다. 왜냐하면, 이 비율은 국내교환비율과 다를 바 없기 때문이다. 그러나 독일은 이 비율로 무역이익을 얻을 수 있으므로 무역을 하려고 원한다. 이와 반대로 나사 10야드 대 아마포 20야드의 교환비율로는 독일은 무역에 대하여 흥미를 갖지 않을지라도 영국은 무역이익을 얻을 수 있으므로 무역에 대하여 관심을 갖는다. 겉으로 보기에는, 양상품의 교역조건은 그 중간인 나사 10야드 대 아마포 17.5야드로 결정된다고 볼 수 있으나, 이는 임의로 결정된 교역조건이지 결코 합당한 교역조건은 아니다. 교역조건의 결정에 있어서는 자국상품에 대한 외국의 수요강도와 외국상품에 대한 자국의 수요강도를 고려하지 않으면 안된다. 자국상품에 대한 외국의 수요강도는 외국이 제공하는 상품의 수량으로 표현될 수 있으며,

외국상품의 경우도 이와 마찬가지다. 따라서 자국상품에 대한 외국의 수요가 강하며, 이와 교환으로 제공되는 외국상품의 수량도 많고, 반대의 경우에는 그 수량이 적다. 이와 같이 교역조건은 자국상품에 대한 외국의 수요와 외국상품에 대한 자국의 수요가 상호 일치되는 점에서 결정된다고 밀은 주장했다.

2) 무역이익의 배분

교역조건은 양국에 대하여 무역이익의 배분비율을 결정한다. 가령, 나사와 아마포의 교역조건을 10:17이라고 한다면, 영국은 무역전에 비하여 2야드의 아마포를 더 얻을 수 있으며, 한편 독일은 3야드의 아마포를 절약할 수 있다. 따라서 이러한 비율의 교역조건에 의하여 양국에서는 무역이익을 얻을 수 있다. 만약 아마포에 대한 영국의 수요가 증가된다면, 나사 10야드에 대한 아마포의 교역조건은 17야드 이하로 떨어진다. 따라서 영국의 교역조건은 불리하므로 영국의 이익은 감소되지만, 독일의 교역조건은 유리하므로 독일의 이익은 증대된다. 반대로 아마포에 대한 영국의 수요가 감소된다면, 나사 10야드에 대한 아마포의 교역조건은 17야드 이상으로 올라간다. 따라서 영국의 교역조건은 유리하므로 이익은 증가되지만, 독일의 교역조건은 불리하므로 이익은 감소된다. 같은 방법에 의하여 독일의 경우도 설명할 수 있다. 이와 같이 영국에서는 나사 10야드에 대한 아마포의 교역조건이 15야드에 접근할수록 불리하며 20야드에 접근할수록 유리하고, 반대로 독일은 나사 10야드에 대한 아마포의 교역조건이 15야드에 접근할수록 유리하며 20야드에 접근할수록 불리하다.

결국, 무역이익은 교역조건이 어떻게 결정되느냐에 달려 있으며, 이 교역조건은 양국의 생산비의 상한과 하한내의 어느 점에서 결정된다. 그리고 교역조건의 결정을 지배하는 요인은 교역상대국의 상품에 대한 양국의 수요의 크기이다.

3) 상호수요균등법칙의 의의와 한계

밀은 상호수요균등의 법칙을 통하여 리카도가 비교생산비설에서 지나치게 국제무역의 공급부문만을 중시한 취약점을 극복하고 수요부문을 도입함으로써 상품의 교역조건을 규명하게 되었고, 이러한 관점에서 국제가치론 내지 국제균형론을 처음으로 밝혔다. 이는 무역이론에 있어서 밀의 공적이다. 그러나 밀의 학설도 리카도의 학설처럼 결함과 난점을 지니고 있다. 이 학설은 대체로 리카도의 비교생산비원리의 전제가 되는 여러 가지 가정 하에서 출발되었으며, 특히 수요면을 중시하고 공급면을 무시했다. 즉 밀의 상호수요균등의 법칙에서 생산비란 국제교환비율의 범위를 나타내는 데 불과하고 국제가치를 반영하는 국제교환비율의 결정은 생산비와는 직접적인 관계가 없이 상호수요에 의해 결정되고 있다. 따라서 이 학설은 소박한 이론에 지나지 않았기 때문에 마샬, 에지워스 등에 의하여 한층 더 보완되었다. 이들은 상호수요곡선, 또는 오퍼곡선에 의하여 상호수요의 법칙을 보완함으로써 수요면에서 국제균형론 내지 국제가치론을 발전시켰다.

제 14 장

근대무역이론

14.1 근대무역이론의 배경
14.2 하벌러의 기회비용설
14.3 헥셔-오린정리

13장에서 살펴본 고전파 무역이론의 한계점을 극복하는 과정에서 근대적 무역이론이 등장하였으므로, 본 장에서는 비교생산비설에 근거하였지만 근대 무역이론 정립에 큰 기여를 한 하벌러의 기회비용설 및 기회비용설의 문제점을 해결한 헥셔-오린 정리를 중심으로 살펴본다.

14.1 근대무역이론의 배경

앞에서 고찰한 고전파 무역이론은 자유무역론의 근거가 되었다는 점에서 큰 의미를 갖는다. 즉 중상주의의 부국정책을 타파하고 국제분업과 이에 기초한 자유무역론을 위한 이론적인 도구로서 그 가치를 발휘하였던 것이다. 그런데 고전적 비교생산비설은 노동이라는 단일의 동질적인 생산요소와 수확일정이라고 하는 정태적인 경우를 가정하고 있었다. 뿐만 아니라 노동가치설에 따라 투입노동량만으로 재화의 가격이 결정된다고 보는 고전적 비교생산비설 만으로서는 현실적인 무역이론을 설명하는 데 무리가 뒤따르게 되었다.

한편, 고전적 비교생산비설을 비판하면서 발전된 국제가치론 또한 단순한 가정 하에서 상품수요에 따른 교환비만을 규명했을 뿐, 그 이면에 있는 생산력 차이나 생산구조를 반영해 주지 못하였다. 이러한 고전파 무역이론의 한계점을 극복하는 과정에 근대무역이론이 나타났다. 따라서 근대무역이론은 고전파 무역이론이 갖는 현실적인 문제점을 제거하였는데 이는 크게 두 가지 흐름으로 구분될 수 있다.

첫째는, 고전적인 비교생산비설에 근거를 그대로 두고 고전이론의 설명용구인 노동가치설을 다른 용구인 기회비용으로 바꾸어서 무역현상을 해명하고자 하는 하벌러(G. Haberler)의 기회비용설이다.

둘째는, 처음부터 고전적인 비교생산비설을 지양하고 가격현상과 국제적인 요소부존의 차이에 의거한 일반균형이론을 사용하여 무역현상을 해명하고자 하는 헥셔-오린정리이다.

14.2 하벌러의 기회비용설

하벌러는 기회비용(opportunity cost)과 생산가능곡선이라는 개념을 국제무역이론에 최초로 도입하여 비교우위이론을 체계화하였다.

하벌러의 기본적인 출발점은 여러 가지 상품의 상대가격이 비용의 차이에 따라 결정된다는 점이다. 여기에서 비용이라고 하는 것은 리카도가 주장한 노동가치설이 아니고 그 해당 상품의 생산으로 말미암아 희생되는 타상품의 생산량이라는 점이다. 다시 말하면, 1국의 총생산비용이 일정하다고 가정할 때 두 상품간의 가능한 결합관계, 즉 한 상품의 생산을 증가시키기 위해서는 다른 상품의 생산을 감소 혹은 희생시키지 않으면 안된다는 대체관계에서 무역의 현상을 고찰하고자 한 것이다. 그러므로 기회비용은 하나의 생산물의 비용을 다른 하나의 희생된 생산물로 표시한 것에 불과하며, 이는 생산물간의 기술적 대체관계에 지나지 않는다. 따라서 기회비용은 두 가지 상품 간에 존재하는 교환비율을 반영한다.

기회비용이란 개념이 국제무역이론에 이용된 것은 대체로 다음과 같은 이유 때문이다. 고전학파의 비용이론은 노동이 유일한 생산요소라고 하는 노동가치설에 입각하고 있기 때문에 노동 이외의 생산요소를 필요로 하는 현실적 상태를 충분히 설명할 수 없으며, 또 현실적으로 노동의 질적 차이가 뚜렷하게 있는데도 불구하고 모든 노동의 질이 동일하다고 가정한 점이다. 그리고 고전학파는 불변생산비를 전제로 무역이론을 전개했으나, 현실적으로 규모에 대한 수확이 체감되기도 하고 체증되기도 하므로 생산비는 체증되기도 하고 체감되기도 한다. 하벌러는 이러한 고전학파의 경제적 오류를 반성하고 새로운 관점에서 출발하여 노동가치적 비용개념과는 달리 기회비용과 생산가능곡선을 국제무역이론에 도입하여 비교우위의 이론을 전개했던 것이다. 따라서 하벌러의 기회비용설은 노동가치설, 또는 실질비용설을 개선했다고 볼 수 있다. 이것은 단일한 생산요소라고 하는 가정에서 벗어나 보다 현실에 적합한 생산요소를 전제로 그의 무역이론을 전개했다는 점과 제약조건이 적은 가정을 통하여 동일한 결과를 가져왔다는 점이다. 그리고 가변생산비 상태 하에서도 비교우위의 결정을 일반화시켰다는 점이다.

불변생산비하의 생산가능곡선은 가격선과 비슷한 형태를 취하며, 이 조건하에서는 불완전특화 뿐 아니라 완전특화도 가능하다. 그러나 수확불변조건하의 불변생산비는 현실적으로 그 가능성이 어렵고 따라서 수확체감조건하의 체증생산비의 경우가 국제무역이론에서 많이 이용된다. 물론 불변생산비하의 무역도 무시될 수는 없다.

요컨대 기회비용설은 첫째, 리카도의 단일생산요소(노동)라는 극단적인 가정을 벗어나서 여러 가지 생산요소들을 가정해서 무역의 방향과 이익을 설명하고 있다는 점과 둘째, 엄격한 가정에서 벗어나면서도 노동가치설에 입각한 리카도의 비교생산비설과 같은 결론을 얻을 수 있다는 사실에 의의가 있다고 할 수 있다. 그러나 기회비용설이 근대무역이론의 정립에는 큰 기여를 하였으나 그 자체만 보면 무역이론으로서 많은 결함을 지니고 있다. 예를 들면 기회비용설에 있어서는 국가간 기회비용의 차이가 어떤 경로를 통하여 발생하고 있는지에 관한 설명이 없으며 더구나 무역의 방향과 국제교환비율의 결정에 있어서 수요부문의 영향을 고려하고 있지 않다는 사실이다. 이러한 문제들은 다음에 논의할 헥셔-오린정리에 의하여 해결된다. 결국 국제무역론의 완성적인 이론적 틀은 헥셔-오린정리에 의하여 갖추어지게 된다.

14.3 헥셔-오린정리

1) 헥셔-오린정리의 배경

비교생산비설은 무역에서 비교생산비의 구조를 여건으로 할 때 각국이 자국에 유리한 무역을 행하는 결과 어떠한 이익이 발생하는가를 명백히 하기는 했으나 비교생산비의 차이가 왜 생겨나느냐에 대한 원인을 분석하지는 못했다. 즉 노동의 생산성에 격차가 나타나는 이유를 기후의 차이에 의한 것과 같은 경우를 제외하고는 별다른 설명을 하지 못했다. 이리하여 비교생산비의 발생원인을 규명하려는 연구가 시도되었는데, 이는 스웨덴의 경제학자 헥셔(E. F. Heckscher)가 1919년에 발표한 "무역이 소득분배에 미치는 영향"이라는 논문에서 처음으로 이루어졌고, 그 후 그의 제자 오린(B. Ohilin)에 의해 더욱 체계화되었다.

두 학자의 이와 같은 비교생산비차의 발생원인에 관한 연구를 헥셔-오린정리(Heckscher-Ohlin theorem)라고 부른다.

헥셔와 오린은 1국이 타국에 비하여 상대적으로 풍부하게 부존된 생산요소를 집약적으로 사용하여 생산하는 재화가 비교우위를 갖는 경향이 있다고 주장한다. 헥셔-오린의 이론은 가변기회비용 및 노동과 자본 등 두 가지 생산요소, 그리고 불완전특화를 가정하고 있다는 점에서 리카도이론과 다르다.

한편 헥셔-오린이론은 사무엘슨(P. A. Samuelson) 등에 의해 더욱 정교화 되었고, 레온티에프(W. Leontief)의 실증적 검증을 비롯하여 여러 학자들에 의해 현대적 무역이론으로 계승·발전되었다.

2) 헥셔-오린의 요소부존이론

비교우위의 원리, 즉 비교생산비의 차이를 각국에 있어서 생산요소의 부존량의 차이에서 설명하려는 이론을 헥셔-오린정리라고 한다.

이 정리는 다음과 같은 몇 가지의 가정에 기초하고 있다. 가령 ① 두 나라(즉 A국과 B국), 두 상품(X재와 Y재), 그리고 두 생산요소(노동과 자본)가 존재하며, ② 양국은 생산에 있어서 동일한 기술을 사용하며, ③ 양국에서 X재는 노동집약적이고 Y재는 자본집약적이다. ④ 생산규모에 대한 수확불변 및 양국의 기호가 동일하고, ⑤ 양국의 상품시장과 요소시장은 완전경쟁, ⑥ 각국 내에서는 생산요소가 자유롭게 이동할 수 있지만 국가간에는 요소가 이동할 수 없고, ⑦ 운송비, 관세 및 기타 자유로운 국제무역에 대한 장애가 존재하지 않는 등의 전제하에서 각국의 비교우위의 근거를 요소부존도(factor endowment ratio)의 상대적 격차에서 구하고 있다. 상대적으로 풍부한 생산요소의 가격은 희소한 생산요소의 가격에 비해서 싸다. 따라서 각 국가 간의 생산요소의 부존비율의 차이에서 비교생산비의 국가 간 차이가 나타난다는 것이다. 즉 각 나라는 자신이 상대적으로 풍부하게 보유하고 있는 생산요소를 집약적으로 사용하는 재화를 상대적으로 낮은 가격으로 생산할 수 있으므로 이 재화를 생산하는 데 비교우위를 가지게 되며 나아가 이를 수출한다고 보고, 반대로 상대적으로 희소한 생산요소를 생산과정에서 집약적으로 사용하는 재화의 생산에는 생산비가 많이 소모되므로 가격도 높아 이 재화의 생산에는 비교열위가 존재하며 결국 이 재화는 수입을 하게 된다는 것이다. 예를 들어 한국에 있어서는 노동이 상대적으로 풍부하고 미국에서는 자본이 상대적으로 풍부하다면 한국은 자본에 비하여 노동의 상대가격이 싸고, 미국은 노동에 비해 자본의 상대가격이 싸다. 따라서 한국에서는 노동집약적인 재화의 생산에 비교우위가 있어 이 재화의 생산에 특화하여 수출하게 되고 미국은 자본집약적인 재화의 생산에 비교우위가 있어 이 재화의 생산에 특화하여 이를 수출하는 것이 유리하다는 것이다.

3) 헥셔-오린정리의 한계: 레온티에프의 역설

이 헥셔-오린의 정리가 타당하다면 노동보다도 자본이 상대적으로 풍부하게 존재한다고 생각되는 미국과 같은 나라에서는 자본집약적인 상품을 생산, 수출하고 노동집약적인 상품을 수입하게 될 것이다. 그러나 산업연관표분석표의 창시자인 레온티에프가 독자적으로 실시한 통계적 조사에 의하면 미국의 경우 헥셔-오린정리에 의한 추론과는 반대되는 결과를 발견하였다. 미국은 도리어 자본집약적인 상품을 수입하고 노동집약적인 상품을 수출하고 있다는 결과가 나타난 것이다. 이것을 레온티에프의 역설(Leontief's paradox)이라 한다.

레온티에프는 미국경제에 관한 1947년도 투입-산출표(Input-Output table)를 통해 미국의 대표적인 수출품과 수입대체품의 각 100만 달러치 속에 포함되고 있는 노동과 자본의 투입량을 계산하였다. 그런데 문제는 레온티에프가 수입재가 아닌 수입대체재의 노동과 자본의 비율을 계산하였다는 사실이다. 이는 레온티에프가 각 수입국별로 투입산출표를 구할 수 없었기 때문이다.

이러한 이유 때문에 미국에서 전혀 생산되지 않는 커피나 바나나와 같은 수입상품이나 서비스 등 국제무역의 대상에서 제외되는 품목은 조사대상에서도 제외되었다.

표 14-1 미국내 100만 달러치의 수출품과 수입대체품생산에 필요한 노동과 자본투입량

	수출상품	수입대체상품
자본(1947년 달러가격)	$2,555,780	$3,091,339
노동(연인원수)	181.31	170.00
1인당자본량(자본/노동)	$13,991	$18,184

이상과 같은 방법을 통해 레온티에프는 [표 14-1]과 같이 100만달러치의 수출품과 수입대체품 생산에 필요한 미국 내에 노동과 자본의 투입량을 구하게 되었다.

헥셔-오린의 정리가 타당하다면 미국의 경우 원래 자본의 부존량이 풍부한 것으로 예견할 수 있으므로 수출상품이 수입대체상품에 비해서 더 자본집약적이어야만 하나 [표 14-1]에서와 같이 실제로는 수출상품에 있어서 노동자 1인당 자본량이 13,991달러임에 반하여 수입대체상품의 그것은 18,184달러로 나타나 수입대체상품이 수출상품보다 자본집약적(즉 수입상품은 수입대체상품에 비해서 더 노동집약적)이라는 사실을 발견하였다. 레온티에프의 역설이 발표된 이후 많은 경제학자들이 이에 대한 검증을 시도하면서 레온티에프의 연구결과를 확인하기 시작하였다. 더구나 레온티에프가 사용한 통계적 처리와 분석방법 등에 대하여 여러 가지 비판과 함께 헥셔-오린의 가정에 대한 검토가 본격적으로 이루어졌다. 특히 레온티에프의 역설을 해명하고자 하는 설명 중에서 중요한 것들만을 요약해서 설명하면 다음과 같다.

첫째, 레온티에프 자신은 다음과 같은 설명으로 자기의 검증결과와 헥셔-오린

정리와의 일치가능성을 주장하였다. 즉 미국의 노동력은 생산성(능률)면에서 타국의 노동보다 우수하므로 생산성을 고려한 노동단위를 택한다면 미국은 상대적으로 노동이 풍부한 국가라고 할 수도 있다고 보았다. 그러나 이와 같은 설명에는 문제점이 있다. 예컨대 노동의 생산성(능률)이 높다는 것은 바로 노동의 질이 우수하기 때문인데, 우수한 노동력이란 선천적인 자질이라기 보다는 오히려 후천적으로 형성되는 것이라 보아야 할 것이다. 다시 말하면 우수한 노동력은 개발에 의해서 이루어지며 노동력개발에는 투자가 요구된다. 가령 교육이나 직업훈련 등 노동생산성을 증대시키는 모든 지출은 노동력개발을 위한 인간에 대한 투자로서 인적 자본(human capital)을 구성하게 되는 것이다. 따라서 인적 자본을 자본의 개념에 포함시키게 되면 미국 노동의 생산성이 타국의 그것보다 크다는 사실은 바로 미국이 타국에 비하여 노동이 풍부한 국가가 아니고 오히려 자본이 풍부한 국가로 분류하여야 할 것이다.

한편 인적 자본에 관한 중요한 실증적 연구는 크라비스(Kravis), 키싱(D. D. Keesing), 케넨(P. B. Kennen), 볼드윈(R. E. Baldwin) 등에 의해 이루어졌다.

둘째, 헥셔-오린이론에서는 생산요소로서 노동과 자본만을 포함시키고 나머지 토지, 기후, 석유 등 중요한 생산요소인 천연자원은 제외시키고 있다. 미국의 경우 석유, 광물 등은 주로 수입에 의존하고 있는 실정인데 그러한 자원은 생산과정에서 자본집약적인 방법으로 생산되기 때문에 마치 자본집약적인 재화를 수입하는 것처럼 나타난다는 것이다. 바넥(J. Vanek)에 의하면 미국은 천연자원이 희소하며 따라서 천연자원집약적인 재화를 레온티에프의 검증에서 제외시킬 경우 헥셔-오린정리는 미국의 무역패턴에 합치하게 된다는 것이다.

셋째, 헥셔-오린정리에서는 양국에 있어서 비교우위를 결정하는 요소는 국가간의 공급조건이며 양국의 수요구조는 일치한다고 가정하였다. 만약 미국이 이 가정과 달리 수요가 자본집약인 재화에 편중되어 있다면 비록 자본이 풍부하더라도 자본집약적인 재화를 수입하지 않을 수 없는 문제가 발생하게 된다. 이를 수요의 편향이라 한다. 그러나 국가간에 수요의 차이가 수요의 편향을 초래할 만큼 크다는 것이 실제로는 증명이 되지 않고 있다.

넷째, 요소집약도의 역전가능성이다. 헥셔-오린정리에서는 요소집약도의 역전이 없다고 가정하고 있으나 이 가정이 부인된다면 레온티에프의 역설은 타당하게 된다. 즉 미국이 비록 상대적으로 자본이 풍부하다고 해도 자본집약인 재화에 대한 국내수요의 편향현상에 따라 자본에 대한 수요가 급증한다면 상대적으로 자본의 가격이 상승하게 될 것이다. 경우에 따라서는 자본집약적인 것보다는 노동집약적인 재화가 수출될 가능성이 있다고 볼 수 있다.

4) 요소가격균등화와 소득분배

여기서 요소가격균등화정리를 살펴보고자 한다. 요소가격균등화정리는 헥셔-오린정리로부터 유도되고 헥셔-오린정리가 타당할 때만 적용이 가능하다. 이러한 요소가격균등화정리를 자세하게 실증한 사람은 사무엘슨이며 요소가격균등화정리를 경우에 따라서는 헥셔-오린-사무엘슨정리라고도 한다.

(1) 요소가격균등화정리

헥셔-오린이론에서 전제하고 있는 가정을 그대로 적용할 경우 요소가격균등화정리(factor-price equalization theorem)는 다음과 같이 요약할 수 있다. 즉 국제무역이 이루어지는 경우 국가간에 생산요소의 이동이 불가능하다고 해도 동질적인 생산요소에 대한 가격은 상대적으로든지 절대적으로든지 균등화된다는 것이다. 따라서 무역은 국가간 생산요소의 이동을 대체하는 효과를 갖는다는 것이다. 이것은 국제무역이 이루어지면 동질적인 노동(즉 동일수준의 기술, 숙련도 및 생산성을 가진 노동)에 대한 보수(임금)가 모든 교역국들 사이에서 같아진다는 것을 의미하며, 마찬가지로 국제무역을 통한 모든 교역국 사이의 동질적인 자본(가령 생산성 등이 같은)에 대한 수익률, 즉 보수도 동일하게 된다. 따라서 국제무역이 이루어지면 교역국 사이의 임금(w)이 동일하게 될 것이며, 또한 자본의 수익률(r)도 양국에서 동일하게 되므로 결국 요소의 상대가격이나 절대가격은 양국에서 모두 균등하게 된다는 것이다. 가령 노동집약적인 X재와 자본집약적인 Y재를 전제로 할 경우 한국은 노동의 상대가격 또는 임금률이 미국보다 더 낮기 때문에 상품 X의 상대가격은 미국보다 한국에서 더 낮다고 가정한다. 만약 한국에서 노동집약재인 X재의 생산에 특화한다면 자본집약재인 Y재의 생산은 감소할 것이고 노동에 대한 수요는 상대적으로 증가하여 임금률(w)이 상승하는 반면 그 동안 희소하던 자본에 대한 수요는 상대적으로 감소하여 자본의 가격(r)은 감소하게 된다. 미국의 경우는 이와 정반대의 현상이 발생한다. 즉 미국이 국제무역과 함께 자본집약적인 Y재의 생산에 특화한다면 노동집약적인 X재의 생산은 감소할 것이고 자본에 대한 수요는 상대적으로 증대하는 반면 노동에 대한 수요는 상대적으로 줄어들어 임금률(w)이 하락하는데 반해 자본가격(r)은 상승하게 된다. 결국 국제무역은 무역을 하기 이전의 양국의 w와 r의 차이를 감소시키는 경향을 갖게 된다는 사실을 알 수 있다.

따라서 헥셔-오린의 제가정이 성립할 경우 국제무역은 동질적인 요소에 있어서 요소의 상대가격 및 절대가격을 완전히 균등화시킨다. 왜냐하면 자유무역이 이루어질 경우 요소의 상대가격이 상이하면 재화의 상대가격도 차이가 날 것이므로 무역이 계속될 것이기 때문이다. 또한 무역이 확대됨에 따라 요소가격의 차이는 줄어들어 결국에는 양국의 요소의 상대가격이 균등해진다. 또한 자유무역이 이루어질 경우 동질적인 노동과 자본에 대한 임금과 자본보수율이 양국에서 절대적으로 균등해진다. 즉 무역에 의하여 상대가격이 균등화되고 상품 및 요소시장에서 완전경쟁이 존재하며 국제무역에 대한 보수불변을 가정할 경우 국제무역은 동질적인 요소에 대한 절대적 보수를 역시 균등화시킨다. 따라서 국제무역은 생산요소의 국제적 이동을 대체하는 역할을 한다는 사실을 알 수 있다.

(2) 국제무역이 소득분배에 미치는 효과

앞에서 우리는 국제무역에 의하여 양국의 임금과 자본수익률이 균등화된다는 점을 살펴보았다. 이제 국제무역이 각국내의 실질임금과 노동자의 실질소득에 미치는 효과를 노동자의 실질소득과 자본가의 실질소득과 관련하여 살펴봄으로써 국제무역이 소득분배에 미치는 효과를 살펴보자.

앞에서 국제무역으로 한 국가에서 풍부하고 값싼 요소의 가격은 상승하는 반면 미국의 임금은 하락하고, 동시에 한국의 자본수익률은 하락하는 반면 미국의 임금은 하락하고, 동시에 한국의 자본수익률은 하락하는 반면 미국의 자본수익률은 상승한다는 사실을 밝혔다. 무역의 개시 여부에 관계없이 노동과 자본의 완전고용을 가정한다면 노동자의 실질소득과 자본가의 실질소득은 요소가격의 변화 방향과 일치할 것이다. 즉 한국에 있어서는 노동자의 실질소득이 증가하는 반면에 자본가의 실질소득은 하락할 것이고, 미국의 경우는 노동자의 실질소득이 감소하는 대신 자본가의 실질소득은 증대할 것이다. 따라서 자본이 풍부한 선진제국에 있어서는 자본이 상대적으로 풍부하므로 국제무역으로 인하여 노동의 실질소득이 감소하는데, 노동조합 등에서는 자유무역보다 보호무역을 지지하는 경향이 있고 반대로 개발도상국이나 후진제국에 있어서는 마찬가지의 논리로 자유무역을 선호하는 추세이다. 그런데 미국과 같은 자본풍부국이나 노동희소국에서 과연 국제무역으로 실질임금과 노동자의 실질소득이 감소한다는 이유만으로 무역을 제한 내지 제재함이 타당할까? 이에 대한 해답은 무역으로 인한 자본가의 소득증대가 노동자의 실질소득 감소를 일반적으로 능가하므로 부정적이다.

이 경우 자본가에 대해서는 세금을 부과하고 노동자에 대해서는 보조금정책 등 소득재분배정책을 실시함으로써 국제무역은 양요소의 소득을 모두 증가시키게 된다는 것이다. 그러나 후진국이나 개발도상국의 경우에는 오히려 무역을 규제하는 것이 산업보호차원에서 유리할 것으로 보인다.

사례 14-1 : 요소가격과 무역패턴

1994년 미국 대선후보로 출마한 Ross Perot는 NAFTA의 결성이 미국에 수많은 실직자를, 멕시코에 수많은 직장을 안겨줄 것이라고 주장했다. 문제투성이의 주장이었지만 당시 그는 이런 발언을 통해서 상당한 인기를 누렸다. 그러나 그의 예측은 빗나갔다. 그의 무지는 임금의 변동을 고려치 않음으로써 증폭되었다. 멕시코가 노동집약적인 재화에 특화함에 따라 임금수준도 상승할 것이라는 사실을 그는 간과했던 것이다. 한국, 태국, 싱가포르, 타이완은 무역장벽을 낮추고 노동집약적인 재화에 특화하면서 하나같이 임금상승이라는 현실을 경험했다. 임금이 상승하면 몇 가지 조정과정이 발생한다. 첫째, 다른 조건이 동일하다면 다국적기업들은 임금이 상승한 국가에서 생산해야 할 유인을 잃게 된다. 따라서 이 지역에서 찾는 일도 줄어든다. 반면 생산기지는 저임금국인 인도네시아, 중국, 베트남으로 옮아간다.

이는 세계화의 진전이 각종 노동수요의 탄력성을 높이는 결과를 초래한다는 주장과도 밀접하게 연결되어 있다. 둘째, 임금이 급속히 상승한 국가의 기업들은 보다 기술집약적인 재화의 생산에 눈을 돌린다. 한국은 운동화보다 등산화나 스케이트화 같은 기술함량이 상대적으로 높은 제품에 큰 관심을 보이고 있다.

무역과 임금과의 관계와 연관해 미국경제를 살펴보는 것도 흥미롭다. 1980년대 미국경제는 세 가지 뚜렷한 양상을 보였다. 첫째, 무역적자가 급속히 늘어났다. 둘째, 2차대전 후 지속적인 상승세를 보였던 실질임금이 제자리걸음을 계속했다. 셋째, 숙련공과 비숙련공의 임금격차가 극적으로 확대되었다. 여기서 떠오르는 질문 하나, 실질임금의 발목을 잡은 것이나 비숙련공의 임금하락을 부추긴 것이 국제무역 관련요인 때문이었을까? 명확한 증거는 없다. 그러나 많은 경제학자들은 다음과 같은 가설에 동의하고 있다. 1980년대 미국의 임금수준추이는 국제무역보다는 기술변화에 기인하는 바 크다. 즉 1980년대는 광범위한 PC보급과 함께 지식집약적인 기술에 대한 수요가 급속히 늘면서 숙련공의 임금은 가파르게 상승했고 비숙련공의 임금은 상승세가 꺾이면서 오히려 하락하는 양상을 보였다는 것이다.

<김세영 · 허윤, 국제무역론, 율곡출판사, 2004, p.111>

제 15 장

국제무역의 신이론

15.1 제품차별화 이론
15.2 연구개발(R&D)요소이론
15.3 기술격차론
15.4 대표적 수요이론
15.5 노동숙련설(인적자본설)
15.6 기타의 무역이론

이상의 제13과 제14장에서 우리는 그 동안 정립된 무역이론에 대해 철저하게 살펴보았다. 특히 고전파의 비교생산비설에서는 비교우위의 지배원인으로 노동생산성이 중요시되었다. 한편 헥셔-오린 무역이론에서는 노동과 자본의 양적인 부존비율의 차이가 무역패턴의 결정에 중요한 영향을 미친다는 사실도 확인한 바 있다.

그러나 앞서 설명한 바의 주류를 이루는 이론 이외에도 비록 그 이론이 가지는 적용범위는 적을지라도 엄연히 무역현상을 설명해 주고 있는 기타 새로운 이론들이 있다. 모든 무역이론을 섭렵해 본다는 의미에서 이와 같은 이론을 들어서 차례로 설명하고자 한다.

15.1 제품차별화이론

최근 모든 국가들이 생산하고 있는 대부분의 상품들은 품질면에서 동질적이라기 보다는 비동질적이다. 오늘날 세계에서 생산되는 자동차의 경우를 보더라도 소나타·폭스바겐·토요다·세이블·시보레 등과 같이 제품이 동일하지 않다. 따라서 국제무역의 대부분은 같은 종류의 산업이나 혹은 광범위한 생산집단 내에서 제품차별화(product differentiation)에 의해서 이루어지고 있다. 즉, 국제무역의 대부분은 상품의 산업간 무역이 아니라 동일한 산업내의 제품차별화에 의한 무역이다.

이러한 현상은 EU의 각 가맹국간처럼 무역장벽이 철폐될 때 분명히 일어날 수 있을 것이다. 발라사(B. Balassa)는 1967년 그의 연구에서, 무역량이 급격히 증가하고 있지만 그 증가의 대부분이 각 산업의 광의분류 내에서 제품차별화에 의한 상호교환을 의미한다는 것을 밝혔다.

그루벨(H. G. Grubel)과 로이드(P. J. Lloyd)는 공업국가들 간의 무역의 약 50%는 동일산업내의 제품차별화에 의해서 이루어졌다고 주장했다. 그들이 주장하는 바에 의하면 제품차별화에 의한 교역량의 비율은 생산의 이질화가 보편적으로 이루어지고 있지 않는 개발도상국, 즉 제품 차별화의 정도가 낮은 국가에서 더 낮게 나타났다.

15.2 연구개발(R&D)요소이론

기술진보와 혁신은 국제무역에 상당한 영향을 미칠 뿐 아니라 무역패턴결정에 중요한 역할을 한다. 더구나, 연구개발(R&D: research and development)은 무역발생의 원인이 될지도 모른다. 이와 같이 무역발생의 근거를 연구개발요소에서 구하려고 한 이론이 연구개발요소이론이다. 이 새로운 무역이론은 그루버(W. Gruber), 메타(D. Mehta), 버논(R. Vernon) 등 3인의 공동연구와 키싱의 단독연구 결과에서 제시되었다. 키싱은 미국산업의 경쟁력을 주요 선진공업국(미국·영국·독일·프랑스·이탈리아·일본·벨기에·네덜란드·스웨덴·캐나다)의 산업별 수출액 중에 미국의 수출액 점유비율로 표시하고, 연구개발요소의 지표를 각 산업의 전고용자 중에 연구개발에 종사하는 과학자, 기사의 점유비율로 표시한 후, 미국의 경우 연구개발종사자 등 우수한 질적 노동을 많이 고용하고 있는 산업일수록 국제경쟁력이 강하고 수출비율이 높다는 점을 실증적으로 분석하였다.

표 15-1 수출액의 비율과 연구개발종사자의 비율(미국)

산 업	10개국 수출액 중에 미국의 수출액의 점유비율(%)(1992년)	전고용자 중에 연구개발종사자의 점유비율(1992년)
항 공 기	55.40	7.56
사 무 기 기	54.32	8.61
악 기	30.10	4.90
기 타 기 계	29.45	5.89
기 구	23.25	4.30
화 학 품	23.46	3.76
전 기 기 구	25.72	4.51
고 무	21.05	0.98
자 동 차	18.95	1.25
석 유 정 제	16.61	2.75
가 공 금 속	20.25	0.70
비 철 금 속	16.31	0.85
종이및그제품	12.76	0.61
석 · 유 리	13.46	0.72
수 송 기 계	12.46	0.51
목재·그제품	10.96	0.07
철 물 제 품	9.45	0.31
철 강	8.61	0.51

키싱(D. B. Keesing)의 연구 결과인 [표 15-1]을 보면, 18개 산업의 전고용자 중에 연구개발 종사자의 점유비율이 높은 산업일수록 10개국 수출액 중에 미국의 수출액의 점유비율이 높다는 것을 알 수 있다. 키싱은 자본필요량, 천연자원 필요량, 숙련노동필요량, 규모의 경제 등 4개의 경쟁력요인과 연구개발요소를 비교하여 연구개발요소는 경쟁력을 강력히 강화시키는 하나의 요인이라고 지적했다. 한편, 그루버 등 3인의 공동연구는 경쟁력을 각 산업의 총매출액에 대한 수출비율과 각 산업의 총매출액에 대한 수출입차액의 비율로 표시하고, 연구개발요소를 OECD·영국·독일·프랑스의 총수출에 대한 미국의 수출비율로 표시한 후, 연구개발요소와 수출비율과의 관계를 규명했다. 이 연구에서도 키싱의 연구개발지표가 미국의 수출비율과 밀접한 관련을 맺고 있다는 사실이 드러났다. 이들 공동연구에서는 무역의 발생요인으로 연구개발요소가 중시되었으며, 더욱 연구개발요소가 큰 기업이 대외직접투자에 적극적인 것으로 나타났다.

15.3 기술격차론

기술격차론(technological gap theory)은 국가간 생산기술상의 격차가 무역발생의 원인이 되고 무역패턴 결정에 중요한 역할을 한다는 이론이다. 이 이론에 의하면 어느 상품을 생산하는 데 기술적인 면에서 우위에 있는 나라는 그것이 열위에 있는 나라에 대하여 생산기술상의 격차를 이용하여 관련제품을 수출할 수 있다는 것이다.

즉, 기술진보가 발생된 국가는 일시적으로 그 기술진보 부문의 상품을 독점적으로 생산하여 수출할 수 있다. 그러나 기술진보가 뒤떨어진 타국은 무역에 의한 데몬스트레이션 효과(demonstration effect), 특허도입, 직접투자유치 등을 통하여 진보된 기술을 모방할 수 있으며, 이에 의하여 양국간의 기술격차가 해소됨에 따라 기술진보가 뒤떨어졌던 국가에서도 국내에서 그 상품을 생산하여 이를 기술이 최초로 진보된 국가로 역수출할 수 있다는 것이다. 이와 같이 모방에 의하여 기술이 이전되고 이에 따라 생산입지와 무역 패턴이 변동된다는 새로운 무역이론이 또한 기술격차론이다. 이 이론은 포스너(M. V. Posner), 허프바우어(G. C. Hufbauer)에 의하여 규명되었다. [그림 15-1]을 보면, O선을 중심으로 윗쪽에는 기술이 진보된 국가, 즉 기술혁신국인 1국의 생산 및 수출량이 표시되어 있고, 아랫쪽에는 기술이 뒤떨어진 국가, 즉 기술모방국인 2국의 생산 및 수출량이 표시되어 있다. t_0점에서는 혁신국에서 기술이 진보됨에 따라 신제품을 생산할 수 있으며, 시간이 경과될수록 더 많은 제품을 생산할 수 있다. t_1점에서는 이 제품에 대한 2국의 수입수요가 발생되어 1국은 2국으로 제품을 수출한다. 따라서 1국의 생산 및 수출량은 점점 증가된다. 그러나 t_2점에 이르러서는 기술모방에 의하여 2국의 생산이 시작되고 그 생산량이 증가됨에 따라 1국의 생산 및 수출량은 점점 감소된다. 결국, t_3점에 이르러서는 이 제품에 대한 1국의 수출과 2국의 수입은 영이 된다. t_3점부터 2국은 이 제품을 오히려 1국에 수출하게 된다. 이와 같이 1국의 생산이 시작되면서부터 2국이 수출할 때까지의 기간을 모방, 반응, 습득기간으로 구분한다면, 모방기간 중 반응기간은 2국 기업간의 의사결정에 따라 결정되고, 습득기간은 신기술습득능력에 따라 변동된다. 허프바우어는 기술진보에 의하여 발생된 기술갭이 일정한 기간을 거친 후 무역을 발생시키며, 모방국이 모방기간을 지난 후, 가령 t_3점에서 저임금을 이용하여 수출한다는 사실을 지적했다.

그림 15-1 기술격차의 무역의 발생

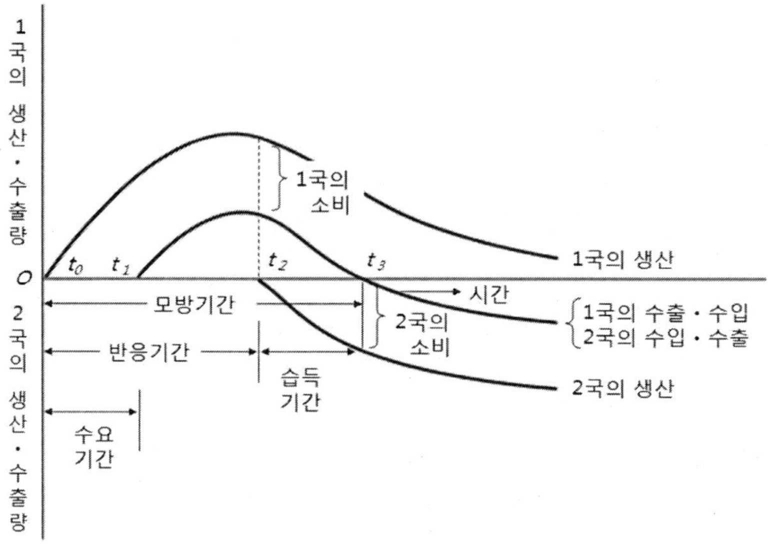

15.4 대표적 수요이론

대표적 수요이론(theory of representative demand)은 한마디로 말하면, 어느 공산품이 잠재적으로 수출상품이 될 수 있는 조건은 대표적 수요(대량수요)가 존재해야 한다는 이론이다. 이 이론을 체계화한 린더(S. B. Linder)는 1차산품과 공산품의 무역패턴을 구별하고 1차산품의 무역패턴은 천연자원의 부존상태에 의하여 설명될 수 있으나, 공산품의 무역패턴은 많은 실증적 연구결과에서 나타난 것과 같이 생산요소의 부존상태에 의하여 설명될 수 없으므로 별도의 원리에 의하여 설명되어야 한다고 주장했다. 이 별도의 원리란 다름이 아니라 수요의 작용이라는 것이다. 그러므로 공산품의 무역패턴은 수요에 의하여 결정된다고 보아도 무방하다. 사실, 어느 상품에 대한 수요가 존재하지 않는다면 수입이 이루어질 수 없는 것이다. 물론, 수요는 수입에 의하여 모두 충당되지 않을지라도 1국의 수입가능재의 범위를 결정하는 것은 국내수요의 존재인 것만은 사실이다. 이러한 분석은 특별한 것은 아니지만, 린더가 수출과 국내수요와의 결부를 강조한 것은 분명히 새로운 이론이라고 볼 수 있다.

린더는 수출가능재 내지 수입가능재 중에서 실제로 수출되거나, 또는 수입되는 상품은 국내거래를 발생시키는 요인과 마찬가지로 국제무역에 있어서도 생산물의 분화, 공급이 풍부한 원료를 가공하는 이점, 기술적 우월성, 경영기능 및 규모의 경제에 의하여 결정된다고 주장했던 것이다. 린더의 대표적 수요이론의 특징은 다음과 같다. 무역패턴은 수요구조에 의하여 결정되고 이 수요구조는 1인당 소득수준의 지배를 받기 때문에 1인당 소득수준이 변동된다면 수요구조도 변동되고, 이에 따라 무역패턴도 변동된다는 점이다. 이로써 무역당사국간의 1인당 소득수준이 비슷하면 비슷할수록 수요구조도 비슷하며, 이에 의하여 잠재적인 무역량이 크다는 것이다. 이상과 같이 수요 그 자체가 공급을 인도한다는 린더의 이론은 주목할 만한 가치가 있다. 그러나 수요의 측면을 너무 강조한 끝에 수출도 수입도 모두 수요에 의하여 결정된다는 것은 반성할 여지가 없지 않은 것이다.

15.5 노동숙련설(인적자본설)

노동숙련설(theory of skilled labor)은 요소부존이론의 실증적 연구인 레온티에프 역설을 해결하려고 시도한 이론이다. 이 이론은 미국 노동자의 생산성이 외국 노동자의 생산성에 비하여 3배 정도가 높다는 레온티에프의 시사에서 출발한 것이다. 이 이론에 의하면, 숙련노동(전문직·기사·지배인 등)과 미숙련노동(반숙련공·미숙련공 등)의 노동분류 중에서 어느 노동이 상대적으로 풍부하느냐에 따라 그 나라의 무역패턴이 결정된다는 것이다. 각국의 수출 및 수입 100만달러당 숙련노동과 미숙련노동의 투입비율을 계산한 [표 15-2]를 보면 각국의 무역패턴을 알 수 있다. 즉, 미국의 수출은 타국에 비하여 숙련노동집약적이고 수입은 미숙련노동집약적이라는 것을 알 수 있다.

미국과 마찬가지로 숙련노동집약재에 비교우위를 가지고 있는 나라는 스웨덴·독일 등이고, 미숙련노동집약재에 비교우위를 가지고 있는 나라는 벨기에·영국·이탈리아 등이다. 다만, 주의해야 할 것은 수출입상품은 천연자원의 지배를 받지 않는 공산품에 한한다.

숙련노동이 자본을 체화하고 있으므로 이상의 결과는 미국이 단순한 노동집약재에 비교우위를 가지고 있다는 주장에 대하여 반증을 제시한 것이라고 보아도 좋다. 숙련노동의 훈련에 비용이 따르고 노동의 훈련에 필요한 비용은 경제적으로 일종의 투자에 해당된다.

표 15-2 각 수출입품의 숙련노동자수(1992)

수출		수입	
미국	0.86	벨기에	0.82
스웨덴	0.81	영국	0.79
독일	0.79	이탈리아	0.76
일본	0.72	독일	0.69
네델란드	0.56	프랑스	0.65
프랑스	0.54	스웨덴	0.63
이탈리아	0.50	일본	0.60
영국	0.49	네델란드	0.59
벨기에	0.48	미국	0.56

따라서 숙련노동은 과거의 투자를 체화한 일종의 자본으로 생각할 수 있는 것이다. 이로써 생산요소를 자본과 노동의 2요소로 나누고 미국의 수출은 수입에 비하여 노동집약적이라고 주장한 것은 사실과 어느 정도 일치되지 않는다. 생산요소의 일종인 자본은 다만 그 자체로서 생산활동에 기여할 뿐 아니라 노동과 천연자원의 질을 개량시킴으로써 생산활동에 기여하는 것이다. 이 이론은 키싱에 의하여 주장되었다.

15.6 기타의 무역이론

1) 입수가능성설

입수가능성론(availability theory)이란 무역패턴이 결정요인을 생산물의 입수가능성 여부, 또는 공급의 가능성 차이에서 무역흐름을 설명하고 있는 이론이다. 즉 광물, 석유, 목재 등 천연자원의 지배를 받고 있는 상품은 그 천연자원의 풍부한 부존량에 의하여 수출공급이 결정되고, 또 기술진보에 수반되는 신제품은 신기술개발에 의하여 수출공급이 결정된다는 이론이다. 이러한 특수한 상품 중에서 어느 상품의 공급이 가능한가에 따라 그 나라 수출의 동향이 결정된다는 것이다. 다시 말하면, 천연자원, 기술진보에 의한 신제품개발, 제품차별화 등 공급가능성(availability)이 있는 것은 수출품이 되고 공급가능성이 없는 것은 수입품이 된다는 것이다. 이 이론은 크라비스에 의하여 전개되었다.

2) 제품수명주기이론

제품수명주기이론(theory of product life cycle)이란 일반재화의 경우 도입→성장→성숙→쇠퇴라는 일련의 수명주기(life cycle)과정을 겪게 된다. 즉 일반적으로 연구개발 등에 의하여 시장에 등장하여 성장기 및 성숙기를 거쳐 쇠퇴해 버리는 제품수명주기과정을 겪게 되는데, 이러한 제품의 순환과정에서 발생하는 특성을 적용하여 무역패턴의 결정과정을 설명하려고 한 이론이다. 이 이론은 주로 버논, 웰스(L. T. Wells, Jr) 등에 의해 연구되었다. 버논에 의하면, 신기술을 개발한 기업이 외국에 자회사를 설립함에 따라 생산입지가 모기업의 국가에서 자기업의 국가로 이전된다는 것이다. 즉, 상품은 기술에 의하여 판매가 가능하며 도입기(신제품기), 성장기, 성숙기(표준화기), 쇠퇴기의 일련의 과정을 겪는 수명주기를 경험한다는 것이다. 따라서 개개의 제품수명주기에 있어서 기술수준, 자본집약성, 노동투입량, 산업구조, 소비구조의 특징이 나타난다는 것이다. 제품수명주기 중에 성숙기에 이르러 비로소 후발국이 선발국을 앞지를 수 있다고 한다.

한편, 웰스는 기술진보국인 미국을 중심으로 무역 사이클을 4단계로 분류하고 단계별 특성을 지적했다. ① 제1단계 : 미국은 기술진보에 의하여 제품을 개발한 후 이를 각국에 독점적으로 수출한다. ② 제2단계 : 신제품은 각국에 보급되고 시장이 확대된다. 한편, 미국 이외의 국가에서 이의 생산이 시작되어 제3시장에서 미국제품과 경쟁이 벌어진다. ③ 제3단계 : 외국에서 생산된 제품의 코스트가 인하되어 제3시장에서 미국제품이 제압당한다. 미국의 수출증가율은 저하된다. ④ 제4단계 : 외국제품의 대량생산화에 의하여 그 생산비는 미국제품보다 싸게 되고 미국의 수출은 현저히 감소된다.

3) 규모의 경제론

규모의 경제론(theory of economics of scale)은 규모의 경제(economics of scale)에 의하여 비교생산비차가 발생되고 이에 의하여 무역규모가 확대된다는 이론이다. 각국간에 무역이 이루어지거나, 또는 무역량이 증대된다면 상품이 시장은 확대되며 생산량은 증가된다. 이에 따라 생산상의 분업은 촉진되고 대규모생산의 이익이 나타남으로써 생산비는 현저히 절감된다. 가령, 자동차, 냉장고 및 TV생산부문에 양산체제가 도입된다면 이들 상품의 코스트는 현저히 감소된다. 이러한 규모의 경제는 큰 시장에서 실현된다. 만약, 비교생산비차가 존재하지 않는 경우에 무역이 이루어진다면 규모의 경제에서 비교생산비차가 발생되는 것이다.

4) 환경격차론

환경격차론은 산업화 과정에서 등장하고 있는 각종 환경관리비용이 각국간의 비교우위구조와 무역패턴을 결정한다는 것이다. 즉 최근 환경파괴 방지를 위한 각종 비용이 제품의 생산비를 상승시키고 나아가 국제경쟁력을 변동시키고 무역패턴의 형태를 좌우한다고 본다. 이 이론은 월트(I. Walter), 맘그렌(H. B. Malmgren) 등이 주장하였다.

제 16 장

오퍼곡선과 교역조건

16.1 개 관
16.2 오퍼곡선과 무역의 균형
16.3 교역조건

이장에서는 오퍼곡선의 개념을 도입하여 무역을 할 때 양국 오퍼곡선이 교차하여 상품의 균형상대가격과 양국가의 교역조건이 어떻게 결정되는가를 고찰한다. 우선 16.2절에서는 양국의 수출입상품에 대한 수요와 공급의 분석을 통하여 오퍼곡선을 도출한 후 양국이 무역을 행할 경우 상품의 균형상대가격이 결정되는 과정을 도표를 통하여 자세히 살펴본다. 또한 16.3절에서는 교역조건의 의미와 그 내용에 관하여 분석하고자 한다.

16.1 개 관

앞에서 비교우위의 발생과 그에 기초한 양국가간의 무역은 상호이익을 가져온다는 사실을 밝혔다. 즉 양국의 재화 생산비의 차에 따라 결정되는 비교우위에 위해 무역을 행함으로써 이익을 가져온다는 것이었다. 그런데 리카도이론을 논의함에 있어 전제가 되었던 것은 각국의 교역조건, 즉 두 재화의 상대가격이 두 국가의 기회비용 사이에서 결정된다는 것이었다. 그런데 여기서 우리는 과연 두 재화의 상대가격이 각국의 기회비용 사이에서 결정된다는 가정에 대해 의문을 제기하지 않을 수 없다.

즉, 리카도의 비교생산비설은 무역패턴의 결정과 무역이익의 규명에는 큰 기여를 하였으나, 각국 재화간의 교환비율이 어떻게 결정되는가를 밝히지는 못하였다. 두 재화가 각국간에 교환되는 비율을 일반적으로 교역조건(terms of trade)이라 부르는데, 이것은 밀에 의해 처음으로 규명되었는데, 밀은 두 국가가 서로 상대국 재화에 대해 수요의 크기, 즉 상호수요에 의존한다고 하는 상호수요설을 주장하였다. 밀의 이론은 에지워스(F. Y. Edgeworth)와 마샬(A. Marshall) 등에 의해 오퍼곡선의 개념이 도입됨으로써 더욱 정교한 것으로 발전하였다.

본장에서는 무역이 이루어질 경우 교환비율의 결정에 관하여 논의하고자, 우선 양국의 수출입 상품에 대한 수요 공급의 분석을 통해 오퍼곡선을 도출한 후 양국이 무역을 행할 경우 상품의 균형상대가격이 결정되는 과정을 고찰하기로 한다. 한편 교역조건의 의미와 그 내용에 관해서도 살펴보고자 한다.

16.2 오퍼곡선과 무역의 균형

1) 오퍼곡선의 개념

각국의 오퍼곡선은 각 나라가 수요하고자 하는 수입량에 대하여 얼마만큼의 수출량을 기꺼이 제공하려고 하느냐를 나타낸다. 즉 여러 가지의 상대가격에서 교역당사국 각자가 얼마만큼을 수입하고 얼마만큼을 수출하고자 하는가를 표시하여 주는 곡선으로서 상호수요곡선(reciprocal demand curve)이라고도 한다. 결국 1국의 오퍼곡선은 주어진 각각의 상품의 상대가격비율에 따라 1국이 바라는 수출과 수입의 배합을 표시하는 것으로서 수요와 공급을 동시에 결합시키고 있다.

1국의 오퍼곡선은 그 나라의 생산가능곡선과 무차별곡선 그리고 무역이 발생할 수 있는 여러 가지 가상적인 상품상대가격을 가지고서 공식적이라고는 할 수 없지만 비교적 쉽게 도출할 수 있다. 오퍼곡선의 공식적인 도출은 영국의 경제학자이며 노벨상 수상자인 미드(J.E. Meade)의 연구에 의해 이루어졌다.

2) 오퍼곡선의 도출

앞에서 밝힌 바와 같이 한 나라의 오퍼곡선은 1국의 생산가능곡선과 사회무차별곡선, 그리고 여러 가지의 가상적인 상품의 상대가격으로부터 도출할 수 있다. 여기서는 우선 1국의 오퍼곡선부터 도출하고 그 형태를 살펴보고자 한다.

[그림 16-1]의 (a)에서 TT는 생산가능곡선이고 I_1I_1, I_2I_2는 사회무차별곡선을 나타내고 있다. 여기서 1국의 무역전, 즉 폐쇄경제하에서는 생산과 소비가 A점에서 이루어지고 있고, 이때 두 재화의 교환비가 $P_A = 1/4$(여기서는 생략되었음)로 결정되었다고 하자. 그런데 만약 상대가격이 교역전의 $P_A = 1/4$에서 $P_F = 1/2$로 상승한다고 하자. 그러면 1국은 무역을 개시하게 됨으로써 국내생산은 F에서 결정되며 소비점은 교역전의 A에서 H로 상향이동하게 되고 이에 따라 사회무차별곡선이 I_1I_1로 상승함으로써 후생 수준이 증가하게 된다. 물론 이때 생산과 소비의 차이 때문에 X재를 FG만큼 수출하고 GH의 Y재를 가령 2국으로부터 수입하게 된다. 이러한 교역을 도표에 나타내면 [그림 16-1]의 (b)의 H가 될 것이다.

그림 16-1 제1국의 오퍼곡선의 도출

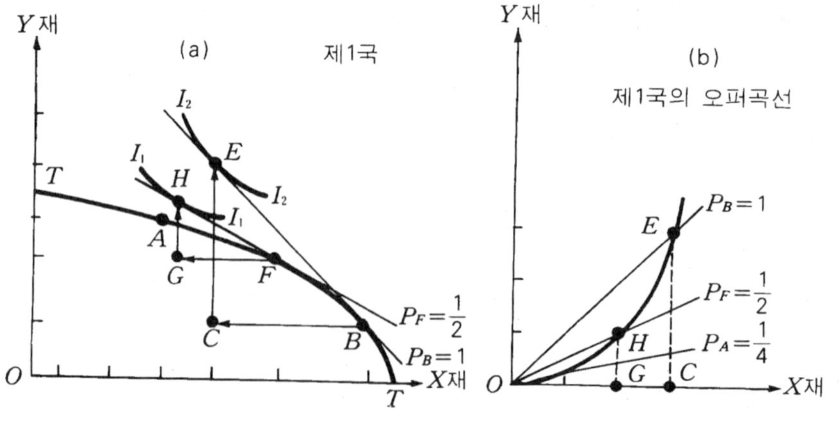

같은 논리로 이제 상대가격이 [그림 16-1]의 (a)에서 $P_B = 1$로 변했다면 1국의 생산점은 F에서 B로 이동하게 된다. 따라서 1국은 BC만큼의 X재를 수출하고 CE만큼의 Y재를 수입하는데 이러한 교역상태를 나타내면 [그림 16-1]의 (b)에서 E로 표시된다. 이와 같이 상대가격의 변화에 따라 1국이 무역을 하고자하는 모든 점들을 연결하면 OHE와 같은 곡선이 되는데 이것이 1국의 오퍼곡선이다. 즉 1국의 생산가능곡선과 무차별곡선만 알면 다양한 상대가격 하에서 1국이 수출하려는 X재와 수입하려는 Y재의 수량, 즉 오퍼곡선을 도출할 수 있을 것이다.

[그림 16-1]의 (a)에서 설명의 단순화를 위해 무역 전 상대가격 $P_A = 1/4$, 그리고 A점에서 P_A와 생산가능곡선이 접하고 있는 사회무차별곡선을 생략하였다. [그림 16-1]의 (a)에 표시된 P_A, P_F, P_B는 [그림 16-1]의 (b)에 표시된 P_A, P_F 그리고 P_B와 동일한 상대가격(PX/PY)을 나타낸다. 그런데 오퍼곡선이 X축에 대하여 볼록한 형태로 나타나고 있는 것은 X재가 1국의 비교우위품목임을 나타내고 생산가능곡선과 사회무차별곡선이 각각 원점에 대하여 오목하고 볼록한데 기인한다. 즉 1국에서 X재를 점차 많이 생산하면 할수록 그에 따른 기회비용도 점차 증가한다. 한편 1국에서 Y재를 점차 더 많이 소비하면 할수록 Y재 소비증가에 따르는 한계효용이 체감하기 때문이다. 따라서 X재의 기회비용체증과 Y재의 한계효용체감은 일정한 X재 양은 더 많은 Y재 양과의 교환을 불가피하게 만든다.

한편, 무역상대국인 2국의 오퍼곡선도 동일한 원리로 도출된다. [그림 16-2]의 왼편 그림에서 점 A'는 제2국의 폐쇄경제하의 균형점을 나타낸다. $P_B' = P_X/P_Y = 1$의 가격으로 무역이 이루어지면 제1국과 $C'E'$의 X를 $B'C'$의 Y와 교환함으로써 무차별곡선 $I_2'I_2'$ 상의 점 E'에 도달하게 된다. [그림 16-2]의 왼편 그림에서 무역삼각형 $B'C'E'$는 오른편 그림의 무역삼각형 OC'E'에 해당됨으로써 제2국의 오퍼곡선상의 점 E'를 얻게 된다. $P_F' = P_X/P_Y = 2$일 경우 제2국의 생산점은 점 F'로 이동하게 되며 제1국과 $F'G'$의 Y로 $G'H'$의 X를 교환함으로써 무차별곡선상 $I_1'I_1'$의 점 H'에 도달하게 된다. 왼편 그림의 무역 삼각형 $F'G'H'$는 오른편 그림의 무역삼각형 $OG'H'$에 해당되므로 제2국의 오퍼곡선상의 점 H'를 얻게 된다. 이와 같은 방법으로 도출된 다른 여러 점들과 함께 점 H', 점 E' 그리고 원점을 연결함으로써 오른편 그림과 같은 제2국의 오퍼곡선을 얻을 수 있다. 제2국의 오퍼곡선은 그 나라에서 수출하려는 상품 Y의 공급량과 수입하려는 상품 X의 수요량과의 여러 가지 배합을 나타낸다.

점 A'에서 무역 전 가격선 $P_{FA}'=4$와 그리고 점 A'에서 P_A'와 생산가능곡선에 접하고 있는 무차별곡선은 분석의 단순화를 위하여 생략되었다. 그리고 [그림 16-2]의 (a)에 표시된 PA', PB', PF'는 (b)에 표시된 PA', PB' 그리고 P_F'와 동일한 상대가격 (P_X/P_Y)을 나타낸다. 그런데 오퍼곡선이 Y축에 대하여 볼록한 형태로 나타나고 있는 것은 Y재가 2국의 비교우위품목임을 나타내고 생산가능곡선과 사회무차별곡선이 각각 원점에 대해 볼록하고 오목한데 기인한다. 즉 이것은 제2국에서 Y재의 추가생산에 따르는 기회비용이 체증하고 X재의 추가소비에 따르는 한계효용이 체감하기 때문이다.

다시 말하면 제2국이 Y의 수출을 증가시키기 위해서는 Y의 상대가격의 상승을 필요로 하는데 그 이유는 다음과 같다. 즉 (1) 제2국이 수출을 하기 위해 상품 Y의 생산을 증가시키는 과정에서 기회비용이 증가하며, (2) 또한 제2국이 추가적으로 수입한 상품 X의 매 단위에서 얻는 여분 또는 한계효용이 낮아진 상태에서 상품 X를 소비하기 때문이다.

그림 16-2 제2국의 오퍼곡선의 도출

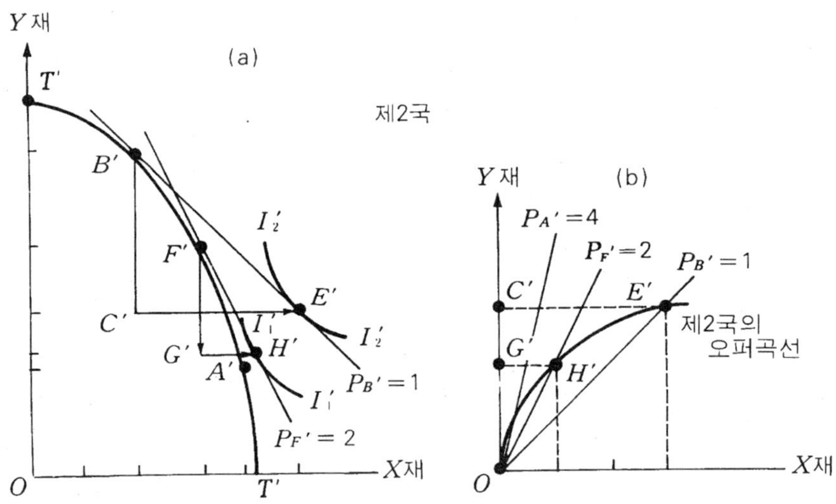

3) 균형교역조건의 결정

앞에서 1국과 2국의 오퍼곡선을 도출하였으므로 이제는 양국에 의한 무역의 균형과 균형교역조건을 분석한다. 즉 [그림 16-3]에서 표시한 제1국과 제2국의 오퍼곡선은 [그림 16-1]과 [그림 16-2]에서의 각국 오퍼곡선을 그대로 옮겨 그린 것이다. 두 오퍼곡선은 점 E에서 교차하여 균형상대가격이 $P_X/P_Y = P_B = P_B' = 1$임을 나타내고 있다. 가격선 P_B에서 제1국은 그 나라 오퍼곡선상의 점 E가 나타내는 대로 GE(혹은 OG')의 Y에 대해 OG(혹은 $G'E'$)의 X를 수출하게 되고 또한 제2국은 그 나라 오퍼곡선상의 점 E'가 나타나는 대로 OG(혹은 $G'E'$)의 X에 대해 GE'(혹은 OG')의 Y를 수출함으로써 P_B에서 무역은 균형을 이루게 된다.

P_B를 제외한 다른 P_X/P_Y에서는 무역은 균형을 이루지 못한다. 예를 들어 $P_F = 1/2$에서는 1국이 수출하고자 하는 X가 제2국의 X재 수입보다 적게 된다. [그림 16-3]에는 나타나 있지 않지만 P_F를 더 확장시키고 제2국의 오퍼곡선을 확장시켜 보면 이 두 선이 교차할 때 결정되는 X재의 수입수요량이 제1국의 수출량을 초과함을 알 수 있다.

그림 16-3 교역조건의 결정

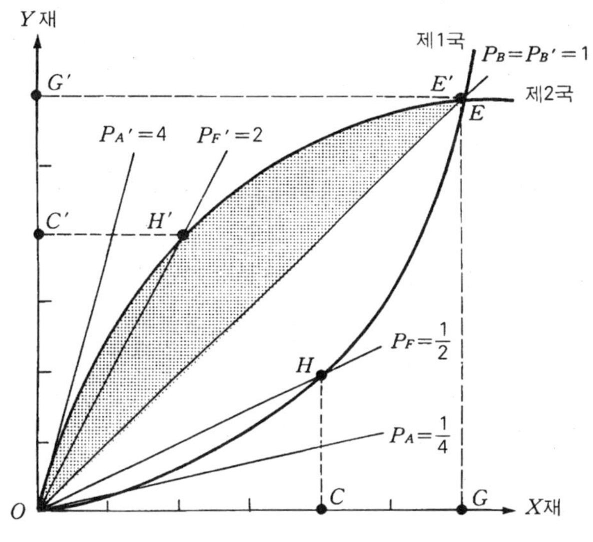

이와 같이 $P_F = 1/2$에서 제2국의 X재에 대한 초과수입수요로 인해 P_X/P_Y는 상승하게 됨으로써 제1국의 X재 수출공급은 증가하고(즉, 제1국은 자국의 오퍼곡선을 따라 상향 이동함), 제2국은 X재의 수입수요를 감소시키게된다(즉, 제2국은 자국의 오퍼곡선을 따라 하향 이동함). 이 결과 수요와 공급이 P_B에서

균형을 이루게 되며 Y재의 경우도 마찬가지로 $P_F = P_B$하에서는 P_F가 P_B로 향하여 수렴하게 된다. 결과적으로 오퍼곡선의 교점은 양국간에 무역이 이루어지는 균형상대가격을 나타내며 이 균형상대가격에서만 양국간의 무역이 균형을 이루게 된다.

16.3 교역조건

1) 교역조건의 개념

한 나라의 교역조건은 그 나라 수입상품가격에 대한 수출상품가격의 비율로 정의된다. 두 나라 모델에서 어느 한 나라의 수출은 교역상대국의 수입이므로 교역상대국의 교역조건은 특정국 교역조건의 역수가 된다.

두 재화뿐만이 아닌 다수교역재 모델에서는 어느 특정국의 교역조건은 수입가격지수에 대한 수출가격지수의 비율로 정의된다. 흔히 이 교역조건은 퍼센트로 표시하기 위하여 100을 곱하여 사용하며 이를 여타의 교역조건과 구별하기 위하여 상품교역조건 혹은 순교역조건(commodity or net barter of trade)이라고 부른다.

시간이 경과함에 따라 수급조건이 변동하게 되면 오퍼곡선도 이동하게 되어 교역조건 및 교역량이 변동하게 된다. 특정국의 교역조건이 개선된다고 하는 것은 수출로부터 수취하게 되는 가격이 수입에 대해서 지불하는 가격에 비해 상승한다는 의미에서 그 나라에 이로운 것으로 통상 간주한다.

2) 교역조건의 종류

고전적 무역이론에서 주로 취급하고 있는 교역조건은 상품교역조건 혹은 순교역조건이다. 그러나 교역조건은 그 측정방법에 따라 그 외에도 총교역조건, 소득교역조건, 요소교역조건 등이 있다.

(1) 상품교역조건

한 나라의 상품교역조건은 그 나라의 수입상품 가격에 대한 수출상품가격비율로 정의한다. 2국의 모델을 가정할 때 교역상대국의 교역조건은 특정국 상품교역조건의 역수가 되며 순교역조건이라고도 한다. 다시 말해서 상품교역조건이란 대외무역거래에서 1국의 재화와 2국의 재화의 교환비율을 말한다. 국제적인 교환비율은 국제수요 및 공급균등의 법칙에 따라 수출입상품가격은 총체적인 국제수요와 국제공급이 균등한 곳에서 결정되며 이 수출상품가격과 수입상품가격을 알게 되면 상품교역조건은 쉽게 알 수 있다. 즉

$$\text{상품교역조건} = \frac{\text{수출상품가격}}{\text{수입상품가격}} \times 100 \tag{16.1}$$

이다.

그런데 1국의 수출상품과 수입상품은 여러 가지가 있으므로 수출입상품가격을 여러 가지 상품에 대해서 종합적으로 산출된 수입품가격지수에 수출품가격지수의 비율로 상품교역조건을 표시할 수도 있다. 즉

$$\text{상품교역조건} = \frac{\text{수출상품가격지수}}{\text{수입상품가격지수}} \times 100 \tag{16.2}$$

이것이 바로 우리가 일반적으로 말하는 상품교역조건이다. 가령 2005년을 기준년도라 하고 2012년 말에 한 국가의 수입품 가격지수가 10% 상승한 반면에 수출품 가격지수가 5% 하락했다면 이 국가의 상품교역조건은

$$\text{교역조건} = \frac{95}{110} \times 100 = 86.363$$

으로 하락한다. 이는 2005년에서 2012년 사이에 이 국가의 수출가격은 수입가격에 비하여 약 14%가 하락했음을 의미한다.

상품교역조건의 상승은 일정량의 수출로 더 많은 양의 수입을 할 수 있음을 의미하며 이 경우는 상품교역조건이 개선되었다고 한다. 상품교역조건은 무역의 역할에 있어서 지표가 되며 후생판단의 기준이 되기도 한다. 만약 상품교역조건의 악화 정도가 심한 경우의 경제성장은 실질국민소득수준을 저하시키는 빈곤화 성장이 될 수 있다는 것이다. 즉 비록 성장이 한 나라의 후생수준을 일반적으로

증가시킨다고 볼 수 있으나 성장 전보다 성장 후에 교역조건이 크게 악화되면 경제성장이 오히려 후생수준을 감소시킬 수 있다는 것이다.

상품교역조건은 국제수지의 악화, 경기순환 등 제요인에 의해 변화하며 이것이 중요시되는 이유는 교역조건의 변동이 관련국가의 소득수준에 주는 효과가 크기 때문이다.

한편 상품교역조건의 개선을 위해서는 수입대체산업의 육성, 수입규제, 수출구조개선, 중화학공업에 의한 공업화촉진 등이 거론되고 있다.

(2) 총교역조건

총교역조건(gross barter terms of trade)은 한 나라 전체의 수출량에 대한 수입수량의 비율이다. 즉 다음과 같이 표시한다.

$$\text{총교역조건} = \frac{\text{수입수량지수}}{\text{수출수량지수}} \times 100 \tag{16.3}$$

다시 말하면, 총교역조건은 1국에 있어 총수출량의 변동과 총수입량의 변동비율로 나타내므로 총교역조건이 기준년도에 비해 상승하였다면 수출량 1단위와 교환되는 수입량이 증가된 것을 뜻한다. 즉 이 국가의 대외 거래조건이 개선된 것으로 알 수 있다. 가령 2005년을 기준연도로 하여 2012년에 수출수량지수가 137로 상승하고 수입수량지수가 181로 상승하였다면 총교역조건=(183/137)×100= 132로서 총교역조건은 2005년에 비해 2012년에 32% 유리하게 변동했다고 할 수 있다. 그러나 총교역조건의 경우 수출입수량지수를 측정하는 데는 실제로 상당한 어려움이 있으므로 이 개념은 많이 사용되지 않는다. 이러한 이유 때문에 수출량의 국제교환비율은 가격면에서 고찰하는 상품교역조건이 일반적으로 활용된다.

(3) 소득교역조건

소득교역조건(income terms of trade)은 도란스(G.S. Dorrance)에 의해서 명명되었다. ECLA(Economic Commission for Lation America)에서는 이것을 수입능력과 같은 내용으로 보았으며, 수입능력지수라고도 부른다. 메리스(R.L. Marris)는 이를 수출구매력(purchasing power of exports)이라고 부르고 있으며 다음과 같이 표시된다.

$$\text{소득교역조건} = \text{상품교역조건} \times \text{수출수량지수} \tag{16.4}$$

즉, 수출수량지수의 증가는 그 나라의 수출량의 증대에 의해서 보다 많은 수입수량을 얻을 수 있음을 나타내는 것이다. 이 경우 그 나라의 수입능력은 증가되었다고 할 수 있다. 그러나 상품교역조건이 일정한 경우, 수출수량의 크기만으로 결정되는 수입능력은 수출·외자도입·무역외 수지 등의 규모에 의해서 결정되는 총수입과는 구별되어야 할 것이다.

여기서 유의해야 할 것은 수출가격과 수출수량 여하에 따라서는 소득교역조건과 상품교역조건은 서로 상반될 수도 있다는 것이다. 가령 수출가격이 하락하였을 때 다른 조건이 불변이라면 마땅히 상품교역조건은 악화할 것이지만, 수출가격의 하락률 이상으로 수출량이 증가하면 소득 교역조건은 유리해질 것이다. 소득교역조건은 상품교역조건에 특별한 관심을 두지 않고 수출수량 변화에 의한 수입능력의 변화에만 주목하여 작성된 것이다.

따라서 소득교역조건의 변화는 무역이익의 척도 또는 후생의 지표로서 사용될 수 없고, 다만 단순히 수출수량에 의해서 구입될 수 있는 수입수량의 활동을 판단하는 척도로서만 사용되어야 한다.

(4) 요소교역조건

요소교역조건은 한 나라 수출산업의 실질소득 변화를 통해서 소득 또는 후생수준의 변동을 판단하려는 것이다. 이 경우 한 나라 수출산업의 실질소득 변화를 보이는 교역조건을 단일요소 교역조건(single factoral terms of trade)이라고 하는데 이는 다음과 같다.

$$\text{단일요소 교역조건} = \text{상품교역조건} \times \text{수출부문의 생산성지수} \tag{16.5}$$

가령, 어떤 비교년도에 수출부문의 생산성지수가 높아졌다는 것은 수출산업에서 생산하여 수출하는 상품에 투입되는 요소량이 기준년도에 비해서 상대적으로 또는 절대적으로 적어졌음을 뜻한다. 그런데 수출부문의 생산성지수는 수출산업에 투입되는 요소단위당 무역이익의 변화를 나타내기도 한다. 따라서 비록 일정한 기간내에 상품교역조건이 불리하게 되어 있더라도 같은 기간에 충분히 이를 커버할 수 있을 정도로 수출산업의 생산성이 상승되었다고 한다면 단일요소 교역조건은 유리하게 될 것이다.

복수요소 교역조건(double factoral terms of trade)은 한 나라의 수출산업의 변화뿐만 아니라, 상대국의 수출산업에 있어서 생산성의 변화도 함께 고려한 교역조건이며 다음과 같이 표시할 수 있다.

$$\text{복수요소 교역조건} = \text{상품교역조건} \times \frac{\text{해당국의 수출산업의 생산성지수}}{\text{외국의 수출산업의 생산성지수}} \tag{16.6}$$

이 경우에 외국의 수출산업에 비해 자국의 수출산업 생산성지수가 높다면, 생산성 향상으로 투입되는 요소량은 그만큼 절약된다. 따라서 해당국의 "수출산업의 생산성지수/외국의 수출산업의 생산성지수"는 한 나라의 수출산업의 생산요소 1단위가 타국의 생산요소 몇 단위와 교환될 것인가를 나타낸 것이라고도 풀이할 수 있다.

제 17 장

무역정책의 의의와 역사적 전개

17.1 무역정책의 의의
17.2 무역정책의 역사적 전개

이장에서는 무역정책의 의의와 역사적 발전에 관한 것으로서 일찍이 전개된 중상주의 자유무역주의 보호무역주의의 역사적 의의와 그 정책적 실천을 살펴보고자 한다. 우선 17.1절에서는 무역정책의 의의와 특성을 고찰함으로써 무역정책의 필요성을 제시하고 아울러 무역정책의 흐름을 간략히 요약한다. 17.2절은 무역정책의 역사적 전개과정을 개관하고자 중상주의 및 자유무역정책과 보호무역정책의 논거와 비판들을 종합적으로 검토하고, 2차 대전 후 새롭게 전개되었던 자유무역정책, 나아가 70년대, 80년대 이후 세계무역환경의 변화에 따라 출현한 신보호무역주의에 관하여 설명한다.

17.1 무역정책의 의의

1) 무역정책의 의의와 특성

무역정책이란 경제정책의 일부로서 국민경제의 균형적 발전을 달성하기 위하여 주로 대외경제 거래에서 발생하는 무역불균형을 시정하기 위한 정책수단을 의미한다. 무역정책을 실시하고 수행하는 주체는 물론 정부 또는 공공기관이다. 따라서 기업, 경제단체, 국회, 학계 및 언론 등은 무역정책의 흐름을 자신들이 바라는 방향으로 영향력을 가할 수는 있으나 정책을 담당하는 주체가 될 수는 없다.

지금까지는 정태적인 고전파 무역이론에 입각하여 자유무역이 세계 모든 나라에 이익을 가져다준다고 하였다. 그러나 실제에 있어서는 거의 모든 국가들이 정도의 차이는 있으되 자유무역에 상당한 제한을 하고 있는 게 사실이다. 이와 같이 국가간에 이루어지는 교역 내지 통상에 관련되는 여러 가지 제한수단이나 규제조치 문제를 취급하고자 하는 것이 바로 무역정책이다.

대부분의 국가에서는 국민 경제의 균형적 발전을 기하고자 주로 대외경제거래에서 발생하는 무역의 불균형을 시정하기 위하여, 그리고 자국의 유치 및 사양산업을 보호하고자 무역정책을 실시하는 경우가 많다. 무역정책은 그 성격에 따라 수입제한적인 정책과 수출촉진적인 정책 등으로 구분할 수 있고, 또한 정책수단의 측면에서 보면 관세정책과 비관세정책으로 나눌 수 있다.

그런데 무역정책은 대외적으로 경제거래를 조절하기 위하여 동원되는 수단인데 국내경제정책과는 다음과 같은 다른 특성을 갖고 있다.

첫째, 무역정책의 실시에 따른 그 효과는 대내경제뿐만 아니라 대외경제에까지 파급된다. 예를 들어, 1국이 자국의 국제수지를 개선하고 나아가 국내산업을 보호하고자 관세 혹은 비관세정책 등 무역정책수단을 적용한다면 자국의 입장에서는 경제여건이 호전될지 모르나 교역상대국은 상당히 불리한 상황에 처할 수도 있다. 왜냐하면 무역정책을 통하여 대내적으로는 자국의 국내산업보호를 통하여 생산량의 증대를 가져오거나 수입을 감소시켜 국제수지를 개선시키고 나아가 국민소득을 증가시키겠지만, 반대로 교역상대국으로서는 수출이 줄어들고 국민소득이 감소될 가능성이 높기 때문이다.

둘째, 무역정책은 국내고용의 증대, 경기의 진작 및 경제발전 등의 국내경제정책을 포괄하는 종합적인 성격을 띠고 있어 국내경제정책과 밀접한 관계가 있다.

즉 무역정책의 효과는 국내산업구조는 물론이고, 고용수준, 나아가 경기부양 등에 이르기까지 영향을 미친다. 특히 무역의존도가 높은 국가일수록 무역정책이 경제정책에서 차지하는 비중이 높으며 여타 국내경제정책과 상호 관련성이 크다고 할 수 있다.

2) 무역정책의 흐름

무역정책은 각국이 처한 경제상황에 따라 그 기조가 달리 형성되었다는 의미에서 역사성을 지닌다. 가령 무역정책은 통상적으로 자유무역주의와 보호무역주의에 입각하여 실시되었는데, 이러한 무역정책의 흐름은 시대와 그 국가의 경제발전단계에 따라 달리 나타나고 있다. 그러나 역사적으로 볼 때 무역정책의 흐름은 대체로 다음과 같은 경향을 보여 왔다.

첫째, 자유무역주의는 상대적으로 자유와 효율과 같은 가치들이 상대적으로 강조되는 선진국에서 선호되었고 보호무역주의는 경제발전이 중시되고 나아가 번영이라는 가치를 추구하는 후진국에서 지지를 받았다. 가령 스미스나 리카도 등은 18세기에 선진국이던 영국의 경제를 배경으로 자유무역을 주장한 반면, 해밀턴이나 리스트 등은 당시 후진국이던 미국이나 독일의 경제를 배경으로 보호무역을 주장하였다.

둘째, 각국의 산업구조에 따라 무역정책의 기조가 달랐다. 예컨대, 제2차 세계대전 후 GATT와 IMF 체제하에서 국가간의 산업구조가 이질적이었을 때는 자유무역이 지배하였고, 오늘날과 같이 산업구조가 비교적 동질적인 배경하에서는 협정적 보호무역주의가 부각되고 있다.

셋째, 세계의 경제여건이 상승국면을 탈 때에는 자유무역이, 하강국면에 접어들 때에는 보호무역이 각각 우선적으로 채택되었다.

17.2 무역정책의 역사적 전개

무역정책의 역사적 근원은 도시국가시대부터 출발한다고 볼 수 있으나 정책에 본격적으로 적용된 것은 근대적 의미에서 민족국가가 형성되기 시작한 중상주의 시대에서 비롯되었다. 여기서는 그러한 무역정책의 변천과정을 시대적으로 구분하여 고찰하고자 한다.

1) 중상주의

(1) 중상주의의 역사적 배경

중상주의(mercantilism, commercial or mercantile system)란 16세기에서 18세기 동안 근대국가의 건설과 근대적 산업체제의 확립을 위하여 유럽 제국에서 채택된 국가본위의 간섭정책 내지 이를 기초로 한 이론에 대하여 총체적으로 붙인 이름이다. 중상주의는 중상주의 경제정책 내지 중상주의 경제적 현실과 그 경제적 현실을 기반으로 해서 생긴 중상주의 경제사상 내지 중상주의 경제이론의 이 두 가지 면을 총칭해서 불리워진 것이다. 이와 같이 중상주의란 일반적으로 자본주의 경제 발전의 초기에 있어서 유럽제국이 주로 국가의 발전과 경제적 부를 증강시키기 위하여 채택한 사상, 또는 경제정책을 의미한다고 볼 수 있다.

국가에 따라 그리고 시기적으로 다소 차이가 있기는 하나 중상주의 정책의 지배적인 경향은 무역수지 흑자에 그 중점이 두어졌다는 것이다. 따라서 금·은 등 귀금속의 유입을 실현함으로써 무역흑자를 이루는 것이 기본 목표였다. 아울러 당시는 이러한 정책만이 국부의 축적에 도움을 준다고 인식되었다.

오늘날 자국의 경제적 이익의 실현에 급급하여 보호주의를 채택하고 있는 국가를 '중상주의적'이라고 비난하는 이유도 여기에서 연유된다.

(2) 중상주의의 특성

그런데 중상주의시대에 있어서 금·은을 획득하기 위한 정책은 시대와 국가에 따라 달랐다. 중상주의정책의 기본적 특성을 살펴보면, 대개 중금주의정책, 무역차액정책, 산업보호정책으로 구분된다.

① 중금주의정책

중금주의란 중상주의시대에 있어서 금·은과 부를 동일시한 후, 금·은의 획득은 국가의 이익이고 금·은의 상실은 국가의 손실이라고 생각하여 직접적으로 금·은의 수출을 금지하는 동시에 그 수입을 장려함으로써 귀금속의 축적을 증가시켜야 한다는 주장이다. 즉 중금주의는 부의 기준을 금·은 등 귀금속의 국내 축적량에 두었다. 중상주의 초기에 있어서 금·은의 채굴과 그 수입이 장려되고 금·은의 수출이 금지된 것은 이러한 중금주의에 입각한 것이다.

② 무역차액정책

중상주의 초기에는 직접적으로 금·은의 수출을 금지하고 그 수입을 장려함으로써 귀금속의 국내 축적을 증가시키려고 노력했으나, 시대가 변천됨에 따라 상품의 수출에 의하여 금·은이 획득되고, 또 상품의 수입에 의하여 금·은이 상실된다는 점이 인식되었다. 따라서 당시 몇몇 나라에서는 직접적으로 금·은을 획득하는 것보다 무역을 통하여 간접적으로 이를 획득하려고 노력했다. 특히 영국에서는 금·은을 획득하기 위하여 수출을 장려하고 수입을 억제하는 등 모든 대외거래를 간섭했으며, 이러한 간섭에 의하여 영국의 무역은 저해되었다. 이에 따라 1국과의 무역에 의하여 수입초과가 발생되었다고 하더라도 전체의 무역차액이 수출초과라면 무역을 통하여 금·은을 획득할 수 있다는 사상이 대두하게 된 것이다. 이와 같이 수입을 억제하고 수출을 증진시켜 획득한 무역차액을 통하여 국부를 증대시키려는 주장이 무역차액설이다. 이 무역차액설은 당시 영국의 동인도 회사의 중역이었던 만(Thomas Mun; 1571-1641)에 의하여 그의 저서인 「영국의 동인도무역에 관한 일론」과 「외국무역에 의한 영국의 재보」에서 구체화되었다. 즉 만은 자국상품을 보다 많이 수출하기 위해서는 어느 정도의 수입이 필요하다고 주장하였다. 예컨대 원료를 수입하여 고가의 제조품을 수출함으로써 무역차액을 유리하게 하여 금·은을 유입시킬 수 있으므로 그러한 수입은 오히려 확대시켜야 한다고 주장하였다.

③ 산업보호정책

영국에서 소위 부르주아혁명 이후, 영국의 중상주의체제가 '절대주의적 중상주의'에서 '의회주의적 중상주의'로 전환됨에 따라 그 정책방향은 산업보호정책으로 기울어졌다. 산업보호주의 단계하의 중상주의체제에서는 그 정책이 다만 대외무역과 밀접한 관련을 맺고 있었다. 정책의 목표가 산업 및 노동에 집중된 것은 국내 산업을 보호함으로써 고용을 증대시키고 동시에 수출을 증가시킬 수 있다는 점이다. 그리고 이는 유리한 무역차액의 기초가 된다는 점이다. 후기 중상주의시대에 있어서 산업보호정책의 중요한 수단이 관세였으며, 관세를 통하려 외국상품의 수입과 소비를 억제하는 동시에 국내 산업을 보호하려고 했다.

(3) 중상주의의 실천과 그 비판

① 중상주의의 실천

중상주의체제는 중금주의정책에서 무역차액주의정책으로 전개되었고, 이는 다시 산업보호주의 정책으로 발전되었다. 그러나 중상주의체제는 어느 발전 단계에서도 민족국가의 통일을 달성하고 식민제국을 수립하는 데 하나의 중대한 계기가 되었다. 그리고 중상주의의 패권은 처음 16세기 스페인 및 포르투갈에서 네덜란드 및 프랑스를 거쳐서 드디어 영국에서 그 전성기를 맞이하게 되었다. 역사적으로 영국은 1600년에 동인도회사를 설립하고 1651년에는 항해조례를 선포하여 영국인과 영국선박에 의하여 모든 영국의 무역이 행해지도록 함과 동시에, 공업원료와 식량을 조달하고 자국상품을 수출하기 위해 세계 각처에 식민지를 확보하면서 수탈행위를 지향하였다. 이러한 중상주의정책의 대표적 실천가는 크롬웰(O. Cromwell)이었다.

한편, 프랑스와 네덜란드도 이와 유사한 중상주의정책을 실시하였는데, 특히 프랑스에서는 콜베르주의라는 강력한 정책을 콜베르(L.D. Colbert)가 주역이 되어 실시하였다.

② 중상주의에 대한 비판

중금주의설과 무역차액설은 중상주의 정책의 이론적 기초를 형성하고 있으나, 극히 단편적이고 체계성이 없다고 지적되고 있다. 특히 스미스는 금·은 등 귀금속을 국부와 동일시하는 중상주의의 오류를 지적한 후, 국부란 화폐 그 자체가 아니고 화폐에 의하여 구입되는 재화라는 점을 강조했다. 따라서 스미스는 국제분업론을 수립하여 중상주의의 주장을 타파했다. 한편, 영국의 경제학자 흄(David Hume; 1710-76)은 가격-정화유출입기구(price-specie flow mechanism)를 통하여 국가적 통제를 배척하고 중상주의의 무역차액설을 전복시켰던 것이다. 즉, 그의 가격-정화유출입기구에 의하면 1국의 무역에서 무역수지 흑자가 발생되면 금이 유입되고 통화량이 팽창되어 국내물가가 등귀되며, 이에 따라 수출이 감소되고 수입이 증가됨으로써 무역수지의 흑자가 시정된다는 것이다. 그러므로 이러한 일련의 과정을 거쳐 국제 균형은 회복된다는 것이다. 흄은 이 기구를 통하여 대외무역에 위한 무한의 무역수지 흑자는 금을 대량으로 국내로 유입시킨다고 생각했던 중상주의의 이론을 전복시켰던 것이다. 따라서 중상주의이론은 스미스에 의하여 타파되기 전에, 그 중요한 이론부분이 이미 흄에 의하여 부정되었던 것이다. 그러나 중상주의시대에 있어서 중시되었던 무역차액문제는 오늘날 국제경제에 있어서도 중요시되고 있다.

2) 자유무역정책

(1) 자유무역론의 역사적 배경

스미스에 의해 시작된 자유무역이론은 리카도의 비교생산비설에 의해 그 타당성이 이론적으로 더욱 분명해졌다. 비교생산비설은 생산비에 있어서 비교우위를 가진 재화생산에 특화하여 교역하면 교역당사국 모두가 이익을 볼 수 있다는 것이다. 따라서 무역을 통제한다는 것은 자원의 최적배분을 왜곡한다는 것을 뜻한다는 것이다.

1860년 영국과 프랑스 사이에 관세인하를 협정하는 코브덴 슈바리에조약(Cobden-Schvalier treaty)으로 자유무역은 그 절정에 달해 유럽 제국간에 체결된 통상조약은 조약체결국이 제3국에 부여하는 무역상의 양허를 체결 상대국에 대해서도 적용할 것을 규정하는 최혜국조항(the most-favored nation clause)을 포함시켜 관세인하를 통하여 자유무역을 가속화시켰다.

한편, 리카도의 비교생산비원리는 정태적 자원배분론으로서 무역에 관한 순수이론의 핵심이며 오늘날 무역이론의 대부분은 리카도이론을 근대적으로 변형시키고 정밀화한 것에 불과하다. 이 이론은 경제이론과 경제정책이 분화되지 않았던 고전파 경제학시대에는 자유무역정책을 뒷받침하는 이론으로 설명되었으나 그 뒤의 유치산업보호론을 비롯한 여러 보호무역론의 도전을 받으면서, 그리고 경제이론과 경제정책을 준비시키는 근대경제학이 성립되면서부터 국제무역의 순수이론으로 남게 되었고 1국이 자유무역정책을 선택할 것인가, 보호무역정책을 선택할 것인가에 대하여 중립적인 인식을 갖게 되었다.

이러한 자유무역을 가장 강하게 주장하는 것은 선진공업국들이다. 역사적으로는 산업혁명을 가장 먼저 완수한 영국이 자유무역의 주도권을 행사하여 왔으며 1860년까지 보호관세라든가 무역제한을 철폐하여 순전한 자유무역국이 되었고 1932년까지 지속되었다.

그러나 국제무역에 있어서 그 나라의 정책을 어떤 방향으로 결정하는가 하는 것은 언제나 자기나라의 경제발전단계에 따라 결정될 문제다. 즉 보호를 필요로 하는 발전단계에 머물러 있는 국민 경제가 굳이 자유무역정책을 추구할 필요는 없다. 19세기 중엽 영국 이외의 구주 여러 나라에서도 영국의 자유무역정책을 지지한 일이 있었으나 공업화단계에 들어선 자기 나라의 산업을 보호하기 위하여 자유무역정책을 포기하였고 자유무역정책을 끝까지 고수했던 영국도 1932년에 포기하고 말았다. 사실은 경제발전단계를 달리함에 따라 한 나라 안에서도 무역정책은 변동하지 않을 수 없다는 것을 말해 준다.

(2) 자유무역론의 근거

자유무역론은 산업혁명 이후 타국의 추종을 불허한 영국공업의 논리와 발전을 배경으로 하여 전개되었다. 공업의 발전은 식량 및 원료의 수입을, 그리고 공업제품의 수출 시장을 필요로 했다. 당시 이른바 세계의 공장으로 불리워졌던 영국으로서는 공업제품의 시장확대를 위해서도 자유무역이 선행되어야 했다. 자유무역을 주장하는 논거는

첫째, 자유무역이 행해지면 비교 생산비원리에 따라 각국이 비교우위에 의해서 국제분업을 하게 되고 그렇게 함으로써 생산요소의 효율적 이용이 가능해지는데, 생산량의 증대를 가져온다는 것이다.

둘째, 게다가 자유무역을 행함으로써 자유경쟁에 따르는 기술진보와 생산가능곡선을 밖으로 이동시키고 시장의 확대로 대규모생산의 경제를 가져올 수 있다는 것이다. 그러나 이러한 주장에도 불구하고 선진국에 있어서도 후술하는 것과 같은 이유로 보호무역의 필요성은 있는 것이며 완전한 자유무역정책을 채택하고 있는 나라는 전무하다는 것이 현실이다.

(3) 자유무역정책에 대한 비판

자유무역론은 영국이라는 산업선진국의 경제를 배경으로 하여 주장되었으나 다음과 같은 비판이 제기되었다.

첫째, 자유무역론의 기초가 되는 비교생산비원리에 따른 많은 전제조건의 충족이 어렵다. 즉 비교생산비의 원리는 많은 전제 위에 놓여 있다. 이 많은 전제 가운데 가장 중요한 전제가 국내에 있어서 생산요소가 자유롭게 이동되며, 산업간에 생산요소의 전환이 용이하다는 점이다. 가령, 이러한 전제조건이 충족된다면, 자원의 최적배분이 실현되고 생산과 소비의 최적상태가 실현될 것이다. 그러나 국내 상품시장과 요소시장에 있어서 왜곡이 존재한다면, 국내에 있어서 생산요소의 자유로운 이동은 반드시 실현되지 않는다. 특히, 선진국에 있어서는 노동의 이동이 여러 가지 조건으로 말미암아 제약을 받고 있기 때문에 산업간에 생산성 및 임금의 격차가 존재한다. 이 경우에는 자원의 최적배분이 실현되지 않으며, 생산과 소비의 최적상태가 실현되지 않는다.

둘째, 자유경쟁의 경우 약자에게 항상 불리하다. 경쟁은 본래 발전 정도가 비슷한 경우에 가능하나 경제 발전이 뒤떨어진 후진국의 입장에서는 경쟁을 피하거나 완하시킬 수 있는 보호정책이 오히려 유리하다.

셋째, 산업구조 및 무역패턴의 고정화를 들 수 있다. 즉, 자유무역이 이루어지면 각국의 경제적 여건에 따라 특화가 형성되고, 이 특화에 의하여 각국의 산업구조와 무역패턴이 결정되는 경향이 있다. 예를 들면 선진공업국에서는 자본이

부족하고 기술이 발달되어 있기 때문에 공업부문에 특화하는 것이 유리하고, 후진농업국에서는 자본이 부족하고 기술이 발달되어 있지 않고, 특히 농업자원을 풍부하게 가지고 있으므로 농업부문에 특화하는 것이 유리할 것이다. 이러한 특화에 의하여 선진국에서는 후진국에 대하여 공업품을 수출하며 후진국은 선진국에 대하여 농산품을 수출할 것이다.

이 결과로 말미암아 선진공업국은 공업부문에 집중적인 특화를 이룩하고 고도의 공업화를 달성함으로써 무역의 동태적 효과를 극대화했으나, 후진농업국은 농업부문의 집중적인 특화에 의하여 선진국과 후진국간에 경제적 격차가 점점 확대되고 있으며, 드디어 양측간에 부의 격차를 해소하기 위한 남북문제를 야기시켰던 것이다.

넷째, 후진국 무역이익의 손실을 들 수 있다. 가령 자유무역에 의하여 선진공업국의 교역조건을 개선되고 후진농업국의 교역조건은 약화됨에 따라 무역이익은 후진국에서 선진국으로 환류된다. 선진국은 공산품 생산에 특화하고 후진국은 농산품 생산에 각각 특화하여 자유무역을 한다면, 공산품의 교역조건은 유리하게 되고 농산품의 교역조건은 불리하게 됨에 따라 선진국은 유리하고 후진국은 불리하다.

3) 보호무역정책

(1) 보호무역론의 역사적 배경

산업혁명을 18세기 중엽에 완성한 영국으로 보아서는 자유무역론의 타당성이 인정되었으나, 이보다 늦게 산업혁명을 겪은 독일이나 미국에서는 국내산업에 대한 보호의 필요성 때문에 보호무역론이 대두되기 시작하였다. 당시 미국의 해밀턴(A. Hamilton)은 농업국이 공업국보다 불리하다는 점을 지적하고 공업보호론을 주장했으며, 리스트(F. List)는 유치산업보호를 위한 보호무역론을 주장했다.

그 후 마노이레스쿠(M. Manoilescu)는 생산력설을 통하여 후진국에 있어서 노동의 이동이 곤란하고 이에 따라 산업간에 생산성의 심한 격차가 존재할 경우에, 생산성이 높은 공업을 보호 육성하는 것이 유리하다고 주장했다. 그리고 해겐(E. E. Hagen)은 임금격차가 존재할 경우에 보호무역론을 입증하려고 했다. 이 두 학자는 무역반대론, 혹은 관세옹호론을 주장했던 것이다.

(2) 보호무역론의 논거

19세기 당시 산업화를 완성하여 선진국의 입장으로 자유무역을 강조하였던 영국과는 달리 독일이나 프랑스 등 후진국으로서는 국내공업이 유치상태에 있었으며 국내시장에는 영국제품이 범람하여 유치산업의 존립 자체가 위태로운 지경에 빠져 이를 육성하여 공업화를 달성하려면 관세수단 등에 의한 보호무역이 필요하다고 주장하였다. 이에 논리적 근거를 제공한 것이 리스트의 유치산업보호론이다.

한편 1870년대 이후 각국의 제국주의 정책으로 자유무역은 쇠퇴하기 시작하였고 최근인 1980 및 1990년대에 들어 세계적 불황과 국제수지의 적자개선을 목적으로 선후진국을 막론하고 다시 보호주의적 무역정책이 대두되고 있다. 보호무역주의의 근거는 첫째, 보호무역은 교역조건을 유리하게 한다. 즉 수입수량할당이나 관세부과로 외국상품의 수입수요가 줄어들게 된다면 다른 조건이 불변일 경우 그 가격은 하락한다. 그러므로 무역제한국이 상대방 국가의 보복을 받지 않고 수출을 계속할 수 있다면 교역조건이 유리하게 되며, 둘째, 자유무역에 의하면 비교열위에 있는 산업은 쇠퇴하게 되는데 그렇게 된다면 노동의 이동이 원활하지 못한 후진국에 있어서는 구조적 실업이 발생하게 되고, 셋째, 지금은 비교열위에 있지만 생산성이 크게 향상될 잠재력을 가지고 있어서 가까운 장래에 비교우위를 가질 것으로 기대되는 산업, 즉 유치산업을 보호하기 위하여 필요하다는 것이다. 넷째, 외부효과를 확보하기 위하여 산업보호를 생각할 수 있다. 일반적으로 공업부문은 농업부문보다도 외부효과가 크므로 공업이 비교우위에 있는 나라는 외부효과를 확보하기 위해서도 공업부문을 확보할 필요가 있다는 것이다.

(3) 해밀턴의 공업보호론

해밀턴의 공업보호론(산업분화론, 보호무역주의)은 해밀턴이 미국의 독립 직후 재무장관으로 있을 때인 1791년 그가 의회에 제출한 「제조공업보고서」에서 명백하게 드러났다. 이 제조공업보고서에는 미국의 공업화를 주장한 원리적 부분, 공업보호의 방법, 그리고 피보호공업의 선정 및 실태 등이 포함되어 있다.

해밀턴은 미국의 공업이 유럽 제국에 비하여 유치한 상태에 놓여 있으므로 공업에 대한 보호정책을 실시하지 않는다면 그 성장 가능성이 박탈당한다고 지적하면서, 미국의 공업을 보호 육성하기 위하여 제조업에 대한 국가의 보호조치가 반드시 필요하다고 주장했다. 또 그는 자유무역의 질서가 제대로 확립되지 않을 경우, 농업에 의존하고 있는 미국은 경제적 부를 가지고 있는데도 불구하고, 이것이 실현되지 않으며 오히려 궁핍화의 상태에 빠질 뿐 아니라 교역조건도 악화된다고 주장했다. 또한 해밀턴은 공업보호의 방법으로 관세, 수출입금지, 보조금, 장려금, 관세면제, 누세, 발명장려, 상품검사, 송금편익 등의 정책적 수단을 제시했는데, 이 중에서 관세가 가장 효과적이라고 주장했다. 따라서 해밀턴은 미국의 공업을 보호-육성하기 위하여 자유무역제도를 철폐하고 유럽으로부터의 수입품에 대하여 관세를 부과해야 한다고 주장했다.

한편 해밀턴은 공업보호를 무조건 주장한 것이 아니고 피보호공업의 선정기준에 대하여도 언급했다. 그는 보호에 의한 현재의 손실이 장래 그 공업이 발전됨에 따라 발생되는 이익에 의하여 보상될 수 있는 공업을 보호해야 된다고 주장했다. 그가 밝힌 피보호공업의 선정기준은 다음과 같다. ① 원료의 자급자족, ② 작업의 기계대체가능성, ③ 보호정책상의 편익, ④ 제품용도의 범위, ⑤ 그 외의 이익, 특히 국방에 대한 기여도 등이다. 해밀턴은 이 선정기준에 비추어 철강업을 비롯한 16개 공업에 대하여 구체적 조건을 검토한 후, 선정기준에 대한 이들 공업의 적합여부, 보호여부, 보호정도를 구체적으로 상세히 명시했다. 따라서 해밀턴의 공업보호론은 일반이론에서 흔히 범하고 있는 추상론에서 벗어나 실천가능성을 제시했다는 점이 특징이다.

(4) 리스트의 유치산업보호론

① 유치산업보호론의 내용

자유무역주의의 이론과 그 정책의 타당성을 배척하고 경제정책에 대한 국가의 역할을 중시하면서 유치산업을 보호해야 된다는 주장을 가장 먼저 한 사람은 리스트이다. 리스트는 「정치경제학의 국민적 체계」라는 저서를 통하여 경제발전단계설을 제창하고 이에 맞는 정책의 선택을 강조한 동시에 생산력을 중시하는 실천적 이론체계를 수립한 후, 이를 기초로 유치산업보호론(infant industry argument for protection)을 주장하였다. 유치산업보호론이란 일반적으로 말하면, 1국내에 있어서 장래 성장가능성이 있는 유치한 산업을 보호하고 그 산업의 성장을 촉진시키려는 주장이다. 리스트의 유치산업보호론에는 다음 네 가지 내용이 포함되어 있다. ① 당시 영국산업이 지배한 세계시장의 독점에 대하여 대항력을 가져야 한다. ② 경제성장을 달성하기 위해서는 농업과 공업의 균형적 발전이 반드시 필요하다. ③ 농업생산에만 의존한다면 외국으로부터 상당한 영향을 받게 된다.

④ 국민소득은 국내산업의 보호에 의하여 일시적으로 감소되지만, 그 산업이 장래 성장되면 국민소득이 증가된다. 이중에서 마지막 내용이 전형적인 유치산업보호론이다.

② 유치산업보호론의 특징

리스트의 유치산업보호론의 이론적 특징은 보호에 의하여 발생된 현재의 손실이 피보호산업의 발전에 따른 장래의 이익에 의하여 보상되고, 더구나 보호 당시에 발생되는 손실을 최대한으로 줄이기 위하여 장래 발전가능성과 확실성이 있는 유치산업을 선택하여 보호할 필요가 있다고 주장한 점이다. 이것은 제한적 보호론이다. 이러한 점으로 미루어 보아 리스트의 유치산업보호론은 자유무역과 타협할 수 있는 여지가 있고 이론적으로도 용납될 수 있는 성질을 지니고 있다. 자유무역론을 주장한 밀 등도 유치산업의 보호는 이론적 타당성을 지니고 있다고 인정하면서 이를 자유무역론의 예외로 취급했던 것이다.

③ 유치산업보호론의 선정기준

유치산업의 선정기준에 관하여는 많은 견해가 있는바, 대표적인 것은 밀, 바스테이블(C. F. Bastable), 켐프(M. C. Kemp), 그리고 케넨(P. B. Kennen) 등의 견해이다.

첫째, 밀의 선정기준에 의하면 어느 산업을 보호할 경우, 그 산업은 일정한 기간이 경과된 후, 성장되어 더 이상 보호를 받을 필요가 없어야 된다는 점이 보장되어야 한다는 것이다. 그 동안 보호를 받은 산업의 성장수준은 전통있는 나라의 수준에 달하면 만족할 것으로 보여진다. 대부분의 산업이 유치산업보호의 미명하에 영구적인 보호를 요구하고 있는 것을 보면 이 기준은 중요한 의의를 가지고 있다.

둘째, 바스테이블은 피보호산업의 대상은 일정한 기간이 경과된 후, 보호를 받지 않고 자립해야 하고, 더욱 보호기간 중에 발생된 손실이 그 산업의 발전에 의하여 획득된 장래의 이익에 의하여 보상될 여지가 있는 산업이어야 한다는 것이다. 바스테이블의 기준은 리스트의 의도를 가장 충실히 표현한 것인데, 보호에 의하여 성장가능성이 있는 산업에 대해서는 국가가 반드시 보호해야 하지만, 그렇지 못한 산업에 대해서는 보호할 필요가 없다는 사실을 의미한다. 따라서 바스테이블의 기준은 밀의 기준보다 한층 더 엄격하다.

셋째, 켐프는 바스테이블의 기준이 충족되더라도 생산비체감의 법칙의 지배를 받는 산업은 장래의 이익이 확실시되므로 그대로 두더라도 투자를 유도하기 때문에 정부는 이 산업에 대하여 보호할 필요가 없지만, 생산비체증의 법칙에 의해 지배를 받는 산업은 보호가 중단되면 이윤을 얻지 못하기 때문에 이런 산업을 보호하여야 한다는 것이다. 이를 켐프의 기준이라고 하며, 이는 '밀의 기준' 및 '바스테이블의 기준'보다 한층 더 엄격하다.

넷째, 케넨은 산업보호의 필요가 있다고 주장하며, 대규모생산의 이익, 즉 내부경제효과를 산업보호의 기준으로 삼고 있다. 케넨은 내부경제야말로 유치산업의 기술 및 경험의 습득과정에 필요불가결의 요소로 보고 있으며 대규모생산의 이익을 낳을 수 있는 산업을 보호하기 위해서는 관세를 부과해야 한다는 것이다.

이상에서 논의된 유치산업보호기준에 대해서는 지금까지 완벽한 기준이 정립되지 못하고 있지만 일반적인 유치산업의 선정기준, 보호대상, 보호기간에 대해서는 다음과 같이 정리할 수 있다.

첫째, 공업은 보호대상으로 적당하지만 농업은 부적당하다. 왜냐하면, 공업은 일반적으로 인위적 조건의 지배를 받기 때문에 보호에 의하여 발전이 가능하지만, 농업은 자연적 조건의 지배를 받기 때문에 보호에 의하여 개량되기 어렵다.

둘째, 과도한 보호가 필요한 산업은 보호대상으로서 부적당하다. 리스트도 과도한 보호를 배척하고 국내 유치산업을 보호하는 데 필요한 수입관세율을 19-30%로 보았다. 리스트는 과도한 보호가 필요한 산업은 일반적으로 공업의 기초적 조건이 부족하다고 지적했다. 그러나 과도한 보호를 할 때는 신중을 기해야 한다.

셋째, 보호는 일시적이어야 한다. 유치산업에 대한 보호기간은 산업에 따라 각각 다르므로 일률적으로 결정할 수 없다. 보호에 의하여 피보호산업이 발전된다면 보호기간은 일시적인 것이 가장 이상적이다.

④ 유치산업보호론의 문제점

개발도상국들이 유치산업을 보호하고 육성시켜 나가는 과정에서 나타나는 문제는 다음과 같은 몇 가지로 요약된다.

첫째, 유치산업보호는 한번 시행되면 반영구화되는 경향이 있다. 유치산업에 대한 보호정책은 그 산업이 성숙하여 대외경쟁력을 갖추게 될 때까지의 시한부 정책이나 일단 취해진 보호조치가 중단되면 항상 기업의 강력한 반발이 따른다. 피보호산업을 정확히 가려내었을 경우에는 그 산업은 어느 기간을 거친 후 발전된다. 그러나 산업이 보호를 받으면 항상 유리하기 때문에 당시 기대했던 수준으로 발전되더라도 보호기간을 연장시키기 위한 운동이 전개된다. 따라서 일시적으로 보호는 영구화되는 경향이 생기므로 낭비가 따른다.

둘째, 유치산업의 판정기준이 밀, 바스테이블, 켐프, 켐넨 등에 의해 제시되고 있으나 유치산업을 정확히 가려내기가 어렵다.

셋째, 유치산업보호를 위한 관세옹호론이 흔히 남용되는 경향이 있다. 관세의 보호를 받지 않더라도 수출산업으로 성장이 가능한 산업까지도 유치산업보호라는 미명하에 계속 보호를 받고 있는 경우가 수없이 많다. 따라서 유치산업을 보호하기 위하여 필요한 관세는 일종의 타성과, 혹은 덤핑(dumping)에 대한 방어물로서 가끔 존속되고 있는 경향이 있다. 만약, 유치산업의 보호라는 미명하에서 타성에 의하면 관세가 그대로 존속되고 일부 산업이 불필요한 관세장벽의 그늘 밑에서 보호를 받는다면, 그 나라는 물론 전세계에 있어서 최적배분이 저해되고 국제무역질서가 교란된다. 나아가 국제무역은 보호와 방향으로 치닫게 됨으로써 국제경제의 균형적 성장이 파괴될 가능성이 있는 것이다.

(5) 보호무역정책에 대한 비판

보호무역정책은 관세 등의 정책수단을 통하여 유치산업을 보호, 육성하고, 나아가 수출은 증진하고 수입을 감소시켜 무역 및 국제수지를 개선할 뿐 아니라 고용과 국민소득을 단기적으로 증대시키는 등 여러 가지 경제적 이익을 가져오는 경향이 있으므로 각국에서 20세기로부터 지금까지 약 100년 가까이 시행되어 왔었다. 그러나 그러한 보호무역정책의 긍정적 효과 이면에는 다음과 같은 부정적인 문제도 제기되고 있는 게 사실이다.

첫째, 무엇보다도 보호무역정책은 국내산업간의 자유경쟁을 제한함으로써 자국산업의 대외경쟁력을 약화시키며, 둘째, 보호무역정책에 의해 생산자원이 효율적으로 배분되지 못하고 산업의 생산능률이 감소하여 국민 전체의 후생이 감소된다. 셋째, 관세의 부과에 의해 보호무역정책이 실시된다면 좀더 가격이 싸고 품질이 좋은 외국상품의 수입이 줄어들게 되어 전반적으로 소비자의 효용수준을 단기적으로 감소시키는 경향이 있다. 넷째, 보호무역정책은 근린궁핍화정책의 경향을 띠게 됨으로써 교역상대국의 보복을 초래할 수가 있다. 즉 과도한 보호조치는 외국의 보복을 초래하여 결국은 양국 모두의 경제적 이익을 감소시키는 나아가 세계전체의 이익 또한 감소시켜 국제무역질서를 교란시키게 될지도 모른다.

4) 전후 자유무역정책

제2차 세계대전 이후의 세계무역경향은 1944년 브레튼 우즈(Bretton woods) 체제하에서 GATT가 탄생하였고 IMF(국제통화기금)와 IBRD(국제부흥개발은행)가 설립됨으로써 새로운 무역자유화 추세가 전개되기 시작하였다. 즉 제2차 세계대전 중에 감소했던 세계교역량이 관세인하와 무역제한조치의 완화로 증가하기 시작하였고, 자유와 호혜평등에 근거한 무차별적인 국제통상체제가 정착됨으로써 새로운 국제경제질서가 형성되기 시작하였다.

그러나 제2차 대전 후의 무역자유화는 종전의 고전적인 무역자유화와는 몇 가지 점에서 차이점을 발견할 수 있다.

첫째, 종전의 고전적인 무역자유화는 자국의 국민경제적 입장에서 상대국의 이익을 고려하지 않는 일반적인 것인 데 비해, 전후의 무역자유화는 여러 국제경제기구를 바탕으로 타국의 경제적 발전까지 감안하는 개방적인 경제체제의 경향을 띠었다. 둘째, 무역자유화의 일반적인 흐름은 국제분업의 이익이라는 측면보다는 자국의 대량생산품을 해외에 판매하기 위한 시장개척 내지 확보라는 점에서 중시되는 양상이었다.

그러나 전후 GATT 등 국제기구의 노력에 의한 무역자유화정책은 다음과 같은 문제점을 내포하고 있었다. 첫째, GATT중심의 무역자유화는 지나칠 정도로 선진국의 입장만을 고려하고 있으며 개발도상국 및 후진국의 경제여건을 무시하고 있다. 가령 관세인하의 대상이 선진국의 이익을 중심으로 한 공산품을 위주로 하고 있는바, 이는 농산품을 주로 수출하는 후진국에 매우 불리하다. 둘째, 자본주의 발전단계에서 볼 때 자유화의 폭과 범위가 일정한 테두리에 국한될 수밖에 없고, 따라서 완전한 무역자유화는 기대하기 어려웠다.

5) 신보호무역주의

전술한 바와 같이 60년대까지는 GATT체제의 주요 기조인 자유무역주의 경향에 크게 힘입어 세계경제는 순조로운 성장을 거듭하였다. 더구나 이러한 고도성장과 더불어 무역은 더욱 크게 증가하고 따라서 성장의 원동력을 담당함으로써 전반적으로 세계경제는 상승국면을 지속하게 되었다.

그러나 70년에 들어서 세계무역환경은 급변하였다. 우선 1960년대 후반으로 접어들면서 미국이 먼저 국제수지 방어정책을 취함으로써 자유화의 추세가 동요하기 시작하였다. 특히 미국의 국제수지 적자 누적으로 달러를 기축으로 하는 IMF체제는 달러 신인도 저하로 모순이 초래됨으로써 흔들리기 시작하였다. 더구나 앞서 밝힌 바와 같이 전후 우수한 경쟁력을 배경으로 국제경제에서 절대우위의 지위를 구가하던 미국이 EC의 발전과 일본의 급속한 경제성장으로 인하여 그 지위가 동요되기 시작하였고 세계경제는 다극화의 경향을 수행하게 되었으며, 두 차례의 석유파동을 거치면서 세계경제는 높은 실업률과 인플레이션이라는 스태그플레이션을 경험하게 되었다.

이러한 세계무역환경의 변화와 더불어 각국간의 이해가 첨예하게 대립되어 60년대까지 자유무역을 추진하였던 지배적 경향이 사라지게 되었고 새로운 보호무역 경향이 대두되었던바 이것이 신보호무역주의이다.

1970년대에 들어서서 나타나기 시작한 신보호주의는 수입제한을 중요취지로 하고 있기는 하나 다음과 같은 몇 가지 점에서 종전의 보호무역정책과는 차이가 있었다.

첫째로, 고전적 보호주의는 후진국들에 의해 주도되었으나 1970년 이후의 신보호주의는 선진국들에 의해 주도되었다. 즉 당시 선진국들이 실시하고 있던 신보호주의는 이미 비교우위를 잃고 있는 산업을 보호하자는 취지를 갖고 있다는 점에서 근본적인 차이가 있다.

둘째, 고전적 보호주의가 특정산업에 대한 보호 및 지원과 같은 미시적 견지에서 출발한 것과는 달리 신보호주의는 고용증대나 국제수지개선과 같은 보다 거시적인 목표를 추구하는 수단으로 사용되고 있다. 특히 신보호주의의 주요한 원인 중의 하나가 70년대 높은 실업률을 가져온 스태그플레이션이라는 현상, 그리고 미국의 국제수지적자의 누적에 기인하고 있다는 점에서 그 추구하는 목표는 과거의 고전적 보호주의와 다를 수밖에 없다.

셋째로, 신보호무역정책은 관세가 아닌 비관세장벽을 주요 정책수단으로 사용한다. 왜냐하면 관세부과는 GATT의 정신에 배치되는 정책이었기 때문이다.

넷째로, 신보호주의는 다변주의가 아닌 쌍무적 상호주의에 입각하고 있다. 앞에서 신보호주의는 주로 미국을 비롯한 선직국에 의해서 주도된다고 언급하였는데 최근 GATT의 원칙에 기초한 상호주의가 아닌 일방적 자의에 입각한 상호주의가 널리 강조되고 있다. 미국의 예를 든다면 상대국의 상품, 서비스 및 투자 등에 대해 취하고 있는 대우와 동등하게 상대국도 미국에 대해 대우해 주어야 하며, 그렇지 않을 경우 해당 외국상품에 대해 보복조치를 취할 것을 위협하는 경우가 많다. 이러한 상호주의는 차별적, 보복적인 색채가 짙어 GATT에 의한 상호주의와는 달리 무역제한적인 성향을 띤다. 한국이 1980년대 이후 미국으로부터 받는 개방압력은 바로 이러한 신보호주의의 한 형태라고 할 수 있다.

또 수출국에 대한 시장개방압력은 고전적 보호주의하의 개방압력과는 그 내용에 있어서도 차이가 있다. 즉 과거 보호주의 하에서의 개방압력은 주로 재화시장에 국한되었으나 신보호주의 하에서는 보험, 저작권, 물질특허 등의 서비스산업에까지 확대되고 있다. 이와 같이 서비스산업에 대한 개방압력이 가해지고 있는 근본적인 이유는 다른 어떤 산업보다도 이 부문에 있어서 미국을 비롯한 선진국이 비교우위를 갖고 있으며 또 국민경제에서 차지하고 있는 비중이 급속히 증가하고 있기 때문이다.

제 18 장

무역정책의 제수단과 효과

18.1 관세정책
18.2 비관세장벽

이 장에서는 무역정책의 제수단과 효과에 관한 것으로서 18.1절에서는 관세에 관한 내용으로서 관세의 기본적 개념에서 출발하여 관세가 부과되었을 경우 관세부과국과 상대국에 미치는 후생효과를 고찰하고자 한다. 18.2절에서는 관세에 관한 논의를 쿼타 등의 비관세장벽으로 확장시켜 살펴보고 관세와의 차이점 및 유사점에 대해서 논의하고자 한다.

18.1 관세정책

1) 관세의 개념과 종류

관세(tariff 또는 custom duties)는 한 나라의 국경선을 통과하는 재화에 대해 부과되는 세금으로서 이것이 수입품에 대해 부과되면 수입세(import duties)가 되고 수출품에 대해 부과된다면 수출세(export duties)가 될 것이다. 수출관세보다 수입관세가 보다 더 중요하므로 관세를 수입세 중심에서 논의하고자 한다. 수출세에 있어서는 대부분의 선진제국에서 부과금지조치를 규정하고 있는 예가 많으며 우리나라 관세법상에도 수출세의 부과가 규정되어 있지 않다. 다만 일부 개발도상국들이 보다 유리한 가격과 재정수입 증대를 목적으로 그들의 전통적인 수출품에 대해 수출세를 부과하는 경우가 있을 뿐이다. 한편 관세는 종가세, 종량세 및 복합세로 구분된다.

종가세(ad valorem)는 교역재의 가격에 대해 일정비율로 부과되고, 종량세(specific tariff)는 교역재의 물량을 과세단위로 하며, 복합세(compound tariff)는 이 두 가지를 혼합한 형태이다. 미국에 있어서는 종가세와 종량세가 거의 같이 사용되고 있으나 유럽에서는 주로 종가세가 사용된다. 여기서 취급할 관세의 형태는 대부분 종가세에 대한 설명이다.

한편 관세는 과세목적에 따라 정부의 재정수입을 확보하기 위하여 수출입물품에 부과하는 재정관세(revenue duties)와 국내의 유치산업을 보호·육성하고 기존의 산업을 유지·발전시킬 목적으로 외국상품에 부과하는 보호관세(protective duties)가 있다. 또한 과세의 성격에 따라 한 나라의 법령에 의하여 자주적으로 세율을 정하는 국정관세(national tariff)와 외국과의 통상조약 또는 관세협약에 의하여 부과하는 협정관세(conventional tariff) 등이 있다. 그리고 동일한 상품에 대해서는 나라를 구분하지 않고 법률이 정하는 일정률을 적용하는 단일세(single tariff)와 동일한 상품에 대해서 두 가지 이상의 세율을 적용하는 다수세(multilinear tariff)가 있다.

기타의 관세형태로는 협정세율의 적용을 받지 못한 특정국 생산물에 대해서 기존의 조약에 의하여 다른 나라에 공여하고 있는 편익의 범위 안에서 세율 및 통관절차 등 관세에 관한 편익을 주는 편익관세(beneficial duties)와 무역상대국이 자국상품에 대하여 불리한 차별관세 및 차별대우를 가하는 경우 자국의 이익을 옹호하기 위하여 상대국으로부터의 수입품에 대하여 보복적으로 부과하는 보복관세(retaliatory duties), 그리고 특정국이나 특정지역으로부터의 상품수입에 대하여 그 통상관계를 개선하기 위해서 할인율을 특별히 적용시키는 특혜관세(preferential duties)가 있다. 이러한 특혜관세는 다시 다음과 같이 분류된다. 할인세율을 본국과 식민지간에 적용할 때 이를 식민지특혜관세(colonial preferential duties)라 하고, 경제적·정치적인 특별한 관계를 가진 독립국에 적용되는 경우를 이를 국제특혜관세(interstate preferential duties)라 한다. 그리고 특혜이익이 일방적인 것을 편무적 특혜관세(unilateral preferential duties)라 하고, 쌍무적일 때는 상호관세(reciprocal duties)라 한다. GATT에서는 이 특별관세의 폐지를 주장하고 있다.

2) 관세의 경제적 효과

해외로부터 수입되는 상품에 대해서 1국이 관세를 부과하게 되면 그것을 부과하는 나라에 여러 가지 종류의 경제적 효과가 발생한다.

[그림 18-1]에서 관세가 부과되는 상품의 수입곡선을 DD, 국내공급곡선을 SS라 표시하고 있고, P_1은 국제가격, P_2는 관세부과 후의 국내가격이다. 자유무역이 이루어지는 경우 국내가격은 국제가격과 같아져 P_1이 된다. P_1의 가격하에서 국내수요량은 OQ_2이며, 국내생산량은 OQ_1이다.

그림 18-1 관세의 경제적 효과

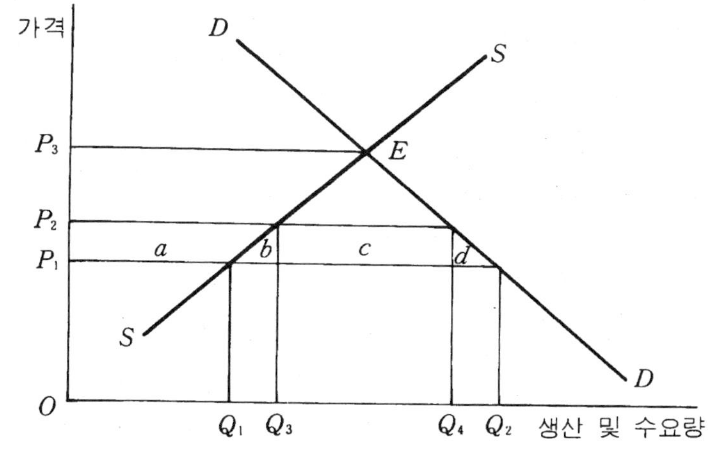

따라서 그 차 $Q_1Q_2(OQ_2-OQ_1)$는 외국으로부터 수입된다. 지금 관세가 부과되면 국내가격은 P_2로 상승한다. 가격의 상승으로 수요량은 OQ_4로 줄어드는 대신에 국내생산량은 OQ_3로 증가한다.

결국 외국으로부터의 수입량은 자유무역이 이루어질 때보다 감소하며 Q_3Q_4가 된다. 만약 관세율을 더욱 더 올려서 국내가격이 P_3의 높이까지 된다면 E점에서 국내수요곡선과 국내공급곡선이 교차하여 모든 국내수요를 국내생산으로 충당할 수 있게 되며 외국으로부터의 수입은 없어질 것이다. 1국이 관세를 부과하는 경우 킨들버거(C. P. Kindleberger)의 분석에 의하면 다음과 같은 여러 가지 경제적 효과가 발생한다.

(1) 보호효과

어떤 상품의 수입에 대해서 관세를 부과하게 되면 그 수입상품과 경쟁관계에 있는 수입경쟁상품의 국내생산 및 공급이 증대됨으로써 국내산업이 보호를 받게 된다. 이러한 관세의 보호효과는 [그림 18-1]에서 국내 생산이 OQ_1에서 OQ_3로 증대한 差 Q_1Q_3로 표시된다. 일정한 관세에 대한 보호효과의 크기는 국내공급곡선의 기울기에 의존한다. 국내공급곡선의 기울기가 작을수록 관세부과로 인한 보호효과는 커지게 된다.

(2) 고용효과

관세의 고용효과는 보호효과의 결과로 나타나는 것이다. 즉, 보호효과에 의하여 국내생산을 증대시키기 위해서는 생산요소가 추가적으로 사용되어야 한다. 그러므로 실업이 있는 경우에는 실업을 감소시킬 것이다.

(3) 소득재분배효과

완전고용상태에 있으면 관세부과에 의하여 생산에 필요한 희소한 생산요소의 상대가격을 높여 생산요소 간에 소득재분배효과가 나타난다.

관세와 소득재분배의 효과분석은 스톨퍼(W. F. Stolper)와 사무엘슨에 의하여 이루어졌다. 그들은 고임금국 노동자의 임금수준이 저임금과의 경쟁으로 인하여 인하된다는 것을 헥셔-오린정리를 이용하여 증명하였다. 이것을 스톨퍼-사무엘슨 정리라고 부른다.

지금 1국은 자본풍부국이고 2국은 노동풍부국이며 철강은 자본집약적 상품,

면포는 노동집약적 상품이라 하자. 비교우위원리에 입각하여 국제무역이 이루어진다면 1국은 철강생산에, 2국은 면포산업에 특화하게 된다. 그 결과 1국은 면포에서 철강으로 생산 전환이 이루어져 노동의 희소성은 다소 완화되고 임금률이 떨어진다. 이와 반대로 2국은 철강에서 면포로 생산전환이 이루어져 자본의 희소성이 완화되며 이자율은 떨어진다.

따라서 스톨퍼-사무엘슨정리는 수입관세의 부과는 각국의 희소한 요소를 보유하고 있는 계층(가령 1국은 노동, 2국은 자본)에게 유리한 소득재분배효과가 있다는 것을 밝히고 있다.

더구나 과거 영국의 공업화과정에서 지주계층이 언제나 곡물수입에 대해 관세부과를 옹호했던 것은 이미 잘 알려진 사실이다.

한편 관세의 부과는 소비자잉여가 감소하고 생산자잉여가 증가함으로써 생산에 참여한 노동자, 자본가 사이에 소득재분배가 일어난다. 즉 관세의 부과는 상품요소 간에 소득을 재분배하게 된다. 즉 관세를 부과하면 풍부한 생산요소의 가격은 하락되고 희소한 생산요소의 가격은 상승한다. 따라서 관세가 부과되는 상품의 생산에 종사하는 생산자는 이전보다 높은 가격과 이윤은 얻게 된다. 또한 관세부과 후 수입품의 가격상승으로 수입국의 국내생산은 증대되고 국내소비가 감소함으로써 소비자잉여가 감소하는 반면 생산자잉여는 [그림 18-1]의 사다리꼴 면적인 a만큼 늘어난다.

(4) 소비효과

관세의 소비효과는 관세부과로 인하여 총수요가 감소한 경우를 말한다. [그림 18-1]에서 관세부과로 인한 수요의 감소분 Q_2Q_4가 소비효과이다.

(5) 국제수지 개선효과

관세가 무역량을 변화시켜 국제수지에 영향을 준다. 이 효과가 국제수지 개선효과이다. [그림 18-1]에서 보호효과와 소비효과에 수입효과에 수입가격 OP_1을 곱한 수입감소액[$OP_1 \times (Q_1Q_3 + Q_4Q_2)$]이 해당된다.

(6) 세입효과

세입효과는 관세부과로 인하여 정부재정수입이 증가하는 효과를 말한다. [그림 18-1]에서 세입효과는 직사각형 c로 표시된다. 정부는 관세부과 후의 수입량

(Q_3Q_4)에 관세(P_1P_2)를 곱한 수입, 즉 관세수입을 얻을 수 있다.

(7) 교역조건효과

수입품에 관세가 부과되어 그 상당부분을 수출국이 부담한다면 수입국에서는 그만큼 유리한 거래가 되며 교역조건이 개선될 수 있을 것이다. 이와 같이 관세를 부과함으로써 교역조건을 변화시키는 효과를 관세의 교역조건효과라고 한다. 가령 한국이 부과한 관세로 인하여 한국의 소맥수입량이 감소하므로 미국 내에서 종전의 가격수준에서는 소맥의 초과공급이 발생한다. 따라서 미국 내의 소맥가격이 하락하게 되는데 이것을 한국의 입장에서 보면 수입상품의 가격하락을 의미하므로 교역조건이 개선되는 결과를 가져오게 된다.

[그림 18-2]는 A국과 B국의 오퍼곡선 OA, OB를 나타내고 있다. 양곡선이 P점에서 교차하고 이 점에 의해서 두 상품(즉 X재와 Y재)의 가격비율 OP를 나타낼 수 있다. B국이 A국에서 수입하는 X재에 50%의 관세가 부과되고 이 관세가 B국에 의하여 Y재로 환산된다면 새로운 오퍼곡선은 OB'와 같이 우하향으로 이동할 것이다. 그로 인해 B국의 수입업자들은 이제 50%의 관세를 지불해야 하기 때문에 B국 수입업자들은 OC만큼의 X재 수입대가로 OW'''만큼의 Y재밖에 지불할 수 없게 된다. CS의 50%에 해당하는 PS만큼의 Y재는 관세부과 전에는 A국 수출업자에게 수입대가의 일부로 지불되었으나 이제는 관세수입의 형태로 B국 정부에 귀속된다. 그리하여 50%의 관세부과로 자유무역 오퍼곡선상의 모든 점에 상응하는 관세부과 오퍼곡선상의 점은 횡축에 1/3만큼씩 가깝게 위치할 것이다. 그리하여 관세부과 후의 새로운 균형점이 성립되는데 P'가 바로 그러한 균형점이다. 관세부과로 교역량은 감소하였으나 B국의 교역조건은 개선되었다. 이러한 사실은 새로운 교역조건을 표시하는 선 OP'가 자유무역시 교역조건을 표시하는 선 OP의 우측에 위치하는 데서 알 수 있다. 이때 관세율(t)은 $\frac{P'V}{P'W}$로 표시된다.

그림 18-2 교역조건효과

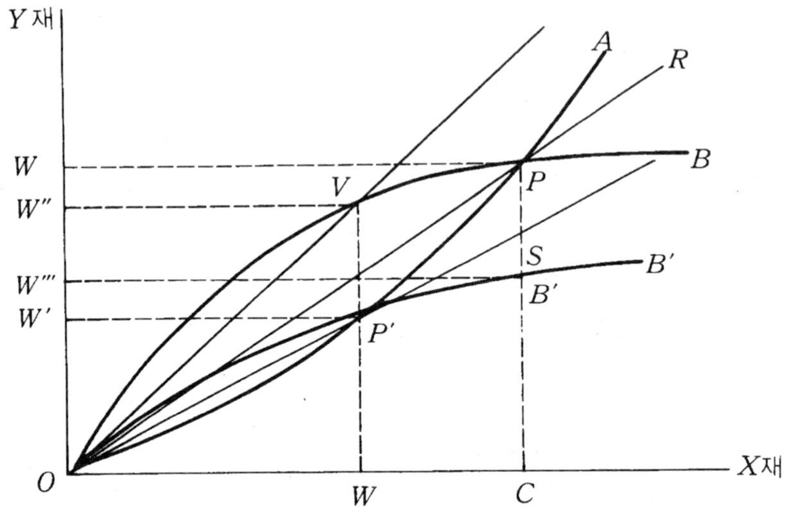

한편 OB에서 OB'로의 오퍼곡선의 이동은 교역조건을 OP에서 OP'로 변화시킴으로써 대외적으로는 교역조건이 B국에 유리하게 되었다고 할 수 있다. 그러나 B국의 국내소비자와 기업의 관점에서 보면 교역조건은 관세 때문에 악화되었다. 즉 OV의 기울기는 관세를 포함한 B국의 X재와 Y재의 국내상대가격수준이며 관세부과 이전과 비교한다면 X재의 상대가격이 등귀하였음을 의미한다.

3) 최적관세

국제무역의 이익을 크게 하려면 교역조건을 개선하여 유리한 교역조건하에서 무역을 증대시켜야 한다. 그러나 관세부과는 관세부과국의 교역조건을 유리하게 하는 경향이 있는 반면에 관세부과로 인하여 수입량을 축소시켜 경제적 후생을 감소시키기도 한다. 그러므로 관세부과로 인하여 교역조건 개선효과의 이익이 무역축소효과로 인한 불이익을 상쇄하고서도 관세부과국의 무역이익을 최대로 하는 관세가 있을 것이다. 이때 1국의 후생수준을 극대화시키는 관세를 최적관세라 한다.

그림 18-3 최적관세

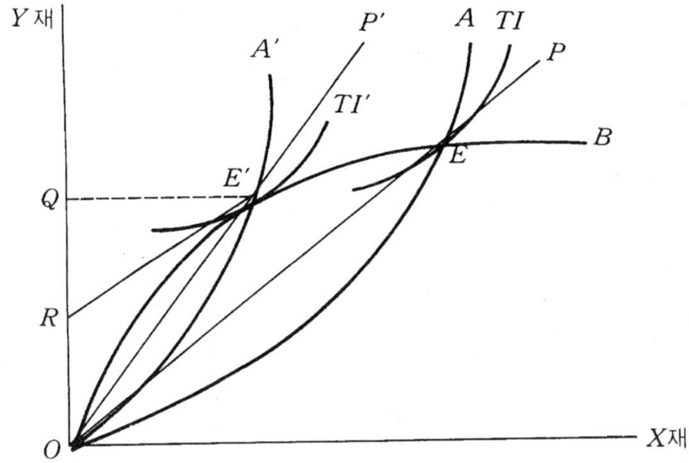

[그림 18-3]에서 A국이 B국으로부터 수입하는 Y재에 관세를 부과하면 A국의 오퍼곡선은 OA에서 OA'로 이동되며 무역균형점은 E에서 E'로 이동된다. [그림 18-3]에서 A국은 Y재 OQ와의 교환으로 $E'Q$의 X재를 수출하려고 한다. 그러기 위해서는 A국의 국내가격비율이 A국의 무역무차별곡선 TI'에 접선의 기울기와 같아야 한다. 즉 $E'R$의 직선은 A국이 관세를 부과하고 난 후의 국내가격비율이며 OP'는 관세부과 후의 교역조건을 나타낸다. 따라서 A국의 교역조건과 A국의 국내가격비율간에는 Y재에 대해 부과된 관세율만큼의 차이가 있다.

[그림 18-3]에서 교역조건은 $E'R/OQ$, 국내가격비율은 $E'R/RQ$이다. 따라서 최적관세율을 t라고 하면

$$\frac{E'R}{OQ}(1+t) = \frac{E'Q}{RQ} \tag{18.1}$$

와 같은 관계식이 성립한다. 식(18.1)에서

$$1+t = OQ/RQ = \frac{OR+RQ}{RQ} = \frac{OR}{RQ}+1$$

그러므로 최적관세율은 $t = OR/RQ$이 된다. 그런데 E'점에서 B국의 수입수요 탄력성 $\epsilon_b = OQ/OR$이므로 최적관세율은

$$t = \frac{OR}{RQ} = \frac{OR}{OQ - OR} = \frac{1}{\frac{OQ}{OR} - 1} = \frac{1}{\epsilon_b - 1} \tag{18.2}$$

이다. 이 식(18.2)가 최적관세율의 공식인데, 이 공식에 의한 최적관세율의 정책적 의의는, 첫째 만약 ϵ_b가 무한대, 즉 교역상대국의 수입수요 탄력성이 무한대라면 최적관세율은 거의 0에 접근한다. 즉 이 경우에는 관세의 부과가 오히려 부과국의 후생수준을 악화시킨다. 둘째 만약 ϵ_b가 1라면 최적관세율은 거의 무한대에 가까운 관세를 부과할 수 있다. 왜냐하면 관세부과국이 아무리 높은 관세를 부과하더라도 교역상대국은 수입액을 조금도 감소시키려고 하지 않기 때문에 고율의 관세를 부과할 수 있다. 셋째 만약 ϵ_b가 1보다 적을 경우 최적관세율은 마이너스(-)가 될 것이다. 오히려 이때에는 수입보조금을 지급하는 것이 유리하다.

4) 보복관세

최적관세에 관한 논의는 1국이 최적관세를 부과할 때 2국이 관세보복조치를 취하지 않는다는 전제하에서만 가능하다. 그런데 1국이 관세를 부과하면 필연적으로 상대국의 보복을 초래하고 결국 상대국이 보복하면 관세율은 점점 높아져서 무역량을 더욱 더 축소시키게 되므로 쌍방이 모두 자유무역의 상태보다 후생수준이 더욱 낮아진다. 즉, 보복관세로 인한 관세전쟁은 양국간의 무역량을 감소시키고 모두의 후생수준은 저하시키게 된다. 보복관세는 대개 교역상대국이 자국의 상품수출에 대한 부당한 차별관세나 차별대우가 취해질 때 자국의 이익을 보호하고자 교역상대국으로부터 수입되는 상품에 대하여 관세를 부과하는 경우 흔히 나타난다.

5) 실효보호관세율

국내의 수입대체산업이 그 원료를 수입에 의존할 경우 최종재에 부과되는 명목수입관세율은 국내생산자가 실제로 받는 보호의 정도를 정확히 표시하는 수단이라고 볼 수 없다. 왜냐하면 최종재를 생산하는데 투입되는 중간재에도 관세를

부과하고 있으며, 이러한 경우 문제가 되는 것은 실제 그 산업에 대한 보호의 정도가 얼마만큼 되느냐는 것이다. 따라서 정확한 보호의 정도를 계측하는 데는 관세의 부과에 의해 발생하는 국내생산의 부가가치의 상승률을 측정해 주는 실효보호율(rate of effective protection)이 이용된다. 한편 국내 부가가치는 최종재의 가격에서 당해 재생산에 투입되는 수입원자재비용을 공제한 것이다.

가령 TV 1대의 국제 가격이 100달러라 하고 이 상품은 국내에서도 생산한다고 하자. 이때 만약 TV 1대를 생산하는 경우 80달러의 수입원자재가 투입된다면 TV 1대에 대한 국내자본과 노동의 부가가치는 20달러가 된다. 투입재 수입에는 관세를 부과하지 않고 TV에만 10%의 명목관세가 부과될 경우 국내시장가격은 110달러가 됨으로써 국내부가가치는 30달러가 된다. 따라서 국내부가가치상승률을 나타내는 실효보호율 V_P는 다음과 같이 측정된다.

$$V_P = \frac{30\text{달러} - 20\text{달러}}{20\text{달러}} = 0.5 \text{ 혹은 } 50\%$$

만약 투입재에도 10%의 수입관세가 부과된다면 TV 생산에 투입되는 수입원자재의 비용은 80달러에서 88달러로 상승하며 이 경우의 부가가치는 22달러가 된다. 따라서 실효보호율은 다음과 같이 측정, 표시된다. 즉

$$V_P = \frac{22\text{달러} - 20\text{달러}}{20\text{달러}} = 0.1 \text{ 혹은 } 10\%$$

이다.

이와 같이 관세부과로 인한 국내산업의 보호 정도를 측정하기 위해서는 최종재 자체에 대한 명목관세율뿐만 아니라 최종재생산에 필요한 투입물들에 대한 관세율을 고려하여야 한다.

예컨대 만일 자동차부품의 수입에는 극히 낮은 관세밖에 부과되지 않는데 자동차에 대한 관세율은 크다고 할 때 자동차산업의 실효보호율은 매우 높아질 것이다. 반대로 부품수입에는 높은 관세율이 부과되고 자동차 자체에는 낮은 관세율이 부과될 때에는 자동차산업은 매우 낮은 실효보호율을 가지며, 그 실효보호율은 마니너스(-)일 가능성도 있다.

실효보호율에 관한 이론은 1905년의 쉴러(R. Schuller), 1936년 하벌러(W. Haberler), 1955년 바버(C. L. Baber) 등에 의해서 이루어져 1960년대 후반부터는 정책에

본격적으로 원용되기 시작하였다. 더구나 실효보호율 개념의 이론적 전개와 병행해서 관세의 실효보호율 측정이 이른바 EU제국, 미국, 캐나다, 오스트리아, 일본 등을 비롯하여 브라질, 칠레, 한국, 필리핀 등 여러 개발도상국에서 이루어지고 있고, 특히 관세 이외에 비관세장벽(수량제한)에 대해서도 실효보호관세율 측정이 행해지고 있으며 나아가 실효보호관세율 측정의 단계에서 그 효과를 관세정책에 반영하는 것뿐만 아니라 스웨덴, 오스트레일리아 등에서는 실효보호관세율에 기초를 둔 관세개혁까지 제안되기에 이르렀다. 그러나 실효보호관세율에 의한 국내 산업보호의 효과 분석에는 많은 문제점이 존재하는 것도 사실이다.

첫째, 실효보호관세율산정에 필요한 구성요소인 최종재와 중간투입재에 대한 명목관세율과 투입계수인데 명목관세율을 구하기도 어렵거니와(예, 병합문제) 투입계수의 정밀성 등에 관한 반론이 많다.

둘째, 실효보호관세율은 그 보호율의 절대수준이 중요한 것이 아니라 국내산업에 대한 보호율의 상대적 구조에 의미가 있을 뿐이므로 국가간에 특정산업의 보호효과를 비교할 때에는 별 의미가 없다.

셋째, 실효보호관세율측정에 있어서는 부분균형모델을 가정하고 있기 때문에 보호를 받는 산업과 그렇지 못한 산업간의 자원배분상태를 명확하게 판정하기 어렵다. 특히 투입계수가 일정하고 요소간 대체가 되지 않는 것으로 되어 있으나 실제로 생산함수의 투입계수는 일정하지 않고 변동될 수 있으며 생산요소 간에도 대체가 가능하다.

넷째, 실효보호관세율을 측정하는 데 비교역재 또는 순국내재가 존재하지 않는다는 전제에도 문제점이 있다.

18.2 비관세장벽

1) 비관세장벽의 개념과 특성

국제무역을 규제 또는 제한하는 무역정책수단 중에는 가장 중요한 형태라고 할 수 있는 관세이외에도 수량할당(quota), 자율적 수출규제, 그리고 기술적, 행정적 및 기타의 규제를 포함하는 또 다른 형태의 무역장벽(trade barriers)이 존재한다. 관세 이외의 일반적인 무역제한수단을 총칭해서 비관세장벽(NTB; non-tariff barriers)이라고 하는데, 최근 들어와서 관세수준이 인하되면서 이러한 비관세장벽의 중요성은 상대적으로 증가되고 있다. 더구나 1970년대 및 1980년대에 무역장벽으로서의 관세의 비중이 떨어지자 세계적으로 이러한 무역정책수단이 널리 사용되었다.

사실 지금까지 IMF와 GATT에서도 비관세 장벽을 원칙적으로 허용하고 있지 않으나 세계의 모든 나라들이 어떤 형태로든 자국의 경제적 이익을 위하여 비관세장벽을 활용하고 있는 실정이다.

이와 같은 비관세장벽이 보호무역정책의 새로운 수단으로 호응 받는 것은 여타의 관세장벽과는 다음과 같은 상이한 특성을 지니고 있기 때문이다.

① 비관세장벽은 복잡성을 띠고 있다. 즉, 비관세장벽의 정의대로 그 내용이 매우 다양하고 복잡하기 때문이다. 때문에 그 목적을 달성하기 위한 운영의 방법도 매우 다양하고 상대국으로부터의 직접적 보복조치도 피할 수 있다.

② 불확실성과 효과측정의 난이성을 가진다. 비관세장벽은 복잡성과 다양성 때문에 그것이 갖는 무역제한적 효과를 종합적으로나 또는 개별품목별로 측정하는 것이 매우 어렵다는 것이다. 또한 비관세장벽의 설치와 철폐는 아무런 통고 없이 변경될 수 있으므로 고도의 융통성과 불확실성을 가진다.

③ 비관세장벽은 완화 및 철폐하는데 협상의 어려움이 따른다. 왜냐하면, 비관세장벽의 경우 그것의 복잡성·불확실성·효과측정의 곤란성 때문에 상호간의 정도를 비교하여 이를 균일화할 어떤 지표를 설정하기가 불가능하며 또한 비록 정부간에 어떤 협상이 성립되었다 하더라도 그것이 바로 비관세장벽의 완화 및 철폐를 보장해 줄 수가 없다.

2) 비관세 장벽의 종류와 효과

앞에서 밝힌 바와 같이 비관세장벽의 복잡성과 불확실성 및 융통성 때문에 그 분류가 실제로 어렵다. 그러나 통상적으로는 수입제한적 비관세장벽과 수출장려적 비관세장벽으로 구분한다. 수입제한적 비관세장벽에는 수입과징금, 수입할당제, 수입예치금제, 수입금지제 등이 있고, 수출장려적 비관세장벽에는 수출보조금, 수출신용제도, 수출신용보험제도, 덤핑정책 등이 있고 그 외에도 행정적·기술적 지원 및 규제 등이 있다.

여기서는 이중에서 가장 흔히 사용되는 수입할당제(import quota)와 최근 많이 대두되고 있는 수출자율규제, 그리고 기술적·행정적 규제 및 기타의 비관세장벽을 살펴보기로 한다.

(1) 수입수량할당제와 그 효과

수입수량할당은 가장 중요한 비관세장벽이다. 이것은 국내산업보호를 위해서 또는 국제수지균형상의 문제로 주로 활용된다. 특히 이는 제2차 세계대전 직후 서구에서 널리 채택되었던 무역정책수단이었다. 오늘날에는 선진공업국들이 자국의 농업을 보호하고자 그리고 개도국들이 공업제품의 수입대체를 촉진하면서 만성적인 국제수지적자를 해결하고자 이를 사용하고 있다.

[그림 18-4]는 수입수량할당은 부분균형효과를 설명하고 있다. 그림에서 DD와 SS는 각각이 나라의 X재의 수요곡선과 공급곡선을 나타낸다.

한편 자유무역하의 세계시장가격이 P_1일 때 이 나라는 OQ_4만큼의 X재를 소비하는데 이중 $EF(OQ_1)$는 국내생산으로, 나머지 $FM(Q_1Q_4)$은 수입으로 충당된다. 만약 이 나라가 $BC(Q_2Q_3)$만큼의 수입수량할당을 하게 되면 이는 P_1P_2라는 크기의 관세를 부과하는 것과 동일한 효과를 가져온다. 다만 수입량을 $FM(Q_1Q_4)$에서 $BC(Q_2Q_3)$로 감소시키기 위한 관세율의 크기인 P_1P_2를 사전에 정확하게 알기는 어려울 것이다.

수입량이 $BC(Q_2Q_3)$로 줄어듦으로써 국내가격은 P_2로 상승할 것이고 따라서 이만큼의 수입수량할당은 관세(즉, P_1P_2)를 부과할 때와 마찬가지로 소비가 $FM(Q_1Q_4)$에서 $BC(Q_2Q_3)$로 감소하여 대외지불 또한 그만큼 감소할 것이다.

그림 18-4 수입수량할당의 부분균형효과

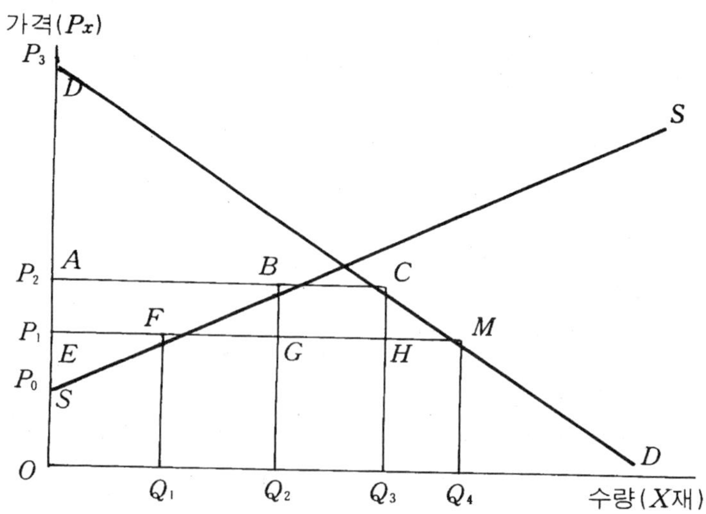

여기서 가령 X재의 수입수량할당을 점차 줄여나가 할당량을 영으로 한다면 이는 금지적 관세를 부과하는 것과 동일한 효과를 가진다. 그리고 교역조건에 있어서는 두 나라의 시장형태와 수량할당방식 등에 따라 달라질 것이다. 한편 수입수량할당제와 관세와의 차이점은 다음과 같다.

첫째, 수입할당량이 일정할 때 수요가 증가하면 국내가격을 상승시키며 또한 국내생산을 증가시키지만 국내소비는 감소한다. 반면 수입관세가 일정할 때 국내수요의 증가는 국내가격과 국내생산은 변함이 없으나 국내소비와 수입을 증가시키게 될 것이다.

둘째, 수입수량할당제는 관세와 달리 수입허가를 어떻게 배분하는가의 문제가 발생한다. 즉 정부는 특정재화에 대한 수입업자 사이에 면허를 배분해야 하고 간혹 효율성을 고려하기보다는 정부관리의 자의적 판단에 의하여 기준이 설정될 가능성도 있으며 나아가 수입면허에 대한 독점이윤의 발생으로 잠재적 수입업자는 정부관리에 대한 부정의 요소를 제공해 주는 계기가 되기도 한다.

셋째, 수입관세의 보호효과는 불확실한 반면, 수입수량할당으로는 수입을 일정수준으로 제한하기 때문에 보호의 효과가 확실하다. 그 이유는 관세의 경우 수요 및 공급곡선의 모양이나 탄력성을 알 수 없기 때문에 바람직한 수준의 관세율측정이 어렵기 때문이다.

(2) 기타의 비관세장벽

여기서는 관세나 수입할당 이외의 다른 무역제한수단에 대하여 고찰한다. 예를 들면 수출자율규제와 기술적 규제, 그리고 행정적 규제, 국제카르텔, 덤핑 등을 들 수 있다.

첫째, 수출자율규제는 다른 국가로부터의 수입증가로 인하여 모든 산업이 위협을 받거나 수입을 제한할 필요가 있을 때 전반적인 무역장벽강화를 예고하면서 타국들로 하여금 자국의 수출을 자율적으로 감소시키도록 하는 경우를 말한다. 수출자율규제는 1950년대부터 미국정부에 의해서 일본의 섬유수출을 줄이고자 논의되어 왔다. 수출자율규제는 선진국으로 하여금 최소한 자유무역의 원칙을 계속 견지하는 모양을 갖게 했다.

수입수량할당과 수출자율규제는 다음과 같은 차이점을 지적할 수 있다. ① 수입수량할당은 국제시장에서 특정상품에 대한 수요를 제한하는데 비해 수출자율규제는 그 상품의 공급 자체를 규제한다. ② 수입수량할당은 모든 수출국에 적용되지만 수출자율규제는 다양한 협상과정을 거쳐 대표적인 수출국에 대하여 강요된다.

둘째, 기술적 및 행정적 규제를 포함한 기타의 규제조치도 비관세장벽의 하나이다. 이들은 주로 안전조건, 보건조건, 식료품이나 기타 음료수 포장 등에 대한 보건규제, 그리고 특정상품 등에 대해 그 원산지와 내용을 표기하도록 하는 표시규제 등이 그것이다. 그런데 이러한 규제들 중 그 나름대로의 목적을 정당하게 수행하고 있는 것들도 있지만 대부분은 수입을 규제하는 내용을 중점적인 목표로 한다.

셋째, 국제카르텔에 의해 상품의 생산과 수출을 규제하기도 한다. 즉 오늘날의 대표적 국제카르텔은 OPEC인데, 이것은 석유의 생산과 수출을 규제하고자 1973년에서 1974년 사이에 석유가를 몇 배나 인상시켜 세계적인 석유파동을 야기시켰다. 또한 국제항공운송기구 등도 국제항공요금과 정책결정에 있어서 카르텔형태를 취하고 있다.

넷째, 무역규제는 덤핑에 의해서도 발생한다. 즉 하나의 상품을 비용 이하로 또는 국내에서보다 낮은 가격으로 해외에서 판매함으로써 국내산업이 침해를 받고 있을 때 이를 보호하고자 무역규제가 실시된다. 이러한 무역규제는 대개 가격차를 상쇄시키기 위한 반덤핑관세나 상계관세의 형태를 취할 수도 있고 또는 관세를 부과하겠다고 위협하는 형태를 취할 수도 있다.

제 19 장

경제통합

19.1 경제통합의 기초
19.2 경제통합의 효과

이 장에서는 지역적 경제기구의 형성이 가맹국과 기타국에 미치는 경제적 효과를 분석한다. 즉 19.1절에서는 경제통합의 성립배경과 결성동기 및 경제통합 형태 등을 살펴보고 나아가 경제통합의 조건과 과제를 고찰하고자 한다. 19.2절에서는 경제통합의 효과에 관한 것으로서 정태적 측면에서 무역창출효과와 무역전환효과를 기하학적으로 살펴보고 그리고 동태적 측면에서의 경제적 효과를 제시한다.

19.1 경제통합의 기초

1) 성립배경과 결성동기

(1) 성립배경

경제통합(economic integration)이란 어느 지역의 다수국이 경제에 관한 협정을 체결한 후 각각 자국시장을 개방하여 하나의 광역경제권을 결성한 후, 역내에 있는 상품 및 생산요소의 국제적 이동을 보장하고 또한 산업구조를 조정하며 통화, 금융, 재정, 산업면에서 상호 보조조치를 취하면서 이를 정책적으로 조정하는 경제적 조직체를 의미한다. 그 대표적 예는 유럽공동시장(EEC)이다. 경제통합은 1국의 자주적 경제정책의 한계를 국가간의 협의·협조에 의하여 타파할 수 있으며, 각국간의 경제적 차별조치를 제거할 수 있을 뿐 아니라 공동시장의 결성과 가맹국 상호간의 경제정책의 점진적 접근방법에 의하여 통합집단의 경제활동의 조화적 발전, 지속적 또는 균형적 확대, 안정 강화, 생활수준의 개선, 가맹국간의 긴밀화를 촉진시킬 수 있다.

제2차 세계대전 직후 마샬원조를 수용하는 가운데 나타난 유럽제국의 결속과 상호협조는 경제통합의 움직임으로 연결되었다. 1952년 베네룩스 3국과 프랑스, (구)서독, 이탈리아 등은 구주석탄철강공동체(ECSC)를 성립시켰다. 즉 석탄과 철강에 대하여 6개국이 단일시장을 실현함과 동시에 양산업에 있어서의 자본, 노동의 역내자유이동을 위한 초국가적인 부분별 통합이었다. 이것의 발전으로 구주공동체(EEC)를 형성하게 되었는데, 1957년 3월 원자력공동체(EURATOM)와 함께 로마에서 조인되었고 1958년 정식으로 설립되어 성공적인 발전을 이룩했다.

EEC가 탄생하자 영국은 EEC에 가입하지 않은 스웨덴, 노르웨이, 오스트리아, 스위스, 포르투갈과 함께 1960년 구주자유무역연합(EFTA)을 결성했으나 큰 성과를 거두지 못했다.

한편 공산권에서는 1950년 경제상호원조회의(COMECON), 중남미에서는 1961년 라틴아메리카자유무역연합(LAFTA), 1962년 중남미공동시장(CACM), 1964년 아랍공동시장(ACM), 1966년 중앙아프리카 경제·관세공동(CAE-CU)과 카리브자유무역협정(CFTA) 등이 체결되었다. 더구나 오세아니아 주에서는 오스트레일리아와 뉴질랜드 중심으로 1965년 자유무역협정이 체결된 바 있다. 그 후 북미지역을 중심으로 한 1992년의 북미자유무역연합(NAFTA)이 결성되었다.

(2) 경제통합의 결성동기

일반적으로 논의되고 있는 경제통합의 결성동기는 다음과 같은 몇 가지를 들 수 있다.

첫째, 역내국가간의 경제협력 강화이다. IMF 및 GATT 등 국제경제기구의 등장으로 전후의 각국간 경제협력이 한층 더 요청되었고 1국만이 고립해서 경제적 발전을 추구할 수 없게 되었다. 따라서 일부 국가는 협의·협조의 정신 하에서 경제발전수준과 경제구조가 유사하고 동질적인 회원국 상호간 공동의 경제발전을 추구하기 위하여 경제통합의 결성이 필요하게 되었다.

둘째, 식민지국들의 독립이다. 2차대전 후 개발도상국들이 독립을 달성함에 따라 선진국과 저개발국으로 결성된 경제블럭(economic bloc)은 해체되었다. 이에 따라 선진국의 일부 수출시장은 그만큼 줄어들지 않을 수 없었기 때문에 경제발전단계와 경제구조가 유사하고 동질적인 국가간에 수평적 경제통합의 결성이 필요했던 것이다.

셋째, 기술혁신의 가속화이다. 원자력산업·전자공업·석유화학공업 등에서의 혁신적인 기술진보는 필연적으로 생산력과 생산규모를 거대화시켰기 때문에 생산의 국제적 연관성은 한층 더 긴밀화되었으며, 종래 1국의 협소한 시장만으로서는 기술혁신에 의하여 생산된 상품을 도저히 소화시킬 수 없게 되었다. 따라서 대시장을 통한 규모의 경제이익을 얻기 위하여 경제통합의 결성이 요청되었다.

넷째, 사회주의경제권의 형성이다. 2차대전 후 세계경제가 자본주의경제권과 사회주의경제권으로 양분되고 사회주의경제권에서는 COMECON이 결성됨에 따라 단일세계시장은 자본주의경제권 시장과 사회주의경제권의 시장으로 양분되었다. 이에 의하여 자본주의제국의 수출시장은 그만큼 축소되었을 뿐 아니라 그 내부에서는 수출경쟁이 치열했기 때문에 일부 국가에서는 무역장벽을 제거하고 각각 자국시장을 개방하여 광역시장의 결성 등 경제통합을 시도하려고 했다.

2) 경제통합의 형태

경제통합은 경제적 차별이 어느 정도 제거, 또는 철폐되느냐에 따라 여러 가지 형태로 분류된다.

(1) 자유무역지역

자유무역지역(free trade area)은 가입국간에는 관세 등 모든 무역장벽이 철폐되어

지역내의 무역이 자유롭지만, 생산요소의 이동은 제한되는 형태이다. 지역외와의 무역 및 경제정책에서는 가입국의 독자성이 보장되어 가장 낮은 지역의 관세를 가진 국가를 통해 비가입국의 상품이 역내에 수입된 후 자유롭게 가입국으로 이동하므로 시장을 교란하는 것을 막을 수 없다. 이의 대표적 예는 1960년 영국, 오스트리아, 덴마크, 노르웨이, 포르투갈 및 스위스에 의하여 형성되고 핀란드를 준회원국으로 하는 유럽자유무역연합(EFTA), 북미자유무역연합(NAFTA), 라틴아메리카 자유무역연합(LAFTA) 그리고 오스트레일리아 및 뉴질랜드 자유무역협정(1965) 등이다.

(2) 관세동맹

관세동맹(customs union)은 자유무역지역과는 달리 가맹국 사이의 무역에 대해서는 관세 및 기타의 장벽을 부과할 수 없고 비가입국에 대해서 단일의 공동관세를 설정하고 있다. 생산요소의 이동은 여전히 제한된다.

(3) 공동시장

공동시장(common market)은 관세동맹의 내용과 더불어 다수국이 무역 및 외환에 관한 협정을 체결하여 하나의 새로운 광역경제권을 결성한 후 노동 및 자본의 역내이동이 자유화된다. 유럽공동시장(EEC)이 가장 대표적이다.

(4) 경제동맹

경제동맹(economic union)은 공동시장에서 한걸음 더 나아가 가맹국의 금융정책, 재정정책 및 조세정책 등 경제정책면의 차이를 제거하고자 조정과 통일이 이루어지며 또한 단일의 통화를 사용하게 된다. 1991년 출범한 유럽경제통화동맹(EMU)이 가장 대표적이다.

(5) 완전경제통합

완전경제통합(complete economic integration)이란 경제동맹이 지향하는 경제정책의 조정에만 한정하지 않고, 초국가적 기구의 설립에 의해 통화·금융·재정·사회·경기정책 등을 통일함으로써 사실상 새로운 국가를 형성하는 형태이다. 이는 경제적 통합뿐만 아니라 정치적 통합이 수반되는 형태이다.

3) 경제통합의 조건과 과제

경제통합을 성공적으로 결성하기 위해서는 몇 개의 기본적 조건이 필요하나 일반적으로 이 조건은 학자에 따라 달리 표현되고 있다. 경제통합을 결성하기 위해서는 정치적·경제적·사회적·문화적 제조건이 구비되어야 하며, 지리적 조건도 갖추어져야만 한다. 더구나 그러한 조건들이 충족된다고 하더라도 경제통합에는 몇 가지 문제점이 제기된다.

(1) 경제통합의 조건

경제통합의 조건에 대한 드니요(J. F. Deniau), 산활드(R. F. Sannwald) 및 스톨리어(J. Stohler) 등 학자들의 견해를 종합해 보면 다음과 같은 경제통합의 일반적 조건을 제시할 수 있다.

경제통합의 전제조건은 EEC를 비롯한 공동시장에서 찾아볼 수 있는 것과 같이 첫째, 정치적, 경제적인 공통목표하에서 지리적인 인접관계, 둘째, 생활태도와 생활수준의 유사, 셋째, 경제발전수준의 동일성 등이 구비되어야 한다. 여기에 문화수준의 유사성과 문화적 유대관계의 강화, 대내외정책의 공통성, 유사한 혈통 등의 조건이 갖추어진다면 통합의 가능성은 현실적으로 크다. 이중에서도 특히 동질경제구조하에서 잠재적인 보완성이 갖추어진다면 다수간의 통합은 한층 더 용이할 것이다.

(2) 경제통합의 과제

경제통합체내에서 가격메커니즘이 효율적으로 작용하지 못하고, 이것이 오히려 생산과 소비의 합리적 배분을 저해하거나, 더욱이 대시장의 형성에 의하여 성립된 대기업이 독점가격의 형성 등 독과점체제를 강화한다면, 통합체 내부에 있어서 경제의 안정적 성장은 경제통합 전보다 저해될 것이다. 그러므로 완전고용정책 등을 비롯하여 공정경쟁을 위한 독점규제, 재정·금융·사회정책 등의 통일과 조정 등 제도적 또는 정책적 조치가 선행되어야 할 것이다. 경제통합은 필연적으로 역내우선주의, 역외차별주의에 입각하여 경제활동을 하지 않을 수 없다고 하더라도 각국이 한결같이 이익을 추구하려고 노력한다거나, 또는 역외제국에 대하여 배타적 차별조치를 강화한다면, 세계경제는 수개의 경제권으로 분할되고, 이에 의하여 국제경제의 균형적 성장은 파괴될 것이다. 그러므로 국제무역의 확대를 통한 세계경제의 균형적 성장을 촉진하기 위하여 1국의 입장, 통합체전체의 입장, 세계적인 입장 등 3자간의 입장이 원활하게 조화되지 않으면 안 된다. 따라서 가맹국들이 어떻게 여러 입장을 동시에 살릴 수 있도록 경제정책을 조정할 것인가의 문제가 대두된다.

19.2 경제통합의 효과

경제통합의 효과를 처음으로 제시한 논리가 바로 관세동맹이론이다. 관세동맹에 의하여 역내제국간의 관세가 철폐되고 역외제국에 대하여 차별적 공통관세가 부과되면 여러 가지 경제적 효과가 발생된다. 관세동맹의 효과에는 정태적 효과와 동태적 효과가 있다. 더구나 관세동맹 등 경제통합의 의하여 역외제국은 상당한 영향을 받는다.

1) 관세동맹의 정태적 효과

경제통합의 주요한 효과는 우선 관세동맹의 정태적 효과로서 일정한 시점에 있어서 생산능률, 교역조건, 소비의 변화 등을 들 수 있다. 특히, 관세동맹이 무역에 미치는 효과, 즉 정태적 효과로서 무역창출효과와 무역전환효과를 들 수 있다. 관세동맹의 결성에 의하여 생산이 고코스트 공급원에서 저코스트 공급원으로 이동된다면 동맹내에서 무역이 창출되고, 이와 반대의 경우에는 무역이 전환된다. 이 효과를 무역창출효과와 무역전환효과라고 한다.

(1) 무역창출효과

경제통합으로 인하여 관세철폐가 초래한 무역증가를 무역창출효과(trade creating effect)라고 한다. 즉, 관세동맹을 형성하기 이전이나 이후에 모든 경제자원이 완전고용되었다고 가정하면 관세동맹의 결과 비교우위에 의한 생산에서의 특화가 더욱 진전되므로 관세동맹은 가맹국의 후생을 증가시킨다. 무역을 창출하는 관세동맹(trade creating customs union)은 비가맹국의 후생도 증가시키는데 이는 가맹국 실질소득증가의 일부가 비관세동맹국으로부터의 수입을 유발하기 때문이다.

그림 19-1 무역을 창출하는 관세동맹

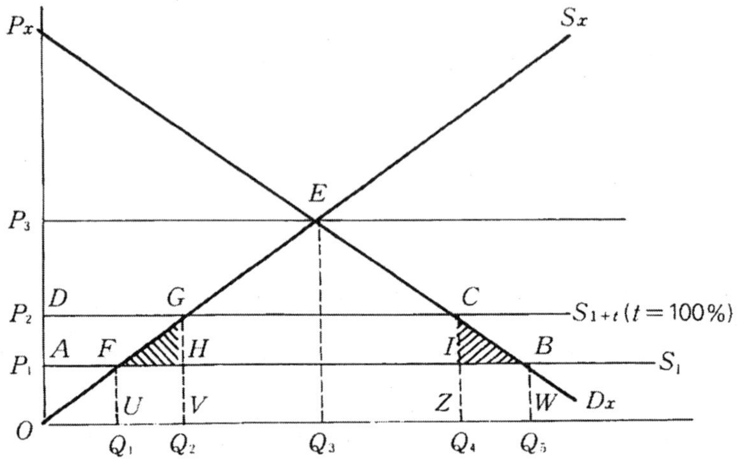

무역을 창출하는 관세동맹의 효과가 [그림 19-1]에 설명되어 있다. [그림 19-1]에서 D_x와 S_x는 X재에 대한 2국의 수요·공급곡선을 각각 나타내고 있다. 자유무역을 전제로 하여 X재의 가격이 1국에서는 P_1이고 제2국에서는 P_2라고 가정하고, 2국은 소규모 국가이므로 이 가격에 영향을 미칠 수 없다고 가정한다. 여기서 2국이 1국으로부터의 X재 수입에 대해 100% 관세를 부과한다면(여기서 $2P_1 = P_2$라 한다) 2국은 1국으로부터 X재를 P_2로 수입하게 될 것이다. P_2의 가격으로 2국은 $OQ_4(DC)$만큼 소비하는데 이중 $OQ_2(DG)$는 국내에서 생산하고 $Q_2Q_4(CG)$는 1국으로부터 수입한다. 또한 2국은 $HGCI$만큼의 관세수입을 징수한다.

S_1은 자유무역하의 2국으로 수출하는 X재에 대한 1국의 완전탄력적 공급곡선이며 S_{1+t}는 관세를 포함한 공급곡선이다. 한편 3국으로부터 수입하는 X재에 대해 100%의 관세를 포함한 가격이 $P_3(=2P_2)$가 된다면 2국은 3국으로부터는 수입하지 않을 것이다. 이제 2국이 1국과 관세동맹을 형성한다면 2국의 X재 가격은 P_1이 되고 이 가격에서 2국은 X재를 $OQ_5(AB)$만큼 소비하는데 이중 $OQ_1(AF)$은 국내에서 생산하고 $Q_1Q_5(FB)$는 1국으로부터 수입한다. 이 경우 2국의 관세수입은 없어진다. 관세동맹 결과 2국 소비자의 이익은 $ADCB$이나 이중 2국 전체의 순이익은 빗금친 두 개의 삼각형 FGH와 ICB가 된다. 왜냐하면 $ADCB$ 중 $ADGF$는 생산자잉여의 감소로 $HGCI$는 관세수입의 상실을 나타내기

때문이다. 1국의 생산비 FQ_1Q_2H는 2국의 생산비 FQ_1Q_2G보다 적음으로 결국 생산은 2국에서 1국으로 전환되어, 생산상의 무역창출효과가 나타나며 따라서 생산측 부문의 후생증가는 삼각형 FGH가 된다.

한편, ICB는 $IB(=Q_4Q_5)$만큼의 소비증가로 얻어지는 이익으로 $ZWBC$만큼의 이익을 얻는데, 이것이 소비상의 무역창출로 얻어지는 후생효과이다. 1980년 이후 관세동맹이론에 관한 연구를 시동한 학자로는 바이너(J. Viner), 미드, 존슨 등을 들 수 있다.

(2) 무역전환효과

무역전환(trade diversion)은 관세동맹의 결과 가입국 상호간에 관세가 철폐되고 비가맹국에 대해서는 차별적인 관세가 부과될 경우 1국은 비가맹국으로부터 싸게 수입하던 재화를 가맹국으로부터 비싸게 수입하게 될 때 발생한다. 따라서 무역전환 그 자체는 후생을 감소시키는데, 그 이유는 관세동맹 외부의 보다 효율적인 생산자로부터 관세동맹 내부의 덜 효율적인 생산자에게로 수입선이 전환되기 때문이다. 다시 말해 세계에서 가장 효율적으로 생산하는 국가로부터가 아니라 역내에서 가장 효율적으로 생산하는 국가로부터 수입하는 것이므로 후생은 감소한다. 무역을 전환하는 관세동맹의 효과가 [그림 19-2]에 설명되어 있다. 이 그림에서 D_x와 S_x는 X재에 대한 2국의 수요, 공급곡선이며 S_1과 S_3는 자유무역하의 1국과 3국의 완전탄력적인 공급곡선을 나타내며 X재 수입에 대해 100% 관세를 부과하면 2국은 S_{1+t}곡선에 따라 $P_2(=2P_1)$의 가격으로 X재를 1국으로부터 수입한다. P_2가격하에서 2국은 $OQ_4(DC)$만큼을 소비하는데 이중 OQ_3 (DG)는 국내생산으로 $OQ_4(GC)$는 수입으로 충당된다. 또한 $HGCI$만큼의 관세수입을 징수하게 된다.

이제 2국이 3국과 관세동맹을 체결한다면 2국은 3국으로부터 X재를 P_3의 가격으로 더 싸게 수입할 수 있게 된다. P_3의 가격으로 2국은 $D'B'(OQ_5)$만큼의 X재를 소비할 수 있다. 이중 $OQ_2(D'F')$는 국내생산에 의해서 $Q_2Q_5(F'B')$는 3국으로부터의 수입에 의한다. 물론 2국은 이제 관세수입을 징수하지 못한다. 여기서 X재에 대한 2국의 수입은 보다 효율적인 1국으로부터 덜 효율적인 2국으로 수입의 전환이 이루어졌는데 이는 1국으로부터의 수입에 대하여 차별적인 관세를 부과하기 때문이다. 다만 X재의 수입이 관세동맹 이전에는 $GC(Q_3Q_4)$였으나 관세동맹 이후에는 $F'B'(Q_2Q_5)$가 됨으로써 무역을 전환하는 관세동맹의 결과로 어느 정도의 무역창출이 발생하기도 한다. 3국과의 관세동맹으로 인한 2국의 정태적 후생효과는 [그림 19-2]의 삼각형 $F'GG'$와 $C'CB'$로 측정된다. 빗금친 사각형 HG'C'I의 면적은 비용이 낮은 1국으로부터 당초 $GC(Q_3Q_4)$만큼 수입하던 것을 비용이 높은 3국으로 수입을 전환함으로써 나타난 후생상의 감소 부분이다. 관세동맹의 결과 $D'DCB'$만큼의 소비자 잉여증가분 중에서 D'DGF'는 생산자잉여의 감소를 나타내고 $G'GC'C$는 관세수입의 감소분을 나타낸다.

한편 빗금친 사각형 $HG'C'I$도 관세수입의 손실을 나타내므로 결국 삼각형 $F'GG'$와 $C'CB$만이 2국의 순이익이 된다.

무역전환으로 인한 후생이 손실을 나타내는 사각형 $HG'C'I$의 크기는 무역창출로 인한 후생상의 증가를 표시하는 삼각형 $F'GG'$와 $C'CB'$의 합보다 훨씬 크므로 무역전환으로 2국은 순후생의 손실을 가져온다는 것이다.

따라서 경제통합의 총효과는 통합에 의한 이익과 손실을 비교함으로써 판정될 수 있다. 가령 무역전환량이 무역창출량을 초과한다 해도 무역창출을 가져오는 재화에 대하여 가맹국간의 생산비의 차이가 충분히 크다면 후생은 증대할 것이다.

그림 19-2 무역을 전환하는 관세동맹

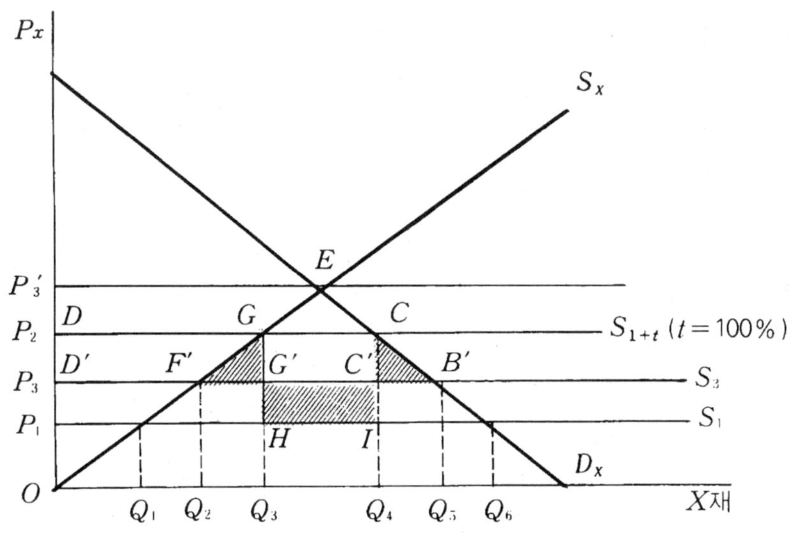

그리고 세계 전체에서 볼 때 경제통합이 후생을 감소시킨다고 하나 그 감소분은 다수의 비가맹국에 분산되지만 증가분은 역내의 소수국에 집중되므로 통합으로 인한 순후생의 증가 가능성이 크다는 사실을 알 수 있다.

2) 관세동맹의 동태적 효과

관세동맹의 동태적 이익으로서는 장기간에 걸쳐 나타나는 경제성장률의 변화를 들 수 있으며, 이 동태적 효과에는 시장의 확대에 따른 기술혁신, 투자율, 경쟁의 유효성 증대 등을 들 수 있다. 관세동맹에 의하여 광역경제권이나 대시장이 형성되고 무역장벽이 완화되는 경우에는 내부경제, 외부경제, 경쟁격화, 기술혁신이 발생되며 이로써 생산능률이 개선됨으로써 경제성장이 촉진되고 경제적 후생이 증가된다. 즉, 시장규모가 확대되고 동시에 기업규모가 확대됨에 따라 대규모생산의 이익이 발생될 뿐 아니라, 연구개발투자의 증대로 인하여 기술혁신의 가속화가 이루어진다. 더구나 관세동맹의 형성은 경제적 지원을 더 효율적으로 이용하도록 한다. 왜냐하면 관세동맹의 형성은 시장규모의 확대와 함께 노동과 자본의 자유로운 이동을 가능하게 하기 때문이다. 한편, 대시장의 결성에 의하여 역외제국에 대한 취약성의 감소, 교섭력 및 경쟁력의 증대, 교역조건의 개선, 역외자본의 유입 등 유리한 효과가 발생된다.

시토프스키(T. Scitovsky)는 「대시장화 → 경쟁의 격화 → 대량생산방식에의 전환 → 코스트의 인하 → 가격의 인하 → 대중소비의 증가(시장의 확대) → 경쟁의 격화」라는 경제순환의 확대적 과정을 통하여 경제통합의 효과를 설명했으며, 한편 드니요(J. F. Deniau)는 대시장은 대량생산, 즉 부단한 작업에 의하여 대량의 규격화된 상품생산을 가능하게 함으로써 기계 및 설비의 완전 이용이 확보된다고 주장했다.

제 20 장

생산요소의 국제적 이동

20.1 국제자본이동
20.2 국제노동이동

지금까지는 거의 상품의 무역만을 다루었고 자원이 국제적으로 이동할 수 없다는 가정이 내재되어 있었다. 그러나 사실은 자본, 노동, 기술 등은 국제적으로 이동한다. 이 장에서는 자본, 노동 등 자원의 국제적 이동이 관계국가에 미치는 편익과 비용을 분석한다. 20.1절에서는 국제자본이동으로서 국제자본이동의 형태, 동기 및 그 후생효과를 관찰한다. 20.2절에서는 국제노동이동에 관한 것으로서 그 동기 및 후생효과를 살펴보고자 한다.

20.1 국제자본이동

1) 국제자본이동의 의의

국제자본이동(international capital movement)은 거주자와 비거주자간에 이루어지는 단기자본 및 장기자본의 수수, 그리고 거주자의 외국에서의 공장, 건물, 토지, 광산 등 실물자산의 취득과 그 양도를 의미한다. 따라서 국제자본이동은 거주자와 비거주자간에 채권·채무관계를 발생시킨다. 이 국제자본이동, 즉 자본의 국제적 이동을 국제투자(international investment)라고 부르기도 한다. 제2차 대전 이전에는 화폐자본만의 이동을 국제자본이동이라 하였으나 제2차 대전 이후에는 실물·기술 및 기업경영권을 포괄하는 광의의 개념으로 바뀌었다.

2) 국제자본이동의 유형

(1) 민간투자와 공동투자

자본의 투자주체가 민간인가, 혹은 공공기관인가에 따라 국제자본이동은 민간투자(private investment), 공공투자(public investment)로 분류된다. 민간투자라고 하는 것은 개인 및 사기업이 투자하는 것이고, 공공투자라고 하는 것은 정부기관, 또는 세계은행 등 국제기관에서 투자하는 것을 의미한다. 피투자선이 개인 및 사기업인가, 혹은 공공기관인가는 고려할 필요가 없다. 다만 자본을 공여하는 측이 민간인가, 혹은 공공기관인가를 기준으로 분류한 데 지나지 않는다.

(2) 단기투자와 장기투자

자본의 투자기간이 단기인가, 혹은 장기인가에 따라 국제자본이동은 단기투자(short-term investment), 장기투자(long-term investment)로 분류된다. 이의 기준이 되는 단기, 장기의 구별은 어느 정도 자의적인 성격을 띠고 있으므로 IMF의 국제수지편람에 따라 이를 구별해야 할 필요가 있다. 따라서 단기투자란 1년 미만의 만기일을 가진 단기자본의 이동을 의미하는데, 이는 주로 외국 단기증권에 대한 투자, 외국 금융시장에의 공여, 외국은행에 대한 예금 등이 포함된다. 그리고 장기투자란 1년 이상의 만기일, 또는 상환기일을 가진 외국의 채권, 주식, 실물자산의 취득을 의미한다. 이러한 목적으로 단기에 사용되는 자본을 단기자본, 장기에 사용되는 자본을 장기자본이라고 한다. 그리고 장기투자는 다시 직접투자와 간접투자로 구분된다.

3) 국제자본이동의 동기

여기서는 국제자본이동의 동기를 직접투자와 간접투자의 경우로 나누어 검토해 보기로 한다.

(1) 해외간접투자의 동기

해외간접투자의 기본적 동기는 해외로부터 보다 높은 수익을 획득하는데 있다. 즉 한 나라의 국민은 다른 나라에서의 채권수익이 더 높으면 다른 나라의 채권을 구매한다. 이와 같은 현상은 단순한 수익극대화의 원리에 입각한 것으로 그 결과 수익을 국제적으로 균형화시키는 작용을 하게 된다.

그런데 자본의 수익률은 노동에 대한 자본의 비율이 전반적으로 낮은 국가에서 본래 높게 나타난다. 장차 외국기업의 수익성이 국내기업의 수익성보다 클 것으로 예상되면 그 나라의 국민들은 외국기업의 주식을 구매하게 될 것이다. 그러나 그것은 현실세계에서 관찰되는 두 가지 방향의 자본이동을 설명할 수 없다는 것이다. 즉 한 나라에서 유가증권에 대한 수익이 상대국보다 낮으면, 수익이 낮은 나라에서 수익이 높은 나라로의 자본투자의 흐름을 설명할 수 있지만, 현실세계에서 자주 나타나는 반대방향으로의 동시적 자본이동은 설명할 수 없게 된다.

두 가지 방향으로의 국제자본이동이 일어난다는 사실을 설명하기 위해서는 위험이라는 요소를 도입해야 한다. 즉 투자가는 수익률뿐만 아니라 특정투자에 수반되는 위험도 고려해야 한다. 예컨대, 채권을 보유하는 데 따르는 위험이란 파산이나 채권에 대한 시장가격의 변동가능성을 의미한다. 주식을 보유하는 데 따르는 위험은 파산 및 시장가격의 변동가능성이 보다 높은 것과 실제 수익이 기대된 수익보다 낮을 가능성을 말한다. 그러므로 투자가들은 일정한 수준의 위험에서는 수익을 극대화하고 일반적으로 수익률이 보다 높은 경우에만 위험을 용인한다.

이제 어느 증권에 대하여 살펴보고 평균수익률을 중심으로 한 수익의 변동가능성(분산)으로 위험을 측정하기로 하자. 예를 들면, 증권 A와 B는 평균수익률은 30%이지만 A증권의 수익률은 20% 혹은 40%이고, B증권의 수익률은 10% 또는 50%가 될 수 있는 확률이 50대 50이라고 하자. 이때 증권 B는 분명히 증권 A보다 위험이 더 크다. 그러나 두 증권 모두 평균수익률이 동일하기 때문에 투자가는 위험을 극소화하기 위하여 증권 A를 매입하게 된다.

그러나 증권 B의 수익이 증가할 때 증권 A의 수익이 감소하고 증권 A의 수익이 증가할 때 증권 B의 수익이 감소하면, 이때 두 증권을 모두 보유함으로써 투자가는 여전히 평균 30%의 수익을 받을 수 있으나 그때의 위험은 매우 낮은 상태가 된다. 즉, 어떤 시점에서 증권 A에 대한 수익이 평균수익보다 낮을 수 있는 위험은 증권 B에 대한 수익이 평균수익보다 높게 되는 경향이 있기 때문에 어느 정도 상쇄된다. 결과적으로 증권 A와 B를 모두 포함하는 간접투자의 위험은 상당히 감소한다.

간접투자(포트폴리오)이론에 의하면 수익률이 시간의 경과에 따라 서로 역으로 변화하는 여러 가지 유가증권에 투자함으로써 보다 낮은 위험수준에서 일정한 수익을 얻을 수 있고, 포트폴리오 수익과 국내유가증권에 대한 수익은 역의 관계를 가질 가능성이 크기 때문에, 국내와 해외의 유가증권을 포함하는 포트폴리오는 국내유가증권만을 포함하는 포트폴리오에 비해 평균수익률은 높은 위험은 낮게 될 수 있다.

이와 같이 균형된 간접투자를 구성하기 위해서는 두 가지 방향의 자본이동이 필요할 수 있다. 가령 한 국가에서는 증권 B보다 위험수준은 낮지만 평균수익은 동일한 증권 A를 구입할 수 있고 반면에 다른 나라에서는 수익이 증권 A에 대한 수익과 역의 관계에 있는 증권 B를 구입할 수 있다면, 균형된 간접투자를 구성하기 위하여 제1국의 투자가는 증권 A를 구입(즉, 제1국에 투자)해야만 한다. 따라서 위험분산(risk diversification)에 의하여 두 가지 방향의 국제 간접투자를 설명할 수 있다.

지금까지 투자가들은 증권에 대한 평균수익과 수익의 변동가능성을 정확히 알고 있다고 암묵적으로 가정하였다. 그러나 현실적으로 이러한 수익이나 그 가변성은 사전에 알 수가 없다. 따라서 어떤 증권을 매입함에 있어 평균수익과 수익의 변동가능성이 어떻게 될 것인가를 투자가가 스스로 결정해야만 한다. 각 개인은 같은 증권에 대해 서로 다른 기대를 가질 수 있기 때문에, 각국의 투자가들은 다른 나라의 증권을 구매하는 것이 더 좋다고 생각할지도 모른다. 이것은 두 가지 방향의 국제 간접투자가 가능하게 되는 또 하나의 요인이 된다.

(2) 해외직접투자의 동기

일반적으로 해외직접투자의 동기는 높은 수익을 얻고 투자의 위험을 분산시키는 데 있다는 점에서 간접투자의 경우와 동일하다. 그러나 간접투자에서와는 다른 다음과 같은 특별한 동기가 있다.

첫째, 각국의 정치 및 경제적 불안정을 들 수 있다. 가령 1972년 이후 영국의 대미직접투자가 급증하게 된 것은 미국의 경우 시장규모가 크거나 생산비 내지 비관세장벽 등에서 유리한 점도 있었겠지만 오히려 영국의 국내문제에 기인되고 있다.

둘째, 기업체이익의 증대이다. 즉 해외직접투자를 하는 가장 중요한 동기는 기업체의 규모를 성장시키고 이익을 최대화하려는 욕망(desire)에 근거한다.

셋째, 시장의 확보이다. 해외직접투자를 촉진시키는 또 하나의 중요한 동기는 시장의 추구(search for markets)이다. 해외시장추구의 동기는 ① 국내시장에서 치열한 경쟁에 당면하고 있거나 국내시장이 시장포화상태(market saturation situation)에 이르렀을 때, ② 국내시장규모만으로는 생산과 유통의 규모의 경제(economy of scale)를 실현할 수 없을 때 기업체들은 해외직접투자의 동기를 갖는다.

넷째, 해외자원의 개발 및 조달이다. 즉 원자재의 추구는 해외직접투자를 하게끔 하는 중요한 동기가 된다.

다섯째, 상품수출만으로 해외시장에 진출·개입할 때 부딪치는 각종 장벽을 우회하는 데 목적을 두고 해외직접투자를 하는 기업체들도 많다.

여섯째, 현재 장악하고 있는 국내외의 시장기반과 주요고객을 계속 장악하고 해외이익원천을 보호하려는 동기에서 해외직접투자를 행하는 경우도 있다.

일곱째, 국내시장에서 수명 및 이익주기(life and profit cycle)의 쇠퇴기에 있는 제품을 해외시장에서 현지생산하여 판매함으로써 그 제품의 수명 및 이익 주기를 연장(extend)시키고 재순환(recycling)시키려는 동기에서 해외직접투자를 하는 기업체들도 많다.

이상과 같은 동기 이외에도 지역공동시장의 이익적 활용, 해외직접투자의 자유화 및 외국인 투자유치정책의 강화, 외국산 제품의 수입규제, 최고경영층의 희망 등도 있을 수 있다.

4) 국제자본이동의 후생효과

여기서는 국제자본이동이 투자국(home country)과 투자수용국(host country)의 후생에 미치는 효과를 살펴보기로 한다.

(1) 투자국과 투자수용국에 대한 효과

[그림 20-1]은 총자본스톡이 OO'를 갖는 양국 모델을 그림으로 표시하고 있다.

총자본스톡 중 제1국은 OA를 소유하고 제2국은 $O'A$를 소유한다. $VMPK_1$과 $VMPK_2$곡선은 각각 제1국과 제2국의 각 투자수준에 대응하는 자본의 한계생산물가치를 표시한다. 상품과 요소시장이 완전경쟁상태인 경우, 자본의 한계생산물가치는 자본에 대한 수익이나 보수를 뜻한다.

[그림 20-1]에서 제1국이 제2국과는 관계없이 독립되어 있다고 가정한다면, 제1국은 자본스톡 OA를 국내에 투자하여 OC의 수익을 얻게 된다. 총산출(한계생산물가치를 나타내는 곡선의 아랫부분의 면적으로 측정되는)은 $OFGA$가 되는데, 이중 $OCGA$는 제1국의 자본가에게 분배되고 CFG는 노동과 토지와 같은 협동요소(cooperating factor)의 수익으로 분배된다. 마찬가지로 2국도 1국과 관계없이 독립되어 있다고 보면, 총자본스톡 $O'A$를 국내에 투자하여 $O'H$의 수익을 얻게 된다. 총산출은 $O'JMA$인데, 이중 $O'HMA$는 제2국의 자본가에게 배분되고 나머지 부분 HJM은 기타 협동요소의 대가로 분배된다.

그림 20-1 국제자본이동의 생산효과 및 후생효과

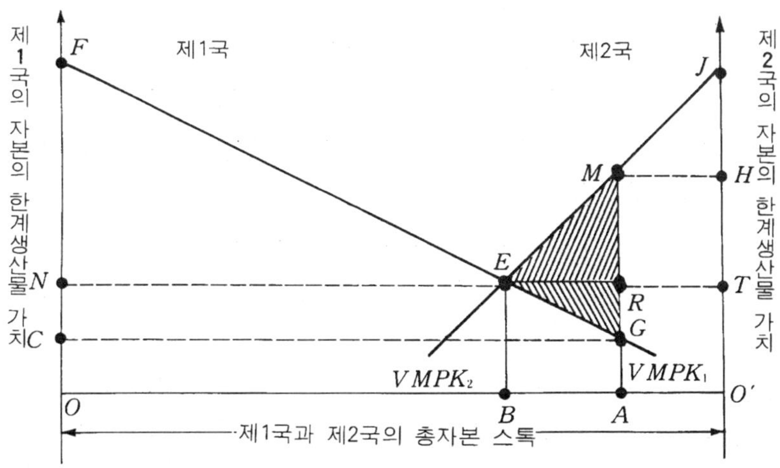

그러나 1국과 2국이 서로 자유로운 자본이동을 허용한다고 가정하자. 자본에 대한 수익은 제1국(OC)보다 제2국($O'H$)에서 더 높기 때문에 AB만큼의 자본이 제1국에서 제2국으로 이동하며 두 국가의 자본수익률은 $BE(= ON = O'T)$에서 같아진다. 이제 제1국의 국내총산출은 $OFEB$이고 총국민소득(total national income)은 $OFERA$인데, 여기에는 해외투자에 대한 총수익 $ABER$이 포함되어 있으며,

이는 해외투자가 있기 전보다 ERG만큼이 증가한 것이다. 자본이 국제적으로 자유롭게 이동할 수 있는 경우 제1국의 자본에 대한 총수익은 $ONRA$로 증가한 반면에 기타 협동요소에 대한 총수익은 NEF로 감소하였다.

한편, 제2국으로 외국자본 AB가 유입됨에 따라 제2국의 자본에 대한 수익률은 $O'H$에서 $O'T$로 하락하며 제2국의 국내총산출은 $O'JMA$에서 $O'JEB$로 증대된다. $ABEM$의 총산출 증가분 중에서 $ABER$은 외국의 투자가에게 분배되므로 ERM은 제2국에 귀속되는 총산출의 준증가분이다. 국내자본가의 총수익은 $O'HMA$에서 $O'TRA$로 하락하는 반면 기타 협동요소의 총수익은 HJM에서 TJE로 상승하게 된다.

양국전체의 입장에서 보면 총생산은 $OFGA+O'JMA$에서 $OFEB+O'JEB$로 증가하였으며 또는 $ERG+ERM=EGM$만큼(그림에서 빗금친 부분) 증가하였다. 결과적으로 국제자본이동은 자원배분의 효율성을 국제적으로 증가시키고 세계전체의 산출량과 후생을 증대시킨다. 여기에서 주목해야 할 점은 $VMPK_1$과 $VMPK_2$ 곡선의 기울기가 완만할수록 국제자본이동으로 인한 총이익은 점점 더 커진다.

(2) 투자국과 투자수용국에 미치는 기타의 효과

국제자본이동이 투자국과 투자수용국의 자본가와 노동자의 소득과 양국의 국제수지와 교역조건, 그리고 양국의 조세율의 차이로 인한 해외수입에 어떠한 효과를 미칠 것인가를 살펴보기로 한다.

첫째로, 국제자본이동이 투자국과 투자수용국의 자본가와 노동자에게 미치는 효과이다. 즉, 두 가지의 생산요소인 자본과 노동만이 존재하고 이들 요소는 자본이동 전이나 후나 완전고용이 이루어진다고 보면, [그림 20-1]로부터 투자국의 자본에 대한 총수익 및 평균수익은 증가하는 반면 노동에 대한 총수익 및 평균수익은 감소한다는 것을 판단할 수 있다. 그러므로 투자국은 해외투자를 하여 전체적으로는 이익을 얻게 되지만 국내소득은 노동으로부터 자본으로 재분배된다. 이러한 노동자에게 불리한 소득분배 때문에 미국의 노동조합은 미국의 해외투자를 반대한다. 한편, 투자수용국도 해외의 투자를 받음으로써 이익을 얻게 되지만, 국내소득은 자본으로부터 노동으로 재분배된다. 불완전 고용상태의 경우에는 해외투자가 투자국의 고용수준을 하락시키고 투자수용국의 고용수준을 상승시키는 경향이 있으며, 따라서 투자국의 노동자들은 해외투자를 반대하고 투자수용국의 노동자들은 이익을 얻게 됨을 알 수 있다.

둘째, 국제자본이동은 투자국과 투자수용국의 국제수지에도 영향을 미친다. 한 나라의 국제수지는 한 국가의 해외로부터의 총수입과 해외에 대한 총지출로 구성된다. 해외투자가 행해진 당해연도에 투자국의 해외지출은 증가하고 대외수입이 대외지출을 초과하는 국제수지 적자가 발생한다. 역사적으로 보아 해외투자는 1960년대 미국의 막대한 국제수지 적자를 야기시킨 주요한 요인이었으며, 이로 인하여 미국은 1965년에서 1975년의 기간 동안에 해외투자제한조치를 위하였던 것이다. 물론 해외투자는 투자국의 국제수지를 악화시키는 반면에 해당년도의 투자수용국 국제수지를 개선시키는 효과를 가지고 있다.

그러나 투자국의 최초 자본이동과 해외지출 증가에 따른 국제수지 악화는 투자국의 자본재, 예비부속품 및 기타 상품의 수출이 증가하고 그 후 투자국으로 이윤이 유입되기 때문에 점차 완화된다. 그런데 최초의 자본이동에 대한 회수기간(payback period)은 평균 5년에서 10년 사이로 추정되고 있다. 또한 장기적으로 고려해야 할 효과에는 해외투자로 인하여 투자국의 수출이 대체되고 과거 수출했던 상품까지도 수입하게 될 수도 있다는 점이다. 따라서 해외투자가 단기적으로는 투자국의 국제수지에 대해 부(-)의 효과를 가지고 투자수용국의 국제수지에는 정(+)의 효과를 가지고 있지만 장기적인 효과는 불확실하다.

대체로 선진국들의 해외투자는 두 가지 방향으로 이루어지기 때문에 해외투자가 국제투자에 미치는 장단기효과는(해외투자로부터 받은 투자에 비하여 해외투자가 매우 큰 미국과 같은 나라와 주로 해외투자를 받는 입장에 있거나 고질적으로 심각한 국제수지 적자상태에 있는 개발도상국을 제외하고는) 통상적으로 균형화되고 있다.

셋째, 해외투자가 투자국과 투자수용국의 후생에 미치는 또 하나의 효과는 세율과 해외수입의 차이로 발생하는 국제자본이동이 소득에 미치는 효과이다. 예를 들면 미국의 법인세가 소득의 35%이지만 스웨덴에서는 26.3%에 불과하다면 낮은 조세를 지불하기 위하여 미국의 기업이 스웨덴에 투자하거나 자회사를 설립하여 해외판매를 한다는 것은 지극히 당연한 일이다. 미국을 비롯한 대부분의 국가들은 이중과세협정(double-taxation agreements; 형평의 원칙에 입각하여 이중과세를 피하기 위한 협정)을 체결하였기 때문에 미국은 (국내세율 35%와 해외세율 27%간의 차이인) 해외소득의 8%만을 세금으로 부과할 것이다. 결과적으로 조세 베이스(tax base)와 조세징수액이 투자국에서는 감소하고 투자수용국에서는 증가하게 된다.

넷째, 해외투자는 투자국과 투자수용국의 산출량 및 무역량에 영향을 미침으로써 교역조건에도 영향을 미칠 수 있다. 이러한 것들이 어떻게 변화할 것인가는 양국이 처해 있는 상황에 달려 있으므로 선험적으로 그다지 많은 것을 알 수는 없다. 해외투자는 투자국의 기술적 우위와 유치국의 경제에 대한 통제 및 독자적인 수행능력에 영향을 미칠지도 모른다.

20.2 국제노동이동

1) 국제적 노동이동의 동기

노동의 국제적 이동은 경제적 요인은 물론 비경제적 요인에 의해서도 발생할 수 있다. 19세기 혹은 그 이전에 있었던 이민과 같은 일부 국제적 이동은 그 동기가 유럽에서의 정치적 및 종교적 박해를 피하기 위한 것이었다. 그러나 2차 대전 이후 대부분의 노동 이동동기는 해외에서 더 높은 실질임금과 소득을 얻기 위한 것이었다.

따라서 최근의 노동이동은 주로 경제적 요인에 기인하고 있다. 이민 역시 기타의 투자에서와 같이 비용과 편익이 발생한다. 이러한 비용의 개념 속에는 운송비와 새로운 국가에 정착하여 직업을 구할 때까지의 임금손실이 포함된다. 이외에도 기타 수치상으로 규정하기가 어려운 비용이 있는데 친척, 친구 및 익숙한 환경과의 격리, 새로운 관습과 언어를 익혀야 하는 점, 새로운 국가에서 직업과 주택을 구하는데 따르는 위험 등을 포함한다. 그러나 국제적 이동은 보통 대규모로 그리고 연속적으로 일어나고 많은 이주자와 함께 이동하거나 같은 지역에서 이주해 간 사람들이 많이 살고 있는 지역으로 이동하기 때문에 이러한 비경제적 비용은 크게 감소하게 된다.

이민에 따르는 경제적 이익은 이주자가 해외에서 그의 나머지 노동시간 동안 받을 수 있는 높은 실질임금 및 실질소득과 노동자가 국내에서 벌 수 있었던 소득의 차이로 측정된다. 기타의 편익은 이주자의 자녀들이 보다 유리한 교육기회와 고용기회를 확보할 수 있다는 데에 있다. 비용에 대한 수익의 초과분으로부터, 다른 형태의 투자와 마찬가지로 이민에 대한 내부수익률을 측정할 수 있다. 이 수익률이 이주에 따르는 비경제적 비용을 상쇄시킬 정도로 충분히 높다면 노동자들은 이주하게 될 것이다.

그러나 현실세계에서 노동자들은 이러한 형태의 비용·편익분석을 명확하게 할 수 있는 정보를 갖고 있지 못하다. 그럼에도 불구하고 세계의 노동자들은 마치 정보를 알고 있는 것처럼 행동한다. 이러한 행동은 이주자들이 항상 저임금국에서 고임금국으로 이동한다는 점으로 입증된다. 더욱이 젊은 노동자들은 외국에서 보다 높은 임금을 획득할 수 있는 잔여노동시간이 많기 때문에 늙은 노동자들에 비하여 쉽게 이주한다.

2) 국제적 노동이동의 후생효과

노동의 국제적 이동이 이민입국과 이민출국에 미치는 후생효과는 국제자본이동의 후생효과를 분석하는 데 사용한 것과 같이 [그림 20-2]에서 설명된다. [그림 20-2]에서 제1국의 노동공급은 OA이고 제2국의 노동공급은 $O'A$이다. $VMPL_1$과 $VMPL_2$곡선은 각각 제1국과 제2국의 노동의 한계생산물가치를 나타낸다. 경쟁적인 상태에서 $VMPL$은 노동의 실질임금을 나타낸다.

그림 20-2 국제노동이동의 생산·후생효과

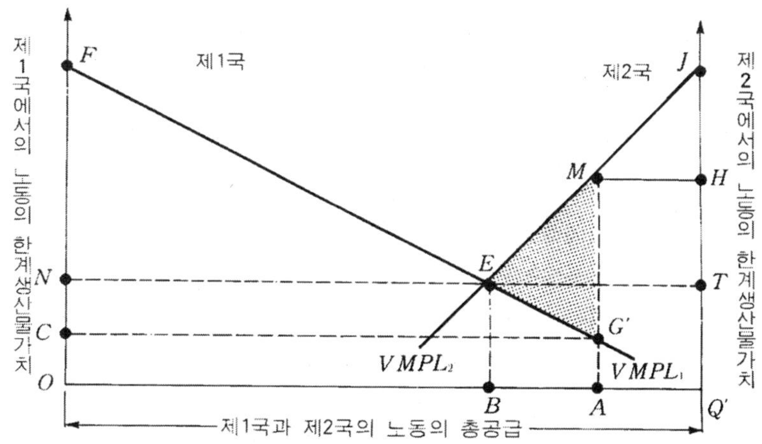

이제 노동이 국제적으로 자유롭게 이동할 수 있다고 가정하면, 제1국(OC)보다 제2국($O'H$)의 임금이 높기 때문에, 양국에서 $BE(=ON=O'T)$수준으로 같아질 때까지 제1국에서 제2국으로 노동이동(AB만큼)이 일어나게 된다. 따라서 제1국의 임금은 상승하고 제2국의 임금은 하락하게 된다. 한편 제1국의 총산출은 $OFGA$에서 $OFEB$로 감소하고 제2국의 총산출은 $O'JMA$에서 $O'JEB$로 증가하여 세계전체의 산출은 EGM만큼(그림에서 검게 칠한 부분에 해당) 증가하게 된다.

여기서 중요한 사실은 국민소득이 제1국(이민국)에서는 노동부문으로, 제2국에서는 비노동 생산요소부문으로 재분배되었다는 점이다. 또한 이동이 있기 전에 제1국에서 *AB*만큼의 실업이 존재했었다면, 노동이 이동하기 전이나 이동한 후에도 제1국에서의 실질임금은 *ON*이고 총산출은 *OFEB*가 되었을 것이므로 노동의 이동으로 인한 세계 전체 산출의 순증가분은 *ABEM*(모두 제2국으로 귀속된다)이 되었을 것이다.

3) 국제적 노동이동의 기타효과

앞에서의 논의는 모든 노동이 미숙련 노동인 것으로 가정하여 왔다. 그러나 현실세계를 자세히 살펴보면 인적 자본은 질과 양적인 측면에서 매우 다양하다는 사실을 알 수 있다. 따라서 고도로 숙련된 노동의 이동이 이민국과 수이민국의 후생에는 어떠한 효과를 미치는가의 문제가 제기된다. 예컨대, 과학자와 기술자, 의사와 간호사, 기타 고도로 숙련된 인력들이 개발도상국에서 선진국으로, 유럽에서 미국으로 비교적 대규모로 이동함에 따라 이 문제에 대한 관심은 1950년대와 1960년대 이래 크게 증가하였는데 이 문제는 소위 「두뇌유출(brain drain)」이라는 용어로 표시되었다.

일반적으로 숙련노동을 많이 보유하고 있던 국가는 이들을 교육시키고 훈련시키는 데 막대한 비용을 소요하였으나 이주자들이 결국 떠나게 되어 수이민국이 이익을 보았다고 불만을 표시한다. 문제는 고도로 숙련된 노동자들의 대다수가 본국에서는 효과적으로 이용될 수 없었다는 점이다. 예를 들면, 일부 개발도상국에서 흔히 볼 수 있는 것처럼 의사가 간호업무에만 종사하고 공학자가 기술자의 역할만 담당하는 경우가 많이 있었다. 그러나 이민국들이 이들 노동자들의 훈련비용으로 막대한 비용을 지불했지만, 이들이 본국에 송금함으로써 얻어지는 이익은 보잘 것 없었다고 볼 수 있다. 더구나 활동적이고 예민하고 젊은 노동자들이 이민을 떠남으로 인하여 남아 있는 노동력 중에서 고도로 숙련된 노동의 양은 감소할 것이다.

두뇌유출은 흔히 타국으로부터 숙련된 인력의 이민을 장려하는(미국 및 영국 그리고 기타 선진공업국의 경우처럼) 국가이민법에 의해 촉진되었지만, 이 법은 일반적으로 미숙련 노동자의 이민에 대해서는 큰 장벽이 아닐 수 없었다. 그 결과 숙련된 노동의 훈련에 소요된 비용을 일부 회수할 수 있도록, 숙련된 인력이 출국할 때에는 이민국이 세금을 부과하거나 그들의 높은 소득에 세금을 부과하자는 논의가 등장하게 되었다.

앞에서 살펴본 숙련노동자 및 미숙련노동자의 이민은 모두 어느 정도 영속적인 것으로 가정되고 있다. 그러나 상당량이 노동이동, 가령 유럽경제공동체(EEC)로의 노동이동은 대부분이 일시적인 이동이었다. 예를 들면, (구)서독과 같은 나라는 필요한 경우에 일시적 이주라는 조건으로 해외노동자(소위 「초청노동자」)를 받아들이지만 해외노동자가 더 이상 필요하지 않은 경우, 즉 국내경제침체기에는 노동허가를 갱신하는 것을 승인하지 않고 있다. 이렇게 함으로써 (구)서독은 그들의 경제와 노동력이 얼마간 경기침체의 영향을 받지 않게 하였고, 그 조정문제를 스페인, 포르투갈, 터키 및 (구)유고슬라비아와 같이 빈곤하고 이에 따르는 실업문제를 효과적으로 처리할 수 없는 이민국으로 전가시켰다. 이와 같이 어떤 국가의 노동력 필요에 의하여 다른 국가로부터 노동이동이 일시적으로 일어나는 것을 게스트 워커(guest worker)라고 한다.

미국 역시 농업과 경공업분야에 라틴아메리카에서 온 노동자를 고용하고 있으며, 북유럽에 있어서도 남유럽과 북아프리카에서 온 노동자를 특히 노동집약적 산업에 고용하고 있는 것이다.

게스트 워커가 노동유출입국에 미치는 경제적 효과는 다음과 같이 간단히 요약할 수 있다.

첫째, 게스트 워커가 미숙련이어서 노동유입국의 일반적 수준에 미달된다고 하더라도 본국보다 높은 임금이 지급된다면 노동유입국의 최저생존임금 수준에서도 취업하려고 할 것인데, 이는 노동유출국의 소득증대에 기여하게 된다. 또한 노동유입국의 입장에서도 노동집약적 산업에 외국의 싼 게스트 워커를 고용함으로써 외국과의 경쟁이 가능하게 된다.

둘째, 게스트 워커는 노동유입국의 경기변동에 대하여 조정역할을 한다. 가령 어느 국가에서 수요가 상승하여 총수요가 균형국민총생산을 초과하게 되면 그 초과수요분을 외국의 노동자로 하여금 생산하도록 할 수 있고, 수요가 감소하게 되면 게스트 워커를 본국으로 되돌려 보내면 될 것이다. 이와 같이 노동유입국은 수요변동에 따른 자국의 경기순환을 외국 노동자들로 하여금 커버하게 된다.

문제는 일반적으로 게스트 워커는 노동유입국의 노동자에게 불리한 영향을 줄 수도 있다는 것이다. 예컨대 게스트 워커는 노동유입국의 노동자들이 꺼려하는 분야에 종사하지만, 결과적으로 노동유입국의 미숙련노동자의 일자리를 잠식하게 될지도 모른다. 반대로 게스트 워커의 입장에서는 본국에서 구할 수 없는 직장을 얻을 수 있으며, 나아가 이들의 본국송금은 본국의 이익이 될 것이다.

제 21 장

국제경영의 추세

21.1 국제경영의 개요
21.2 국제경영의 추세
21.3 한·중·일 FTA의 필요성

오늘날 우리 기업들이 당면하고 있는 국제경영환경은 급격한 변화, 복잡성, 다양성, 단절성, 불확실성 등으로 요약할 수 있다. 이와 같은 국제경영환경은 세계의 기업들로 하여금 지속적으로 날로 새롭고도 다양한 종합적인 기업기회, 문제점, 위험을 동시에 제공하는데 경영자는 국내 기업환경을 면밀히 분석하고 그 변화 추이를 철저히 분석해 나가면서 기업의 국제화 전략을 포함한 경영전략을 수립 및 집행하고, 기업의 미래성장과 발전을 보장할 수 있는 새로운 상품 산업분야에 과감히 진출하는 등 기업혁신을 이끌어나가야 한다.

한중일 3국간 FTA는 무역장벽을 완화시키고 무역 자체를 활성화 시키며 투자 환경의 개선으로 투자를 유인하게 된다. 전기, 전자, 일반기계, 화학 등 후방연관효과가 큰 산업을 중심으로 3국간 분업구조가 확대되고 3국 경제가 생산자원의 상호보완성을 토대로 상호 의존도가 높아지고 있어 FTA 체결 시 경제적 이익 증대 가능성을 높이고 있다. 특히 전기, 전자, 일반기계, 화학 등 이들 산업은 이미 3국간의 무역이 활발하게 진행되고 있으나 무역장벽을 제거 할 경우 무역이 더욱더 활성화 될 수 있을 것으로 본다. 결과적으로 다른 산업의 수요를 창출하고 전반적인 경제 활성화를 가져오게 되며 이는 다시 수입수요를 창출하게 될 것이다.

21.1 국제경영의 개요

1) 국제경영의 의의와 영역

경영은 오케스트라의 지휘와 비슷하다. 오케스트라 협연 중 한 사람이라도 실수를 한다면 전체적인 화음에 문제가 발생할 수 있는 것처럼 경영은 당장은 아닐지 모르지만 기업에 타격을 미칠 수 있다. 그러므로 경영은 어느 한쪽에 치우치지 않는 전체적인 조화를 이루어야 한다. 기업들은 열린 사고방식에 의한 다양한 시각을 가져야 모든 것을 받아들이고 이해 할 수 있다. 그렇게 함으로써 기업의 경쟁력 우위를 확보할 수 있다.

2010년대를 전후한 미국의 금융위기와 유럽의 재정위기로 인해 현재 전 세계적인 경제 불황 속에서 기업들의 위기의식이 커지고 있는 상황이다. FTA등 세계 교역질서가 전환되고 있는 시점에서, 특히 2020년대 들어 강대국들의 신보호무역주의의 움직임 등에 따라 세계 각국에서 기업들이 발붙일 곳은 점점 줄고 있는 실정이다. 이러한 위기의 시기일수록 수출국에 대한 철학, 역사, 문화, 정치, 경제 등에 대해 깊이 있고 폭넓게 이해함으로써 글로벌 환경에 대한 통찰력을 키우고 계속적인 기업으로서 성장해 나갈 수 있다. 이러한 글로벌 환경에 대해 연구를 행하는 것이 국제경영 내지 글로벌경영이라 할 수 있다. 이제는 글로벌경영이란게 학문의 세계에 머물지 않고, 산업계 내지 기업들이 직면하고 있는 필수코스로 등장하고 있는 셈이다.

이러한 국제경영학은 세계화의 진전으로 발전한 학문이므로 역사가 짧을 뿐만 아니라 연구대상과 방법도 계속적으로 변화하고 있는 분야인데 국제경영의 개념을 일률적으로 규정하기가 어렵다. 그러나 지금까지 보편적으로 국제경영을 연구해 온 여러 학자들의 견해에 의하면 다음과 같이 정의할 수 있다.

국제경영학은 1945년 제2차 세계대전 이후 기업의 국제경영 활동을 연구대상으로 하여 설립된 학문으로 국제경영(international business)이란 국경을 넘어서거나 2개국 이상에서 동시에 일어나는 경영활동을 의미한다. 즉 국제경영은 2개 이상의 다른 경제 조직 간에 관련되는 기업 활동이며, 경제 환경이 본국과 상이한 외국에서 기업의 사업 활동이 전개된다는 점에서 그 주요한 특징이 있다. 따라서 국제경영이란 국경을 넘어 이루어지는 국제적 경영활동이기 때문에 기업의 규모나 활동이 커지고 복잡해진다. 이에 따라 국제경영은 새로운 경영정책과 정부의 경제정책을 필요로 하게 됨으로써 기업의 일반경영활동과는 분리된 새로운 학문영역으로 나타나게 되었다. 2020년대에 와서는 4차산업혁명과 함께 정보저장기술과 처리기술의 발달로 인공지능을 활용하여 모든일을 효율적으로 해나가는 혁신이 진행되고 있는 만큼 국제경영 내지 기업들의 경영문화도 크게 전환되고 있다고 볼 수 있겠다.

국제경영에서 국제화와 세계화의 의미는 동일하게 쓰고 있지만 엄밀하게 보면 다소 차이가 있다. 좁은 의미에서의 국제화는 국가별 시장에 대한 적절한 전략을 수립하여 조직목표를 달성하는 것이지만 오늘날의 국제화는 넓은 의미에서 세계화를 의미한다. 세계화란 2개 이상의 개별국가 시장에 대한 전략수립이라는 차원에서 진일보하여 전 세계를 하나의 시장으로 간주하여 통합된 전략을 수립해 나가는 것을 말한다.

오늘날 우리 기업들이 당면하고 있는 국제경영환경은 급격한 변화, 복잡성, 다양성, 단절성, 불확실성 등으로 요약할 수 있다. 이와 같은 국제경영환경은 세계의 기업들로 하여금 지속적으로 날로 새롭고도 다양한 종합적인 기업기회, 문제점, 위험을 동시에 제공하는데 경영자는 국내 기업환경을 면밀히 분석하고 그 변화 추이를 철저히 분석해 나가면서 기업의 국제화 전략을 포함한 경영전략을 수립 및 집행하고, 기업의 미래성장과 발전을 보장할 수 있는 새로운 상품 산업분야에 과감히 진출하는 등 기업혁신을 이끌어나가야 한다.

세계적 컨설팅 회사인 맥킨지(McKinsey)가 한 때 호주 제조업협회와 공동으로 연구한 결과는 흥미로운 사실을 제공한 바 있다. 고부가가치 산업에 속해 있는 700개 호주기업을 대상으로 한 조사에서 성공기업들은 창업 초기부터 세계시장을 목표로 한 신종 중소기업들로 나타났다. 이들의 사례는 내수시장의 발판을 마련하지 않고도 세계시장에서 대기업들과 경쟁할 수 있는 가능성을 보여준다. 국내기업의 경우 HJC는 국내외적으로 한국 기업의 위상을 높이고 있는 대표기업 중 하나이다. 또한 국내에서 보다는 해외에서 더 인정받고 있는 대표 중견기업으로서 전체 매출의 95% 이상을 해외 시장에서 벌어들이고 있는 글로벌 기업이다.

2) 국제경영의 성격

국내기업이 국제경영활동에 필요한 의사결정을 하기에 앞서 반드시 국제경영과 연관된 ① 현재와 미래의 기회요인, ② 환경적 제약요인과 위험요인, ③ 요소자원에 관하여 자세한 분석과 검토가 선행되어야 한다. 이러한 분석의 중요한 일부를 차지하는 것이 국제경영을 할 때 당면하는 독특한 성격에 대한 분석이다.

국제경영활동은 종래의 단순한 상품수출입활동이나 그 밖의 다른 경영활동과는 여러 가지 면에서 차이를 발견할 수 있다. 경영활동 전개 및 의사결정의 관점에서 볼 때 국제경영의 특징은 세계성, 계획성, 통일성, 조직성, 기동성, 적응성, 연결성 등으로 요약할 수 있다.

(1) 국제경영의 세계성

본질적으로 단지 하나의 국민경제 하에서 경영활동을 영위하므로 통일된 환경구조를 가지고 있는 국내경영과는 달리 국제경영은 여러 국가에서 사업 내지 경영활동을 본질적으로 전개하는 세계화를 전제로 한다. 즉 국제경영에 참여하는 기업은 일국의 시장에만 집착하지 않고 세계시장 전체를 대상으로 의사결정 및 경영활동이 전개된다는 것이다. 따라서 기업 활동은 국경을 넘어서 이루어질 때, 경영자가 경험해보지 못한 도전과 위험은 국내 거래보다 훨씬 복잡하고 예상하기 어려운 문제들이 많다. 그러므로 국제경영활동을 원활히 전개하기 위해서는 국내경영활동과는 달리 전 세계 시장의 수요특성에 맞는 상품과 서비스를 개발하고, 이러한 전략에 의해 기업의 목표를 달성하기 위해서는 각국의 환경을 연구할 필요가 있는 것이다.

(2) 국제경영의 계획성

국제경영활동을 수행하는 데에는 진출국의 경제여건과 정책의 변화 또는 국제적 분쟁이나 정치적 변화, 폭동, 내란, 몰수 등과 같은 불확실한 요소가 많기 때문에 진출에 앞서 경영활동에 대한 전반적인 문제들을 예측하고 이를 해결하기 위한 계획적인 매뉴얼이 준비되어 있어야 한다. 따라서 국제경영을 전개하는데 있어서 가장 우선적으로 사전연구와 조사를 통해 자사의 강점과 약점 및 외부의 기회와 위험을 바탕으로 기업의 목표수립과 달성을 위한 합리적이며 과학적인 분석 및 예측에 근거한 계획성이 선행되어야 한다.

(3) 국제경영의 통일성

국제경영활동은 본국에서 멀리 떨어진 세계의 각 지역을 대상으로 하는 만큼 시간적 공간과 물리적인 거리가 존재하게 된다. 따라서 국제경영활동은 기업전체로서 유기적이고 종합적이고 체계적인 경영활동의 전개 없이는 소기의 목적을 달성하기 어렵다. 그러므로 기업 전체적인 측면에서 통일성을 유지하기 위해서는 선택과 집중을 고려하여 지역본사와 긴밀한 협력을 통한 균형이 필요하다.

(4) 국제경영의 조직성

기업의 조직구조는 성공적인 경영활동을 위한 중요한 결정요소이므로 특히 국제경영활동은 그 자체의 규모가 방대하고 사업 활동상 예측하기 어려운 불확실성하에서 이루어지므로 무엇보다도 조직성을 요한다. 조직구성원의 노력을 유기적으로 통합하여 기업집단 전체를 하나의 단위로 활동할 수 있게 하는 조직구조의 편성과 운영 없이는 국제경영은 소기의 목적을 달성하기 어렵다. 조직은 내부적 및 외부적 국제경영환경에 적응하도록 능동적인 구조를 갖추는 것이 중요하다. 최근에 기업들은 글로벌화와 현지화를 동시에 추구할 수 있는 매트릭스 구조를 지향하는 경향이 있다.

(5) 국제경영의 기동성

본사와 멀리 떨어져 있는 국제시장에서 기업이 국제경영환경의 급속한 변화에 적절히 대응하기 위해서는 현지의 환경에 대한 계속적인 연구 및 분석과 함께, 경영활동에 대한 유연한 사고방식과 행동의 기동성이 요구된다. 특히, 칭기즈칸이 기동성이 뛰어난 기마군단을 주력삼아 영토를 확장했듯이 글로벌 기업들은 앞서 설명한 조직구조를 글로벌 환경체제에 적합하게 개편해서 기동력을 강화해야 한다.

(6) 국제경영의 적응성

적응성이란 국제기업이 현지 시장의 환경적 요인에 dmlr\사결정의 우선순위를 두고, 이를 기업의 가치 활동에 반영하는 정도와 능력이라고 볼 수 있다. 국제기업은 이질적인 경영환경에 직면함으로써 의사결정의 불확실성이 높아질 뿐 아니라 이에 적응해야 할 경우 그 결과로 기업의 가치 활동은 그 만큼 복잡해진다. 그런데 다른 관점에서 보면 이러한 이질적 경영환경은 새롭고 다양한 아이디어를 얻을 수 있는 좋은 기회가 되기도 한다. 즉 현지국 환경에 효과적으로 적응한다면 국제기어브이 경쟁우위를 향상시킬 수 있다. 방호열·이언승(2006)의 연구에서는 국제경영활동을 활발하게 수행하는 기업이 당면하는 전략적 문제 중 하나가 적응성에 관한 의사결정이라고 주장하고 있다.

(7) 국제경영의 계속성

기업의 국제화를 추진하는 주된 목적은 끊임없이 변화하는 기업환경 하에서 계속기업으로 경쟁력을 유지함으로써 생존과 성장을 이룩하기 위한 것으로 볼 수 있다. 따라서 국제경영활동을 효율적으로 전개하기 위해서는 경영의 계속성이 확보되어야 하는 것이다. 에를 들면, Robinson(1969)은 합작이라는 것을 동태적 과정으로 인식하면서 합작사업의 시간 경과에 따른 상대방의 지속적인 기여도가 사업의 계속성에 중요한 영향을 미친다는 결론을 내렸다.

21.2 국제경영의 연구추세

1) 국제경영 연구의 필요성

국제경영학이 성립하게 된 이유로는 제2차 세계 대전 이후 과학기술이 급진적으로 발전함에 따라 세계 각국의 경제, 사회 및 그 구성원인 기업들은 활동범위가 커지게 되고 여러 국가에서 국경선을 넘어 활동을 하게 되면서 나타났고 또한 이러한 기업환경 변화에 대응하여 기존의 실천저인 학문인 경영학은 그 이론과 기법에 있어서 새로운 체계를 필요로 하게 되면서 나타났다고 볼 수 있다. 즉 안정적인 국내 경영의 여건으로부터 경쟁적인 국제경영으로 기업의 활동범위가 넓어짐에 따라 이들 기업이 직면하게 된 문제들을 해결할 수 있는 새로운 학문분야인 국제경영학의 도입이 필요하게 되었던 것이다.

현재 국제경영학을 연구하면서 중시해야할 첫째 이유는, 세계시장 경영환경변화에 맞추어 경제와 기업이 국제화하고 있는 만큼 경영학 교육 역시 국제화할 필요가 있기 때문이다. 즉 앞으로의 국제경영에 적합한 일종의 새로운 종(new brand)인 국제경영자들을 국내경영자들과 차별화시켜 특별히 교육시키고 양성하여 배출하는 것이 절대적으로 필요하기 때문이다. 이웃 일본의 경우 1960년대까지의 '수출위주의 경제강국 철학'에서 1970년대부터 '다국적 시대'로의 변화에 따라, 국제경영인력(international business manpower)을 공급하고 국제경영자의 전문적 식견을 향상시키기 위해 대학·산업훈련기관·기업들이 국제경영교육을 강화하고 있다. 특히 미국·서유럽 등의 기업들과 같이 일본 기업들도 임직원의 해외교육훈련을 계속 확대하고 있다. 이에 수출 지향적 경제구조를 가지고 있는 우리나라의 경우는 특히 국제경영학 교육이 요구된다. 이는 반드시 국제무역학 및 국제무역 실무 교육과 상호보완적으로 이루어져야 할 것이다.

둘째로, 세계시장의 다양화 또한 국제경영에 관한 연구의 필요성을 증대시킨다. 세계의 기업들이 무역, 해외건설, 플랜트수출, 해외직접투자 등 국제경영을 전개할 수 있는 여건은 국가별 다양성에서 출발한다. 만일 모든 국가들이 모든 측면에서 자국과 똑같다고 한다면 자국에서와 똑같은 방식으로 경영이 가능하기 때문에 무역, 해외직접투자 등 국제경영을 할 아무런 이유가 없다. 따라서 국제경영을 연구하는 중요한 이유 중 하나는 무역·해외직접투자 등 국제경영이 이루어지고 있는 세계시장별로 기업환경이 다르므로 이에 대한 여건을 이해하고 이를 국제경영에 적극 활용하는데 있다.

특히 경영거래가 국내 시장들의 영역을 초월하여 이루어질 때 해외시장의 무역투자 장벽이 감소되어 국제기업들이 활용 가능한 글로벌 경영기회는 증가하기도 하지만 그만큼 위험 내지 어려움은 국내 경영거래보다 훨씬 더 증가하므로 시장의 다양성 내지 기업환경의 이질성에 적응하기 위해 필요하다.

셋째로, 국제경영을 특별히 연구하도록 하는 이유의 하나는 현재의 국제경영자 및 미래의 국제경영자들인 학생과 독자들로 하여금 위에 지적한 성공의 관건을 이해하고 그에 필요한 전문적 식견을 갖추도록 하는 데 있다. 달리 말하면, 한 기업체가 국제 분야에 진출하려 한다면, 어떤 이유(목적)와 방법(전략)으로 국제적으로 개입할 수 있고, 어떤 중요한 활동을 수행해야 하며, 어떻게 해외시장기회를 규명할 것인가 하는 문제를 다루는 것이 국제경영을 연구하는 목적의 하나다.

21세기가 진전될수록 우리나라 기업들과 국제경영자들이 글로벌 안목을 갖고 글로벌하게 사고하고 전략적으로 행동해야 할 필요성이 있는 분야들은 빠르게 변화하는 시장, 시장기회, 경쟁, 성장전략 등이다. 그리고 우리나라 기업들은 상대적으로 협소하고 경영환경이 좋지 않은 국내시장으로부터 오는 성장상의 제약조건을 글로벌경영활동 확대를 통하여 극복할 수 있도록 전문적 지식을 가지고 있어야 세계적인 기업으로 발돋움 할 수 있을 것이다.

넷째, 전문적인 국제경영 인력의 확보를 위해서도 국제경영을 연구할 필요가 있다. 즉 국제경영을 논의할 때마다 대두되는 중요한 과제의 하나는 실질적인 국제경영 인력의 확보문제이다. 그 이유는 자질 있는 국제경영 인력이 세계적으로 너무 부족하기 때문이다. 이러한 부족은 다국적기업을 가장 많이 갖고 있고, 국제 기업 활동 분야를 지배하고 있는 미국은 물론 다른 개발도상국에서도 심각한 문제가 되고 있다.

앞으로 국제경영을 성공적으로 수행하려면, 글로벌세분시장, 지역시장, FTA 시장, 국가시장 등 4개 차원 해외시장별 경영환경을 정확히 분석하고 파악하고 예측할 수 있는 해외시장별로 진입전략들을 최적으로 믹스하여 집행할 수 있는 그리고 eBusniness·소싱·생산·마케팅·재무·인사·기술·관리통제 등 모든 글로벌 운영전략분야에 걸쳐서 앞으로의 국제경영에 적합한 유능하고 빈틈없고 공격적인 국제경영 인재들이 절대적으로 더욱 많이 필요하기 때문이다.

그러므로 뒤늦게 뛰어들어 국제경영을 확장해야함 하는 우리나라 기업들에게는 국제경영 인력의 교육훈련과 확보가 더욱 심각하고, 또한 가장 중요한 문제가 아닐 수 없다.

2) 국제경영의 연구방법

국제경영의 연구는 나름대로의 독자적인 분야와 영역을 갖는다는 점에서 하나의 과학으로서의 성격을 가지고 있으나 그 연구방법에 있어서는 어떤 일반적이고 독립적인 체계를 정립하고 있지 못하다. 즉 국제경영의 문제에 대한 연구방법은 아직 어떤 확립된 체계를 가지지 못한 채 그것에 접근하는 연구자의 시각과 관점에 따라 다르다. 그러나 일반적으로 사용되고 있는 연구방법들을 대체로 나열해 보면 다음과 같다.

(1) 주체적 연구방법

이는 국제경영활동을 수행하는 주체적 입장에서 분석하고 연구하는 방법이다. 이 방법은 가령 우리나라의 H기업이 외국을 대상으로 국제적인 경영활동을 수행한다고 할 때 우리나라의 입장 또는 우리나라 H깅버의 입장에서 기업의 문제를 분석하는 기업독자적인 연구방법으로 국제경영론에서 가장 널리 이용되고 있는 방법이다.

(2) 객체적 연구방법

객체적 연구는 주체적 연구와는 반대로 국제경영활동을 연구하는 방법이다. 즉 기업이 주체적 진출을 행한 현지국가 또는 국제금융시장을 포함한 국제환경의 문제를 취급한다. 예컨대 우리나라의 기업이 대만을 대상으로 국제경영활동을 수행하는 경우, 대만의 입장 또는 대만기업의 입장에서 국제경영활동을 파악하려는 방법이다. 특히 이 연구방법은 국제적인 합작기업을 한다거나 국제적인 기술제휴에 의하여 경영활동을 전개하거나 또는 외국의 현지자회사가 진출해 있는 경우에는 파트너의 입장, 라이선시(licensee), 현지수용국의 입장에서 국제경영활동을 연구하는 것을 말한다.

(3) 상품별 연구방법

이는 상품을 종류별로 분류하고 분류된 상품의 공통된 유통조직을 연구하는 것으로 국제경영활동의 주요한 대상이 되는 특정한 상품 또는 자원의 특성이나 그에 대한 수요 등에 대해 분석하는 연구방법이다. 즉, 국제 경영활동을 수행하고 있는 어느 특정기업 또는 기업군들의 상품에 대한 특성을 분석하고 각 기업 간의 경쟁상황 등을 분석하는 것과 같은 연구방법이다.

(4) 기능별 연구방법

국제생산·재무·인사·조직·마케팅 등의 문제를 기업 경영관리 영역의 각 기능을 중심으로 연구하는 방법이다. 다시 말해서 기능별 연구방법은 국제기업을 효율적으로 관리·운영하는 측면에서 각 기능별로 분류하여 연구하는 방법이다. 따라서 기능별 연구는 국제경영활동을 효율적으로 전개하기 위해서 생산 활동을 어디서 어떻게 수행할 것인가, 국제경영활동에 소요되는 자금을 어디서 어떻게 조달하고 운용할 것인가 그리고 상품이나 서비스를 생산자로부터 소비자에게 어떻게 판매하고 유통시킬 것인가 하는 점들을 각 기능별로 분류하여 연구한다. 결국 기능별 연구는 국제경영활동을 전개하는 국제기업의 제 관리영역 즉, 국제생산·국제재무·국제인사·국제조직·국제마케팅 등을 대상으로 연구 분석하는 것이다.

(5) 지역별 연구방법

지역별 연구방법은 그 활동을 전개하는 지역의 정치, 경제, 사회, 문화, 지형, 군사, 역사, 언어, 풍습, 습관, 소비형태, 국민성 등을 국제경영활동의 측며에서 분석하여 해외사업을 성공적으로 수행하기 위한 여건을 파악하는 연구방법이다. 즉, 국제경영활동을 수행하는데 있어서 당면하게 되는 여러 가지 환경적 요소들을 분석하여 어떻게 효과적으로 대응해 나갈 것인가를 연구하는 방법이다.

(6) 역사적 연구방법

기업의 국제화과정을 국제경영의 형성에서부터 출발하여 역사적 관점에서 국제경영의 발전과정을 연구하는 방법이다. 즉, 국제경영의 형성과 발전과정의 문제를 발전사적 시각에서 다룬다.

이상에서 국제경영활동을 연구하는 여러 방법에 대해서 총체적으로 설명하였다. 문제는 국제경영활동을 분석, 연구하는 방법은 이상의 방법에만 국한되는 것이 아니다. 분석 시각에 따라, 그리고 필요에 따라 여러 가지 방법론을 생각할 수 있다. 가령 국제경영활동과 관련환 법률적 문제를 다루는 법제적 연구방법 및 국제경영활동으로 인해 관련당사국의 경제에 미치는 영향 등을 연구하는 경제학적 연구방법 등 다양한 접근법이 있다.

21.3 한·중·일 FTA의 필요성

냉전시대 이후 정치 및 이념상의 차이로 한국과 일본은 중국과 대립 및 갈등관계에 놓여 있었으며, 지역패권 경쟁, 영토분쟁, 과거사 문제, 중국의 사회주의적 경제체제, 경제적 격차 지속 우려 등으로 동북아 3국간 경제통합에 대한 논의는 상상조차 하기 힘들었다. 그러나 냉전의 종식으로 정치 및 군사적 대립관계가 약화되고, 금융위기 이후 인근국가와의 경제협력 강화 필요성을 인식하게 되었다.

그동안은 한·중·일 3국 경제의 성장에도 불구하고 역내 경제협력의 수준은 북미, 유럽 등에 비해 낮은 수준이다. 동북아 3국간의 주요국인 한국, 일본, 중국간 교역 및 직접투자는 증가해왔다. 3국간 역내 교역의 비중은 1990년 11.3%에서 2000년에는 19.8%, 19%로, 2005년에는 14.5%로, 2010년에는 17.6%, 2020년 19.5%로, 역내 직접투자의 비중은 1990년 2.3%에서 2000년에는 6.1%, 2020년 8.5%로 증가하였다. 2020년의 경우 한국, 일본, 중국의 역내교역 비중은 각각 23.2%, 15.3%, 19.6%선을 유지하고 있으며, 북미와 유럽은 60~70% 정도로 큰 비중을 차지하고 있다. FTA를 통해 역내 무역자유화와 제도적 통합이 이루어질 경우, 역내 교역은 크게 증가할 것이다.

1) 경제적 이익

1970년대 이후 동북아, 특히 중국, 일본과 한국은 급속한 산업화와 교역 확대를 달성했다. 1980년대 이후 개방정책을 통해 산업화에 성공한 중국은 현재의 성장세가 지속된다면 21세기에는 미국을 능가하는 경제 강국이 될 것으로 예견되고 있다. 일본은 장기간의 경기침체와 금융부문의 어려움에도 불구하고 아직 세계 1위의 채권국인 동시에, 경쟁력 있는 제조업과 첨단기술 보유국이다. 한국 역시 금융위기 동안 경제적으로 어려움을 겪었지만, 단기간 내 위기를 극복하였으며, 지난 과거 동안의 급속한 경제성장을 바탕으로 향후 선진국 대열로 올라설 전망이다.

여기에 동북아 한·중·일 3국간 FTA를 통한 3국간의 긴밀한 경제협력은 상당한 경제적 이익을 가져다 줄 것으로 예상된다. 경제발전 단계 및 인적·물적 자원의 차이에 따른 보완성에 비추어 일단 뭉치면 세계 최강의 경제블록이 될 수 있을 것으로 전망되고 있다. 역내국 상호간의 무역장벽의 철폐를 통하여 경제성장을 도모할 수 있으며, 세계적으로 확대·심화되는 지역주의 추세에서 제외된 역외국가로서 당면할 수 있는 불확실성에 대한 대비, 직면하고 있는 통상현안에 대해 역내 국가 간의 해결방안 모색 국제 사회에서의 필요에 따른 정치적 및 외교적 유대강화 등도 동북아지역 경제통합으로부터 기대할 수 있는 이익이다.

2) 동아시아 경제통합선도

북미, 유럽과 더불어 세계경제의 3대축의 하나로 불리는 동아시아 지역이 금융위기 이후 경제통합을 추진하고 있으며, 동아시아 전체 경제의 90%를 차지하는 동북아의 한·중·일 3국의 역할이 중요하다. 동아시아 FTA는 여러 가지 경로로 달성될 수 있으나, 동북아의 한·중·일 FTA를 체결하고, 이를 동남아의 AFTA와 연계시키는 것이 가장 바람직하다고 볼 수 있다.

세계경제의 블록화 추세에 대응하고, 동아시아 경제를 북미, 유럽과 더불어 세계 3대 경제중심의 하나로 발전시키기 위해서는 3국간 FTA 구축이 필수적이다. 현재 세계적으로 200개가 넘는 지역무역협정이 체결되어 있고, 전 세계 교역의 절반이 지역무역협정 체결국간 거래이다. 또한 1990년대 이후 지역주의 추세가 강화되고 있으며, 협정의 내용도 심화되고 있는 양상을 보이고 있어, 지역주의에 참가하지 않음으로써 발생하는 손실도 증대하고 있다.

일부에서는 다자간 무역자유화의 노력으로 관세가 전반적으로 낮아지고 있다는 점에서 지역주의에의 참가로 큰 실익을 기대할 수 없다는 지적도 있으나, 개도국의 관세는 향후 상당기간동안 고관세로 유지될 전망이고, FTA는 관세는 물론이고 비관세 장벽의 개선, 무역규범의 조화, 서비스와 투자 등 다양한 분야를 대상으로 하기 때문에 관세 외의 이익도 상당하는 것을 간과해서는 안 된다. 대부분의 협정들은 신규 무역장벽조치의 적용금지 원칙을 적용하고 있어 FTA 체결이 신규 조치에 대한 방어벽 역할을 할 수 있고 최근 주요 교역국들은 다양한 형태의 무역장벽이 새로이 도입하고 있으나, 협정 당사국간에는 새로이 도입되는 무역장벽을 서로 적용하지 않기 때문에 사실상 비회원국만 차별적으로 대우받게 된다. 예를 들어, 지난 2002년 초 미국이 철강에 대한 긴급수입제한조치를 실시하면서 NAFTA 회원국에게는 적용하지 않는 바 있다.

2016년 트럼프 미국 대통령이 취임한 이후 중국은 물론, 한국 등 신흥국들에 대한 무역규제 및 관세인상 등의 조치가 행해지고 있다. 특히 2020년에 와서는 미·중 무역분쟁이 동북아에서부터 세계 전역에 그 여파가 미침으로써 새로운 경제적 안정을 위협하는 요소가 되고 있다. 게다가 한·일간의 정치적 갈등은 한국경제에 또 다른 부담으로 작용하고 있다.

동북아 FTA를 기초로 동아시아 전역의 FTA를 구축할 경우, 대규모 지역 경제통합으로 인한 시너지효과의 발휘로 경제적 이익이 매우 클 수 있다. 한국, 중국, 아세안의 1990~2001년 간 연평균 교역량 증가율은 전 세계 교역량 증가율보다 높게 나타났다. 특히 성장가도를 달리고 있는 중국은 1990년도 교역량 1,166억 달러에서 2001년에는 401.7% 증가한 5,868억 달러를 기록했으며, 연평균 교역량 증가율은 36.7%로 높은 수치를 기록했다. 특히 2016년 기준 12조 5천억 달러에 달하는 교역량을 보였다.

3) 동북아 역내 정치적 안정

한·중·일 3국간 갈등관계를 협력의 동반자관계로 발전시키는데 경제적 협력강화가 필요하다. 3국은 인접국이지만 정치, 이념, 역사인식의 차이에 기인한 한국과 중국의 對일본 관계와 중국과 일본 간 패권경쟁, 미국의 안보체제로 인한 한국과 일본의 對중국 군사적 대립이 지역적 갈등과 불안정의 원인이 되고 있다. 특히 한반도는 안보까지 위협받는 상황으로 악화되기도 했다. 북한을 개방 및 개혁의 장으로 유도함으로써 한반도 안정을 도모하고, 한반도의 안정에 영향력을 행사할 수 있는 중국과 일본과의 관계 개선은 동북아지역의 안정에도 기여할 것이다. 최근 중국과 일본이 동남아지역을 상대로 경제적으로 FTA 체결을 추진하는 것은 경제적인 측면 외에 지역패권 확보를 위한 정치적 목적과 깊이 연관되어 있고, 지나친 지역주의가 자칫 경제적 손실과 지역적 불안정의 원인이 될 수 있다. 일본이 한국과 FTA 체결을 서두르는 것도 중국의 부상을 견제하면서, 동아시아 경제통합의 주도권을 확보하려는 전략과 관련이 있다. 유럽의 경우 적대적 관계에 놓여 있던 독일과 프랑스가 경제협력 강화를 통한 전쟁방지 목적으로 경제통합을 추진하였으나, 동아시아의 경우 강대국인 일본과 중국이 FTA를 통한 우월적 지위 확보, 지역패권 쟁탈전을 위해 경쟁적으로 지역주의를 추구하고 있어 대조적인 양상을 보이고 있다. 동아시아 내에서 이러한 상황은 중심축과 주변문제, 경제통합의 비효율, 지역적 불안정으로 악화될 수 있다. 그러므로 한·중·일의 FTA는 중국을 당사국으로 포함시킴으로써 일·중 간 패권경쟁보다는 공존번영을 위한 협력의 관계로 발전시킴으로써 지역적 안정을 도모할 수 있다.

4) 중국시장 접근

한·중·일 FTA는 성장잠재력이 높은 중국시장을 가장 효율적으로 접근할 수 있는 제도적 방안이 될 수 있다. 향후 중국경제의 지속적인 고성장 전망으로 한국의 수출 및 경제성장에 중국시장의 중요성이 증가할 것으로 예상된다. 그러나 중국경제 성장 속도를 한국의 對중국 수출 증가가 따라가지 못하고 있다. 중국에 대한 수출은 전반적으로 증가하는 양상을 보이고 있으나 한국의 중국 수입시장 내에서 한국 상품의 시장 점유율은 오히려 하락하고 있다. 2011년 현재 한국은 중국 수입시장 점유율에 1위를 랭크하고 있지만 매년 중국기업의 자급률이 4%씩 증가하고 있다. 중국 시장이 매우 크기 때문에 매년 수출액과 수출량은 증가할지도 모르나 중국 기업의 자급률이 매년 대폭 상승하고 있기 때문에 한국의 중국시장 점유율이 하락하고 있는 것이다.

중국은 WTO 가입 이후 수출시장 접근확대, 2008년 베이징 올림픽 및 2010년 세계박람회 개최, 서부대개발사업 추진 등으로 외형적인 성장 지속되고 있다. 2020년대에 와서는 중국과의 경제협력이 미·중 무역갈등으로 인해 다소간의 어려움이 있었지만, 대체로 중국과의 경제교류는 보완과 대체라는 차원에서 순항을 하고 있다고 판단된다. 그동안 정치권의 압박, 저조한 국민성 등 중국경제는 여러 가지 성장제약요인을 갖고 있지만, 개혁 및 개방정책의 지속으로 높은 성장잠재력이 중장기적으로 실현될 가능성이 높다. 중국은 WTO 가입을 계기로 시장개방을 확대하였고, 통상제도를 개선시켜나가고 있다. 시장경쟁체제로의 전환과 세계경제로의 편입이 가속화 되는 가운데, 그 동안 양적인 성장에서 질적인 성장(투입물의 효율성 증대)이 이루어지고, 14억 인구의 소득증가가 내수 진작으로 이어지면서 안정적 경제성장이 가능할 것이다.

5) 동북아 경제 중심지 구축

한국의 정부는 동북아 경제 중심국가 건설을 국정운영의 지표 중 하나로 설정했다. 한·중·일 FTA 체결을 시작으로 단계적으로 동북아 경제협력체를 형성하고, 장기적으로 이를 유럽의 EU와 같은 경제 공동체로 발전시킨다는 구상이다. 이럴 경우, 동북아지역 경제는 성장잠재력을 극대화하게 되며, 동아시아의 번영과 통합의 질서 구축에 동북아가 핵심적인 역할을 수행하게 되어, 명실 공히 세계경제 중심축의 하나로 발전될 수 있을 것이다. 주요 내용으로는 금융·외환 시장을 21세기 동북아 국제금융의 중추로 육성하며, 경제자유구역을 동북아 비즈니스 거점지역으로 개발한다는 것이다. 또한 인천공항, 부산항, 광양항을 동북아 중심공항과 항만으로 개발하고, 경의선과 동해선 연결 및 대륙철도 교통망을 구축함으로써 한국을 동북아 물류 중심기지로 발전시킨다는 구상이다.

동북아 경제 중심국가로 발돋움하기 위해서는 물류, 금융, IT, 에너지, 환경 등에서의 협력도 필요하지만, 무엇보다 경제제도가 선진화되어야 하고, 폭넓은 대외개방이 필수적이다. 또한 한반도의 정치 군사적 안정이 보장되어야만 외국기업의 투자가 확대될 수 있을 것이다. 싱가포르와 네덜란드의 사례를 보면 개혁·개방과 안정은 비즈니스중심 국가로의 발전을 위한 선결과제인 것을 알 수 있다.

찾아보기

[ㄱ]
가격-정화유출입기구 265
가격소비곡선 91
가격차별 181
가변비례의 법칙 110
가변요소 103
가수요 100
개별수요 25
개별수요곡선 98
거시경제학 3
경제동맹 297
경제사 4
경제재 3
경제적 비용 110
경제정책 4
경제통합 295
고전학파 10
고정요소 103
공공투자 307
공급 30
공급경제학 18
공급표 31
공급함수 30, 31
공동시장 297
공업보호론 269
과점 143
관세 279
관세동맹 297
교역조건 249
국부론 10
국정관세 279
국제가치론 220
국제자본이동 307
국제투자 307
국제특혜관세 280
굴절수요곡선 201
귀속비용 110
귀속이자 111
귀속임금 111
귀속지대 111
규모에 대한 보수 125
규모에 대한 보수감소 126
규모에 대한 보수감소의 법칙 126
규모에 대한 보수불변 126
규모에 대한 보수증가 126
규모에 대한 보수증가의 법칙 126
규모의 경제 134, 166
규모의 경제론 245
균형가격결정 34
균형공급량 35
기수적 효용이론 74
기술격차론 241
기업가정신 3
기펜재 97
기회비용 110

[ㄴ]
노동 3, 103
노동숙련설 243

[ㄷ]
다수세 279

단기 103
단기공급곡선 157
단기균형 159, 161
단기비용함수 113
단기투자 307
단일세 279
단일요소 교역조건 257
담합 203
대체재 49, 51
대체효과 95
대표적 수요이론 242
독점 141, 171
독점기업 169, 172
독점도 189
독점적 경쟁 143, 195
등량곡선 121
등비용선 126

[ㄹ]
래퍼곡선 19
레온티에프의 역설 231

[ㅁ]
무역정책 261
무역차액설 264
무차별곡선 75
무차별지도 81
미시경제학 3
민간투자 307

[ㅂ]
베블렌효과 99
보복관세 279
보완재 25, 51
보호관세 279
복수요소 교역조건 258
복합세 279
불안정균형 39
비관세장벽 288
비교생산비설 211
비교우위의 법칙 211
비용불변산업 163
비용체감산업 163
비용체증산업 163
비합리적 수요 100

[ㅅ]
사적비용 112
사회적 비용 112
산업보호정책 264
산업분화론 269
상품교역조건 254
상호관세 280
상호수요곡선 249
상호수요균등의 법칙 220
생산의 3단계 106
생산자균형 126
생산자잉여 57
생산확장선 131
서수적 효용이론 74
소득교역조건 256
소득소비곡선 93
소득탄력성 50
소득효과 95
소비자균형 86
소비자의 최적선택 86
소비자잉여 57
수요 25
수요곡선 27
수요의 가격탄력성 43
수요의 교차탄력성 51
수요의 소득탄력성 50
수요표 27
수요함수 25
수입능력지수 256
수입수량할당 290

수출구매력 256
수확체감의 법칙 109
수확체증의 법칙 109
순교역조건 254
순수독점 171
스톨퍼-사무엘슨정리 281
시장 139
시장수요 25
시장수요곡선 98
식민지특혜관세 280
신고전학파 14
신보호주의 275
신케인즈학파 17
실질비용 110
실효보호율 287
쌍방독점 190

[ㅇ]

안정적 균형 39
암묵적 비용 110
역사학파 12
연구개발(R&D)요소이론 239
열등재 94
예산선 82
예산선의 이동 84
완전경쟁시장 140
완전경제통합 297
왈라스의 안정균형 39
요소가격균등화정리 233
유치산업보호론 269, 270
유효수요이론 11
이론경제학 4
이윤 103
이윤극대화 157
이윤극대화가설 30
인구론 11
입수가능성론 244

[ㅈ]

자본 3, 103
자유무역지역 296
자유재 3
장기 103
장기균형 160, 161, 163
장기비용함수 132
장기생산함수 121
장기투자 307
장기평균비용곡선 132, 135, 162
장기한계비용곡선 134, 135
재정관세 279
절대생산비설 211
절대우위의 법칙 211
점탄력성 43, 53
정상이윤 110
제품수명주기이론 245
제품차별화이론 239
조세의 전가 및 귀착 65
종가세 65, 279
종량세 65, 279
중금주의 263
중농주의 10
중립재 94
중상주의 9, 263

[ㅊ]

청개구리효과 99
초과수요량 35
초과이윤 111, 161
총교역조건 256
총비용 112
총생산 104
총수입액 48
총잉여 59
총효용 71
최고가격제 61
최저가격제 63

최적관세 284

[ㅋ]

케인즈경제학파 16

[ㅌ]

토지 3
투자승수 17
특혜관세 280
t차동차생산함수 126

[ㅍ]

판매액극대화가설 31
편무적 특혜관세 280
편승효과 99
편익관세 279
평균비용 112
평균생산 104

[ㅎ]

한계기술대체율 123
한계기술대체율체감의 법칙 124
한계대체율 78
한계비용 112, 145
한계생산 104
한계생산균등의 법칙 130
한계수입 145
한계이윤 145
한계효용 71
한계효용체감의 법칙 72
한계효용학파 13
한계효용함수 72
헥셔-오린정리 229
협정관세 279
호탄력성 43
환경격차론 246
회계적 비용 110
후생경제학 15

[저자 약력]

최해범(崔海範)

부산대학교 경제학과 졸업
부산대학교 대학원 경제학과 졸업(경제학석사)
부산대학교 대학원 경제학과 졸업(경제학박사)
제23회 행정고시 합격(1979)
재무부, 관세청(1980~1987.2)
창원대학교 경상대학장 겸 경영대학원장 역임
창원대학교 교무처장 역임
창원대학교 총장직무대행역임
(사)한국관세학회 회장역임
경남신문사 비상임논설위원 역임
경남지방노동위원회 공익조정위원
창원시 인사위원역임
경남도립거창대학 총장역임
창원대학교 총장역임
현 창원대학교 국제무역학과 교수

주요저서 및 논문
경제학원론(박영사, 공저)
무역학원론, 외환론, 국제금융론(두남)
국제재무론(대명)
최신국제통상론(대학문화, 공저)
한국 관세체제의 산업보호효과
국제수지의 화폐론적 접근법
한국의 여신변화와 국제수지 및 환율과의 상호관계분석
산업기지개발의 지역파급효과 측정
외환선물거래의 헷징효과에 관한 분석
부산신항만의 경제효과에 관한 연구
한·중·일FTA 효과분석
한·중, 한·북 무역구조분석
Exchange Rate Trends, Portfolio Balance, and Relative Prices 외 다수

제2판
최신 국제자원배분론 - 미시경제이론과 국제무역 -

초판발행 2013년 2월 25일
제2판인쇄 2021년 2월 25일
제2판발행 2021년 2월 28일

지은이 최해범
펴낸이 박노일

총괄기획 김중용·최준규
편 집 심성보·김인숙

펴낸곳 pnc publishing and culture 피앤씨미디어
경기도 고양시 일산동구 강송로 153 310-1501
등록 제396-2012-000203호
전 화 070)7550-3758 팩 스 02)718-8554
홈페이지 www.pncmedia.co.kr 이메일 pnc@pncmedia.co.kr
ISBN 979-11-5730-760-9 93320

정 가 27,000원